转型发展的路径选择

THE PATH CHOICE OF TRANSITIONAL DEVELOPMENT

王永平　等著

SPM
南方出版传媒
广东经济出版社
·广州·

图书在版编目（CIP）数据

转型发展的路径选择／王永平等著.—广州：广东经济出版社，2017.8

ISBN 978－7－5454－5227－3

Ⅰ.①转… Ⅱ.①王… Ⅲ.①转型经济－研究－中国Ⅳ.①F123.9

中国版本图书馆 CIP 数据核字（2016）第 319677 号

出 版 人：姚丹林
责任编辑：林祎珊　王成刚
责任技编：许伟斌
装帧设计：介　桑

转型发展的路径选择
ZHUANXINGFAZHAN DE LUJINGXUANZE

出版发行	广东经济出版社（广州市环市东路水荫路 11 号 11～12 楼）
经销	全国新华书店
印刷	广东天鑫源印刷有限责任公司（广州市海珠区工业大道南瑞宝路（大干围）二横路创兴街 2 号 1 楼）
开本	787 毫米×1092 毫米　1/16
印张	22.25
字数	384 000 字
版次	2017 年 8 月第 1 版
印次	2017 年 8 月第 1 次
书号	ISBN 978－7－5454－5227－3
定价	58.00 元

如发现印装质量问题，影响阅读，请与承印厂联系调换。
发行部地址：广州市环市东路水荫路 11 号 11 楼
电话：（020）38306055　37601950　邮政编码：510075
邮购地址：广州市环市东路水荫路 11 号 11 楼
电话：（020）37601980　营销网址：http://www.gebook.com
广东经济出版社新浪官方微博：http://e.weibo.com/gebook
广东经济出版社常年法律顾问：何剑桥律师

本书编写组

组长： 王永平（导论、第八章）

成员： 王云峰（第一章、第二章合作）

李世兰（第二章合作、第三章）

周权雄（第四章）

王可达（第五章、第七章）

曾佩菲（第六章）

乔亚南（第九章）

尹德慈（第十章）

杨玉斌（第十一章）

目　　录

导　论

发展才能自强，发展是解决中国所有问题的基础和关键。转型发展的核心要义是转变发展模式，推动科学发展。转型发展是国内外形势发展的必然要求，是贯彻落实新发展理念的应有之义，是实现“两个一百年”奋斗目标和中华民族伟大复兴中国梦的必由之路。转型发展涉及经济社会发展的各个领域、各个方面，其重点是经济转型发展。转型发展的目标任务就是要实现创新、协调、开放、绿色、共享发展，把我国建设成为富强文明民主和谐的社会主义现代化国家。我国经济社会发展正处在新的历史起点上，我国发展的环境和条件都发生了广泛而深刻的变化，经济发展进入了新常态。在新常态下，我国经济转型发展要从高速增长向中高速转变，发展方式从规模速度型向质量效率型转变，经济结构从增量扩能为主向调整存量、做优增量并举转变。这种转变是不以人的意志为转移的必然趋势，也是实现经济社会持续健康稳定发展的根本途径。

加快转型发展，路径选择至关重要。本书比较系统地分析和论述了转型发展路径的若干重要问题，并对转型发展的路径选择提出了基本思路和对策建议。导论重点对转型发展的重要意义、根本途径、主要动力等问题进行探讨，并侧重阐述了经济和社会转型发展路径选择的问题。

一、转型发展的必由之路

道路是最重要的路径，它决定了转型发展的根本方向。无论搞革命、搞建设、搞改革，道路问题都是最根本的问题。党的十一届三中全会以来，改革开放走的是中国特色社会主义道路。沿着这条道路前进，改革和发展取得了举世瞩目的伟大成就，国家的面貌发生了翻天覆地的变化。实践证明，这条道路是党带领人民历经千辛万苦付出巨大代价开辟出来的，是实现国家富强、民族振兴、人民幸福的唯一正确的道路，当然也是转型发展的必由之路。

党的十八大报告精辟地概括了这条道路的科学内涵：“中国特色社会主义道路，就是在中国共产党领导下，立足基本国情，以经济建设为中心，坚持四项基本原则，坚持改革开放，解放和发展社会生产力，建设社会主义市场经济、社会主义民主政治、社会主义先进文化、社会主义和谐社会、社会主义生态文明，促进人的全面发展，逐步实现全体人民共同富裕，建设富强民主文明和谐的社会主义现代化国家。”① 应当指出，这条道路是由众多具体道路构成的，比如中国特色自主创新道路，中国特色新型工业化、信息化、城镇化、农业现代化道路，中国特色社会主义政治发展道路，中国特色社会主义法治道路，中国特色社会主义文化发展道路，中国特色反腐倡廉道路，和平发展道路，等等。这些具体道路都是中国特色社会主义道路在不同领域的展开。

转型发展要坚持这条道路，核心是坚持“一个中心、两个基本点”的基本路线不动摇，重点应当在以下几个方面持续取得进展。

一是坚持以经济建设为中心，推动社会全面进步。推动经济持续健康发展，是促进其他各方面事业发展的物质基础，是深化改革和转型发展的核心任务。以经济建设为中心是兴国之要，坚持发展是硬道理的战略思想决不能有丝毫动摇。在经济下行压力不断增大的形势下，稳增长、调结构、惠民生的任务更加繁重。因而，要牢牢扭住经济建设这个中心，继续大力发展社会生产力，不断增强我国的经济实力。在此基础上，还必须推动政治建设、文化建设、社会建设、生态文明建设以及其他各方面建设，这是中国特色社会主义五位一体总布局的内在要求，也是深化改革和转型发展的应有之义。统筹推动五位一体的社会全面进步，归根到底就是要走生产发展、生活富裕、生态良好的文明发展道路，为实现“两个一百年”的奋斗目标和中华民族伟大复兴而不懈努力。

二是坚持四项基本原则，尤其是加强和改善党的领导。四项基本原则是立国之本，也是深化改革必须坚持的正确方向。在国际国内形势发生深刻变化的形势下，坚持四项基本原则具有更加重要的意义。在四项基本原则中，党的领导是核心，这是中国特色社会主义最本质的特征，也是深化改革和转型发展最根本的保证。坚持

---

① 胡锦涛：《坚定不移沿着中国特色社会主义道路前进，为全面建成小康社会而奋斗》，《人民日报》，2012 年 11 月 9 日。

党的领导，是党和国家的根本利益所在，是全国各族人民的利益、幸福所系。在世情、国情、党情深刻变化的新形势下，党所处的历史方位和执政条件、党员队伍组织都发生了重大变化，党肩负着历史重任，“四种考验”“四大危险”更加严峻地摆在全党面前。因此，管党治党一刻不能松懈。要全面从严治党，着力增强党内政治生活的政治性、时代性、原则性、战斗性，着力增强党自我净化、自我完善、自我革新、自我提高能力，着力提高党的领导水平和执政水平，增强拒腐防变和抵御风险能力，着力维护党中央权威，保证党的团结统一，保持党的先进性和纯洁性。①

三是坚持党的思想路线，进一步解放思想。党的思想路线的基本内涵是，一切从实际出发，理论联系实际，实事求是，在实践中检验真理和发展真理。坚持这条思想路线，很重要的一点就是要进一步解放思想。深化改革和转型发展，解放思想是首要的任务。在深化改革和转型发展问题上，一些思想观念的障碍往往不是来自体制外，而是来自体制内。思想不解放，深化改革就难以取得突破，转型发展也难以取得成效。因此，首先要在体制内冲破思想观念的障碍，特别是各级领导干部，要带头解放思想，以自我革命的勇气和胸怀，勇于突破利益固化的藩篱，积极投身深化改革的伟大实践中。同时，要以体制内的思想解放影响和带动体制外的思想解放，使体制内外融为一体、互相促进，形成进一步解放思想的洪流。进一步解放思想，就要有逢山开路、遇河架桥的精神，就要勇于变革、锐意创新、积极进取，只有这样，才能为深化改革和转型发展奠定良好的思想基础，营造有利的社会氛围。

四是要立足中国，面向世界。众所周知，改革开放以来，我国经济社会持续快速发展，经济实力、人民生活水平、国际影响力大大提高。虽然如此，但我国的基本国情没有根本改变，即我国仍处于并将长期处于社会主义初级阶段的基本国情没有变，人民群众日益增长的物质文化需要同落后的社会生产之间的这一社会主要矛盾没有变，我国是世界最大发展中国家的国际地位没有变。我国生产力仍不够发达，发展很不平衡。按照联合国的标准，我国人均国内生产总值排在世界第 90 位左右，迄今为止我国仍有几千万贫困人口。近年来，我国的发展呈现出一些新的阶段性特征，主要表现是：经济实力显著增强，同时发展中不平衡、不协调、不可持续问题依然突出；经济社会取得全面进步，同时发展面临新的重大结构性问题；对外开放日益扩大，同时国际竞争日趋激烈。因此，转型发展必须立足于中国的基本国情，

① 《中共中央关于新形势下党内政治生活的若干准则》，人民出版社，2016 年。

适应新的阶段性变化。应当看到，中国发展离不开世界，世界发展进步也离不开中国。扩大开放是我国的一项战略抉择，面向世界是跟上时代潮流的必然要求。关起门来搞改革不行，关起门来搞发展也不行。只有把立足国情和面向世界结合起来，把国际国内两个市场、两种资源结合起来，才能不断拓展对外开放的广度和深度，才能使转型发展的路子越走越宽广。

五是要艰苦奋斗，真抓实干。艰苦奋斗是我们的优良传统，真抓实干是完成目标任务的必然要求。空谈误国，实干兴邦，转型发展目标宏伟，任重而道远。要把宏伟的目标任务变成现实，必须靠亿万人民艰苦奋斗，真抓实干。邓小平同志强调，世界上的事情都是干出来的，不干，半点马克思主义都没有。习近平总书记指出，面向未来，全面建成小康社会要靠实干，基本实现现代化要靠实干，实现中华民族伟大复兴要靠实干。他反复强调，干事业好比钉钉子，要发扬钉钉子的精神，不折腾、不反复，切实把工作落到实处，做出经得起实践、人民、历史检验的实绩。不抓实，再好的蓝图也只能是一纸空文，再近的目标也只能是镜中水月。实干，就要形成合力，共同创造。要在全社会弘扬崇尚实干、务求实效的良好风尚，特别是各级领导干部要以身作则，清正廉洁，敢于担当，带头实干。各级党委和政府要科学决策，真抓实干，团结和带领群众，把转型发展的各项工作落到实处。

二、转型发展的强大动力

改革开放是当代中国最鲜明的特色，是党在新的时代带领人民进行的新的伟大革命。改革与开放密不可分、连为一体，开放也是改革，改革必须开放。党的十八届三中全会通过的《中共中央关于全面深化改革若干重大问题的决定》（以下简称《决定》）明确指出："改革开放最主要的成果是开创和发展了中国特色社会主义，为社会主义建设提供了强大动力和有力保障。事实证明，改革开放是决定当代中国命运的关键抉择，是党和人民事业大踏步赶上时代的重要法宝。"[①] 转型发展的强大动力就是全面深化改革。

---

① 《中共中央关于全面深化改革若干重大问题的决定》，《人民日报》，2013 年 11 月 16 日 01 版。

党的十一届三中全会以来，我国经济社会发展取得举世瞩目的伟大成就。目前，我国的经济总量已跃居世界第二位，进出口总量、外汇储备等多项重要经济指标位居世界首位，我国已经从低收入国家进入中等收入国家，并且呈现出继续发展的态势。在经济持续较快发展的基础上，我国的综合国力显著增强，人民生活不断改善，社会事业全面进步，国际地位明显提高。回顾近 40 年的改革发展历程，可以看出，我国实现历史性的跨越靠的是改革，今后要发展进步，仍然要靠改革。转型发展与深化改革是紧密联系的，也是互相促进的。改革永无止境，转型发展也永无止境，停顿和倒退没有出路。我国是一个发展中的大国，我国的发展与世界的联系越来越紧密，受国内外发展环境的影响也越来越大。国内外形势发生了广泛而深刻的变化，我国所处的发展环境错综复杂，我国的发展既具有许多有利条件和因素，也面临许多突出的矛盾和问题。我国只有把自己的事情办好，才能立于不败之地。

从国际上来看，和平与发展依然是时代的主题，世界多极化、经济全球化、文化多样化、社会信息化深入发展。我国发展仍处于战略机遇期，但战略机遇期的内涵和条件发生了很大变化。全球经济增长持续低速，逆全球化和贸易保护主义日趋抬头，局部地区博弈更加激烈，外部环境中的不稳定、不确定因素明显增多，我国发展面临的风险挑战明显加大。

从国内来看，经济长期向好的基本面没有改变，发展前景依然广阔，但经济下行压力持续加大，结构性矛盾相当突出。经过近 40 年的改革，许多制约发展的重大难题被破除，但还有一系列深层次矛盾和问题尚未得到根本解决。我国经济转轨、社会转型正在加速推进，经济发展已进入结构调整阵痛期、增长速度换挡期，社会发展也进入矛盾凸显期和社会风险期。我国正处在全面建成小康社会的决定性阶段，国际国内因素相互影响，老问题和新问题相互交织。主要问题是：发展方式粗放、不平衡、不协调、不可持续问题仍很突出。科技创新能力不强，产业结构不合理的问题仍然没有解决。实体经济发展普遍困难，财务收支矛盾比较突出，金融风险隐患增大。农业基础依然薄弱，部分行业产能过剩，企业效益下滑，债务水平持续上升。资源约束趋紧，环境污染、生态恶化明显，尤其是大面积雾霾严重影响了人们的生活和生产。基本公共服务供给明显不足，收入分配差距依然较大，民生领域的问题仍然较多，社会矛盾比较突出。人口老龄化加快，消除贫困任务艰巨，重大安全事故频发，影响社会稳定因素增多。事实表明，我国面对的改革发展稳定任务之重前所未有、矛盾风险挑战之多前所未有。要解决这些问题，关键在于深化改革。

习近平总书记强调指出："要破解中国发展中面临的难题，化解来自各方面的风险挑战，除了深化改革，别无他途。"① 转型发展，必然要破除各种制约发展的体制机制障碍，必须解决发展中面临的问题，必须坚定不移地推进改革开放。

党的十八届三中全会审时度势，作出了全面深化改革的战略决策和全面部署。全面深化改革就是要坚决破除各方面体制机制弊端，就是要进一步解放思想、解放和发展社会生产力、解放和增强社会活力。这实际上是一次新的自我革命，必然会触动一些人的既得利益，必然要突破利益固化的藩篱，必然会面临很大的难度和一定的风险。习近平总书记强调，改革开放只有进行时，没有完成时。现在推进改革的复杂程度，一点都不亚于30多年前。在整个社会主义现代化进程中，我们都要高举改革开放的旗帜，决不能有丝毫动摇。正因为如此，全面深化改革既要有勇气，又要有智慧。

所谓要有勇气，就是要以强烈的历史使命感和责任感，以壮士断腕的决心和勇气，坚定不移地推进改革。现在的改革，要解决的是许多绕不开、躲不过的难题。要破解这些难题，必须冲破思想观念的障碍，敢于啃硬骨头，敢于涉险滩。这种勇气，不仅有赖于各级领导的决心和信心，更重要的是要有广大人民群众的拥护和支持。只有上下同心，形成合力，才能汇成深化改革的强大力量。所谓要有智慧，就是坚持科学方法论，善谋善为，从人民群众的伟大实践中汲取智慧，积极稳妥地推进改革。为此，既要做好顶层设计，又要摸着石头过河，善于把两者有机结合起来。可以说，党的十八届三中全会《决定》就是全面深化改革的顶层设计。不仅如此，这次全会后党中央国务院出台了一系列全面深化改革的政策措施，并且取得积极成效。随着实践的发展，党中央还会出台新的改革政策。应当看到我国地域广阔，各地情况差异很大，发展很不平衡，深化改革面临的情况非常复杂。因此，仍然要摸着石头过河，充分发挥地方和基层的积极性、主动性和创造性，在改革的探索中形成可复制、可推广的经验。

---

① 习近平：《关于〈中共中央关于全面深化改革若干重大问题的决定〉的说明》，《人民日报》，2013年11月16日01版。

三、转型发展的根本遵循

转型发展是经济社会发展变化的必然要求，是实现四个全面战略布局的战略措施。转型发展必须确立新的发展理念，用新的发展理念引领发展行动。习近平总书记指出：“发展理念是发展行动的先导，是管全局、管根本、管方向、管长远的东西，是发展思路、发展方向、发展着力点的集中体现。发展理念搞对了，目标任务就好定了，政策查证也就跟着好定了。”① 党的十八届五中全会提出的创新、协调、绿色、开放、共享的新发展理念，其核心是坚持以人民为中心的发展思想，转型发展的根本遵循就是坚持以人民为中心的发展思想。

新发展理念是针对当前我国发展面临的突出问题和挑战提出来的战略指引，而转型发展就是要着力解决这些问题，应对这些挑战。可以说，转型发展是贯彻落实新发展理念的实际行动。

创新，注重的是解决发展动力问题。转型发展的一个重点是要从主要依靠劳动力、资源等要素驱动转到更多依靠创新驱动上来，把创新作为引领发展的第一动力。根据十八届五中全会精神，转型发展必须把创新摆在国家全面发展的核心位置，不断推进理论创新、制度创新、科技创新、文化创新等各方面创新，让创新贯穿党和国家的一切工作，让创新在全社会蔚然成风。协调，注重解决的是发展不平衡问题，这是转型发展内在要求和重要任务。根据党中央的决策部署，转型发展要促进区域协同、城乡一体化、物质文明精神文明并重、经济建设国防建设融合，在加强薄弱领域中增强发展后劲。绿色，注重解决的是人与自然和谐问题。转型发展必须转变旧的生产方式和生活方式，坚持绿色富国、绿色惠民，为人民提供更多的优质生态产品，推动形成绿色发展方式和生活方式。开放，注重解决的是内外联动问题。转型发展必须坚持对外开放战略，丰富对外开放内涵，提高对外开放水平，坚持内外需协调、进出口平衡、引进来和走出去并重、引资和引智并重，形成深度融合和互利合作格局。共享，注重解决的是社会公平正义问题。转型发展就是要坚持共享这

① 习近平：《关于〈中共中央关于全面深化改革若干重大问题的决定〉的说明》，《人民日报》，2013 年 11 月 16 日 01 版。

个本质要求，让广大人民群众共享改革发展成果，增强发展动力，增进人民团结，逐步实现共同富裕。

坚持以人民为中心的发展思想，体现了我们党全心全意为人民服务的根本宗旨，体现了人民是推动发展的根本力量的唯物史观，体现了逐步实现共同富裕的目标要求。

坚持这个发展思想，必须坚持人民主体地位。只有人民的根本利益得到尊重和维护，人民主体地位才会有可靠的保障。充分发挥人民的主人翁精神，始终不渝地坚持群众路线，尊重和维护人民利益，是坚持人民主体地位的内在要求。改革越深入，发展越迅速，越需要坚持人民主体地位，越要保障人民当家做主，越要维护人民的利益。只有这样，才能使深化改革和转型发展获得最牢固的群众基础。为此，要坚持和完善人民代表大会制度，这是我国的根本政治制度，是中国人民当家做主的重要途径和最高实现形式。人民民主是社会主义的生命，人民当家做主是社会主义民主的本质和核心。坚持和完善这个制度，就是要坚持国家一切权力属于人民，支持和保证人民通过人民代表大会行使国家权力，最广泛地动员和组织人民依法管理国家事务和社会事务。深化改革和转型发展，要与坚持和完善人民代表大会制度结合起来，扩大人民民主，健全民主制度，丰富民主形式，拓宽民主渠道，积极创造条件从各层次、各领域扩大公民有序参与。也就是说，在深化改革和转型发展中要把人民代表大会制度落到实处，发展更加广泛、更加充分、更加健全的人民民主，通过各级人民代表大会来研究和解决改革发展面临的重大问题。总之，要把人民代表大会制度落到实处，从制度和机制上切实防止出现人民形式上有权、实际上无权的现象。同时，要进一步健全社会主义协商民主制度，这是中国特色社会主义民主政治的重要特色，也是我国社会主义民主制度的重要优势。深化改革和转型发展中的重大问题，要通过国家政权机关、政协组织、党派团体等渠道，进行广泛的协商。不仅如此，还要不断扩大协商民主，改革发展的重要事情都要进行广泛的协商，充分听取社会各界的意见和建议。协商应该是全方位的，而不是局限在某个方面的；应该是全国上上下下都要做的，而不是局限在某个地区或部门。通过广泛的、多层次的、真诚的协商，使深化改革和转型发展的决策更好地顺应民意，更加合乎实际，更加科学管用。此外，还要进一步完善基层民主制度。基层民主是群众身边的民主，完善基层民主制度主要是完善居民委员会、村民委员会、企业职工代表大会等制度。尤其是在城乡社区治理中，要切实贯彻落实群众自我管理、自我服务、自我教育、自我监督的民主权利。从我国的实际出发，应当健全基层党组织领导的充满活力的基层群众自治机制，把扩大有序参与、推进信息公开、加强议事协商、强化权力监督作为基层民主的重点，完善和落实基层民主制度，保障人民享有更多更切实的民主权利。

坚持这个思想，就要让人民群众得到实实在在的利益。人民奋斗争取的一切，都同他们的利益有关。坚持这个思想，不能只停留在口头上，止于思想环节，而要体现在经济社会发展的各个环节中，尤其是要体现在人民受益上。党的十一届三中全会以来，我国改革和发展之所以能够取得重大进展和显著成就，根本原因在于人民群众得到许多实实在在的利益，获得了许多发展的机会。人民有所呼，改革就要有所应，发展就应有所获。深化改革和转型发展要得到群众的拥护和支持，关键还是要让人民得到更多的好处和机会，重点是要落实到增进人民福祉、促进社会公平上。因此，要把经济建设搞得更好，把社会事业发展得更好，切实保障和改善民生，让人民群众享受到更多的改革发展成果。当前和今后一个时期，应当从群众最关心、最迫切需要解决的实际问题入手，下大力气解决好群众反映强烈的突出问题，主要是教育、就业、收入分配、社会保障、住房、医疗等与群众切身利益密切相关的问题。应当看到，随着时代的发展和社会的进步，人民群众对物质和文化生活的需求也在不断增长，对政治权益和社会权益的诉求必然会增多，特别是对社会公平正义的诉求期待和要求越来越高。因而，在努力让人民获得更多利益的同时，要把促进社会公平正义摆在更加突出的位置。促进社会公平正义，重点要促进权利公平、机会公平和规则公平。促进权利公平，就是要切实维护和落实宪法和法律规定的公民的各项权利和自由，充分保障人民群众的知情权、参与权、表达权、监督权。促进机会公平，就是要为每一个人提供广阔平台和施展空间，使他们平等参与社会发展进程，共享社会发展成果。促进规则公平，就是要大力营造公开、公正、公平、透明的制度环境，做到法律和规则面前人人平等，制度约束没有例外。在全面推进依法治国的进程中，这一点显得更加重要。党的十八届四中全会强调“坚持法律面前人人平等。平等是社会主义法律的基本属性。任何组织和个人都必须尊重宪法法律权威，都必须在宪法法律范围内活动，都必须依照宪法法律行使权力或权利、履行职责或义务，都不得有超越宪法法律的特权。”[①] 只有这样，公平正义才有可靠的法治保障。

坚持这个思想，必须坚持群众路线。党的群众路线的基本含义是：一切为了群众，一切依靠群众，从群众中来，到群众中去，把党的正确主张变为群众的自觉行动。深化改革和转型发展要坚持群众路线，就是要坚持以人为本，做到改革发展为了人民、依靠人民、成果由人民共享；就是要树立以人民群众为中心的工作导向，坚持以“百姓心为心”，把人民群众高兴不高兴、赞成不赞成、答应不答应作为最高标准。制定和实施改革发展的政策措施，要倾听群众心声，尊重人民利益，充分考虑人民群众的意愿和感受。凡涉及群众切身利益的重大决策，都要充分听取群众的意见和建议，充分考虑不同群众的切身利益和承受能力。各级领导干部在领导和推动改革发展过程中，要深入群众、深入实际，调查研究，掌握第一手情况，把握时代的脉搏。同时，要拜人民为师，坚持问政于民、问需于民、问计于民，从人民群众丰富多彩的实践中汲取智慧和力量。

坚持这个思想，必须妥善协调各方面的利益关系。改革开放以来，随着经济体制深刻变革和社会结构深刻变动，我国的利益格局发生了深刻的变化，各方面的利益关系越来越复杂。这些利益关系，主要表现为不同阶层的利益关系。事实表明，自改革开放以来我国社会阶层发生了结构性变化，形成了新的阶层结构。近年来，许多学者对此进行了研究，提出了一些观点和看法。有些学者经过调查研究，把我国阶层结构划分为十个社会阶层：即国家与社会管理者阶层、经理人员阶层、私营企业主阶层、专业技术人员阶层、办事人员阶层、个体工商户阶层、商业服务业员工阶层、产业工人阶层、农业劳动者阶层和城乡无业失业半失业者阶层。[②] 有些人把我国的阶层划分为高收入阶层、中等收入阶层和低收入阶层。无论怎样划分社会阶层，各阶层的利益是客观存在的，也是非常复杂的。在深化改革和转型发展中，必须认真考虑和兼顾不同阶层、不同方面的利益。毋庸讳言，在收入分配方面确实存在许多不合理的地方。对现存的不合理的利益分配格局必须进行调整，这是毫无疑问的。但是，这种调整要有利于发展，有利于和谐，有利于调动各方面的积极性。在调整利益关系过程中，应当着眼于持续发展，着眼于扩大增量，在做大“蛋糕”

---

① 《中共中央关于全面推进依法治国若干重大问题的决定》，《人民日报》，2014 年 10 月 29 日 01 版。

② 陆学艺主编：《当代中国社会阶层研究报告》，社会科学文献出版社，2002 年版，第 8 页。

的同时，善于分好“蛋糕”。即使是对既有利益进行调整，也不能简单地搞平均主义那一套，不能回到“吃大锅饭”的老路上去。就是说，要保护各个阶层的合法利益，合理调整各阶层利益关系，使不同社会群体各展其能，各得其所。李克强总理明确指出：“首先要把贫困人民群众和低收入者的利益保障好维护好，让他们在改革中获得更多的发展机会；要让中等收入阶层逐步扩大，使他们拥有更大的发展空间；还要保护高收入者的合法利益，为他们放开手脚、投资兴业创造更好的发展环境。”① 只有这样，才能形成一个各阶层、各方面广泛参与和支持改革发展的局面，才能把最广大人民的智慧和力量凝聚到改革发展上来。

四、转型发展的基本导向

实现社会主义现代化，是亿万人民的共同夙愿，是我们党执政兴国的奋斗目标，也是转型发展的基本导向。

实现社会主义现代化，是一个不断发展、不断完善的过程。自新中国成立以来，我们党就把实现社会主义现代化作为奋斗目标。早在 1940 年，毛泽东同志就郑重地提出，我们要建立一个新中国。我们不但要把一个政治上受压迫、经济上受剥削的中国变为一个政治上自由和经济上繁荣的中国，而且要把一个被旧文化统治因而愚昧落后的中国，变为一个被新文化统治因而文明先进的中国。新中国成立后，以毛泽东同志为核心的党中央号召要把中国建设成为现代化国家，中国要为人类作出较大贡献。在 1974 年四届人大会议上，周恩来同志提出，我国要实现工业、农业、国防和科学技术四个现代化。改革开放以后，以邓小平同志为核心的党中央提出了“三步走”实现现代化的战略目标。第一步，实现国民生产总值比 1980 年翻一番，解决人民的温饱问题；第二步，到 20 世纪末使国民生产总值再增长一倍，人民生活达到小康水平；第三步，到 21 世纪中叶，人均国民生产总值达到中等发达国家水平，基本实现现代化。邓小平同志强调，四个现代化就是最大的政治。他告诫全党，发展才是硬道理，坚持基本路线一百年不动摇。以江泽民同志为核心的第三代领导集体提出，我国已进入全面建设小康社会、加快推进社会主义现代化的新的发展阶

---

① 李克强：《关于深化经济体制改革的若干问题》，《求是》，2014 年第 9 期。

段。全面建设小康社会，加快推进社会主义现代化，使社会主义中国发展和富强起来，为人类进步事业作出更大贡献，这是我们党必须勇敢担负起来的历史任务。他号召全党，要坚持以我国改革开放和现代化建设的实际问题、以我们正在做的事情为中心，把社会主义现代化建设不断推向前进。以胡锦涛同志为总书记的党中央高度重视社会主义现代化建设，提出了一系列战略方针和政策措施。在党的十八大报告中，他代表全党郑重提出了“两个一百年”奋斗目标，即在中国共产党成立100年时全面建成小康社会，在新中国成立100年时建成富强民主文明和谐的社会主义现代化国家。他号召全党，要一心一意谋发展、聚精会神搞建设，为全面建成小康社会，进而建成社会主义现代化国家而奋斗。以习近平同志为核心的党中央提出，要坚持和发展中国特色社会主义，实现“两个一百年”奋斗目标，在此基础上实现中华民族的伟大复兴中国梦。中国梦实际上是中国人民的共同追求和奋斗目标，其内涵是国家富强、民族振兴、人民幸福，其本质就是更高水平的社会主义现代化。习近平指出，中国梦是国家的梦、民族的梦，归根到底是人民的梦。要实现中国梦，必须坚持中国道路、弘扬中国精神、凝聚中国力量。实际上，中国梦就是中国人民实现更宽领域、更高水平社会主义现代化之梦。从一定意义上讲，中国梦就是中国人民的社会主义现代化之梦。中国梦还是和平、发展、合作、共赢的梦，与世界各国人民的美好梦想是相通的。中国梦不仅造福中国人民，而且造福各国人民。

以现代化为导向推进转型发展，与全面深化改革的总目标是一致的。党的十八届三中全会《决定》明确提出，全面深化改革的总目标是完善和发展中国特色社会主义制度，推进国家治理体系和治理能力现代化。所谓国家治理体系，是指在党的领导下管理国家的制度体系，是一套紧密相连、相互协调的国家制度。所谓国家治理能力，是指运用国家制度管理社会各方面事务的能力。不言而喻，推进国家治理体系和治理能力现代化属于社会主义现代化的范畴，其基本要求，就是要使各方面事务治理更加科学、更加完善，实现党、国家、社会各项治理制度化、规范化、程序化，善于运用制度和法律治理国家，提高党科学执政、民主执政、依法执政水平。完善和发展中国特色社会主义制度实际上也属于社会主义现代化的范畴，即国家制度现代化。制度现代化在国家治理中具有十分重要的作用，在整个现代化体系中占有举足轻重的地位。实践证明，制度问题更带有根本性、全面性、稳定性和长期性，国家制度是现代化变革的关键性因素。制度现代化作为继“四个现代化”后我们党提出的又一个现代化战略目标，具有重大而深远的意义。只有通过改革创新，形成一整套更加成熟、更加定型的制度，社会主义现代化才能平稳持续地向前推进。转型发展不仅要实现物质文明和精神文明建设的现代化，而且要实现国家治理体系和治理能力的现代化。只有这样，转型发展才能持续稳步地向前推进。

五、经济转型发展的路径选择

经济转型发展是整个转型发展的重点，深化经济体制改革是全面深化改革的重点。经济转型包括多方面的内容，其核心是由粗放型向集约型转变。加快经济转型发展的主线是转变经济发展方式，其根本途径是深化经济体制改革，其重点是对经济结构进行战略性调整，其目标是要推进经济持续健康发展。由于受国内国际多种因素的影响，我国经济下行压力明显增大，面临着跨越“中等收入陷阱”的严峻考验，发展中不平衡、不协调、不可持续问题比较突出，原有的经济发展方式难以为继。要解决这些矛盾和问题，迫切需要在深化改革中加快经济转型发展。李克强总理2017年3月在《政府工作报告》中明确指出：要坚持稳中求进工作总基调，坚持以提高发展质量和效益为中心，坚持宏观政策要稳、产业政策要准、微观政策要活、改革政策要实、社会政策要托底的政策思路，坚持以推进供给侧结构性改革为主线，保持经济平稳健康发展和社会和谐稳定。[①] 这是经济转型发展应遵循的基本方针。

（一）深化经济体制改革

深化经济体制改革是转型发展的根本途径，其目标是要构建经济发展新体制。在新形势下，推动转型发展应当继续坚持市场化改革的导向，着力推进供给侧结构性改革。

这里讲的市场化改革，是指深化经济体制改革要走市场化的路子，也就是要坚持社会主义市场经济改革方向。党的十一届三中全会以来，我国经济体制改革一直是以市场化为取向逐步推进的，其目标就是建立和完善社会主义市场经济体制。推进市场化改革，符合市场经济发展规律，适合我国现阶段的国情，解放和发展了社

① 李克强：《政府工作报告》，《人民日报》，2017年3月17日。

会生产力，促进了我国经济持续较快发展。事实证明，坚持推进市场化改革是完全正确的，应当继续坚持。但是，需要指出的是，市场在发挥配置资源的作用方面虽然取得了长足的进步，但远远没有起到决定性作用。由于种种原因，计划经济的影响仍然存在，不少领域市场配置资源的比重较低，经济发展的质量和效益亟待提高。在一些经济决策中，长官意志盛行，不按市场经济规律办事的现象屡见不鲜，给经济建设带来了许多不应有的损失。因此，大力推进市场化改革，是发展社会主义市场经济的必然要求。对此，党的十八届三中全会《决定》指出："必须积极稳妥从广度和深度上推进市场化改革，大幅度减少政府对资源的直接配置，推动资源配置依照市场规则、市场价格、市场竞争实现效益最大化和效率最优化。"①

大力推进市场化改革，需要处理好市场与政府的关系。《决定》强调，经济体制改革是全面深化改革的重点，核心是要正确认识和处理政府与市场的关系，使市场在资源配置中起决定性作用和更好地发挥政府作用。这一论断，是我们党在社会主义市场经济理论上的重大突破，是我们党对社会主义建设规律认识的新飞跃。这个重大突破，必将对我国全面深化改革产生重大而深远的影响。实际上，市场经济在本质上就是市场决定资源配置的经济，市场配置资源是最有效的形式。使市场在资源配置中起决定性作用，本质上就是让价值规律、竞争规律和供求规律等市场经济规律在资源配置中起决定性作用。

当然，市场在资源配置中起决定性作用，并不是起全部作用，仍然要发挥政府的积极作用。事实上，市场调节本身存在着不少弱点，有一些失灵的地方。市场是一只"看不见的手"，政府是一只"看得见的手"，这"两只手"各有长短但功能不同。"两只手"都要用，并且要有效配合，在不同层次、不同领域发挥各自应有的作用，不能越位、错位和不到位。只有这样，才能充分发挥市场和政府各自的长处，实现两者之间的相互配合，良性互动。因此，发展社会主义市场经济，既要充分发挥市场作用，又要更好地发挥政府作用。政府的职责和作用主要是保持宏观经济稳定，加强和优化公共服务，保障公平竞争，加强市场监管，维护市场秩序，弥补市场失灵，推动可持续发展，促进共同富裕。

当前，我国经济发展进入了新常态。在新常态下，经济下行压力很大，经济发

---

① 《中共中央关于全面深化改革若干重大问题的决定》，《人民日报》，2013 年 11 月 16 日 01 版。

展面临的问题很多，尤其是结构性问题非常突出。一些行业和产业产能严重过剩，同时大量关键设备、核心技术、高端产品还依赖进口。随着经济的发展和收入的提高，人们的需求发生了很大变化，而供给的产品都没有相应变化，有效供给能力不足，质量、服务跟不上。近年来，我国消费者花费大笔资金出境购物、海淘购物。事实表明，我国庞大的国内市场没有很好地掌握在我们自己手里，我国大量的购买力流失到国外市场。显然，我国的供给和需求都有问题，但主要是供给侧出了问题。根据这种情况，中央强调要以供给侧结构性改革为主线，深化经济体制改革。为此，要用改革的办法推进结构调整，减少无效和低端供给，扩大有效和高端供给，增强供给结构对需求变化的适应性和有效性，提高全要素生产率。主要办法就是“三去一降一补”，即去产能、去库存、去杠杆、降成本、补短板。实际上，这些改革举措就是经济转型发展的内在要求和重大举措。

深化经济体制改革，既是攻坚战又是持久战，既要积极又要稳妥，既要有广度又要有深度。根据中央的决策部署，主要应当从以下几个方面推进改革。

第一，坚持和完善基本经济制度，夯实转型发展的制度基础。以公有制为主体、多种所有制经济共同发展是我国的基本经济制度。公有制经济和非公有制经济都是社会主义市场经济的重要组成部分和我国经济社会发展的重要基础。两种所有制都应依法平等使用生产要素、公开公正参与市场竞争，同时受到法律保护。因而，要毫不动摇地巩固和发展公有制经济，坚持公有制主体地位，不断增强国有经济活力、控制力和影响力；毫不动摇地鼓励、支持、引导非公有制经济发展，激发非公有制经济的活力和创造力。充分调动两种所有制经济的积极性，核心是完善产权制度，即要健全归属清晰、权责明确、保护严格、流转顺畅的现代产权制度，保护各种所有制的经济产权和合法利益。积极发展混合所有制经济，并把它作为基本经济制度的重要实现形式，这是今后完善基本经济制度的着力点，也是深化国有改革的战略举措。发展混合所有制经济有利于各种所有制经济取长补短，相互促进，共同发展。进一步深化国有企业改革，推动国有企业完善现代企业制度。重点是要完善国有资产管理体制，以管资本为主加强国有资产监管。改革国有资本授权经营体制，组建若干国有资本运营公司，支持有条件的国有企业改组为国有资本投资公司。把权利公平、机会公平、规则公平的原则落到实处，废除对非公有制经济的各种不合理规定，清除各种隐性壁垒，让非公有制的经济活力和创造力迸发出来。

第二，加快完善现代市场体系，为转型发展营造公平竞争的市场环境。现代市场体系的主要特点是，企业自主经营、公平竞争，消费者自由选择、自主消费，商品和要素自由流动、平等交换。要完善现代市场体系，重点是要建立公平开放透明的市场规则，实行统一的市场准入制度，在制定负面清单的基础上，各类市场主体可以依法平等进入清单之外的领域。同时，要完善主要由市场决定价格的机制，凡是能由市场形成价格的都交给市场，政府不进行不当干预。继续推动重要要素市场改革，建立城乡统一的建设用地市场，在符合规划和用途管制的前提下，允许农村集体经营建设用地出让、租赁、入股，实行与国有土地同等入市、同权同价。完善现代市场体系必然要求完善金融市场体系，扩大金融业对内对外开放，在加强监管的前提下，允许具备条件的民间资本依法发起设立中小型银行等金融机构。健全技术市场导向机制，通过深化科技体制改革，建立健全鼓励原则创新、集成创新、引进消化吸收再创新的体制机制，强化企业在技术创新中的主体地位，尽快把科技创新成果转化为现实生产力。

第三，加快转变政府职能，为转型发展提供更好的公共服务。加快转变政府职能是加快转型发展的重要前提，也是全面深化改革的内在要求。李克强总理指出，加快转变政府职能，最重要的就是要“完善管理体制和运行机制，理顺政府和市场、政府和社会、中央和地方的关系，逐步建立各级政府的权力清单制度，推动政府全面正确地履行职能”①。转变政府职能既要健全宏观调控体系，又要全面正确履行政府职能，既要简政放权，又要加强监管。简政放权，要做到“三个一律”，即市场机制能有效调节的经济活动，一律取消审批；直接面向基层、量大面广、由地方管理更方便有效的经济社会事项，一律下放给地方和基层管理；深化投资体制改革，除关系国家安全和生态安全、涉及国家重大生产力布局、战略性资源开发和重大公共利益等项目外的企业投资项目，一律由企业依法依规自主决策。在简政放权的过程中，政府要同步加强和改进监管，特别是要定好标准、完善制度，注重事前的监管和事中的监管。把加强监管作为政府职能转变的重点工作，建立横向到边、纵向到底的监管网络和科学有效的监管机制。同时，要优化政府机构设置、职能配置、工作流程，创新政府管理方式，提高政府管理效率和水平。根据实际情况，应当把减少行政审批作为加快转变政府职能的突破口，下决心大幅减少行政审批事项，确实需要保留的一律向社会公开。

① 李克强：《关于深化经济体制改革的若干问题》，《求是》，2014 年第 9 期。

此外，深化经济体制改革，还必须改革收入分配制度，促进共同富裕；深化财税制度改革，建立现代财政制度；健全城乡发展一体化体制机制，逐步缩小城乡差距；构建开放型经济新体制，加快培育参与和引领国际经济合作新优势。对此，党的十八届三中全会通过的《中共中央关于全面深化改革若干重大问题的决定》作了战略部署，党中央、国务院陆续作出具体安排，这里就不赘述了。

（二）加快转变经济发展方式

经济发展方式，是指为了实现经济发展而采取的手段、措施和具体做法，主要包括依靠什么生产要素推动经济增长、采取什么经济结构保持经济发展、通过什么消费方式引导生产等。转变经济发展方式是一个历史发展过程，它受到许多因素的影响。随着生产力的发展和社会进步，经济发展方式也会经历不同的发展阶段。

实际上，转变经济发展方式已经讲了好多年。理论界对此作了许多研究，实践上也做了大量探索，并且取得了不少成绩，积累了一定的经验。虽然如此，我国经济发展方式仍然没有实现根本的转变。主要表现在以下几个方面：第一，我国经济增长的主要拉动力没有改变。迄今为止，经济增长依然高度依赖国际市场，投资率偏高，消费率偏低，尤其是内需拉动力不足。第二，产业结构不合理，农业基础薄弱的状况没有根本改变，经济增长主要依靠第二产业带动，第三产业尤其是现代服务业明显落后。第三，经济增长主要依赖要素数量投入。科技对经济增长的贡献率不够高，自主创新能力不强，在世界市场上有名的品牌很少，劳动生产率比较低，许多企业经济效益比较差。第四，经济增长所付出的能源、资源、环境代价过大。生态环境遭到了很大破坏，能源、资源浪费现象比较严重。第五，城乡发展、区域发展不平衡。农村的发展严重落后于城市，老少边穷地区的发展大大落后于沿海地区，有些地方甚至呈现出进一步拉大的趋势。不同群体、不同阶层在享受基本公共服务、社会福利等方面也存在着明显的差距。应当看到，在国内外复杂多变的新形势下，我国经济发展方式转变的压力比过去更大，主要是传统的低成本要素优势明显减弱，主要能源、资源对外依存度持续提高，产业结构不合理，产能过剩问题相当突出，经济运行潜在风险增多。

上述情况表明，我国原有经济发展方式已经不可持续，加快转变经济发展方式刻不容缓。这种转变主要应体现在以下几个方面：从以往过分强调 GDP 增长向以人为本的发展目标转变；从主要依靠第二产业带动经济增长向依靠第三产业协同带动转变；从主要依靠投资、出口拉动经济增长向依靠消费、投资、出口协同带动转变；从经济增长主要依靠物质资源消耗向主要依靠科技进步、劳动者素质提高、管理创新转变。加快转变经济发展方式的目标是要形成新的经济发展方式，促进经济持续健康发展。党的十八大报告明确指出了加快形成新的经济发展方式的重要任务和主要途径，这就是"一个立足点""四个着力""五个更多"。"一个立足点"是要适应国内经济形势新变化，把推动发展的立足点转到提高质量和效益上来。"四个着力"是着力激发各类市场主体发展新活力，着力增强创新驱动发展新动力，着力构建现代产业发展新体系，着力培育开放型经济发展新优势。"五个更多"是更多依靠内需特别是消费需求拉动，更多依靠现代服务业和战略性新兴产业带动，更多依靠科技进步、劳动者素质提高、管理创新驱动转型升级，更多依靠节约资源和循环经济推动；更多依靠城乡区域协调互动，不断增强长期发展后劲。①

为了形成新的经济发展方式，必须树立和贯彻新发展理念。发展是为了人民，发展要依靠人民，发展成果由人民共享，而不能只让少数人受益；发展应是追求速度与结构、质量、效益相统一，而不能简单地以国内生产总值增长率论英雄；发展既要"金山银山"，又要"青山绿水"，不能杀鸡取卵、竭泽而渔。当然，作为一个发展中的大国，我国在相当长一个时期内保持较高的经济增长速度依然是很重要的。这是增强综合经济实力的内在要求，也是扩大就业、改善民生和社会稳定的客观需要。尤其是在经济下行压力不断增大的情况下，稳增长显得更加重要。但是，这种增长应当是实实在在、没有水分的增长，是有利于保护环境、提高效益、增强后劲的增长。

加快转变经济发展方式的战略基点，就是要着力激发各类市场主体的发展新活力，最重要的就是要为企业生产和经营创造良好的政策环境，为企业提供更好的服务。企业是市场的主体，企业的发展活力是整个经济发展的基础，企业转型是经济转型的载体。经过多年的改革，企业所面临的环境已经明显改善，政府提供的服务也比过去有了很大进步，但是仍然存在着不少亟待解决的问题，企业的活力没有充分发挥出来。主要表现是：政府对微观经济干预仍然过多，企业的负担仍然过重，许多国有企业的活力和竞争力仍然不足，非公有制经济发展仍然有许多限制。为了

① 胡锦涛：《坚定不移沿着中国特色社会主义道路前进 为全面建成小康社会而奋斗》，《人民日报》，2012 年 11 月 9 日 02 版。

解决这些问题，需要进一步深化经济体制改革，加快转变政府职能，切实减轻企业负担，创造更加公平、更加宽松的经济发展环境。调动企业转型升级的主动性、积极性和创造性。实践表明，面对日益激烈的市场竞争，企业转型升级是生存发展的必由之路，也是经济转型发展的微观基础。从一定意义上说，企业的生命在于创新，企业的生存发展要依靠转型升级，否则，企业就将陷于被动，甚至会被市场淘汰。企业转型升级，需要技术、人才、管理等各方面的条件，也需要观念、思路、模式等方面的创新，还需要政府政策引导、公共服务和社会有关方面的支持。

（三）深入实施创新驱动发展战略

深入实施创新驱动发展战略，是转型发展的必然要求，也是贯彻落实新发展理念的实际行动。党的十八大作出了实施创新驱动发展战略的重大抉择，强调科技创新是提高社会生产力和综合国力的战略支撑，必须摆在国家发展全局的核心位置。党的十八届五中全会进一步提出，“必须把发展放在创新上，塑造更多依靠创新驱动、更多发挥先发优势的引领型发展”①。这是我国今后经济发展思路的重大转变，也是转型发展的应有之义。实施这一战略，核心就是要发挥好科技作为第一生产力的作用，重点就是要解决好科技与经济社会发展深度融合的问题，关键是发挥市场配置科技创新资源的决定性作用。为此，要坚持走中国特色自主创新道路，以全球视野谋划和推动创新，提高原始创新、集成创新和引进消化吸收再创新能力，更加注重协同创新，充分发挥科技创新在转型发展中的关键性作用。通过创新发展，培育经济发展新动力，构建经济发展新优势，拓展经济发展新空间。

深入实施创新驱动发展战略，必须深化科技体制改革。通过改革，推动政府职能从研发管理向创新服务转变，营造良好的创新生态。在深化改革过程中，建立健全鼓励原始创新、集成创新、引进消化吸收再创新的体制机制，健全技术创新导向机制，发挥市场对技术研发、路线选择、要素价格、各类创新要素配置的导向作用。同时，建立产学研协同创新机制，强化企业在技术创新中的主体地位。此外，还要加强知识产权保护，健全技术创新激励机制，整合科技规划和资源，完善政府的支持机制，改革人才管理体制，优化学科布局。

---

① 《中共中央关于制定国民经济和社会发展第十三个五年计划的建议》，人民日报，2015 年 11 月 4 日。

科技创新的主要目的是创造价值，而创造价值要通过市场来实现。实现科技创新与经济发展深度融合的根本途径是大力发展技术市场。为此，要健全技术创新市场导向机制，使企业真正成为技术创新主体。只有这样，才能调动企业的主动性、积极性和创造性，才能发挥市场配置创新资源的决定性作用。在推动科技创新的过程中，应当发挥大型企业的创新骨干作用，激发中小企业的创新活力。一般来说，大型企业经济实力强，科技人才多，影响力也大，大型企业在技术创新中起到骨干作用，能够带动中小企业的技术创新。同时，应积极支持中小企业的创新活动，为它们开展创新创造条件、提供平台，激发它们的创新活力。为此，要建立由市场决定技术创新项目和经费分配、成果评价的机制。在技术创新项目上，要广泛听取各方面的意见，特别是企业的意见。在经费分配上，要建立科学公正的分配机制，接受社会的监督。在成果评价上，要注重技术创新的实际效果，特别是市场效益，由专家、用户和第三方共同评价。此外，还要健全技术转移机制，改善科技型中小企业融资条件，完善风险投资机制，鼓励商业模式创新。

增强自主创新能力是实施创新驱动战略的内在要求，是加快转型发展的关键举措。事实反复证明，在关系国民经济命脉和国家安全的关键领域，真正的核心技术是买不来的，必须依靠自主创新。为此，要紧扣发展主题，明确主攻方向，构建创新体系，选准突破口。紧扣发展主题，就是要紧扣科学发展的主题推进科技创新，其主要任务是以科技创新推动经济发展方式转变和产业结构战略性调整。明确主攻方向，就是科技创新要以构建现代产业体系为主攻方向，紧跟全球科技发展前沿。构建创新体系，就是要构建国家、地方和企业互相联系的创新体系，尤其要重视有特色的高水平大学和科研院所，鼓励企业开展基础性、前沿性创新研究。在国家层面，要构建以企业为主体、市场为导向，产学研相结合的科技创新体系，实施一批国家重大科技项目，在重大创新领域组建一批国家实验室，同时还要积极组织并牵头组织国际大科学计划和大科学工程。在地方层面，也要按照国家区域发展布局，建设富有特色的区域创新体系，尤其是要搞好国家高新技术产业开发区、自主创新示范区，大力推进创新型城市建设。有条件的企业，特别是大型科技龙头企业，也应当建立自己的创新体系，集中力量在某些专业领域进行技术创新，并且尽快将创新成果转化为现实生产力。选准突破口，就是要按照主动跟进、精心选择、有所为有所不为的方针，选择科技创新的突破口。在不同的时期应选择不同的突破口，不同层面的创新体系和创新实体也应选择不同的突破口。

需要指出，在实施科技发展战略的过程中，应当正确认识和处理基础理论研究、工程技术研究、科技推广应用的关系。为此，中华人民共和国经济和社会发展第十三个五年规划纲要（以下简称“十三五”规划）提出，要推动战略前沿领域创新突破、优化创新组织体系、提升创新基础能力、打造区域创新高地，具有重要战略意义。像我们这样的大国，应当更加重视和加强基础理论研究，力争在不太长的时间内于若干前沿领域取得原创性突破和颠覆性技术创新。同时，要科学规划，加大投入，在工程技术领域，着力攻克一批关键核心技术，推动产业结构优化和调整。此外，还要重视和加强创新成果的推广应用，使之尽快转化为市场优势和经济效益。为此，要构建激励创新的体制机制，破除束缚创新和成果转化的制度障碍，重点是完善科技成果转化和收益分配机制，构建普惠性创新支持政策体系。

科技是第一生产力，人才是第一资源。创新驱动发展战略能否实施好、落实好，关键靠人才。事实表明，哪个国家拥有人才上的优势，哪个国家最后就会拥有实力上的优势。因此，要把人才资源开发放在创新驱动战略最优先的位置，促使人才规模、质量和结构与我国创新发展相适应。坚持服务发展、人才优先、创新机制、高端引领、整体开发的方针，在创新实践中发现人才，在创新活动中培育人才，在创新事业中凝聚人才。目前我国人才总量很大，但高端人才、顶尖人才不足，人才流失仍较严重，严重制约了我国科技创新战略的实施。为了改变这种状况，要在吸引、培养、用好人才上下功夫。为此，要突出“高精尖缺”导向，大力培养领导创新发展急需紧缺人才，让各类人才在我国各得其所，大展其长。要健全完善“千人计划”“万人计划”等国家重大人才工程，各地也要实施相应的人才工程，把技能性人才、实用性人才纳入其中。要着力提高人才待遇，采取特殊政策措施，留住优秀人才，引进海外高端人才、顶尖人才。要推进人才体制改革和创新、营造良好的人才发展的环境，大力打造规模宏大、结构合理、素质优良的人才队伍。

（四）加快调整优化经济结构

经济结构不合理，是我国经济发展中存在的最主要问题。我国经济发展质量和效益不够高、核心竞争力不够强，与先进国家差距较大，都与此有很大的关系。因此，加快调整优化经济结构，是一项关乎发展全局的重大战略任务。特别是要重视发展实体经济，以创新引领实体经济转型升级。

一是千方百计扩大内需。扩大内需是我国经济发展的战略基点，也是改革需求结构的必然要求。在推进经济结构战略性调整的过程中，应当始终把扩大内需放在非常重要的地位。应当看到，我国拥有近14亿人口，具有十分广阔的市场。作为世界上最大的新兴市场国家，我国蕴藏着巨大的需求潜力。同时，我国区域发展不平衡，城乡差距明显。这种国情客观上使我国的消费市场呈现出多层次性和多样性，因而不同档次、不同种类的商品在我国都有相当规模的市场需求。显然，这种状况是我国的一大特点，从一定意义上说也是我国的一大优势。我国应当要充分利用好、发挥好这些特点和优势。特别是在世界经济低迷、国际市场需求减弱、贸易保护主义明显抬头的形势下，千方百计扩大内需是我国的必然选择，也是有效抵御国际经济风浪冲击的战略举措。

扩大内需，必然要求拓展居民消费。居民消费需求是最终需求，对市场发展具有决定性作用，对生产发展也具有极其重要的影响。较长时期以来，我国的消费增长率低于投资增长率。消费率长期偏低，不利于扩大内需和市场繁荣，不利于调整产业结构。而消费率偏低的主要原因是居民收入仍然偏低，以及社会保障体系很不完善。因此，继续增加城乡居民尤其是低收入者的收入是扩大消费的重要前提，建立和完善社会保障体系是扩大消费的重要基础。为了扩大消费，首先要改善投资结构，提高投资效益，创造出更多、更好的产品，提供性价比更高的服务。同时要努力改善消费环境、完善消费政策、拓宽消费领域，引导人们合理消费。此外，还要加快建立和完善社会保障体系，努力实现基本公共服务均等化。

需要指出，扩大内需，不是要闭关自守，也不是要轻视外需。进一步扩大开放是我国的既定方针，努力拓展外需仍然是我国经济发展的重要途径。为了发展社会主义市场经济，我国必须更加充分地利用国际和国内两个市场、两种资源，促进扩大内需与拓展外需良性互动。

二是加快构建产业新体系。这是调整优化经济结构的主要着力点，也是转型发展的战略举措。其主要目标就是要构建现代产业发展新体系，主要任务就是要促进第一、第二、第三产业协调发展，逐步形成以农业为基础、工业为主导、战略性新兴产业为先导、基础产业为支撑、服务业全面发展的产业格局。为了实现这些目标任务，主要应做好以下几项工作。

加快传统产业优化升级。在我国产业结构中，传统产业占绝大部分。从我国的基本国情来看，今后传统产业仍将是我国经济发展中的主体力量。大规模的传统产业，对于安排大量人口就业、满足人民生活需要、推动经济稳定发展，具有不可替代的作用。但是，我国传统产业总体上技术水平比较低，劳动生产率不高，竞争力不强。有些传统产业消耗资源和能源比较多，环境污染比较严重。因此，迫切需要运用高新技术和先进技术加快改造传统产业，加大淘汰落后产能、节能减排、企业重组等工作力度，推进传统产业转型升级。在农业方面，特别是在粮食种植和畜牧养殖方面，要依靠高新技术尤其是生物技术对其进行改造。尤其是要重视培育优质、高产、安全的农作物新品种和健康、专用的动物新品种，并应用高新技术和先进技术进行生产和管理。制造业是国民经济的支柱和基础，特别要重视制造业的发展，加快推动制造业智能化、绿色化、服务化。要应用高新技术进行改造和升级，重点是要掌握核心技术，由“中国制造”转变为“中国创造”，由制造业大国转变为制造业强国，从根本上改变核心部件和重大装备依赖进口的状况。在传统服务业方面，要广泛应用信息技术等高新技术，并采用先进的管理方法，扩大服务范围，细化服务项目，改善服务质量，提高管理水平。

三是大力发展战略性新兴产业。战略性新兴产业是以重大技术突破和重大发展需求为基础，对经济社会全局和长远发展具有重大引领带动作用的产业，主要包括节能环保产业、新一代信息技术产业、生物产业、高端装备制造产业、新能源产业、新材料产业、新能源汽车产业等。在发展战略性新兴产业方面，我国进行了许多实践和探索，并且取得了积极进展。但是总的来说，我国在这方面起步较晚，整体水平不高，竞争力也不强。应当看到，近年来，世界上一些主要国家把发展战略性新兴产业作为战略重点，投入了大量人力、物力和财力，取得了重大进展。这对我国来说，既是很大的压力，也是难得的机遇。在这场激烈的竞争中，中国必须抓住机遇，迎接挑战，实现跨越式发展，逐步使战略性新兴产业成为我国经济社会发展的主导力量。为此，既要统筹兼顾，又要重点突破，在一定时期内，应当选择其中若干重点领域作为突破口，加大投入，集中力量，协同攻关，力争在较短的时间内取得重大突破。根据国家“十三五”规划，要重点发展节能环保、新一代信息技术、生物、高端装备制造、新能源、新材料、新能源汽车等产业，使之引领和支撑产业转型升级。从我国的情况来看，发展战略性新兴产业应当与其他传统产业发展结合起来，走融合发展之路。这样做，既有利于推动经济转型升级，又有利于解决就业问题。

四是大力发展现代服务业。现代服务业包括生产性服务业和一部分生活性服务业。生产性服务业主要是指现代物流、金融保险、商务服务、工程设计、信息咨询等，是直接或间接为生产活动提供各种中间服务的服务业。一部分生活性服务业也属于现代服务业的范畴，比如电子商务、数字家庭等。发展现代服务业，就是发展壮大生产性服务业和先进的生活性服务业，重点是培育研发设计、现代物流、金融服务、信息服务和商务服务等。我国正处于新的历史起点上，大力发展现代服务业是适应国内外新形势、实现综合国力整体跃升的有效途径，是调整优化经济结构的必然选择。

从我国的实际出发，发展现代服务业应与发展传统服务业结合起来。事实上，在科技日新月异的今天，许多传统服务业已经大量应用信息技术等先进科技手段，用高新技术和先进适用技术武装和改造传统服务业已是大势所趋。所以，把两者结合起来不仅有必要，而且也有可能。尤其是要把现代服务业与旅游、健身、家政、养老、社区服务等生活性服务业结合起来，提升传统服务业的整体素质，推动传统服务业转型升级。这样做，不仅有利于提高生活性服务业的技术含量和服务质量，而且有利于提高整个服务业的管理水平和市场竞争力，还有利于扩大就业和满足人民群众日益增长的对服务业的需求。

在推动现代服务业与传统服务业结合中，应努力拓宽服务业新领域，发展新业态，培育新热点，推进规模化、品牌化、网络化经营。在这方面，特大城市和大城市应当带头，充分发挥人才、物流、信息、资金比较集中的优势，加快结构调整步伐，形成以服务经济为主的产业结构。在这样的产业结构中，现代服务业与传统服务业是紧密联系、互相促进的。在推进服务业的发展中，特大城市和大城市应当走服务业规模化、品牌化、网络化之路。同时，要充分发挥其引领和带动作用，推动中小城市服务业的发展，促进农村服务业的进步。

五是推进城乡一体化。城乡二元结构是不合理经济结构的突出表现，是影响我国从根本上解决“三农”问题的主要障碍。因此，改变城乡结构，必须推进城乡一体化，这是解决“三农”问题的根本途径，也是调整经济结构的一项重大战略任务。应当说，我国在逐步改变城乡二元结构，推进城乡一体化方面做了许多工作，积累了宝贵经验。同时，农业现代化建设逐步推进，粮食等农产品连年增产，为城乡一体化打下了必要的基础。但是，由于历史和现实的种种原因，城乡发展差距依然很大。主要表现是：农业基础仍然薄弱，城乡之间在劳动力就业、居民收入、基础设施建设和公共服务水平等方面差距明显。可见，推进城乡一体化任务非常繁重。同时也应看到，推进城乡一体化特别是新型城镇化，是扩大内需的最大潜力，是我国经济发展的强大动力。为了推进城乡一体化，重点应当做好如下工作。

第一，继续坚持工业反哺农业、城市支持农村和多予少取放活方针。坚持这个方针，就要加大强农惠农富农政策力度，让广大农民平等参与现代化进程、共享现代化成果。为此，要加大投入，大力发展现代农业，提高农业科技含量和农业劳动生产率。同时，公共财政支出向农村倾斜，把国家基础设施建设和社会事业发展的重点放在农村，深入开展新农村建设和扶贫开发，全面改善农村生产生活条件。

第二，建立城乡一体化发展体制机制。为此，要贯彻落实党的十八届三中全会精神，通过深化改革，从体制机制上保障城乡一体化顺利推进。主要是推进如下改革：坚持和完善农村基础经营制度，加快实施承包地确权登记颁证，鼓励土地经营权流转；赋予农民更多的财产权利，包括对集体资产股份占有、收益、有偿退出及抵押、担保、继承权，保障农户宅基地用益物权。推进城乡要素平等交换和公共资源均衡配置，维护农民生产要素权益，保障农民公平分享土地增值收益；完善农业补贴等政策，促进农业集约化和可持续发展；加快户籍制度改革，出台差别化落户政策，逐步把符合条件的农业转移人口转为城镇居民；建立农业转移人口市民化成本分担机制、多元化可持续城镇化的投融资机制；等等。

第三，推进新型城镇化。城镇化是现代化的必由之路，也是解决“三农”问题的重要途径。推进新型城镇化要以人为核心，着力解决由农村转变为城镇过程中居民的生产和生活问题。城镇化是一个自然历史过程，推进新型城镇化必须遵循自然规律和经济社会发展规律。因此，要从我国的实际出发，因势利导，因地制宜，合理布局，逐步推进。要搞好顶层设计，做好城镇规划，确定切实可行的目标，积极稳妥地推进，而不要把胃口吊得太高，不要急于求成，一哄而上。推进新型城镇化，应当充分遵循农民的意愿，尤其是在推进农业转移人口市民化的过程中，要坚持自愿、分类、有序的原则，制定切实可行的办法，解决农民流入城镇后的实际问题，提高农民融入城镇的素质和能力。在推进城镇化的过程中，要高度重视产业发展，注重解决农民进入城镇后的就业问题，千方百计提高他们的收入，改善他们的生活。小城镇的建设要与大中小城市建设有所不同，应优化布局、合理分工、功能互补、协同发展。推进新型城镇化，应当把发展质量放在突出位置。这里讲的发展质量，包括规划水平、土地利用效率、城镇建设和管理水平、产业结构状况、生态环境质量、文物保护水平等等。在注重发展质量的前提下还要加快新型城镇化的步伐，让更多的农村变为城镇，让更多的农民变为城镇居民，走出一条中国特色的新型城镇化道路。

六、社会转型发展的路径选择

推进社会转型发展是整个转型发展的重要组成部分，也是推进经济社会协调发展的必然要求。从某种意义上说，社会转型发展难度更大，过程更长。社会转型发展的内容很多，核心是从传统社会向现代社会转型。社会转型发展的总目标是构建社会主义和谐社会，主要任务是改革社会体制、创新社会治理、发展社会事业，其根本目的是促进社会公平正义、保障和改善民生。

改革开放以来，我国社会建设取得了长足的进步，社会发展取得了有目共睹的成绩，积累了宝贵的经验。但是，毋庸讳言，经济建设和社会建设不平衡的状况没有根本改变。经济发展和社会发展不协调的现象普遍存在。陆学艺教授认为："社会建设滞后导致经济社会发展不协调，是现阶段我国社会的主要矛盾。"①他指出："对发展战略作适当调整，在坚持经济建设为中心的前提下，把社会建设摆到重要战略地位，实行社会建设与经济建设并重的方针，有利于促进经济与社会协调发展。"②这些看法是很有道理的。因此，在深化改革中加快社会转型发展，是一项重大而紧迫的战略任务。

（一）推进社会发展社会化

这是社会转型发展的重要途径，也是贯彻群众路线的内在要求。社会发展社会化包括社会建设社会化、社会治理社会化、社会服务社会化，其基本含义就是社会成员共同参与社会建设、共同管理社会事务、共同享有社会发展成果的过程。推动社会发展必须坚持走群众路线，以社会化为导向，充分调动社会各方面的力量，更好地发挥社会各方面的积极性，共同推进社会建设。推进社会发展社会化，是社会发展的必然趋势，是人民当家做主的内在要求，它有助于激发社会活力，有助于调动人民群众参与社会建设的积极性，有助于社会和谐与文明进步。

社会发展社会化主要体现在如下几个方面：一是参与主体的多元化。即在各级

---

① 陆学艺：《中国社会结构与社会建设》，中国社会科学文献出版社，2013 年版，第 342 页。

② 陆学艺：《中国社会结构与社会建设》，中国社会科学文献出版社，2013 年版，第 343 页。

党委的领导下，社会各个方面、各个阶层都作为主体共同参与社会发展。二是服务对象大众化。社会发展的根本目的，就是要为广大人民群众谋福祉，使改革和发展的成果更多、更公正地惠及全体人民。因而，社会发展所提供的服务，不是为了少数人或一部分人，而是为了最广大人民群众、为了全体社会成员。三是参与方式的多样化。要创造更多的条件，营造更好的环境，尊重人民群众的主体地位，发挥人民群众的首创精神，动员和组织群众以各种各样的方式参与社会发展。四是基本公共服务均等化。在促进经济持续健康发展的基础上，逐步消除在基本公共服务上过大的地区差别、城乡差别以及其他类型的差别，使全体社会成员有机会、有权利享受政府和社会提供的基本医疗、基本养老保障、义务教育、社会救助、就业培训等基本公共服务。

推进社会发展社会化，应当与法治社会建设结合起来，这是建设法治中国的题中应有之义，也是全面推进依法治国的必然要求。党的十八届四中全会明确提出，要推进多层次、多领域依法治理，提高社会治理法治化水平。“深入开展多层次多形式法治创建活动，深化基层组织和部门、行业依法治理，支持各类社会主体自我约束、自我管理。发挥市民公约、乡规民约、行业规章、团体章程等社会规范在社会治理中的积极作用。”[①] 在推进社会发展社会化的过程中，一切社会治理措施和社会管理活动，都要于法有据。特别是各级领导干部、各层次管理者和执法者，都要把依法治理依法办事的理念根植于头脑中，善于用法治思维和法治方式管理社会、处理社会事务。不仅如此，还要加强社会领域立法工作和执法工作，在全社会进行法治宣传教育，弘扬法治精神，做到科学立法、严格执法、公正司法，全民守法，把各项社会治理活动纳入法制轨道。使全体人民都成为社会主义法治的忠实崇尚者、自觉遵守者、坚定捍卫者。

需要指出，社会发展社会化，不是要弱化党的领导，而是要加强和改进党的领导。党的领导是我国的最大优势，是实现社会持续健康发展的根本保证。我们必须充分发挥各级党组织在社会发展中统揽全局、协调各方的作用，把党的领导落实到社会转型发展的各项工作中去。社会发展社会化，也不是要否定政府的作用，而是要更好地依法履行政府的职责。政府主要在宏观调控、市场监管、公共服务和社会

① 《中共中央关于全面推进依法治国若干重大问题的决定》，《人民日报》，2014 年 10 月 29 日 03 版。

治理方面依法履行职责，特别是在公共服务方面具有不可替代的作用。我们要强调社会发展社会化，从根本上改变政府包揽过多、统得过死的现象，同时也要彻底解决在社会领域无人抓、无人管或管得不到位等问题。早在1980年邓小平同志就尖锐地指出，“我们的各级领导机关，都管了很多不该管、管不好、管不了的事，这些事只要有一定的规章，放在下面，放在企业、事业、社会单位，让他们真正按民主集中制自行处理，本来可以很好办，但是统统拿到党政领导机关、拿到中央部门来，就很难办。谁也没有这样的神通，能够办这么繁重而生疏的事情。这可以说是目前我们所特有的官僚主义的一个总病根”①。现在看来，邓小平同志指出的问题至今仍没有得到很好解决。我们认为，社会发展社会化，符合邓小平同志讲话精神，符合社会发展的客观规律。它是克服官僚主义总病根的有效途径，也是调动企业、事业、社会单位和广大人民群众积极性的必由之路。

社会发展重在建设，没有建设就没有发展。社会建设在中国特色社会主义“五位一体”的总体布局占有重要地位，它与人民幸福安康息息相关，是社会和谐稳定的重要保证。社会建设的范围很广、任务很多，其重点是保障和改善民生，主要是解决好人民最关心、最直接、最现实的利益问题，如教育、就业、居民收入、医疗卫生、社会保障等方面的问题。也就是说，社会建设要在学有所教、劳有所得、病有所医、老有所养、住有所居的基础上持续取得新进展，让人民过上更好的生活。为此，要在大力发展社会生产力的基础上，努力满足人民日益增长的物质文化需要，促进人的全面发展。与此同时，社会政策要托底，最重要的是要建立和完善社会保障制度，切实保障人民基本的生存和发展需要。对老少边穷等落后地区要加大扶持和援助的力度，增强其自力更生的能力，尽快缩小它们与其他地区的差距。对特殊困难群体要进行帮助和救济，守住他们的生活底线，努力改善他们的生活。应当指出，在改善基本民生方面，政府责无旁贷。而要广泛持续地改善民生，需要各级政府、企事业单位和社会各个方面以及人民群众共同努力走社会化之路。实践证明，持续改善民生最深厚的力量在社会和群众之中。因此，应采取切实有效的政策措施，创造公平和谐的社会环境，调动企事业单位的积极性，引导广大群众努力工作，改善生活。只有走社会化之路，改善民生的路子才能越走越宽广。

从根本上说，推动社会化发展与坚持党的群众路线是相通的。众所周知，社会

---

① 《邓小平文选》第二卷，人民出版社，1994年版，第328页。

是由人所组成的，这里讲的人主要是指人民群众。社会建设的各项工作，都是为群众谋利益的工作，社会发展的过程都是做群众工作的过程。可以这样说，群众工作是社会发展的基础性、经常性、根本性工作，而要做好群众工作必须走群众路线。群众路线是党的生命线和根本工作路线，是我们赢得群众支持、战胜各种困难的重要法宝。加强社会建设的根本目的，就是一切为了群众，即通过共同建设，为人民群众谋福祉。推动社会建设的力量之源在人民群众之中，因而必须紧紧依靠群众，放手发动群众，尊重群众的主体地位和首创精神。推动社会建设的许多智慧蕴藏于人民群众之中，因而要深入群众，深入实际，倾听群众的呼声，认真向群众学习，集中群众的智慧，总结群众的实践经验。同时要善于把群众智慧和实践经验上升为社会建设的主张和政策，回到群众中去，在实践中接受群众的批评和检验。在此基础上，进一步修改和完善社会建设的主张和政策，使之更加符合群众意愿和群众利益。不仅如此，还要让群众认同和接受这些正确主张和有关政策，使之转化为群众的自觉行动。只有这样，才能充分调动群众的主动性、积极性和创造性，形成推动社会建设的强大合力。

推进社会发展社会化，符合党中央一系列文件精神。党的十六届六中全会提出了构建社会主义和谐社会的重大战略任务，并进行了全面部署。全会通过的《中共中央关于构建社会主义和谐社会若干重大问题的决定》贯穿了共建共享这条红线，即我们要构建的社会主义社会是党领导全体人民共同建设、共同享有的和谐社会。为此，必须坚持发挥党的领导核心作用，维护人民群众的主体地位，团结一切可以团结的力量，调动一切积极因素，形成促进和谐人人有责、和谐社会人人共享的生动局面。党的十八大报告提出了多方参与共同治理的思想。报告的第七部分专门阐述在改善民生和创新管理中加强社会建设，并提出要保证人民平等参与、平等发展的权利。报告强调，必须坚持党的领导、多方参与，共同治理，在社会治理中发挥政府、市场、社会等多元主体的作用，协同协作、互动互补、相辅相成。只有这样，才能形成推动社会和谐发展、保障社会安定有序的合力。报告指出，全党全国人民行动起来就一定能开创社会和谐人人有责、和谐社会人人共享的生动局面。党的十八届三中全会提出改进社会治理方式，要坚持系统治理、依法治理、综合治理、源头治理。坚持这“四个治理”都要坚持党的群众路线，建立社会参与机制，充分发挥人民群众的积极性、主动性和创造性。这些要求，都是社会治理社会化的题中应有之义。

坚持系统治理，就是要在党的领导和政府主导下，鼓励和支持社会各方面参与，通过多方参与和共同治理，实现政府治理和社会自我调节、居民自治的良性互动。坚持依法治理，科学立法，全民守法，不断增强公民的法治意识，运用法治思维和法治方式化解社会矛盾。坚持综合治理，引导和组织群众参与社会治理，培育和践行社会主义核心价值观，用道德来约束和规范社会行为，综合运用各种政策措施调节利益关系，协调社会关系，解决社会问题。坚持源头治理，就是要标本兼治、重在治本，为此要动员和组织群众加强基层基础工作，及时了解群众的意见和诉求，认真解决群众反映强烈的问题，把问题解决在基层，把矛盾化解在萌芽状态中。

推进社会发展社会化，关键要处理好政府与社会的关系，重点是加快转变政府职能。毫无疑问，政府在社会发展中占有非常重要的地位，具有不可替代的作用。一方面，政府不该管、管不好的事就不要管，大量的社会事务按民主集中制的原则，让基层和群众自己去管。另一方面，政府该管的事，特别是基本公共服务、社会公共事务，政府要切实管起来，而且要管到位，不能推给社会。中共十八届三中全会提出，在社会治理中，要发挥政府主导作用，鼓励和支持社会各方面参与，实现政府治理和社会自我调节、居民自治良性互动。这种良性是社会治理乃至整个社会发展的基本方向。张成福教授指出："一个好的政府并非人民需求什么就都予以满足的政府，而是提供足够的机会让人民自己解决自己问题的政府。社会自治无疑是确保公民学习治理、共创公益，提升文明的一个方式或制度，也是推动开放政府建设的重要基础和途径。"① "从政府与社会关系来看，社会自治意味着国家权力向社会的回归。在社会自治的条件下，政府与社会组织的关系不是指挥与服从的权力关系，而是尊重与协力的互动关系；政府的角色不再是资源的分配者，而是资源的创造者。"② 这些观点揭示了政府与社会关系的本质，体现了社会治理社会化的特征。总之，要推进社会治理社会化，最重要的是深化行政体制改革，推动政府职能向创造良好发展环境、提供优质公共服务、维护公共服务转变。

（二）深化社会体制改革

这是加快社会转型发展的强大动力，也是构建社会主义和谐社会的必由之路。

---

① 张成福：《开放政府论》，《中国人民大学学报》，2014 年第 3 期。
② 张成福：《开放政府论》，《中国人民大学学报》，2014 年第 3 期。

党的十八届三中全会明确指出："要紧紧围绕更好保障和改善民生、促进社会公平正义深化社会体制改革，改革收入分配制度，促进共同富裕，推进社会领域制度创新，推进基本公共服务均等化，加快形成科学有效的社会治理体制，确保社会既充满活力又和谐有序。"① 这就为深化社会体制改革指明了前进的方向，明确了重点任务。

社会体制改革的中心任务是，更好地保障和改善民生，促进社会公平正义。其主要目标是，推进社会领域制度创新，加快形成科学有效的社会治理体制，为社会建设与经济建设、政治建设、文化建设、生态文明建设协调发展提供可靠的体制保障。其基本原则是，坚持党的领导，确保社会体制改革的正确方向；坚持立足国情，改革创新；坚持以人为本，实现好、维护好、发展好最广大人民的根本利益；坚持整体规划，使社会体制改革与其他改革相协调；坚持循序渐进，既积极推进又稳妥进行。

深化社会体制改革涉及面很广，任务非常艰巨。根据党的十八届三中全会的部署，主要从两个方面推进改革。一方面，推进社会事业改革创新。主要任务是：深化教育领域综合改革，重点是考试招生制度改革；健全促进就业创业机制，重点是高校毕业生等青年就业改革；深化收入分配制度改革，形成合理有序的收入分配格局；深化社会保障制度改革，建立更加公平可持续的社会保障体系；深化医药卫生体制改革，逐步调整完善生育政策。另一方面，创新社会治理体制。主要任务是：改进社会治理方式，提高社会治理水平；激发社会组织活力，更好地发挥社会组织作用；创新有效化解社会矛盾体制，维护社会和谐稳定；健全公共安全体系，保障人民安居乐业。由于本文后面将对社会事业发展问题作专门阐述，这里重点对创新社会治理体制问题作一些探讨。

社会治理是社会建设的重大任务，是国家治理的重要内容。习近平总书记指出，治理和管理一字之差，体现的是系统治理、依法治理、源头治理、综合施策。中共十八届三中全会作出的创新社会治理体制的战略部署，就是要构建全民共建共享的社会治理格局，这是我们党社会治理理论和实践的重大创新。它体现了党的群众路线，体现了党领导下的多方参与、共同治理的理念和主张，而这个理念和主张本质

---

① 《中共中央关于全面深化改革若干重大问题的决定》，《人民日报》，2013 年 11 月 16 日 01 版。

上就是社会治理社会化。

从社会管理到社会治理，经历了一个历史发展过程。从我国的情况及大体演变的历史来看，经历了统治型、管控型、党政主导型社会管理三个时期。目前，我国正进入社会治理的新时期。我国历史上的社会管理是统治型，其主要特点是：皇权至高无上，在高度集权的基础上又进行适当分权，实行郡、县两级统治。同时，统治阶级还注重思想道德教化，设立基层社会组织，依靠宗法制度等手段进行社会管理。新中国成立后实施的是管控型社会管理，其主要特点是：实行以单位为基础的从业人员管理，以街居为基础的城市社会人员管理，以单位制度、户籍制度、职能身份制度和档案制度为基础的社会流动管理。总的来说，这种类型政府管得很宽、单位管得很多。自改革开放以来，我国逐渐形成了党政主导型的社会管理。其主要特点是：党政起主导作用，逐步推进社会协同和公共参与；把改善和保障民生摆到突出地位，加强社会服务，重视发挥社区的作用。

在总结历史经验的基础上，党的十八届三中全会明确作出了创新社会治理的决策部署。全会强调，创新社会治理，必须着眼于维护最广大人民的根本利益，最大限度地增加和谐因素，增强社会发展活力，提高社会治理水平，全面推进平安中国建设，维护国家安全，确保人民安居乐业、社会安定有序。① 为此，主要应从以下几个方面推进社会治理创新。

1. 建立完善社会治理体制

即要建立和完善党委领导、政府主导、社会协同、公众参与和法治保障的治理体制。党委领导，就是要发挥各级党委对社会治理的领导作用，总揽全局，协调各方，确保社会治理的正确方向。同时，要加强和改进基层党组织建设，使之成为基层各种组织的核心，把基层群团组织、社会组织以及志愿者队伍凝聚起来，为基层群众做实事、办好事、解难事，提供力所能及的服务。政府主导，就是要发挥政府在基本公共服务和公共治理中的主导作用，依法全面履行职能，努力提高政府工作效率，尽量降低政府运作成本。该由政府管的，一定要管好、管到位，不能推给市场，也不能撂给社会；不该由政府管的，应该交给市场和社会，不能大包大揽。社会协同，就是社会各方面力量共同参与社会治理，并且建立和完善相应的协同机制，使各方面力量相互协调、相互配合，形成合力。从我国的实际情况来看，应当充分

---

① 人民日报，2013 年 11 月 13 日，第 11 版。

发挥人民团体、社会组织和企事业单位在社会治理中的作用，建立和完善党委和政府与社会力量互联、互补、互动的社会治理体系。公众参与，就是依法依规让公众参与社会治理，充分发挥公众在社会治理中的主人翁精神，充分发挥基层自治组织在社会治理中的基础性作用。群众自己的事情应当交给群众自己去做，基层的事务应当交给基层去办，政府不要干预，上级不要插手。为此，要创造条件，拓宽渠道，搭建平台，提供服务，让广大群众乐于参与、便于参与社会治理。法治保障，就是要把社会治理纳入依法管理的轨道，用法治来保障社会治理有序推进。人民的权益要靠法律保障，法律权威要靠人民维护。要重视和加强法治社会建设，做到有法可依、有法必依、执法必严、违法必究。

2. **健全公共安全体系**

这是维护社会安定的必然要求，也是保障国家利益和人民利益的战略举措。我国公共安全主要包括：食品安全、安全生产、防灾减灾救灾、社会治安防控、网络安全等等。为了确保公共安全，一是要健全食品安全监管机制。强化政府的监管责任，落实企业的主体责任，完善食品药品安全标准，实现从生产源头到终端消费的全程严格监管，依法惩治食品药品领域的违法犯罪活动。二是要完善安全生产监管制度。落实政府的安全生产监管责任和企业的安全生产主体责任，严格安全生产目标考核和责任追究，健全安全生产法律法规、政策标准、技术服务，提高安全生产的科技支撑能力和应急救援水平，严格查处非法违规和违章生产经营行为。三是要完善立体化社会治安防控体系。深入推进社会治安综合治理，健全落实领导责任制，实行点线面相结合、网上网下相结合、人防物防技防相结合、打防管控相结合，筑牢社会治安防控体系根基。充分发挥公安机关在社会治安中的主导作用，采取坚决有效的措施，依法严密防控和惩治各种违法犯罪活动，保障人民的生命财产安全。同时，注重发挥城区社区在社会治安防控中的基础性作用，动员和组织群众开展群防群治，形成人民群众积极参与社会治安的良好局面。

3. **健全有效预防和化解社会矛盾体制机制**

主要包括：健全重大决策社会稳定风险评估机制，建立健全社会矛盾预警机制，改革行政复议体制，改革信访工作制度，从我国的实际情况来看，最重要、最迫切的是要建立和完善畅通有序的诉求表达、心理干预、矛盾调处、权益保障机制，及时化解社会矛盾，调整社会关系，解决社会问题。畅通诉求表达机制，就是要引导和支持群众理性表达诉求，使社会矛盾和社会问题能及时反映上去和表达出来，这就要求畅通和拓宽群众诉求表达渠道，及时反馈处理群众合理诉求。为此，一方面，要完善诉讼、仲裁、行政复议等法定诉求表达机制；另一方面，人大、政协、人民团体、社会组织、基层群众自治组织以及新闻媒体要及时了解群众的情绪，反映群众诉求。建立心理干预机制，就是要对某些特殊社会群体和个人进行心理干预，防范和降低风险。对受挫折者和失意者给予更多的关心，有针对性地进行疏导和干预，避免他们走向极端。对流浪儿童、精神病人、吸毒人员、艾滋病患者、刑满释放人员等特殊人群要进行专业心理辅导和矫治，帮助他们走向正道，回归社会。完善矛盾调处机制，就是要健全从上到下的人民调解网络，发挥人民调解、行政调解、司法调解的联动作用，及时有效地把矛盾化解在基层，把纠纷解决在冲突之前，努力减少社会冲突、促进社会和谐。健全权益保障机制，就是要制定和完善相应的法律法规和制度，依法维护权益。凡是与群众切身利益密切相关的重大决策，都要充分听取群众意见，防止因决策不当引发社会不稳定。同时，要改革行政复议体制，纠正违法或不当行政行为，依法维护好群众的切身利益。

4. 激发社会组织活力

社会组织是社会治理的主体之一，也是公共服务的主要载体。随着社会的发展，社会组织在社会治理中的地位和作用将越来越重要。因此，一方面，党和政府要加强顶层设计，积极支持社会组织健康有序发展，营造更好的社会环境，为社会组织发挥作用创造更好的条件。另一方面，社会组织也应加强自身建设，提高服务能力和管理水平，依法依规积极开展活动。

社会组织有广义和狭义之分。从广义上说，除党政等机关和公务员单位之外，其他组织都属于社会组织。也就是说，数量众多的事业单位、工会共青团妇联等人民团体和群众组织都属于广义的社会组织的范畴。这些体制以内的单位、组织、机构拥有非常丰富的人财物等社会资源，蕴藏着极大的发展潜力和社会活力。把这些社会资源调动起来，把这些潜力充分挖掘出来，把它们的活力都激发出来，对社会转型发展将会产生极大的作用和深远的影响。迄今为止，事业单位和人民团体改革相对滞后，其潜力远远没有挖掘出来，其活力没有充分激发出来。因此，迫切需要加快事业单位和人民团体改革，推动其发展模式转型。

狭义的社会组织是指在民政部门登记各类社会组织，不包括党政机关、事业单位和人民团体。下面，重点对如何激发狭义社会组织的活力问题进行探讨。具体来说，可以从以下几个方面入手。

一是加强社会组织方面的立法工作。这是促进社会组织健康发展的必然要求，也是把社会组织管理纳入法治化轨道的应有之义。迄今为止，我国社会组织方面的立法工作明显滞后，不能适应社会治理实践和社会组织发展的需要。为此，建议在开展调查研究的基础上，加快制定《社会组织法》，从法律上明确社会组织的地位、功能和作用，保障社会组织的合法权益，规范社会组织的行为，建立和完善社会组织违法和失信惩戒机制。同时，还要制定与社会组织法相配套的法规和制度，营造按法律法规管理社会组织的社会氛围。

二是推进社会组织管理制度改革。这是鼓励和支持社会组织参加社会治理和公共服务的内在要求，也是促进社会组织健康发展的重要基础。近年来，全国许多地方进行了这方面的改革和探索，积累了不少经验。从实际情况来看，这项改革的重点要落实到改善服务、政社分开和加强监督等方面。在改善服务方面，要降低门槛，方便登记。对四类社会组织实行直接登记，即成立行业协会商会类、科技类、公益慈善类、城乡社区服务类社会组织，除依据法律法规和国务院决定需要前置审批外，可直接向民政部门依法申请登记。在政社分开方面，要抓紧推进一些社会组织去行政化步伐，使之真正回归民间。重点是要限期实现行业协会商会与行政机关脱钩，从根本上克服政社不分、管办分离、责任不清的现象。在加强监管方面，就是要依法对社会组织进行监督，对不合格的社会组织要批评曝光，对违法的社会组织要进行惩罚，对非法的社会组织要坚决予以取缔。

三是大力推进政府购买公共服务。这是充分发挥社会组织作用的重要措施，也是提高政府工作效率的必由之路。在非基本公共服务领域，凡是适合社会组织的服务项目，都应当通过购买的方式交由社会组织来承担。基本公共服务领域，政府也要逐步加大购买服务的力度，让社会组织真正成为承接政府购买服务的主体。应当指出，政府购买服务，应当运用市场机制，通过竞争的方式来进行。为此，要建立健全评审机制，由购买主体、服务对象以及第三方代表组成评审委员会，对购买服务项目数量、质量和资金使用绩效等进行评估和考核，确保政府购买公平公开，努力提高这些财政资金的使用绩效。

四是加强社会组织自身建设。这是社会组织健康发展的内在要求，也是社会组织兴衰成败的关键所在。社会组织自身建设内容很多，比如组织内部的队伍建设、文化建设、制度建设等等。其中队伍建设是重点，文化建设是灵魂，制度建设是保证。在队伍建设中，应当把社会组织党的建设和人才队伍建设放在突出位置。加强社会组织党的建设的重点，是要普遍建立党组织，充分发挥党组织的战斗堡垒作用和先锋模范作用。加强人才队伍建设是社会组织自身建设的重中之重。在人才队伍建设中要充分发挥现有人才的作用，使之成为社会组织的中坚力量。同时，要做好人才培养、引进和使用工作，完善收入分配、社会保障、职称评定等制度，营造尊重人才、发挥人才作用的良好氛围。

（三）大力发展社会事业

社会事业与人民生活密切相关。在促进经济持续健康发展的基础上，大力发展社会事业，是保障和改善民生的必然要求，也是加快社会转型发展的根本任务。社会事业范围很大，这里重点探讨就业、教育和社会保障问题。

1. 推动实现更高质量的就业

实现充分就业，是保障和改善民生的头等大事，也是促进转型发展的重要基础。我国在促进就业方面已经做了大量工作，取得了很大成绩。但是，由于我国人口基数巨大，新增劳动力很多，尤其是高校毕业生和农村转移劳动力不断增长，当前和今后一个时期就业形势仍然比较严峻。同时，就业的结构矛盾比较突出，劳动者素质能力还不能完全适应产业结构调整的需要，劳动者就业培训相对滞后，公共就业服务体系还不够完善，因而实现更高质量就业的任务非常艰巨。推动实现更高质量就业是一个复杂的系统工程，其根本途径是大力发展经济，创造更多更高质量的就业岗位。只有加快经济结构战略性调整，进一步扩大经济规模，才能增加就业容量，提高就业质量。在此基础上，还应采取以下政策措施。

一是把党和国家有关就业的方针政策落到实处。党和国家明确提出，要贯彻劳动者自主就业、市场调节就业、政府促进就业和鼓励创业的方针，引导劳动者转变就业观念，鼓励多渠道多形式就业。为此，在制定和实施经济社会发展战略过程中，要把促进就业作为优先目标，把更高质量就业作为战略任务。为了扩大就业，要调整优化产业结构，主要是大力发展服务业，重视发展劳动密集型产业，积极支持中小企业和非公有制经济发展。同时，要优化创业环境，通过创业带动就业。主要应采取优惠政策鼓励创业，加大对创业者的扶持力度。在税费征收、贷款融资、社会保障补贴、经费场地、工商管理等方面为创业者提供更多的信息和服务。

二是加强职业技能培训。这是提升劳动者就业创业能力的必然要求，也是增强就业稳定性的重要途径。培训的对象应覆盖所有的求职者，重点是高校毕业生、农村转移劳动力、城市困难人员和退伍军人。高校也要适应就业市场的变化，以改革创新的精神，大力发展职业技术教育，调整专业结构，改革人才培养模式，使高校毕业生的素质和能力适应经济社会发展的需要，适应将来就业的需要。政府要加大对培训工作的领导，加大培训投入，健全面向全体劳动者的职业培训机制，为就业和创业提供基本公共服务。企业要充分发挥在技能人才培训中的主体作用，把培训作为企业的一项基础性工作，积极开展员工培训、技能竞赛和岗位练兵活动，不断提高员工的素质和能力。

三是做好重点群体就业工作。在就业方面，高校毕业生、农村转移劳动力、城市困难人员是重点群体。近年来，高校毕业生数量不断增加，2014 年已突破 700 万人。解决高校毕业生就业问题，是整个就业工作的重中之重。为此，应当采取多种措施，为高校毕业生就业创造机会。各个地区、各个行业、各个单位都应为他们就业积极创造条件，开发工作岗位，吸纳更多的高校毕业生就业。同时，要鼓励高校毕业生自主创业、开办小微企业。此外，要引导高校毕业生到基层去，到中西部地区去，到中小企业去。做好农村转移劳动力就业工作，应与统筹城乡发展联系起来，与新型城镇化结合起来。各级政府要加强领导，提供服务，为农村转移劳动力创造公平的就业环境，引导他们进城就业，鼓励他们就近就地就业，支持他们返乡创业。为了做好城镇困难群众就业工作，应当建立和完善相应的援助制度，为他们提供必要的帮助，尤其是对零就业家庭，应当给予特殊的关心，帮助其家庭中有劳动能力的人就业。做好退役军人的就业工作，重点是要组织他们进行有针对性的职业培训，提供及时有效的就业服务。同时，落实扶持退役军人就业的政策，帮助他们尽快融入地方，尽快实现就业。

四是健全人力资源市场。这是促进就业的重要平台，也是让市场在人力资源配置中起决定性作用的必然要求。健全人力资源市场的主要任务，就是要进一步破除人力资源市场的城乡分割、地区分割和身份分割，提升人力资源经营管理水平和服务供给能力。为此，应当抓紧研究制定人力资源市场法。经过多年的实践和探索，许多地方制定了人力资源市场管理条例，国家有关部门也出台了不少政策文件，有些省市还颁布了相关的地方性法规，这就为制定人力资源市场法创造了良好的条件。抓紧制定和实施这部法律，是人力资源市场发展和管理走入法制化轨道的内在要求，具有非常重要的意义。同时，人力资源市场需要努力改善自身管理，主要是建立健全有关规章制度，规范服务流程，努力拓展服务内容，完善服务功能，提高服务质量。同时，还要更好地运用信息化等手段，建立更加高效便捷、全国联网的人力资源信息平台，为求职者和用人单位提供更加优质的服务。要积极创造条件，构建多层次一体化的人力资源市场体系。可以先实行省级统筹，建立全省统一的人力资源市场体系，等条件成熟了，再建立全国统一的人力资源市场体系。

2. 努力办好人民满意的教育

百年大计，教育为本。教育是民族振兴、社会进步的基石，是提高国民素质、促进人的全面发展的根本途径。把教育事业搞得更好，能够培养出大量人才，从而能够极大地增强我国的综合竞争力。因而，应当积极推进教育事业改革发展，努力办好人民满意的教育。教育改革发展的主要任务，就是要按照优先发展、育人为本、改革创新、促进公平、提高质量的工作方针，坚持以人为本，遵循教育规律，面向社会需求，优化结构布局，促进教育全面协调可持续发展。总的要求是，办好学前教育、均衡发展九年义务教育、创造条件普及高中阶段教育。同时，加快现代职业教育、推动高等教育内涵式发展，积极发展继续教育，完善终身教育体系，建设学习型社会。为了完成这一战略任务，应当以改革创新的精神，采取切实有效的政策措施，促进教育事业的转型发展。

一是推进教育改革创新。这是教育事业发展的关键。推进教育改革创新的根本目的，就是要提高教育质量，培养学生的社会责任感、创新精神和实践能力。党的十八届三中全会提出了关于深化教育领域综合改革的新部署、新要求，为我国教育事业发展指明了方向。教育改革创新的任务很多，主要是考试招生制度改革，构建政府、学校、社会新型关系以及鼓励社会力量兴办教育。考试招生制度改革的基本方向是：探索招生和考试相对分离、学生考试多次选择、学校依法自主招生、专业机构组织实施、政府宏观管理、社会参与监督的运行机制，其主要目的是要从根本上解决一考定终身的弊端和应试教育所带来的问题。为此，党的十八届三中全会对各级各类学校考试招生制度改革作出了重大部署。构建政府学校社会新型关系的主要举措是：深入推进管办评分离，扩大省级政府教育统筹权和学校办学自主权，完善学校内部治理结构。强化国家教育督导，委托社会组织开展教育评估监测。为此，要大力推进放权，即中央向地方放权、政府向学校放权。在放权的过程中，推进学校分类管理，规范学校办学行为，发挥社会参与作用。同时要明确各级政府的责任，重点应为学校发展提供服务，即更多地运用法规、规划、标准、政策、公共财政、信息服务等手段引导和支持学校发展。为了鼓励社会力量兴办教育，应当健全政府补贴、政府购买服务、助学贷款、基金奖励、投资激励等制度。同时，要因地制宜采取多样化政策措施，引导社会资金以多种方式进入教育领域。在政府和社会力量的共同努力下，形成以政府办学为主体、全社会积极参与、公办教育和民办教育共同发展的格局。

二是全面实施素质教育。这是教育工作的主题，牢牢把握这个主题，形成全社会推进素质教育的强大合力，就会极大地促进教育转型发展。素质教育包括德智体劳等多方面的内容，其中最重要的是德育素质。因此，应当把立德树人这一基本导向摆在更加突出的地位，坚持育人为本、德育为先、能力为重、全面发展，努力为每个学生提供适合的教育，让每个学生都能成为有用之才。党的十八届三中全会《决定》明确提出，要全面贯彻党的教育方针，坚持立德树人，加强社会主义核心价值体系教育，完善中华优秀传统文化教育，形成爱学习、爱劳动、爱祖国活动的有效形式和长效机制，增强学生的社会责任感、创新精神、实践能力。为了全面提高学生素质，需要坚持全面发展，加强和改进德育、智育、体育、美育，把文化知识学习与思想品德修养统一起来，把理论学习与社会实践统一起来，把全面发展与个性发展统一起来。从我国教育的实际情况来看，全面加强素质教育要在狠抓落实上下功夫，即要把国家有关宏观政策细化为具体的计划和措施，采取实际行动，加强监督检查，注重取得实效。针对中小学生特别是小学生课业负担过重的现象，各所学校都要下决心采取措施，切实加以解决，使学生们有更多的时间参加锻炼、参与实践、探究思考、了解社会。教育行政主管部门要依法履行职责，加强指导、协调、监督和检查，促进实施素质教育的全面落实。全面实施素质教育，必然要求提高教育质量，这是教育改革发展的核心任务，也是办好人民满意的教育的必然要求。为此，要把教育工作的重点放在提高教育质量上来，制定教育质量国家标准，注重教育内涵式发展。同时，要建立和完善以提高教育质量为导向的教育管理制度和相应的工作机制，从教育投入和教育管理、资源配置等方面保障素质教育落到实处。

三是大力促进教育公平。这是广大人民群众的普遍诉求，也是坚持社会主义制度下教育公益性和普惠性的必然要求。大力促进教育公平，必须合理配置教育资源，重点向农村、边远、贫困、民族地区倾斜，提高家庭经济困难学生资助水平，积极推动农民工子女平等接受教育，让每个孩子都能成为有用之才。为此，要把促进教育机会公平、教育资源配置公平和教育制度规则公平摆在突出位置。当前和今后一个时期，要采取切实可行的政策措施，健全经济困难学生资助体系，利用信息化等手段扩大优质教育资源覆盖面，调配优秀教师到教育落后地区支教，努力缩小城乡差距、区域差距和校际差距。同时，要着力保障农民工子女、残疾儿童少年、家庭困难学生的受教育权利，为所有的学生开辟不同的成长之路。

四是加强教师队伍建设。教师是立教之本，兴教之源。加强教师队伍建设，提高教师整体素质，是提高教育质量、全面实施素质教育的根本途径。加强教师队伍建设的重要目标，就是要打造一支师德高尚、业务精湛、结构合理、充满活力的高素质专业化教师队伍，基本要求就是要提高师德水平和业务能力，增强教师教书育人的事业心和责任感。为此，要加强学校领导班子建设，确保办学的正确方向，提高治校的能力和水平。切实加强师德师风建设，努力提高教师的思想道德水平，使教师能够做到为人师表。着力提高教师的教书育人能力，适应教育事业不断发展的需要。深化教师管理制度改革，完善教师考核评价制度，调动教师教书育人的积极性。加强教师的进修培训，不断更新教师的知识，努力提高教师的教学水平。采取切实有效的政策措施，提高教师地位待遇，鼓励优秀人才长期从教、终身从教。营造全社会尊师重教的良好氛围，增强教师的荣誉感，为办好人民满意的教育奠定更好的社会基础。特别是要加强农村和教育薄弱地区的教师队伍建设，吸引人才补充教师队伍，全面提升这类地区教师队伍的整体素质。教师的整体素质提高了，师德水平和业务能力增强了，就会对学生素质提高产生决定性影响。

3. 构建更加公平可持续的社会保障体系

社会保障是保障人民生活、调节社会分配的一项基本制度，关乎人民幸福安康、社会和谐公平正义。根据现阶段我国的基本国情，党和国家确定了社会保障体系建设的方针，即坚持全覆盖、保基本、多层次、可持续的方针。同时，社会保障体系建设要增强公平性、适应流动性。全覆盖，就是积极创造条件，加快建设步伐，把社会保障网覆盖城乡各地，使全体人民都能享受到基本社保。保基本，就是要按照量力而行、尽力而为的原则，保障全体人民的基本生活需要，并且在此基础上逐步提高社会保障待遇标准。多层次，就是要建立健全多层次的社会保障体系，其中社会救助是底线、基本社会保险是主体、企业年金以及商业保险是补充。可持续，就是要建立健全长效机制，确保社会保障的可持续发展，不能超越发展阶段，更不能寅吃卯粮。增强公平性，就是要加快推进基本社保均等化进程，着力缩小城乡差距、地区差距和行业差距，使广大城乡居民都能享有公平的基本社保。适应流动性，就是要适应人口流动和迁徙的情况，建立和完善社保关系转移接续政策，使户籍人口和流动人口都能够享有基本社会保障。

构建更加公平可持续的社会保障体系，应当重点做好如下工作。

一是统筹推进城乡社会保障制度改革。在我国，农村社会保障是最大的短板，应当把它放在更加突出的位置，加大投入，加快发展。2014 年 7 月 30 日，国务院公布了《关于进一步推进户籍制度改革的意见》，取消农业户口与非农户口区别，建立城乡统一户口登记制度。这一重大改革，为统筹发展城乡社保事业提供了良好的条件。根据我国的实际情况，应当在基本养老保险制度改革和基本医疗保险制度改革上加大力度，加快步伐，建立城乡统一的基本社保制度。在实际工作中，就是要努力完善现行的农村基本养老保障制度和新型农村合作医疗制度，在此基础上把它与城镇居民养老保障制度和基本医疗保险制度衔接起来，进而建立统一的城乡居民养老保障制度和基本医疗保险制度。建立这种统一的制度，是实现公平的社会保障的重要前提，也是统筹城乡发展的必然要求。但是，应当看到城乡制度统一，并不意味着社会保障待遇水平完全相同。由于城乡经济和社会状况存在着明显的差距，因而城乡社会保障待遇水平只能逐步缩小，不可能一模一样。最现实的做法，就是大力推进基本养老保障和基本医疗保障均等化，努力实现城乡居民在制度上的公平和共享公共资源。与此同时，城镇社会保障制度也应当实现一体化。首先是要完善社会统筹和个人账户相结合的基本养老保险制度，健全多缴多得的激励机制，做实个人账户，确保参保人的权益。同时，要加快推进机关事业单位基本养老和医疗保障制度改革，实现企业与机关事业单位各项社会保障制度的有效衔接，实现新老制度的平稳过渡。

二是建立和完善多层次社会保障体系。根据我国的基本国情和人们对社会保障的需求，应当建立和完善多层次社会保障体系。主要包括如下层次：城乡最低生活保障、住房保障、补充社会保险、商业保险、特殊群体服务保障。城乡最低生活保障最重要的功能是守住城乡困难群体的生活底线，保障他们最基本的生活需求。为此，要进一步健全制度、加强督查力度，确保有关政策落到实处。同时，要根据实际情况，适时调整最低生活保障线，使城乡困难群体也能共享改革发展成果。住房保障的重点对象是住房困难群众。要加快保障性住房建设，改革住房公积金制度，探索有关的管理分配方式，公平有效解决困难群众的住房问题。发展补充社会保险和商业保险，是提高社会保障水平的重要举措。对有条件参加这些保险的单位和个人应当实行免税、延期征税等优惠政策，吸引更多的企业实施企业年金、职业年金制度，参加商业保险。搞好特殊群体的服务保障，是完善社会保障体系的内在要求。这里讲的特殊群体，主要包括残疾人、农村留守儿童、老年人等。要贯彻落实残疾人保障法，健全残疾人权益保障制度，对残疾人实施特殊帮助，让残疾人平等享有各种社会权益。对农村留守儿童、妇女、老年人要予以关心和帮助，采取特殊的援助政策，为了积极应对人口老年化浪潮，应抓紧时间建立社会养老服务体系，发展老年服务产业，满足老年人特殊的服务保障需求。

三是建立健全社会保障可持续发展体制机制。主要是要解决社会保障资金投入、社会保障待遇标准、社会保障基金安全和保值增值以及社会保障管理和服务等问题。社会保障资金的投入应当由政府、企事业单位、个人共同负担，并保持一个合理的比例。在经济发展的基础上，政府应当逐步加大社会保障投入，完善社会保障预算制度，更好地发挥公共财政在社会保障中的作用。要根据经济社会发展水平合理确定社会保障待遇标准，并建立正常的调整机制，使之持续、均衡、有序地增长。为了确保社会保障基金安全和保值增值，应积极扩大社会保障基金投资渠道，建立社会保障基金投资运营制度。在确保当前社会保障金发放和保证基金安全的前提下，积极稳妥地推进基金的市场化、多元化投资运营，健全基金管理和监督机制，消除基金贬值风险，努力实现保值增值。随着社会保障事业的发展，健全社会保障管理体制显得越来越重要。为此，要深化社会保障管理体系改革，推进社会保障经办管理规范化、信息化、专业化建设，构建多层次社会保障服务平台，逐步建立覆盖全民的社会保障管理体系。通过体制改革和体系建设，切实提高管理服务效率，努力降低运行和管理成本。

第一章　转型发展路在何方

中共十八大报告提出了到2020年全面建成小康社会的宏伟目标。要实现这个目标，就“必须以更大的政治勇气和智慧，不失时机深化重要领域改革，坚决破除一切妨碍科学发展的思想观念和体制机制弊端，构建系统完备、科学规范、运行有效的制度体系，使各方面制度更加成熟更加定型”。中共十八届三中全会指出，“全面深化改革的总目标是完善和发展中国特色社会主义制度，推进国家治理体系和治理能力现代化”。中共十八届五中全会进一步提出了全面建成小康社会新的目标要求：“经济保持中高速增长，在提高发展平衡性、包容性、可持续性的基础上，到2020年国内生产总值和城乡居民人均收入比2010年翻一番，产业迈向中高端水平，消费对经济增长贡献明显加大，户籍人口城镇化率加快提高。农业现代化取得明显进展，人民生活水平和质量普遍提高，我国现行标准下农村贫困人口实现脱贫，贫困县全部摘帽，解决区域性整体贫困。国民素质和社会文明程度显著提高。生态环境质量总体改善。各方面制度更加成熟更加定型，国家治理体系和治理能力现代化取得重大进展。”

实现全面建成小康社会的宏伟目标，必须创新发展路径、实现转型发展。这既是世界经济一体化背景下的大势所趋，也是内生发展能力提升的必由之路。从内涵来看，转型发展路径是包含了经济转型、社会转型和政府转型的综合转型之路，是创新发展、低碳发展和和谐发展之路，是贯彻和落实“四个全面”战略布局的必然选择。同时，转型发展路径的选择又面临着体制、市场、创新以及观念等障碍，必须坚持体制改革和制度创新，才能实现我国经济社会的科学转型、和谐转型。

一、创新发展路径迫在眉睫

（一）世界经济一体化带来新挑战

2015 年 10 月 5 日，跨太平洋伙伴关系协定（TPP）12 个谈判国在美国佐治亚州亚特兰大举行的部长会议上达成基本协议，同意进行自由贸易，并在投资及知识产权等广泛领域统一规范。TPP 的高度贸易自由化、全面的市场开放承诺等，将成为中国在亚太地区实施自贸区战略面临的一个重大的挑战，甚至可能延缓中国主导的区域贸易自由化的进程，中国也必将承受由此带来的贸易自由化利益的减少，这必将使得中国在区域合作机制中的影响力下降①。

随着世界历史从传统农业文明向现代工业文明的过渡，国际分工与合作日益深化，国家间的经济往来日益密切，一个国家或地区的经济发展早已历经农耕时代自给自足的自然经济状态，经技术的推动和贸易的演进促成了全球各国之间形成一荣俱荣、一损俱损的共生经济网络。一个国家不了解世界经济一体化、不适应世界经济一体化，就意味着经济上的出局，甚至政治上的淘汰。因此，对于中国来说，应当把握机遇，主动转型，以适应世界经济一体化带来的机遇和挑战。

世界经济一体化是世界经济社会在特定时期、特定条件下的产物。从其产生的背景和时代特征来看，大体可以概括为四个方面：第一，世界经济一体化源自于市场经济发展的需求。第二次世界大战后，新技术的研发和应用在西方发达国家促进了生产力的空前提高，推动了生产社会化的迅速发展，产品（尤其是有形产品）的极大繁荣客观上要求在经济上打破国界和地域限制，扩大市场，发展市场经济。第二，世界经济一体化是出于分工合作的需要。“二战”后不仅发达国家之间有产业分工合作的实际需要，涌现的一大批民族独立国家也通过“南南合作”和“南北对话”，积极寻求国际合作，争取实现维护民族经济主权与发展民族经济的双重目的。第三，世界经济一体化是世界和平与发展的自然结果。20 世纪八九十年代，国际形势趋于缓和，和平与发展成为世界的发展趋势，为世界经济一体化提供了一个稳定

---

① 邢芮：《TPP 对中国的影响及中国的应对策略》，《经济研究导刊》，2014 年第 21 期，第 10－11 页。

的外部发展环境。第四，世界经济一体化是技术进步推动下的产物。科学技术特别是交通运输和信息技术的迅速发展，大大缩短了世界各地的时间和空间距离，为全球范围的经济活动提供了便利条件。

世界经济一体化可以从狭义和广义两个层面来看。从狭义上看，它表现为劳动力、技术、资本等非土地生产要素和产品（包括有形产品和无形产品）的跨国家流动。这种跨国家流动最初可能仅限于有限的两个或数个国家之间，随后延伸到局部的国际化，最后拓展至全球。然而，贯穿这个经济活动的过程，如影随形的是地区性、国际性的经济管理组织与经济实体，以及文化、生活方式、价值观念、意识形态等精神力量的跨国交流、碰撞、冲突与融合。从广义上看，世界经济一体化不仅仅局限于经济活动的范畴，而是以经济的全球化为核心，包含众多不同国家和地区在政治、文化、科技、军事、安全、意识形态、生活方式、价值观念等多层次、多领域的相互联系、影响、制约的多元概念，可概括为科技、经济、政治、法治、管理、组织、文化、思想观念、人际交往、国际关系十个方面的全球化。

现代经济学的鼻祖亚当密斯早在 18 世纪就指出，如果各国都按照各自有利的生产条件进行分工和交换，使各国的资源、劳动力和资本得到最有效的利用，将会大大提高劳动生产率及增加物质财富。虽然这一论断建立在绝对优势理论的基础上，但显然并不影响人们对国际分工效用的理解，即分工是提高经济效益、降低生产成本的利器。

从这一点出发，我们更易于认识到世界经济一体化的好处，贯穿其中的国际分工以高效率和低成本不断为世界经济发展增添新的活力，并对世界经济发展起到正面的促进作用。尤其是对于发展中国家来说，世界经济一体化为其引进先进技术、参与国际竞争、发展本国经济提供了一个良好的平台。但是，作为发展中国家，我们也应当清醒地认识到：第一，发展中国家资金、技术实力存在先天不足，由于世界经济一体化发展过快，市场膨胀并非完全可控，在不合理的国际经济秩序下，发展中国家与发达国家在世界经济一体化发展过程中贫富差距拉大。除此之外，许多发展中国家仍然处在“信息贫困”之中，将有可能被剥夺参与科技进步和实现经济增长的机遇，两极分化由此会进一步加剧。第二，在世界经济一体化发展过程中，有些发达国家的跨国公司不仅利用发展中国家的廉价原料和劳动力赚取高额利润，还将本国不允许生产，又容易产生环境污染的产品，转移到发展中国家生产，发展中国家在其中扮演了一个“为他人作嫁衣”的角色。第三，国际经济风险对发展中国家经济发展的影响进一步加大，发展中国家要在竞争中坚持平等互利的原则，采取相应的经济政策，兴利除弊，需要作出很大的努力。

基于此，世界经济一体化需要建立国际经济新秩序，即公平、合理的国际经济“游戏规则”，否则世界经济一体化就不会惠泽全世界，反而会深陷“富者愈富，穷者愈穷”的“马太效应”泥潭。在公平、合理的国际经济新秩序的建立过程中，发展中国家处于弱势地位，话语权掌控在发达国家手里。发展中国家要改变现状，与其寄全部希望于发达国家的援手，还不如主动改变自我，这样更加有现实意义。也就是说，作为发展中国家，必须主动转型发展，主动迎接世界经济一体化在政治、经济等方面带来的全面挑战。

（二）经济稳定增长需要新动力

2015 年 3 月 5 日，国务院总理李克强在十二届全国人大三次会议上作政府工作报告，指出“我国经济发展进入新常态，正处在爬坡过坎的关口，体制机制弊端和结构性矛盾是‘拦路虎’，不深化改革和调整经济结构，就难以实现平稳健康发展”。经济发展新常态之大背景下，我国经济面临较大下行压力，传统三驾马车动力失衡，经济高速增长风光不再，迫切需要注入新的动力。如何提升内生发展能力，成为经济发展新常态的当务之急。

第二次世界大战以后，发展中国家向发达国家学习发展经验，结果却出现了追求工业化、片面地认为促进和发展工业才能实现现代化的倾向。对资本积累的重视成了经济学术界、实践者和政策制定者的共识。但是，发展中国家踏着发达国家的脚印，利用有限的资源进行大规模的资本积累和投资，这些努力不仅没有迅速地改善经济结构和实现工业化，反而逐渐拉大了与发达国家的差距，逐步地产生和强化了对发达国家的“依附”。因此，对经济发展动力的重新寻找，成为发展中国家摆脱发展困境的首要选择①。科学、全面地认识经济发展的内生性问题，不仅关乎我国经济的中长期走向，而且对于实现经济发展方式的转变具有重要意义。

1971 年，联合国社会经济理事会最早提出了内生发展的观点。虽然没有给出一个确切的定义，但是基本形成了五点共识：（1）社会大众应该平等地享受社会发展成果；（2）在项目开发过程中应引入居民参与；（3）对于进行开发的具体行政手段

---

① 张旭：《内生增长的内涵及其政策指向》，《理论视野》，2010 年第 4 期，第 42－45 页。

必须加以强化；（4）对于基础设施进行城乡统筹配置；（5）环境保护要彻底。1975年，瑞典 Dag HammarskjÊld 财团在一份关于“世界的未来”的联合国总会报告中，正式提出了“内生式发展”这一概念，报告认为：“如果发展作为个人解放和人类的全面发展来理解，那么事实上这个发展只能从一个社会的内部来推动。”① 20 世纪 80 年代，联合国教科文组织组织了一批研究项目，深入探讨“内生式发展”，包括“内生式”和“外源型”的对立，对古典经济学的反思，以及国际政治的多极化发展必然使各国走上不同的发展道路②。

然而在学界，到底什么是内生式发展，目前还没有形成一个统一的定义。具有代表性的有以下四种：（1）Van der Plocg 和 Long 认为，内生式发展意味着在一个特定空间范围内有一个能够将各种利益团体集合起来的组织结构，能够按照当地的意愿制定长远的发展战略并且充分调动全社会资源，把既定的规划付诸实施，最终实现当地技术和资源方面能力的提高。内生式发展过程是一个特定空间范围内所有生产要素都被动员起来的一个过程，可以实现发展的过程由当地控制、发展的选择由当地决定、发展的利益保留在当地等目标，因而往往被视为一种进步的发展模式③。（2）Garofoli 认为，内生式发展是指一个地区创新的能力，这种创新能力是一种综合能力，包括转换社会经济系统的能力、反应外界挑战的能力等。当然，制度创新也是内生式发展的重要内容，通过社会学习，引进符合当地实际需要的社会规则的特定形式④。（3）宫本宪一认为内生式发展模式包括四个要点：首先，地区内的居民要以本地的技术、产业、文化为基础，以地区内的市场为主要对象，开展学习、计划、经营活动，但这并非是地区保护主义。如果忽视与大城市、政府之间的关系，那么地区也是不可能自立的。其次，在环保的框架内考虑开发，追求包括生活、福利、文化以及居民人权的综合目标。再次，产业开发并不限于某一种相关产业，而是要跨越复杂的产业领域，力图建立一种在各个阶段都能使附加价值回归本地的地

① Nerfin M.：Another Development . *Approaches and Strategies* ［M］. Uppsala：Dag HammarskjÊld Foundation，1977.

② Kazuko Tsurumi，Tadashi Kawata：*Endogenous Development Theory* ［M］. Tokyo：Tokyo University Press，1989.

③ Barke M.，Newton M.：*The EU Leader Initiative and Endogenous Rural Development*：*the Application of theProgram in Two Rural Areas of Andalusia*，*Southern Spain* ［J］. Journal of Rural Studies，1997，13（3）：319－341.

④ Sergio Boisier：*Is There Room For Local Development in a Globalized World* ［J］. Cepal Review，2005，86：45－60.

区产业关联。最后，要建立居民参与制度。自治要体现居民的意志，并拥有为了实现该计划而管制资本与土地利用的自治权①。（4）2000 年举办的联合国和平文化国际会议发表了《马德里宣言》，宣布要在四份新合同的基础上提倡内生式发展全球计划。包括新的社会合同，承认人是经济发展的推动者和受益者；新的自然合同或环境合同，其中包括长期的观点和紧急采取措施来保护世界生态现状；新的文化合同，用以预防文化的同质和丧失作为人类共同财富的无限的多元化和创造力；新的道德合同，以确保全面落实构成我们个人和集体的行为守则的价值观和原则。总而言之，即提倡基于知识和内部能力的全球性的发展能力。

就国内的研究而言，典型性的观点认为，内生式发展是和外生式发展相对应的一种经济发展动力模式，外生式发展模式是利用外部条件和力量推动本地经济发展的战略模式，这些外部推动力量可能是中央的特殊优惠政策、政府大规模投资，也可能是地理位置优越、有外资投入或外援等等。外生式发展模式是凭借外力促进经济快速发展的经济发展方式，需要大规模外资的进入及生产要素在此的积聚。而内生式发展模式是指以地域内人力、资源、技术、产业、文化为基础，以地域内市场开发为主要对象，以区域内创新企业的带动为基本动力，以本地居民生活质量提高为目标，充分运用资源创造最大可能的经济效率，拉动本地经济发展的发展模式②。

早在 20 世纪 80 年代我国就意识到内生式发展的重要性。1982 年 9 月，中共十二大就提出“把全部经济工作转到以提高经济效益为中心的轨道上来”。这可以看作是对过去注重投资规模和速度，忽视投资质量的增长方式的纠偏。1987 年 10 月，中共十三大提出“要从粗放经营为主逐步转上集约经营为主的轨道”“使经济建设转到依靠技术进步和提高劳动者素质的轨道上来”。1992 年 10 月，中共十四大提出“努力提高科技进步在经济增长中所占的含量，促进整个经济由粗放经营向集约经营转变”。但是，旧的经济发展方式和旧的体制观念的强大惯性，追求 GDP 增长速度的强烈政策诉求，使得外延式的粗放增长方式得以持续，内涵式的集约经营成效不明显，科技进步在经济增长中的作用未能有效显现。

1996 年 3 月，八届人大四次会议批准的《中华人民共和国国民经济和社会发展“九五”计划和 2010 年远景目标纲要》进一步强调：“经济体制转变要遵循市场经

① 宫本宪一：《环境经济学》，北京三联书店，2004 年版。

② 景云祥：《注重内生发展打造区域优势》，《兰州学刊》，2003 年第 4 期，第 106－107 页。

济的一般规律，同时坚持社会主义方向。经济增长方式转变，要提高经济整体素质和生产要素的配置效率，注重结构优化效益、规模经济效益和科技进步效益。”这是我国在对经济增长进行规划的过程中，第一次将制度创新和技术创新统筹考虑，并且将技术创新和制度创新统一到经济增长方式转变中，以技术创新和制度创新推进经济增长方式转变。之后，“十五”计划又提出经济结构战略性调整要取得明显成效、经济增长的质量和效益要显著提高，这一思想在“十一五”计划中得到了进一步丰富和发展①。

然而，真正的转折始于党的十七大。2007 年，十七大报告中提出了“转变经济发展方式”这一命题，并且强调转变经济发展方式是实现未来经济发展目标的关键所在。2012 年 11 月，中共十八大报告提出深化改革是加快转变经济发展方式的关键，推进经济结构战略性调整是加快转变经济发展方式的主攻方向，进一步强调了转变经济发展方式对于实现全面建成小康社会目标的重要意义。中共十八届三中全会再次予以明确。由过去的“转变经济增长方式”到今天的“转变经济发展方式”，仅仅两个字的改变，却标志着我国长期发展战略的一个重大转变，这一历史性跨越是新中国成立以来尤其是近 30 年中国经济高速增长累积的结果。从“转变经济增长方式”到“转变经济发展方式”的变迁入手，结合经济发展的有关理论，可以得出这样的结论：转变经济发展方式是现阶段我国经济发展的必然选择。

在一定程度上，加快经济发展方式转变的要求和内生式发展模式的诉求是一致的。以内生式发展能力的提高，来加快经济发展方式的转变，必然要求我们在经济、社会、技术方面加快转型。首先，经济层面需要调整需求结构，改变国内生产总值对国外的依赖，一方面要重视投资，重视国内企业尤其是民营企业对经济增长的重要拉动作用，提高国内企业的竞争力；另一方面要重视消费，重视解决消费不足的问题。其次，社会层面要注重发展，不断改善民生，促进社会和谐，打造内生式发展的社会基础。只有大力发展社会事业，不断提高人民群众的社会水平和文化需求，才能够调动人民群众参与发展的积极性和创造性，才能实现持续的内生增长。最后，技术层面要选择适宜技术，通过技术引进和技术研发相结合，为内生式发展能力的提升奠定坚实的技术基础②。

---

① 张旭：《内生增长的内涵及其政策指向》，《理论视野》，2010 年第 4 期，第 42－45 页。

② 张旭：《内生增长的内涵及其政策指向》，《理论视野》，2010 年第 4 期，第 42－45 页。

（三）推动科学发展提出新要求

中共十六届三中全会第一次明确提出“坚持以人为本，树立全面、协调、可持续的发展观，促进经济社会和人的全面发展”。2004 年在中央经济工作会议上，胡锦涛同志提出，“要以科学发展观统领经济社会发展全局，并且是贯穿于经济社会发展的各个方面”。中共十七大报告全面系统地分析了科学发展观提出的科学根据，深刻阐述了科学发展观的精神实质，明确提出了落实科学发展观的基本要求。作为中国特色社会主义理论体系最新成果，中共十八大报告提出要把科学发展观作为全党和全社会必须长期坚持的指导思想，明确了科学发展观的历史地位和指导意义，使新时期党的指导思想更加完善、更加严谨。中共十八届五中全会通过了《中共中央关于制定国民经济和社会发展第十三个五年规划的建议》，把科学发展明确为“十三五”发展的原则之一，指出“发展是硬道理，发展必须是科学发展”“必须坚持以经济建设为中心，从实际出发，把握发展新特征，加大结构性改革力度，加快转变经济发展方式，实现更高质量、更有效率、更加公平、更可持续的发展”。

更高质量、更有效率、更加公平、更可持续的发展，是经济、政治、文化、社会等各方面的发展与人的全面发展的统一，是经济、社会与人口、资源、环境的统一，是物质文明、政治文明、生态文明和精神文明建设的统一。更高质量、更有效率、更加公平、更可持续的基本要求也是今后我国经济社会转型发展所要遵循的基本准则，通过提高政府行政效率、加快转变经济发展方式、建设和谐社会，来实现经济社会的全面发展、协调发展和可持续发展。

近几年来，外贸出口在人民币升值压力下表现疲软①，内需不足严重制约了我国经济内生增长机制的形成，拉动国民生产总值的“三驾马车”已去其二。从外部环境来看，受金融危机、欧债危机等多重危机的冲击和影响，世界经济增速下滑，目前复苏缓慢，全球经济增长前景不明朗。内外双重的影响和制约，必然要求我国在发展过程中解决自身存在的问题，真正实现科学发展。

推动我国经济社会各项事业的科学发展，关键在于坚持转型发展，这是转变经济发展方式的内在要求，也是由我国的国情和所处的发展阶段决定的。自改革开放

---

① 当然，从根本上来说，这更大程度上应该归因于出口企业大多位于产业链的低附加值加工组装环节，缺乏自主知识产权和创新能力，竞争力低下。

以来，中国经济社会发展取得巨大成就，已经成为世界经济增长的重要引擎之一，为世界经济发展作出了重要贡献。2010 年，日本名义 GDP 为 54742 亿美元，比中国少 4044 亿美元，中国超越日本正式成为世界上仅次于美国的第二大经济体①，同时也是最大的新兴经济体。然而，我国在过去 30 年的经济高速增长中，也积累了一系列结构性矛盾和发展不平衡的问题。突出的问题是：经济增长的资源环境约束强化，投资和消费关系失衡，收入分配差距较大，科技创新能力不强，产业结构不合理，农业基础仍然薄弱，城乡区域发展不协调，就业总量压力和结构性矛盾并存，社会矛盾明显增多，制约科学发展的体制机制障碍依然较多。这些问题的存在，给我国经济的可持续发展带来潜在的不稳定因素。因此，能否实现经济社会转型，不仅关系到科学发展观的贯彻与落实，而且事关我国的长远发展。

（四）实现民族复兴需要新跨越

2012 年 11 月 29 日，在国家博物馆中共中央总书记习近平在参观“复兴之路”展览时，第一次阐释了“中国梦”的概念。他说：“大家都在讨论中国梦。我认为，实现中华民族伟大复兴，就是中华民族近代以来最伟大的梦想。”他指出，到中国共产党成立 100 年时全面建成小康社会的目标一定能实现，到新中国成立 100 年时建成富强民主文明和谐的社会主义现代化国家的目标一定能实现，中华民族伟大复兴的梦想一定能实现。

实现中国梦，意味着综合国力需要进一步提升，必须推动经济从量的增长向质的提升转变，丰富经济发展的内涵。实现中国梦的第一要义，就是实现综合国力进一步跃升。如今，我国经济总量已跃居世界第二位，但人口多、发展很不平衡的状况并未根本改变。党的十八大描绘了到 2020 年的宏伟目标，小康社会全面发展：经济持续健康发展，国内生产总值和城乡居民人均收入比 2010 年翻一番，科技进步对经济增长的贡献率大幅上升，中国进入创新型国家行列，人民民主不断扩大，文化软实力显著增强。这些发展目标是实现中国梦必须完成的任务。中共十八届三中全会提出，到 2020 年，在重要领域和关键环节改革上取得决定性成果，完成《决定》提出的改革任务，形成系统完备、科学规范、运行有效的制度体系，使各方面制度更加成熟、更加定型。中共十八届五中全会围绕全面建成小康社会，描绘了“十三

---

① 数据来源：《环球时报》，2011 年 2 月 14 日。

五”时期的新蓝图：经济保持中高速增长，人民生活水平和质量普遍提高，国民素质和社会文明程度显著提高，生态环境质量总体改善，各方面制度更加成熟、更加定型。

实现中国梦，意味着社会和谐需要进一步加强，必须推动以物为主向以人为本转变，更加关注人民幸福。中共领导全国各族人民共圆中国梦的根本目的，就是要实现好、维护好、发展好最广大人民的根本利益，进而提升全社会的幸福指数。提升幸福指数是个复杂的系统工程，既要考虑物质因素，又要考虑非物质因素，从根本上讲，就是要进一步提升社会和谐的水平。中共十八大着眼于提升人民的幸福指数，将“坚持维护社会公平正义”“坚持走共同富裕道路”“坚持促进社会和谐”纳入夺取中国特色社会主义新胜利的基本要求，将“保障和改善民生”作为社会建设的重点。

实现中国梦，意味着生态环境需要进一步改善，必须推动经济发展方式的根本性转变，建设生态文明。传统工业文明下的技术经济范式是线性的，即“资源开采—生产加工—消费—废弃物排放”。生态文明下的生产者责任要延伸到对生态环境保护负责。资源开发者要对生态恢复负责，产品生产者要对产品全寿命周期的生态环境后果负责。生产者对产品生产要从设计开始考虑全寿命周期内的生态环境影响，在生产过程中实施清洁生产，对消费后的废旧产品进行回收和再资源化利用。使国民经济转变成基于绿色低碳技术的“资源高效清洁开采—清洁生产—绿色消费—废弃物回收再生资源化”循环型技术经济范式①。

二、转型发展路径的内涵与特征

（一）转型发展路径的内涵

自改革开放以来，我国社会就开始进入转型发展的历史时期，并一直持续至今。所谓转型发展路径，从宏观意义上来说，即是从计划经济道路转向市场经济道路，或者说，从集权的计划经济国家转向市场经济国家。转型发展路径是一个重大的变

① 齐建国、梁晶晶：《建设生态文明需要转型改革》，《人民日报》，2013 年 6 月 1 日。

革，其出发点在于经济，但其落脚点却在于民生。因此，虽然转型发展路径最初发源于经济，但是在内容上却超越经济领域而涉及方方面面的改革。

针对转型发展路径的内涵与范畴，目前在理论界还有一些不同看法，没有形成统一的观点。洪银兴（2003）① 认为，转型发展涉及三个方面：一是经济体制的转型，即由计划经济体制转向社会主义市场经济体制；二是增长方式的转型，即由粗放型增长方式转向集约型增长方式；三是社会转型，即由不发达经济转向现代化经济。晓亮（2005）② 把转型概括为六个方面，第一，社会资源配置从完全由指令性指标配置，转向主要由市场配置；第二，政府职能由审批型转为服务型，由运动员转为裁判员；第三，国民经济的微观基础，由公有制的一统天下的所有制结构，转为以社会主义国有制为主导，多种经济成分并存和共同发展的所有制结构；第四，人们的收入分配由原来的所谓按劳分配转向按生产要素分配；第五，社会的阶层、阶级结构由无阶级变为有阶级，由阶层单纯变为多个阶层并存；第六，整个社会经济从封闭型转为开放型。孙津和范丽雯（2011）③ 认为转型发展包括经济、政治、社会、文化等主要领域，其相应的转型分别体现为有导向和被调控的平等权利、能力与道义同一的执政根据、以发展为基础和手段的利益平衡，以及价值导向与行为示范的和谐张力等，并且这些领域是相互影响的，在体制和机制的层面上更是相互交叉的。丁任重和郭洪涛（2011）④ 把转型发展概括为在实现社会稳定、坚持对外开放、借鉴国外发展经验的同时，立足本国国情，探索具有中国特色的社会主义发展道路，具体内容包括：从纯公有制经济到多种所有制经济共同发展是中国经济发展的基础，从渐进式改革到攻坚改革是中国经济发展的动力，中国的对外开放是从局部开放到全局开放，中国经济的可持续发展是从“三高发展”到“统筹发展”，坚持社会主义经济体制改革是中国经济发展的支撑。

中共十八大报告确立了中国特色社会主义“五位一体”的总体布局，即经济、政治、社会、文化和生态这五大建设一起抓，推动“五个轮子”一起转，实现中国

① 洪银兴：《社会转型、体制转型与经济增长方式的转型》，《江海学刊》，2003 年第 5 期，第 55 页。

② 晓亮：《论我国经济社会的转型》，《经济学家》，2005 年第 2 期，第 65－66 页。

③ 孙津、范丽雯：《中国转型的主要内容及发展可能》，《经济社会体制比较》，2011 年第 5 期，第 112 页。

④ 丁任重、郭洪涛：《中国经济发展道路：探索与转型》，《经济学动态》，2011 年第 4 期，第 61 页。

特色社会主义事业的又好又快发展。中共十八届三中全会以来，全面建成小康社会、全面深化改革、全面依法治国、全面从严治党“四个全面”战略布局出炉，体现了新一届政府治国理政的新思路。综合上述研究者关于转型发展路径的观点，结合“五位一体”和“四个全面”布局，我们认为，转型发展路径是一种综合转型道路，内容上概括起来，包含了以转变经济发展方式为中心的经济转型、以和谐社会为抓手的社会转型和以体制机制改革为核心的政府转型。其中，经济转型是基础，没有强大的经济实力，社会转型和政府转型就无从谈起；社会转型是目的，如果说经济转型是为了把蛋糕做大，那么社会转型就是为了把蛋糕分匀，换言之，经济转型是为了扩大和巩固社会转型的物质基础，社会转型是为了让更多的人分享更好的改革成果；政府转型是保障，通过体制机制改革，为经济发展提供一个良好的外在环境，为社会进步提供一个明确的前进方向。

经济转型的关键是创新和内需。当前转变经济发展方式，必须由以低成本劳动为主的要素支撑，转变为以科技进步支撑为主，这就必须强化创新；必须由以投资和出口为主的需求支撑，转变为以消费、投资和出口为主的均衡支撑，这就必须扩大内需。强化创新的实质，是促进知识作用的增强及其地位的全面提升，而知识扩大再生产依赖于优质的人力资本供给；扩大内需的实质，是促进城乡居民个人的全面发展。也就是说，强化创新和扩大内需，最终都归结到一个大写的“人”字上面①。因此，经济转型必须与加快社会转型结合起来，如果没有社会转型支撑，经济转型将难以深入推进。

从转型发展的前景来看，未来的发展应该是人与社会和自然的全面协调发展、人的作用地位逐渐上升的发展、国家竞争力加速上升支撑的发展。面对强化创新和扩大内需的紧迫要求，面对社会转型的现实需要，只有深化体制机制改革，加快形成全新的制度供给，加快推进以强化公共服务为主要职能的政府转型，才能适应这种变化，才能有效支撑科学发展的新格局。

通过上述分析，可以得出这样的结论：对转型发展内部关系的梳理，我们知道，经济转型是转型发展的逻辑起点，社会转型是转型发展的终极归宿，而政府转型则是转型发展的有力保障。转型发展的实质，就是以制度创新和经济发展来实现人的发展。应当着力从以下三个方面推进转型发展。

---

① 卓勇良：《打造金饭碗的改革》，《浙江日报》，2011 年 3 月 22 日。

第一，以体制机制改革为核心，推进政府转型。要把建设公共服务型政府作为转型发展的关键环节，深化行政管理体制改革，加快政府职能转变；深化公共财政和政府投资体制改革，强化政府在公共领域的作为；深化社会管理体制创新，建立现代社会管理服务体系；建立行政绩效考核和问责制度，提升重点工作绩效，充分发挥政府在创造良好发展环境、提供优质公共服务、维护社会公平正义方面的作用，以政府转型推进经济社会转型。

第二，以和谐社会为抓手，推进社会转型。当今中国社会利益格局剧烈变化，社会组织形式、就业结构、社会结构变革加快，我们正面临并将长期面对一些亟待解决的突出矛盾和问题，经济社会发展出现了一些必须认真把握的新趋势、新特点。针对目前社会建设薄弱的局面，首先要做的一个工作应是理顺收入分配关系，建立科学合理、公平公正的社会收入分配体系。改革收入分配制度应做到在经济发展的基础上，更加注重社会公平，调整二次分配比例，加大转移支付力度，努力缩小地区之间和部分社会成员之间的收入分配差距，使全体人民都能享受到改革开放和社会主义现代化建设的成果。另外，要破解我国这样一个人口大国的社会不稳定因素，还必须把扩大就业摆在经济社会发展更加突出的位置，实施积极的就业政策，强化政府促进就业的公共服务职能。

第三，以转变经济发展方式为中心，推进经济转型。首先，要推动需求结构转型。国际经验证明，需求结构转型是一个国家经济增长的根本动力，由于经济波动主要是由总需求和总供给之间的不平衡导致的，因此一个国家的需求结构是其国民经济稳定协调发展的决定因素。我国拥有大国市场优势，调整好消费需求、投资需求以及净出口需求之间的协调关系，是保证经济平稳较快发展的必要条件。其次，要推动产业结构转型。大力推进信息化与工业化融合，促进工业由大变强，发展现代服务业，提高服务业比重和水平，加快农业现代化步伐，提高农业综合生产能力，发展现代产业体系，提高产业核心竞争力。最后，要推动外贸结构转型。通过优化对外贸易结构，继续稳定和拓展外需，保持现有出口竞争优势，加快培育以技术、品牌、质量、服务为核心竞争力的新优势，延长加工贸易国内增值链，推进市场多元化，大力发展服务贸易，促进出口结构转型升级。发挥进口对宏观经济平衡和结构调整的重要作用，促进贸易收支基本平衡①。

---

① 胡鞍钢：《由加快发展向科学发展转型》，《前线》，2010 年第 12 期，第 10 – 12 页。

（二）转型发展路径的本质与特征

转型发展路径是创新发展之路、低碳发展之路、和谐发展之路，本质上是科学发展道路，它是科学发展的实现形式、实现途径。

1. 转型发展路径是创新发展之路

当前国际科技与经济竞争日趋激烈，科技进步与创新已成为影响和推动经济社会转型的主导力量。要坚持转型发展，就必须紧紧抓住新一轮产业和科技革命加速发展的新机遇，以加快转变经济发展方式为主线，促进经济增长由主要依靠增加物质资源消耗向主要依靠科技进步、劳动者素质提高、管理创新转变，把创新驱动作为核心战略，把科教与人才强国作为基础性战略，大力实施科技创新工程，依靠科技创新推进经济社会转型，加快建设创新型国家①。

创新发展的基础是新兴产业，新兴产业的主体是创新型企业，创新型企业的发展又离不开创新的环境。因此，以创新发展来推动转型，分别包含了对新兴产业、创新型企业和创新环境的要求：一是要坚持高端引领，着力培育战略性新兴产业。推进科技创新与构建现代产业体系紧密结合，增强产业的技术优势和竞争优势，加快构建以高新技术产业为主导、服务经济为主体、先进制造业为支撑、现代农业为基础的现代产业体系。二是要突出企业主体，着力推动产学研紧密结合。企业是技术创新和产业转型升级的主体，是经济实力和发展活力的根基。要强化企业在技术创新中的主体地位，鼓励企业把更多的资金投向成果转化，推动企业真正成为创新需求、研发投入、技术开发和成果应用的主体。三是要进一步推进深化改革开放，着力营造良好的创新环境。以科技创新推动转型发展是一项艰巨复杂的系统工程，要把加强政府规划引导和发挥市场机制作用紧密结合起来，充分发挥市场配置资源的决定性作用，更好地发挥政府作用，加快建立与社会主义市场经济体制相适应、符合科技创新规律的体制机制。

2. 转型发展路径是低碳发展之路

多年来，由于单纯追求经济增长，我国国内资源开发不断加快，能源消耗迅猛增长，资源浪费、生态破坏和环境污染这种以牺牲资源环境为代价的增长方式，破坏了经济社会发展的包容性，导致在经济发展取得巨大成就的同时，自然环境遭受

---

① 李学勇：《坚持创新驱动推进转型发展》，《新华日报》，2011 年 10 月 15 日。

了巨大破坏，经济可持续发展面临严峻挑战，人们的生活质量和自身健康也因此受到严重影响。统计数据显示，2010 年我国一次能源消费量为 32.5 亿吨标准煤，同比增长了 6%，能源消耗强度则是美国的 3 倍、日本的 5 倍，中国已成为全球第一能源消费大国①。这种具有明显粗放型特征的经济发展方式，特别是对能源资源的耗竭式使用，是严重阻碍我国经济社会良性、健康发展的“顽疾”之一。2008 年国际金融危机对我国经济增长的冲击，表面上是对增长速度的冲击，其实质却是对我国传统经济发展方式的冲击。它充分暴露了长期以来我国主要依靠投资和出口拉动、第二产业带动、增加物质资源消耗的传统发展方式的脆弱性。一言以蔽之，国际金融危机为我们以往粗放的、不可持续的经济发展方式敲响了警钟，减排指标约束与能源消费的严峻形势，促使低碳的、可持续的发展方式成为我国的必然选择。

低碳发展是以“三高”（高效率、高效能、高效益）“三低”（低污染、低能耗、低排放）为基础，以低碳为经济发展方向，以节能减排为主要发展途径，以碳中和为主要发展技术的新型发展模式。作为 21 世纪人类最大规模的经济、社会和环境革命，这种新的发展模式意义重大，影响深远。发展低碳经济不仅是我国转变发展方式、调整产业结构、提高资源能源使用效率、保护环境的需要，也是在国际金融危机的情况下增强国内产品的国际竞争力、扩大出口以及缓解在全球温室气体排放等问题上所面临的国际压力的需要。这既符合我国现代化进程的要求，又可以面对来自国际上的挑战。

低碳发展的内涵包括低碳生产、低碳流通、低碳分配和低碳消费四个环节，其核心是在市场机制的基础上，通过政策创新及制度设计，提高节约能源技术、可再生能源技术和温室气体减排技术，建立低碳的能源系统和产业结构，实现生产、流通、分配和消费的低碳化。其中，生产的低碳化包括物质资料生产的低碳化和人口生产的低碳化两个方面，前者是要在物质资料的生产过程中注重科学的统筹规划，避免盲目的扩大再生产和资源浪费，后者要求人口的再生产与整个社会的经济发展水平和环境承载力相适应；流通的低碳化则意味着生产要素和生产的产品能够自由流通，实现资源的优化配置；分配的低碳化要求在要素收入进行再分配的过程中，通过法律和税收，以及财政转移支付等政策手段，对资源节约和环境友好的产业进行倾斜和优惠，而对传统的高污染和低附加值的产业给以限制；作为经济活动的终

---

① 张艳：《中国成第一能源消费大国》，《京华时报》，2011 年 2 月 25 日。

结环节，消费的低碳化就是要在消费的过程中形成文明消费、适度消费、绿色消费[①]。

3. 转型发展路径是和谐发展之路

随着城乡居民生活水平的提高，在转型发展新阶段既要加快经济发展，又要满足消费者消费结构升级的要求；既要提高居民收入水平，又要为社会生产更多的产品和服务，提供清洁的水、清新的空气、绿色的空间和优美的环境[②]。在经济社会的转型过程中，科学发展和社会和谐是一个硬币的两面，转型发展就是从不和谐向和谐转型。这里的和谐，不仅包括一般意义上的社会内部的和谐，也包括经济、生态的和谐。

经济转型要实现经济发展速度和经济发展质量的和谐，落实到调整经济结构上，就是要遵循共享增长、包容增长原则，把人们的关注重点从一味追求 GDP、增长速度转到发展方式和结构调整上来。要立足扩大内需，有效增强居民消费能力，实现总需求结构的调整。要积极推进产业结构调整，加快传统产业的升级改造，培育战略新兴产业，抢占未来经济发展的制高点。要把增强自主创新能力作为调整产业结构的关键环节，加快提升产业技术水平。

社会转型和体制转型要实现效率与公平的和谐，需要加强对收入分配结果的调节，在初次分配环节，特别要重视行业间和企业内部差距过大的问题，在再分配环节，应加强以直接税（所得税、财产税和遗产税等）为主要内容的税制改革，使之对社会公平公正产生切实有效的作用；要逐步完善符合国情、比较完整、覆盖城乡、可持续的基本公共服务体系，以此提高政府保障能力、推进基本公共服务均等化；要建立覆盖全民的社会保障体系，注重解决教育、劳动就业、医疗卫生、养老、住房等民生问题，努力做到发展为了人民、发展依靠人民、发展成果由人民共享。

此外，和低碳发展一脉相承，转型发展还必须立足于促进人和自然和谐发展，加强生态文明建设，提高可持续发展能力，走人与自然和谐相处的生态文明发展之路；要加强水、土、空气等生态环境保护，提高森林覆盖率；要大力倡导节能环保的绿色消费、俭朴有度的适度消费理念。

---

① 李胜，陈晓春：《低碳经济：内涵体系与政策创新》，《科技管理研究》，2009 年第 10 期，第 41 – 44 页。

② 陈鸿宇：《广东转变经济发展方式十讲》，广东人民出版社，2010 年版，第 22 页。

三、转型发展路径需跨越四大障碍

（一）转型发展路径需跨越体制不完善障碍

从保持经济社会持续平稳较快发展的角度来看，中国现行发展方式主要存在五个方面的突出问题或矛盾：（1）内外部经济不协调；（2）储蓄与消费关系不协调；（3）传统竞争优势减弱的同时技术进步推力不足；（4）资源环境压力持续增大；（5）经济发展与社会发展不协调。而隐藏在这些问题背后的深层次的体制性因素互相交织在一起，给我国转型发展带来了挑战①。

第一，资源和要素价格扭曲，未能充分反映其稀缺性和市场供求状况。由于改革不到位，产权制度不完善，界定不明确，有些资源甚至存在所有者缺位或虚位的问题，加之资源税费制度不合理，税种不完善，税费标准低，导致中国资源和要素价格形成机制不健全。在这种局面下，虽然中国大多数自然资源的人均拥有量低于甚至远低于世界平均水平，但其价格却低于国际一般水平，远没有反映出中国自然资源的稀缺性。各级政府对稀缺资源都有较大控制力，一些地方政府往往根据地方生产总值和税收的增长以及政绩工程的需要，以低于市场供求的价格出让资源。这样做的恶果是，不仅资源稀缺状况难以体现，资源开采对环境的破坏也难以得到应有的补偿，不利于形成绿色生产方式和绿色消费模式。

第二，社会性规制不完善、政策执行不到位。在市场经济条件下，一方面要努力制定正确的价格和激励政策，充分发挥市场机制的作用；另一方面，在存在较大负外部性的地方，需要充分发挥政府社会性规制政策的作用，使得企业生产经营对外部环境的消极影响内化为企业的内部成本。只有这样，才能调动企业治理污染的积极性，也才能够对遭受污染的受害者进行适当补偿。而中国长期以来不仅规章制度和政策不完善，而且由于种种原因，特别是在现行的中央地方财税体制和干部考核管理体制下，对既有规制政策的执行往往也不到位，导致企业生产经营对环境和生态的影响没有充分内化为企业内部成本，使得企业私人成本严重偏离其社会成本，

---

① 张军扩，侯永志，刘培林：《着力解决深层次矛盾，加快转变经济发展方式》，《中国发展研究基金会报告》，第100期，http：//www.cdrf.org.cn/yjcg.

对产品质量安全的规制不到位也有类似的后果。

第三，基本保障和公共服务制度不完善，体系不健全。在现代市场经济条件下需要政府发挥作用的另一个重要领域，就是面向全体居民提供与经济发展水平、国情特点相适应的、均等化的基本保障和公共服务，包括基本养老、基本医疗、基础教育、基本居住条件、就业服务等。国际经验充分证明，适当的基本保障制度和保障水平，不仅是提高社会总体福利水平、维持社会公正与和谐的需要，也是扩大国内消费、提升人力资源素质、促进可持续发展的需要。中国在这方面存在的两个主要问题：一是制度不完善，城乡之间、区域之间、不同群体之间不仅制度不同，而且标准差异较大，碎片化现象严重，制度之间衔接性较差。二是标准低，与中国经济发展水平的提高和国家财力增强的状况不相适应。

第四，国有企业现行制度安排存在缺陷。由于历史和体制的原因，国有企业占有大量的国有资源，既包括矿产资源、土地资源、水资源等显性资源，也包括国家信誉、品牌等隐性资源。在完善的市场经济条件下，这些资源都是有价的，不论是国有企业还是私营企业，都应当通过竞争有偿获得，而相应的收入应当进入国库，用于改善全体人民的福利。但在中国现实情况下，国有企业一方面以远远低于市场价格的成本甚至是零成本获得这些资源，形成竞争优势，获得超额利润；另一方面，获得利润后又不向全民的代表者政府支付红利，而是留在企业进行投资，成为企业储蓄，从而既导致了国有企业与非国有企业之间的不公平竞争，又导致了国民收入初次分配的不合理。

（二）转型发展路径需跨越市场不发达障碍

改革之初，中国刚刚从极“左”路线中解脱出来，由于冲破禁区的艰难和社会思想认知的普遍低下，当时的改革没有确定较明确的目标，不得不采取逐步推进的渐进方式。从中国的社会经济现实基础来看，原有的生产力水平低，商品经济不发达，二元结构十分明显。同时，中国人口众多，科学文化落后，地区发展不平衡，计划经济旧体制根深蒂固，这些因素决定了中国的改革起点很低，转型过程不可能一蹴而就，而是一个很长的过程。这一点在市场经济体制的确立和完善过程中表现得尤为突出。第一，建立市场经济的微观基础是一个长期的过程。建立市场经济的微观基础需要培育多元主体的竞争机制，要打破原有计划经济体制中国有资产对国民经济的垄断，重新配置国有产权和建立新的企业制度，而国有企业的改革改制和民营企业的培育需要在较长时间内从无到有地逐步建立和发展起来。第二，政府的改革难度大。市场经济对应的是高效清廉的服务型政府，而我国政府体系在历史上相当长时期内其管理者的角色远远大于其服务者的色彩，为适应市场经济的要求，政府本身应积极转变职能，做好市场经济秩序的维护者，而政府要实现这种转变不可能一蹴而就。第三，市场经济需要配套的法律法规体系来规范市场主体的经济行为，而要建立一整套适合市场经济要求的法律不是在短时间内能够做到的。

市场经济体制确立和完善的长期性，决定了现阶段我国市场化改革相对滞后。以煤炭能源和房地产行业为例，近年来煤炭能源和地产的价值重估及贴现极大繁荣了国内经济的增长，也导致能源和土地的过度开发。滞后的市场化改革阻碍了市场价格形成机制对资源价格的评估，缺乏合理的市场价格，就会限制合理的市场竞争，形成价格寻租，导致煤炭能源和土地资源在开发阶段形成进入性垄断，用较低的成本取得资源的开发权利，然后再将开发的资源推进市场，正常估价后卖出获得最严格的完全垄断利益。而低成本的土地和能源开发行为必然带来经济资源使用过程中的短视行为，出现短时间内大量开采的粗放型开发，造成资源使用的低效率，恶化了当代人的生存环境，危害了环境资源支撑子孙后代发展的能力。

落后的市场化进程还表现在农业产品和农村劳动力的价格形成上。农村劳动力价格由于城乡市场的分割而被低估，农民工的付出和回报严重失衡，中国的城市建设也利用农民工的低成本契机进行扩张，成为中国人口红利的最大受益者。农产品的价格因为制度原因而低于市场均衡价格，并远远低于国外农民的相对收益，损害了农民的利益。这种损害造成大量耕地撂荒和征地成本下降，造成土地的滥用和浪费，并引发粮食危机①。

（三）转型发展路径需跨越创新不足障碍

西方发达国家抢占经济科技战略制高点竞争加剧，我国劳动力低成本优势减弱，经济增长高度依赖传统比较优势参与国际竞争的局面难以为继，迫切要求提升科技创新对转型发展的引领和支撑作用。否则，我们就难以培育和确立新的竞争优势，也难以在新一轮国际经济科技竞争中赢得主动。

中共十八大报告提出实施创新驱动发展战略，“科技创新是提高社会生产力和

---

① 韩保江，赵科源：《大国抉择》，《中国经济周刊》，2011 年第 1 期，第 10－14 页。

综合国力的战略支撑，必须摆在国家发展全局的核心位置”。中共十八届五中全会提出五大发展理念，创新发展位列第一。近年来，我国科技投入明显增长，国家财政科技支出从2000年的575.6亿元增加到2013年的6184.9亿元，占财政总支出的比重由3.62%上升到4.41%，科学研究与试验发展（R&D）经费支出由2000年的895.66亿元上升到2013年的11846.6亿元，增加了12倍之多。但是，我国依然面临着科技创新能力不足的尴尬局面。我国2013年的技术研发投入仅占全年国内生产总值的2.08%，而欧美发达国家大约为2.8%。在企业层面，自改革开放以来，我国涌现出一批创新能力较强的企业。但从整体上来看，我国企业技术创新能力与加快发展方式转变、实现产业结构升级的要求还有较大差距。2013年我国规模以上工业企业中，有科技活动的企业所占比重为14.8%，研究与开发投入占主营收入的比重不到1%，大大低于创新型国家企业3%～20%的水平①。也就是说，有近九成的规模以上工业企业没有科技活动，并且企业科技活动整体呈现一定的下降态势。创新要素向企业集聚的态势尚未形成，拥有自主知识产权的企业比重小，且知识产权质量不高，我国绝大部分企业的发展仍不是主要依靠科技创新能力的提高。提高企业技术创新能力是关系我国产业发展和科技创新能力提升的关键，如果作为微观经济主体的企业的发展方式不转变，整个宏观经济的发展方式就很难发生根本改变，经济社会转型就失去了科技创新的动力驱动。

科技创新对转型发展的推动作用，归根结底要落实在创新成果从实验室到生产车间的转移上，即创新成果的产业化。如果创新成果产业化水平过低，也会限制创新效率的提高。我国一直重视科研成果的转化问题，近年来陆续出台和颁布了《促进科技成果转化法》《关于促进科技成果转化若干规定》等一系列法律法规，为重大科技成果的产业化进程提供了法律保障。在促进科技成果转化的政策措施鼓励和支持下，近年来我国科技成果转化能力有了较大提高，特别是一批重大科技成果向现实生产力的转化，对于促进经济社会发展发挥了极大的促进作用。但我国科技成果转化能力仍然有很大的改进余地，目前我国的科技成果转化率大约为25%，真正实现产业化的不足5%，与发达国家80%的转化率差距甚远②。科技研发成果不能转化成工程化技术、产品或产业，其第一生产力的作用就无法发挥，同时也就不能

---

① 数据来源：《中国统计年鉴》2014年。

② 张舵，陈钢，蔡玉高：《中国半数科技成果沦为“展品”》，《经济参考报》，2011年1月19日。

支撑转型发展。

与此同时，关键技术受制于人，也阻碍着我国产业链的进一步提升。经过多年发展，我国技术依存度虽然有所下降，但许多关键产业核心技术受制于人的局面仍然没有得到根本转变。一方面，我国产业技术中自主知识产权少，导致许多产业的关键技术严重依赖国外，成为产业进一步发展和进入国际市场的瓶颈。另一方面，我国生产装备特别是技术装备水平还比较差，大量技术装备，特别是高端产品主要依赖于进口。我国装备制造业虽然规模较大，但真正体现行业竞争力的高精尖加工工艺和重大技术装备仍然比较薄弱，市场急需的高技术含量、高附加值的技术装备和产品严重短缺。如果在关键技术领域不能有效突破，且又不能从国外获取这些关键技术，产业升级和新兴产业发展以及经济发展方式转变就会比较缓慢①。

（四）转型发展路径需跨越观念陈旧障碍

我国科学与教育长期落后，文化基础薄弱，劳动者的文化素质与技术水平不高，干部素质也不理想，思想观念落后严重制约了经济社会的转型发展。一方面，我国经济发展在历史上曾长期处于一个较低的水平，部分人对经济发展存在一个严重误区，即只重视外延的扩大，不重视内涵上的提高；另一方面，转型过程中的新问题、新矛盾不断涌现，社会上对转型的认识也出现了一定的偏差，即只重视外在稳定，不重视内在和谐。这两种偏见有一个共同点，那就是只关注眼前利益，却忽视了经济的长远发展和社会的长治久安。而经济发展内涵的升级和社会内在和谐的稳固，才是转型发展最有力的保障。

实践表明，人们对经济发展的认识，影响人们的社会经济行为，从而影响经济发展方式的转变。思想观念的转变，是实现经济发展方式转变的首要条件。为了推进转型发展，需要搞清楚经济发展与经济增长有何区别与联系。实际上，经济增长通常是指在一个较长的时间跨度上，一个国家人均产出（或人均收入）水平的持续增加。这是一个纯粹的量的概念，促进量的增加有两种方式：一是依靠增加生产要素投入，追求产品数量扩张的增长方式，称为粗放型增长方式；二是依靠科技进步和提高劳动者的素质来增加产品的数量和提高产品的质量，推动经济增长的方式，

---

① 孙福全，陈宝明，彭春燕：《突破经济发展方式转变的科技创新能力制约》，《科技日报》，2011 年 5 月 30 日。

称为集约型经济增长方式。经济发展则既包括经济量的增加，也包括人们物质福利的改善，还包括环境质量的提高等。可见，经济增长是经济发展的基础和前提，而经济发展比经济增长的含义更丰富。我们要实现经济转型，就要从粗放型增长方式转变为集约型增长方式，就要从对经济增长的片面认识拓展到对经济发展的全面认识。

由于社会转型难免涉及利益主体的转换和蛋糕的重新划分，社会上对转型发展的偏见主要纠结于稳定与否。一些人把当今社会转型中出现的普通矛盾视为洪水猛兽，沿用计划经济时代的惯性思维，倾向于控制型的稳定，甚至还有人认同封建社会的高压型稳定。应该说，不管是控制型稳定还是高压稳定，都是以静止的、片面的、孤立的观点看待稳定，都陷入了形而上学的泥潭。真正的社会稳定不排斥社会矛盾，因为矛盾的出现只能说明，这个社会还有需要改进的地方。真正的社会稳定应该是一种和谐的稳定，社会既获得了发展，又维持了秩序；既生机勃勃，又井然有序。这种稳定建立在社会成员利益均衡的条件下，换言之，社会成员均能公平地从发展中收获好处，这与包容性增长所蕴含的“更为富足的生活、更为公正的社会、更为生态的环境、更有希望的未来”等理念内在契合。

因此，要实现社会转型，就要从观念上树立科学的稳定观念，要认真了解不同群体的利益诉求，化解各种不稳定因素，完善疏导缓冲机制，建立宣泄机制，及时疏导群众中的不满情绪，排放社会中积累的各种冲突因素①。

---

① 周小毛，黄海：《“和谐稳定”与包容性增长的关系》，《光明日报》，2011 年 2 月 27 日。

第二章　以改革创新推动转型发展

经济系统是一个综合体，是由多个要素支撑和组成的。从党的十二大经济建设和精神文明建设的“两位一体”的战略布局到中共十八届三中全会的经济建设、社会建设、文化建设、政治建设和生态文明建设“五位一体”的总体战略布局演进，历经30多年的改革开放，中国社会的改革已经形成经济、政治、文化、社会和生态五大领域协同共进的基本共识。《中共中央关于制定国民经济和社会发展第十三个五年规划的建议》发布，明确了“十三五”时期是全面建成小康社会的决胜阶段，同时描绘了未来5年中国经济社会的发展蓝图。面向“十三五”时期，我国改革任务繁重而艰巨，剩下的多是难啃的“硬骨头”。唯有推进改革，尤其是推进关键环节和领域的改革，才能化解结构性矛盾，为全面建成小康社会提供坚实保障。

一、改革创新是转型发展的主要动力

（一）以改革创新引导经济转型发展

衡量经济发展有两把标尺，一个是总量，一个是结构。前者反映的是经济数量和规模，后者代表的是经济质量和效率。第一，从总量上来看，我国经过30多年的改革开放和经济体制不断深化改革，取得了举世瞩目的成绩，不论是经济总量还是国际竞争力都不断提升。第二，从结构上来看，我国还存在着许多亟须解决的问题和矛盾。改革开放后，在日益深化的市场化进程中，我国经济结构一直随着发展阶段不断调整，合理化程度得到明显改善。但是需要注意的是，国内随着劳动力土地成本持续上升、资源环境约束日益强化，传统经济增长模式难以为继，产业结构趋同、产能过剩、核心技术缺乏、产品附加值低等已成为突出问题，加快经济转型升级已刻不容缓。虽然我国经过多次的经济结构调整，但是历次结构调整都是阶段性的，而且也有其局限性和狭隘性，特别是强调高投入和高增长，目前我国粗放型的经济增长模式已难以为继。

改革创新是发展的不竭动力，也是经济转型的核心内容，可以引导我国经济发展模式转型发展。2015 年 11 月 10 日召开的中央财经领导小组第十一次会议上，习近平总书记强调，应在适度扩大总需求的同时，着力加强供给侧结构性改革，着力提高供给体系质量和效率，增强经济持续增长动力，推动我国社会生产力水平实现整体跃升。其中，他特别强调结构性改革的重要性。何为结构性改革？简单地说，就是通过体制机制的改革实现经济结构的转型升级。结构性改革为何重要？经济学家厉以宁讲过一个颇具说服力的事例：1840 年鸦片战争时，中国的 GDP 世界第一，比英国高出很多，但是中国的经济结构不行。英国主要由蒸汽机、机器设备等工业品构成，中国则完全是由农产品和手工业品构成的，花拳绣腿难抵坚船利炮，必然会战败。关于如何进行结构性改革，该次会议提出两条路径：一是要针对突出问题、抓住关键点，促进过剩产能有效化解，促进产业优化重组，降低成本，帮助企业保持竞争优势，化解房地产库存，促进房地产业持续发展，防范化解金融风险；二是要坚持解放和发展社会生产力，坚持以经济建设为中心不动摇，坚持“五位一体”总体布局，使市场在资源配置中起决定性作用，调动各方面积极性。当前我国已进入一个向改革要效率、向改革要增长，用改革推动经济高质量增长的新时代。今后我们需要的是高质量、高效益的 GDP，比拼的不应是传统 GDP 的增长速度，而是结构调整的速度、经济转型的速度，归根到底是拼体制机制改革的速度。因此，应尽快凝聚改革的共识和动力，推进更广泛和深入的制度改革创新，推动我国经济的转型发展。

（二）以改革创新推动社会转型发展

改革开放 35 年来的社会巨变，主要是由两个大的转变推动的：一个是经济体制转轨，即由高度集中的计划经济体制向社会主义市场经济体制转变；另一个是社会结构的转型，即由农业的、乡村的、封闭半封闭的传统社会向工业的、城镇的、开放的现代社会转变。与经济体制转轨比较，社会结构转型更加长期深刻也更加艰难。[①] 当前，我国进入了全面推进改革开放的新阶段，深化社会体制改革，成为全

---

① 李培林：《转型背景下的社会体制改革》，《求是》，2013 年第 15 期。

面推进改革开放的重要内容。

当前中国社会转型面临着三个突出特性①：第一，中国社会转型是“双转”交织的过程。所谓“双转”交织，就是指中国从传统社会走向现代社会的过程中，既面临复杂的社会转型的任务，同时又面临体制转轨的使命，即中国同时要完成由计划经济体制向市场经济体制转轨的使命。这就意味着中国市场经济缺少正常的自然历史积累过程，实际上成为引发一系列严重问题的根源，如社会道德底线一条一条被击穿等。再加上体制转轨和社会转型交织在一起，使中国的社会转型更加复杂。第二，中国社会转型的过程对农民形成了事实上的双重剥夺。社会转型中的一个重要主题就是城市化，而城市化的一个基本要义就是把农民变成市民。改革开放以后，很多农民离开了土地。一方面，农村向城市源源不断地提供了初中以上的合格劳动力，但这些进城的农民工没有与城市就业人群平等的待遇，干最脏最累的活，工资待遇却是最低的，缺乏最基本的社会保障。另一方面，中国的城市化在很大程度上变成了圈地化，没有使农民比较公平地享受到土地增值的收益，从而引发了大量的群体性事件。这种政策的出发点和归宿点的背离，尽管不是我们的主观意愿，但所造成的后果是严重的。第三，中国社会转型没有破解传统的二元社会根基，反而演变成三元社会结构。中国社会过去是农村和城市两种结构，通过严格的户籍制把所有中国人固定在城市和农村两个板块上。现在，户籍在一些地方松动了，但城乡二元社会结构的根基并没有改变，城乡差距还在扩大。与此同时，中国社会又演变出一个人口数以亿计的农民工群体。这些人既不同于农民，也不同于市民，因为他们即使长期在城市生活，也并没有城市市民的身份和生活。中国社会在转型中事实上已经演变为三元社会结构了。这是当初绝大多数人没有想到的。

实现社会转型的途径有两种：一种是激进式的社会革命，20 世纪中叶以前差不多 3 个世纪，世界各个国家的社会转型，主要是通过革命完成的，比如英国革命、法国革命、俄国十月革命、中国辛亥革命以及新民主主义革命等；另一种是相对温和的社会改革。20 世纪中叶以后，随着经济的全球化以及社会意识形态的淡化，革命不再被视为最好的方式，社会转型更多地以改革的方式推进。当前社会利益格局的变动倒逼社会体制改革。随着经济体制和社会结构的变化，城乡、区域和不同社会成员之间收入差距的扩大，阶层结构的变动形成了具有不同诉求的利益主体，非

---

① 汪玉凯：《用改革化解中国社会转型三大难题》，人民网，2010 年 11 月 25 日。

实体经济的发展使财富积累速度加快，劳动收益和资本收益差距扩大，一些干部脱离群众造成干群关系紧张，这些都使利益格局复杂化，形成深化社会体制改革的倒逼压力。在这个阶段上，新问题和老问题相互交织，不同利益盘根错节，需要解决的困难格外艰巨。因此，仅仅依靠摸着石头过河的路径选择显然不行了，需要创新改革理念顶层设计的发展理念，通过改革创新推动传统社会向现代社会演进。

（三）以改革创新促进政府转型发展

党的十七大将转变经济增长方式这个长期以来的要求修改为转变经济发展方式，这是我党对经济发展规律认识上的又一个深刻变化，也是我国经济发展实践的一个新的转折。发展经济学的研究告诉我们，增长不等于发展，在发展中国家曾经出现“有增长而无发展”的现象。强调转变经济发展方式，更深刻地提出了转变增长方式的意义和重要性。那么，提出转变增长方式的任务已经许多年了，为什么一直没有根本解决问题呢？这与政府主导经济增长或发展的方式有最主要的关系。自改革开放以来，各级政府主导发展，功不可没。但在工业化和体制转轨的这两个阶段性特征发生变化以后，随着技术进步特别是信息产业革命带来的深刻影响、市场关系在深度和广度上的不断发展，以及创新越来越成为决定整体经济竞争力的关键因素，主要由政府配置资源的行政主导方式，由于其自身固有的特点和局限性，变得越来越不能适应全面、协调、可持续发展的要求。行政主导方式一天不转变，建立完善的市场经济体制这个改革目标就一天不会实现，这种旧的增长方式就一天不能发生根本转变。

行政体制改革是推动全局改革的重要突破口，是完善社会主义市场经济体制的难点和重点任务。要进一步转变政府职能，加快推进政企分开，减少政府对微观经济活动的干预，加快建设法治政府和服务型政府。要继续优化政府结构、行政层级、职能责任，降低行政成本，坚定地推进大部门制改革，在有条件的地方探索省直接管理县（市）的体制。健全科学决策、民主决策、依法决策机制，加强行政问责制，完善政府绩效评估制度，提高政府公信力。行政体制改革的核心在于简政放权，通过简政放权、把政府该放的权力放开，把该管的事情管好，切实转变政府职能，为各类企业营造公平竞争的环境，激发市场主体创造活力。

二、破除传统发展模式的路径依赖

（一）体制机制与传统发展模式转变

传统发展模式是人类进入工业时代后逐渐形成的，经过 200 多年，已经形成了与之相适应的制度框架，并对整个社会产生了深刻的影响。在这种既定的制度框架下，部门、组织之间形成了既定的利益协作关系，相应的法规、政策等正式制度和非正式制度（指民俗、习惯、思想、观念等）也相应产生，并居于支配地位。这就诱使人们产生适应性预期，预期到他人将会按照这一制度规则行事时自己就会首先按照这一规则行事，其结果必然是强化了制度自身，使得制度在变迁中表现出路径依赖的特征①。因此，可以这么说，正是体制机制的固化特性使得传统发展模式的路径弊端越来越明显。我国的经济体制正处于从计划经济向社会主义市场经济逐步转变的关键时期，在体制转轨过程中，经济发展方式转变和体制转变交相呼应，相互影响。中共十八大报告中也明确指出："深化改革是加快转变经济发展方式的关键。"因此，要实现经济发展方式的转变，关键在于对体制机制中的重点和难点的认识，从重点领域和关键环节上实现新突破。

一是体制机制可以突破经济发展的路径依赖。所谓路径依赖是指人们一旦选择了某个体制，由于规模经济、学习效应、协调效应以及适应性预期等因素的存在，会导致该体制沿着既定的方向不断得以自我强化。② 改革开放后，我国经济迅猛发展，综合实力不断增强，人民生活水平不断提升，国际竞争力也不断增强。然而不容忽视的是，我们经济增长成本居高不下，能源消耗也位居世界首列。这种长期发展形成的粗放型增长方式从短期来看推动了经济增长的初级阶段的资本积累，但是从长期来看，这种增长方式会形成一种路径依赖，会强化对现存的经济发展方式选择的刺激和惯性，使得地方政府、企业集团沿着原有的路径向既定的经济目标靠拢。

---

① 吕爱权：《中国制度变迁的"路径依赖"探析》，《山东大学学报》，哲学社会科学版，2003 年第 1 期，第 124－127 页。

② 陆岷峰：《持续转变经济发展方式要构建七大体制》，《企业研究》，2010 年第 19 期，第 10 页。

既有经济增长方式的惯性和路径依赖使得我国经济发展方式偏离预期的目标和路径，其背后的根本原因在于体制性因素。我国现阶段面临着粗放型增长、自主创新能力薄弱、经济结构失调等方面的主要矛盾，这些因素制约着经济的转型发展。党中央明确提出，转变经济发展方式刻不容缓，提出利用倒逼机制，加快经济发展方式转变，进行一场关系改革开放和社会主义现代化建设全局的深刻变革。要解决这些深层次问题，必须找准体制机制的难点和障碍，在破解这些难题和障碍上下工夫。所以，转变经济发展方式最根本的困难在于我国长期沿用的体制机制性根源。面对长期存在的具有强力惯性的体制机制只有施加强有力的外部力量才能持续快速地转变经济发展方式，选择更有效的经济发展路径。要切实落实经济发展方式转变，就必须破除现有的体制性障碍，建立一个充满活力、秩序井然的制度。

二是体制机制可以引导经济的可持续发展。由于体制机制方面的制约，我国经济发展中不均衡、不协调和不可持续发展现象比较突出。要实现经济发展方式的彻底改变和可持续发展，需要不断进行体制改革。经济体制改革的核心问题是处理好政府和市场的关系，政府这只“看得见的手”和市场这只“看不见的手”应各司其职，职责分明。政府应该逐步从资源配置的行政干预领域中逐步退出，转由市场进行资源配置，从而成为改革的推动者而不是阻碍者。国际发达国家的经济发展方式转变历程也反映出，经济转型的支撑力量除了技术进步，更多的是体制机制的保障。从实践来看，一些发达国家通过开放市场机制、社会福利机制、科技创新机制、环境保护机制、政府责任机制等，将经济发展方式基本纳入了由粗放型向集约型、外延型向内涵型转变的轨道。

三是体制机制对经济发展方式转变的约束或激励。体制机制作为一种制度安排，是人们之间利益关系的反映。经济发展是以人为主体的社会行为。但人们的行为力度大小、朝什么方向努力，将在很大程度上由体制机制所体现的制度决定。一定的体制机制总是包含着对某种经济行为的激励或约束。比如，在 GDP 挂帅、片面追求增长速度的体制机制下，那些经济总量大、增长速度快的地区自然会受到某种激励和奖励，尽管这些地区也许效益、质量并不显著，甚至环境污染严重。相反，一些环境保护虽好但经济增长却不够快的地区就会倍感压力，担心不能完成考核和受到上级的批评。我国目前以经济增长速度、招商引资规模等经济指标作为政绩考核标准的主要内容，GDP 在我国政府官员的政绩考核指标中仍然占有重大的比重，导致了政府角色的错位。尤其是在政绩观等的驱动下，铺摊子、上项目、粗放式扩张成为地方政府最佳的途径选择。这种高投入、高能耗、高污染式的粗放型经济发展方式短期内可以创造大量的GDP，但是却带来了大量的资源消耗、环境污染和生产模式固化等问题。

（二）传统发展模式路径依赖形成的根源

加快经济发展方式转变是我国经济社会领域的一场深刻变革，必须把加快转变经济发展方式贯穿于经济社会发展的全过程和各领域。在传统发展模式中存在着严重的思维定势、动力依赖和目标短视等问题，但是追根溯源来看，传统发展模式路径依赖形成的根源在于体制机制的约束。这是因为，体制机制从多个方面制约着经济的转型发展。

1. 体制制约资源消耗方式

导致资源环境压力持续增大、经济社会发展与资源环境不相协调问题的体制性根源主要表现在三个方面：第一，生产规制对资源消耗的影响。资源价格尤其是稀缺资源的价格偏低，容易导致地方和企业发展资源依赖型产业。企业在生产过程中会过分依赖稀缺资源，过量使用稀缺资源，过多地排放污染物。而消费者也会因为资源价格较低的影响，对稀缺资源及其产品形成过度消费，失去了节约资源和环境保护意识。同时，国家对这种自然资源的过度消费和使用并未采用合理的税收政策加以引导，对于环境污染也未建立完善的补偿机制，政府在为资源消费和环境污染买单，所以也会影响国家对环境保护的投入力度。因此，生产规制不到位造成了粗放型资源消耗方式。

第二，社会规制对资源消耗方式的影响。从性质上来说，价格是市场调节资源配置的市场手段，而规制则是资源配置的行政手段。在市场价格杠杆失衡的情况下，政府的行政调节手段就显得尤为重要。生产规制不到位，使得企业、消费者不能高效合理使用稀缺资源，不利于节能降耗减排的技术创新，也对环境和生态造成较大压力。这时就需要政府通过制定物耗、排放等强制性标准的形式，减少资源消耗和污染排放，促进企业进行技术创新。

第三，生态规制对资源消耗方式的影响。在市场经济条件下，政府的职能是在市场失灵的地方发挥作用，比如在企业生产对外部环境产生负外部性时，政府可以通过生态规则将这些负外部性转化为企业的内部成本，这样才能调动企业治理污染的积极性，同时也能够给污染受害者以适当补偿。我国长期以来不仅规制制度和政策不完善，且由于种种原因，特别是在现行的中央地方财税体制和干部考核管理体制下，对既有规制政策的执行往往也不到位，导致企业生产经营对环境和生态的影响没有充分内化为企业的成本，使得企业私人成本严重偏离其社会成本。生态规制不到位降低了企业的成本，增加了社会的成本。

2. **体制制约自主创新能力**

资源和要素价格不合理、规制性政策不到位等导致了节能降耗减排，还会导致企业的创新需求和动力不足。我国的产品生产成本核算中并未考虑环境成本因素，也就是大部分产品的成本在一定程度上是不完全成本，这也导致企业和产品在国际市场上的价格竞争力失真，企业缺乏技术进步和自主创新的动力。我国普遍存在着资源、资本和劳动力价格偏低现象，所以企业采用虽然落后但是成本低廉的生产工艺和技术进行生产，仍能获得大量的利润。这既抑制了企业对于先进技术的需求，也减弱了企业进行技术创新的激励，影响了新技术的供给。再加上政府公共服务投入的不足尤其是对教育和科技投入的不足，直接影响着国家的创新能力和劳动者素质的提高，进而影响着技术的供给和技术的推广应用。

3. **体制制约社会发展方式**

中国经济发展与社会发展不协调的问题，突出表现在两个方面：一是发展不平衡，城乡之间、区域之间、不同阶层居民之间收入差距大；二是基本保障和基本公共服务制度不完善、体系不健全，不仅均等化程度低，而且水平标准也与中国现有发展水平和政府财力不相适应。因此，分配结构影响着社会发展方式。资源配置方式的背后是利益分配机制，资源的存在将地区分为两种类型：一类是拥有资源及其产品但承受污染的区域，另一类是使用资源及其产品的地区。在规制政策未能有效发挥作用时，前者未能获得应有的补偿，却变相地为后者的收入水平和福利的提高提供了一种补贴，两者之间的差距被拉大。在市场经济条件下，均等化的基本保障和公共服务，是缩小收入和福利差距的最主要途径，而由于中国这方面的制度和体系不健全，反而进一步拉大了城乡之间、区域之间及不同阶层居民之间的收入和福利差距。

另外，消费结构也会对社会发展方式产生影响。储蓄与消费关系失调直接受制于两个因素：一是居民消费倾向降低；二是收入分配体制不完善。我国现阶段储蓄和消费存在失调，不论企业还是居民的储蓄率都存在偏高现象。追究其背后的原因不难发现，由于社会保障和公共服务制度不健全，居民的消费倾向出现下降，储蓄率随之上升。就企业而言，由于规制的不完善，企业在不完全成本下运作，其收入和利润增加，尤其是一些大型的垄断性企业，因为特权而获得垄断利润，企业的利润用于再投资，因而储蓄率也上升。因此，体制规制不完善导致的不完全成本成为制约居民收入和消费能力增长的重要因素。

（三）突破传统路径依赖的根本出路在于改革

1. 改革的目标在于处理好政府、社会和市场的关系

什么是改革？改革就是依据生产力水平及其发展的要求对生产关系进行调整，使之与生产力相适应的活动。从这个意义上来讲，改革也是一场革命，改革是一个国家和社会发展进步的必然要求。那么改革的目的是什么？中共十八届三中全会对全面深化改革作出了战略性部署，提出了“五位一体”的总体布局，即经济建设、政治建设、文化建设、社会建设和生态文明建设，换句话说，在新的历史条件下全面深化改革，就是要最终建成社会主义和谐社会，改革的目标就是要处理好政府、社会和市场三者的关系。

关于政府与市场的关系，随着经济的发展和人们认识的不断深入，两者的边界越来越清晰。新中国成立之初，由于我国经济发展水平低下，生产力相对落后，我国采用的是苏联社会主义管理模式和计划经济体制，该阶段的生产、分配、交换等各个经济活动环节，以及全部的社会活动几乎全部由政府大包大揽，这时的政府可谓是一种全能型政府，市场的力量微乎其微，此时的社会也只是一种被国家权力掌控的传统社会。随着改革开放的不断推进，农村联产承包责任制、个体经济、私营经济等形式开始不断出现，人们开始了姓资还是姓社的争论。直到 1992 年邓小平在南方谈话中明确指出，市场经济不等于资本主义，社会主义也有市场，计划和市场都是经济手段，从而在国家层面给予市场经济身份认可。在随后召开的中共十四大上，明确提出：我国经济体制改革的目标是建立社会主义市场经济，就是要使市场在社会主义国家的宏观调控下对资源配置起基础性作用。在中共十八届三中全会上，对我国社会主义市场经济体制内涵进行质的提升，明确提出充分发挥市场在资源配置中的决定性作用。政府和社会都是调节经济的手段，既要发挥政府“有形之手”又要发挥资源配置“无形之手”的作用。

关于政府和社会的关系，虽然在政府工作文件中并未进行过明确的界定，但是在理论界却引起过激烈的争论。政府和社会的关系不外乎两种模式：一种是冲突模

式，强调国家对社会的控制以及社会的反抗；另一种是互动模式，强调国家与社会相互间的妥协渗透或调和共生。显然，从历史经验来看，第一种模式或造成社会的活力不足，或造成国家和社会的混乱，并不是我们应该采用的合理模式。但是，良性的互动模式的形成或采纳显然需要两个基本的前提：其一，当然是国家向社会作出让渡，为社会腾出足够的空间，即像国家或政府不再过多干预市场一样，让公民或社会组织能够以自主和自治的方式管理好社会自己的事务；其二，公民或社会组织在法律政府甚至道德划定的边界内行动，他们的行为有自律或自我约束的能力，不仅不应挑战国家（政府）的治理权力，也不应损害其他公民社会组织或整个社会的利益。①

从中国的现实和问题来看，在中国这个已经进入推进改革开放事业年的社会主义国家，如果要切实地全面深化改革，并真正做到完善和发展中国特色社会主义制度，推进国家治理系统和治理能力现代化，就必须在将市场纳入社会主义体制，充分发挥市场在资源配置中的决定性作用的同时，将社会带回到社会主义体制，正确处理国家（政府）与社会的关系，国家（政府）就不仅应该为社会释放足够的生存或发展空间，而且应该全面承担起保障与服务社会，维护个人权益，促进人与社会协调发展的历史使命，像马克思所说的把国家由一个高居社会之上的机关变成完全服从这个社会的机关；而如果要正确处理市场与社会的关系，就应该将社会置于发展的中心或者说解决好发展生产力的目的问题，实现中共十八届三中全会所说的通过发展解决我们所面临的所有问题，实现发展成果更多更公平地惠及全体人民。②因此，改革的目标应是如何协调和处理好政府、社会和市场之间的关系。

2. 改革的关键在于重点、难点领域的体制突破

目前，我国仍处于体制转轨时期，市场体制机制和宏观调控手段不完善在很大程度上制约着经济发展方式的转变。加快形成有利于经济发展方式转变的体制机制，必须从创新体制机制入手，着力消除制约经济发展方式转变的体制障碍，深入实施转变经济发展方式综合配套改革试点，重点推进重点领域和环节的体制改革。

一是推进经济体制改革是重点。深化改革是推动经济发展方式转变的体制性措施，而在这一过程中，经济管理体制的改革和社会主义基本制度的建设和完善是实

---

① 周晓虹：《全面深化改革的社会路径》，南京社会科学，2015 年第 2 期，第 10 页。

② 周晓虹：《全面深化改革的社会路径》，南京社会科学，2015 年第 2 期，第 11 页。

现经济发展方式转变的基础。“还是要把经济建设当作中心。离开了经济建设这个中心，就有丧失物质基础的危险。其他一切任务都要服从这个中心，围绕这个中心，决不能干扰它，冲击它。”① 在市场经济条件下，转变经济发展方式更多地表现为市场主体的经济行为或过程。推进经济体制改革的核心在于处理好政府与市场的关系。完善的市场经济体制下，企业应该成为市场竞争的主体，通过充分发挥市场资源配置的基础性作用，进而促进经济发展方式的转变。因此，要毫不动摇地巩固和发展公有制经济，继续推进国有经济战略性调整，健全国有资本有进有退、合理流动机制，加快国有大型企业公司制股份制改革，深化垄断行业改革，完善各类国有资产管理体制，健全国有资本经营预算和收益分享制度。同时，毫不动摇地鼓励、支持和引导非公有制经济发展，营造各种所有制经济依法平等使用生产要素、公平参与市场竞争、同等受到法律保护的体制环境；要坚持公平待遇原则，改善融资条件，破除体制障碍，促进个体、私营经济和中小企业发展。

二是促进社会体制改革是保障。社会体制改革的关键在于调整收入分配结构、构建社会保障体系和推进城乡统筹发展，其中收入分配改革是社会体制改革的突破口，因为它可以为实现经济增长、分配合理、社会和谐的良性互动提供制度支撑。公平与效率问题这几年在理论界争论不休，“效率优先，兼顾公平”一直是我们倡导的理念，然而现阶段我国已进入“不分好蛋糕，就做不大蛋糕”的关键阶段，要更加注重就业和劳动报酬在初次分配中的作用，更加注重社会保障和公共服务在二次分配中的作用，促进收入分配结构从哑铃型向橄榄型演进。合理的收入分配制度是社会公平正义的重要体现。要按照初次分配和再分配都要处理好效率与公平的关系，再分配更加注重公平的要求，完善收入分配制度，进一步理顺政府、企业和个人的分配关系，提高“两个比重”，逐步形成中等收入者占多数的橄榄型分配格局。此时，初次分配和再分配都要处理好效率和公平的关系，再分配更加注重公平就显得尤为重要。收入分配制度不合理主要表现在分配不公和分配差距逐步拉大两个方面，解决这一问题的关键就在建机制、增渠道上。

三是优化行政体制改革是关键。转变政府职能既是行政管理体制的关键与核心，也是深化经济体制改革的根本内容。从一定意义上来说，经济发展方式能否真正转变，取决于政府职能转变能不能到位。因此，应该坚持以科学发展观为统领，科学

① 邓小平：《邓小平文选》，第2卷，第250页。

设置，全面正确地履行政府职能。推进政企分开、政资分开、政事分开、政府与市场中介组织分开，是转变政府职能的核心问题，因为只有做到“四个分开”，才能充分发挥市场在资源配置中的基础性作用。转变经济发展方式必须转变政府职能，完善政府经济管理体制，健全宏观调控体系，充分发挥市场在配置资源中的基础性作用。要科学划分政府与市场的职责边界，强化政府社会管理和公共服务职能，限制政府权力，建设有限政府、有效政府、服务型政府。要想针对当前市场分割、市场体系不健全、市场主体行为不规范、市场秩序混乱的状况，加强和改进市场监管职能，就要在更大程度上发挥市场在资源配置中的基础性作用，打破部门分割、行业垄断、地区封锁，健全统一、开放、竞争、有序的现代市场体系。

三、在转型发展中深化改革

（一）深化经济体制改革

1. 优化升级需求结构

经济发展的基础是经济增长，从长期来看，经济增长的决定力量来自于总供给，总供给代表着产品和服务的量的多寡；然而从中期和短期来看，经济增长的决定力量则是总需求，总需求对经济增长的影响，主要是通过投资需求、消费需求、进出口需求发挥作用的。外需具有导向作用，有利于国内调整经济布局，发挥比较优势，但经济增长主要靠内需尤其是消费拉动。

新中国成立后的相当长一段时期内，我国是一个相对封闭的经济体，对外贸易几乎可以忽略不计，也就无所谓内外需结构。改革开放以后，我国对外贸易实现了从小到大的跨越，为我国对外开放和经济社会发展发挥了重要作用。进入新世纪以来，我国总需求中投资和出口比重上升，消费比重下降趋势明显，但是自 2008 年世界金融危机发生后，内需不旺、外需萎缩成为当前我国需求结构的主要特征，这种不合理现象制约着经济发展方式的转变。

总需求的关键在内需，内需的关键在消费，消费的关键又在农村居民。因此，调整需求结构的重心，应该是扩大消费需求尤其是农村居民消费需求。要解决好扩大消费需求的问题，就必须把握好城乡居民消费的新变化、新趋势。

中共十八大报告要求“使经济发展更多依靠内需特别是消费需求拉动”“要牢牢把握扩大内需这一战略基点，加快建立扩大消费需求长效机制，释放居民消费潜力，保持投资合理增长，扩大国内市场规模”。《中共中央关于制定国民经济和社会发展第十三个五年规划的建议》强调，要“发挥消费对增长的基础作用，着力扩大居民消费，引导消费朝着智能、绿色、健康、安全方向转变，以扩大服务消费为重点带动消费结构升级”。从总体上来看，自改革开放以来，我国国民经济快速发展，人民收入较快增长，生活水平大幅跃升，生活质量明显改善，城乡居民消费规模不断扩大，并呈现出以下趋势：一是居民消费的关注点已经从基本的生存转向享受与发展；二是消费领域不断拓宽，服务性消费日趋旺盛；三是消费观念更新，消费行为更加现代化、个性化；四是农村居民消费能力逐步增强，区域间消费差距不断扩大的趋势有所缓解。

2. **加快产业结构调整**

新中国成立以后，我国经济建设取得了长足发展，产业结构也随之发生了一系列重大变化，呈现出由低级到高级、由严重失衡到基本合理的发展轨道。从总体上判断，我国已由传统的农业国变为门类齐全、初步实现工业化的发展中国家，进入产业结构升级和高级化的阶段。

根据美国经济学家库兹涅茨的研究成果和配第－克拉克定理，随着经济的发展，三次产业在国内生产总值结构中的变化趋势是，第一产业所占的比重不断下降，第二、第三产业所占的比重不断上升。自改革开放以来，我国的产业结构经历了比较大的变化，但总体上和产业结构变动的经济规律是一致的。从长期的变动趋势来看，三次产业之间的比例关系有了明显的改善，产业结构正向合理化方向变化。第一产业在 GDP 中的比重呈现持续下降的态势；第二产业的比重经历了不断波动的过程，但长期稳定保持在 40%～50% 之间；第三产业在国民经济中的比重处于不断上升的过程之中。

中共十八大报告要求“牢牢把握发展实体经济这一坚实基础，实行更加有利于实体经济发展的政策措施，强化需求导向，推动战略性新兴产业、先进制造业健康发展，加快传统产业转型升级，推动服务业特别是现代服务业发展壮大，合理布局建设基础设施和基础产业”。从各产业发展的具体水平和状态来看，我国产业结构存在一定程度的失衡现象，亟须通过转型发展，实现产业结构进一步的优化调整。

首先，30% 以上的劳动力滞留在第一产业。劳动边际生产力递减，农业劳动生产率的提高必然会受到限制。其次，我国第二产业发展方式亟须转型。部分行业产能过剩严重，过度依赖投资和出口，自主创新能力不强，缺乏核心技术和品牌，总体上处于国际产业分工体系的中低端。最后，第三产业严重滞后。具体从不同行业来看，交通、通信、金融保险、房地产、商业、科技开发以及信息咨询服务业等行业落后和短缺尤为明显。

3. 加快转变经济发展方式

中共十八大报告提出："坚持节约资源和保护环境的基本国策，坚持节约优先、保护优先、自然恢复为主的方针，着力推进绿色发展、循环发展、低碳发展，形成节约资源和保护环境的空间格局、产业结构、生产方式、生活方式，从源头上扭转生态环境恶化趋势，为人民创造良好生产生活环境，为全球生态安全作出贡献。"生态文明、绿色发展成为中共十八届三中全会以来的最强音。中国作为世界第二大能源生产国和消费国、第二大二氧化碳排放国，高度重视全球气候变化问题，先后于1998年签署、2002年批准了《联合国气候变化框架公约》和《京都议定书》。2007年6月中国发布实施《中国应对气候变化国家方案》，制定了我国降低单位二氧化碳能耗的中长期目标。在当前国际金融危机的形势下，中国也没有放松对气候变化的重视，在应对危机的刺激经济投资计划中，也安排了大批用于节能减排、生态工程等与应对气候变化相关的项目。

加快转变经济发展方式，亟须发展低碳经济。长期以来，我国的工业化过程未摆脱资源、能源密集型的经济发展方式，经济增长的粗放程度未得到根本性转变，甚至主要是依赖高耗能、高排放的重化工业拉动的。这种高碳模式造成的资源耗费和环境问题，使整个社会在生产、环境、经济等各个方面都遭受了很大损失①。

加快转变经济发展方式，亟须优化调整能源消费结构。煤炭是中国最主要的能源，中国是世界上产煤大国之一，仅次于美国，位居第二。在中国，长期以来形成了以煤炭为主的能源结构，在能源消费中，煤炭占70%以上。以煤炭为主的能源消费结构和单一的能源消费方式带来了严重的环境污染。加强能源技术创新和能源结构调整，推进各类能源技术的研发和采用以及可再生能源的开发和利用，对于合理调整我国的能源消费结构、实现经济与环境的协调发展具有重要的现实意义。

---

① 王家庭：《基于低碳经济视角的我国城市发展模式研究》，《江西社会科学》，2010年第3期，第85－89页。

加快转变经济发展方式，建设两型社会是重要抓手。我国节约型社会和环境友好型社会的建设目标，主要是提高资源和环境的利用效率，以最少的资源消耗和污染排放获取最大的经济社会效益，并最终推动社会经济与自然生态系统的和谐。随着我国经济的快速发展和能源需求量的持续增长，国际社会要求我国参与温室气体减排或限排承诺的呼声越来越高，这种外在压力也迫使我们加快转变经济发展方式，推进节约型社会和环境友好型社会的建设。

（二）深化社会体制改革

1. 加快收入分配制度创新

自改革开放以来，我国居民的收入普遍提高，生活有了很大改善，但与此同时收入分配存在的问题也日益突出，成为困扰我国改革和发展的一大社会难题，并直接影响着社会主义和谐社会的构建。当前收入分配不合理，具体表现在：第一，个人在初次分配中所占的比重呈降低趋势。如果将国内的机构单位划分为四大类——非金融企业部门、金融机构部门、政府部门和住户部门，从2000年以来的数据来看，非金融企业部门、政府部门在全部可支配收入中所占的比重在上升，而住户部门所占的比重在下降。第二，地区间收入分配不平衡，区域差距不断扩大。东部地区集中了全国大部分的收入，且其占全国的比重还在不断上升，而中西部地区收入占全国的比重呈逐步下降的趋势。第三，城乡收入差距不断拉大。改革开放至今，城镇居民人均可支配收入和农村居民人均纯收入的绝对差不断增加，城乡差距不断扩大。第四，垄断行业的高收入产生负面影响。垄断给垄断行业带来高收入的同时，加剧了收入分配不公，恶化了低收入群体的生活状况，影响了资源合理配置，引发了社会的强烈不满①。

改革开放后，为克服平均主义大锅饭的共同贫困及效率损失，我国重新确立了按劳分配的分配原则。中共十四届三中全会提出“建立以按劳分配为主体、效率优先、兼顾公平的收入分配制度，鼓励一部分地区和一部分人先富起来，走共同富裕的道路”，并正式写进《中共中央关于建立社会主义市场经济体制若干问题的决定》，标志着“效率优先、兼顾公平”成为按劳分配的原则。中共十六大在效率和

① 刘新民：《垄断行业高收入的负面影响及治理建议》，《中国经济周刊》，2006年第44期，第32－33页。

公平的问题上，要求“坚持效率优先、兼顾公平”“初次分配注重效率”“再分配注重公平”。中共十七大报告在明确再分配更加注重公平的同时，首次强调在初次分配中体现公平，“初次分配和再分配都要处理好效率和公平的关系，再分配更加注重公平”，要“逐步提高居民收入在国民收入分配中的比重，提高劳动报酬在初次分配中的比重”。把公平问题也纳入初次分配的视角，在一定程度上分担了再分配的收入调节职能。中共十八大进一步提出，实现发展成果由人民共享，必须深化收入分配制度改革，努力实现居民收入增长和经济发展同步、劳动报酬增长和劳动生产率提高同步。中共十八届五中全会提出，“发展成果由人民共享”，共享发展成为“十三五”时期发展的重要指导理念。

2. 化解城乡二元结构

中共十八大报告提出，要“加快完善城乡发展一体化体制机制，着力在城乡规划、基础设施、公共服务等方面推进一体化，促进城乡要素平等交换和公共资源均衡配置，形成以工促农、以城带乡、工农互惠、城乡一体的新型工农、城乡关系”。中共十八届三中全会指出，“城乡二元结构是制约城乡发展一体化的主要障碍”。中共十八届五中全会要求“坚持工业反哺农业、城市支持农村，健全城乡发展一体化体制机制，推进城乡要素平等交换、合理配置和基本公共服务均等化”。

从现状来看，我国目前区域发展呈东、中、西由富到贫，由发达到落后的“梯度”状态。较发达的沿海地区，由于生产要素和劳动力流通渠道畅通，产业间互补互促，产业组织及运行机制较为科学合理，城乡间关系呈现良好协调发展态势，城乡差别相对较小，城乡协调进程顺利。而中西部欠发达和落后地区则城乡关系较差，融合程度较低，主要表现在城乡居民收入差距较大，城乡间融合壁垒和限制较多等上。城乡关系因区域发展不平衡而存在差别，因而产业组织结构也差异巨大。产业布局及组织结构的差异进一步加剧了其落后状态，限制了发展步伐，增加了城乡协调发展的难度。

从30年来的改革成效看，城乡关系并没有从根本上发生改变。改革主要限于经济领域，农民改变自己社会身份的努力没有取得明显的制度性成果，虽然医疗、保险、居住等方面取得了重大进展，但就业、教育、医疗卫生等方面，仍然程度不同地存在着歧视性政策。城市很多非经济领域的既得利益者没有从根本上触动，城乡对立表现依然比较突出，城乡协调发展具有很大的利益结构性障碍。同时，这种福利体系还具有“排农性”，只有城市户口才有权享用，带有明显的世袭性。所有这些使城乡关系协调发展反反复复，进程缓慢[①]。

城乡二元结构的存在严重影响了我国城乡一体化的进程，但是城乡二元结构问题的解决又是一个长期的过程，尤其是包括户口制度、劳动用工制度和社会保障制度等在内的人为造成的城乡制度，非一朝一夕所能调整到位，需要在全面深化改革的过程中各个突破、逐一化解。

3. 推进传统社会管理创新

经济社会发展新环境传统社会管理体制带来了新挑战，现行社会管理模式有待进一步健全。一是我国对管理职权划分和职能配置的规定、管理对象和领域的设定等方面都没有科学的认识和研究；二是政府在社会管理体制中的一元主体地位使得政府长期垄断了社会公共事务，同时发挥着“掌舵”和“划桨”的双重作用，没有形成社会公共事务多元主体共同治理的网络；三是社会管理的决策机制和政策影响评估机制还没有建立起来，而不同利益群体又缺乏利益表达和沟通渠道，一旦出现纠纷，滞后出台的管理决策往往跟不上利益冲突的新变化，影响了社会矛盾的及时快速解决，致使出现局部社会秩序的混乱问题[②]。社会管理方面存在的这些不足，直接影响了社会管理的效果，出现了诸多社会问题和社会矛盾。

当前，我国改革发展已进入关键时期，社会利益关系更加复杂。这是一个黄金发展期，也是一个矛盾凸显期。一系列社会矛盾突显，不仅阻碍了和谐社会的建设，给长期内经济健康运行和政治稳定也埋下了隐患[③]：一是社会流动加快，流动人口的管理任务繁重。二是城镇化成为经济发展新动力，土地征用、房屋拆迁引发的矛盾冲突增多。三是劳动力供求关系发生变化，劳动密集型企业劳动关系紧张、问题突出。四是农村部分基层干部素质不高，一些地方的基层干群关系需要理顺。五是基层管理体制发生变化，解决社会问题的机制弱化。六是收入差距扩大、分配不公问题成为引发社会问题的深层原因。七是群体性事件频发，各种新型社会风险需要引起高度重视。八是社会转型加速，社会治安面临的问题日趋复杂。

这一系列社会矛盾背后的原因，归根结底是利益关系的调整。从一定意义上说，

---

① 白琳，白瑛：《我国城乡二元结构：演化、现状及协调路径选择》，《生产力研究》，2007 年第 7 期，第 81 – 82 页。

② 周红云：《中国社会管理体制改革——现状、原因与方向》，《甘肃行政学院学报》，2008 年第 5 期，第 17 – 22 页。

③ 李培林：《社会管理亟待加强与创新》，《中国人大》，2011 年第 15 期，第 14 – 19 页。

改革也是一种利益调整。但是随着改革的纵深发展，市场的边界越是扩大，各个利益主体的经济社会交往越是频繁，在旧体制下暴露出来的各种深层次矛盾就越是凸显。与此同时，一方面，国家在改革经济管理体制时努力把组织社会生活的职能转移给社会，另一方面，传统社会管理体制的惯性使社会难以有效地自我发展和组织起来，从政府到社会的这种职能转移也就难以实现。在现行社会管理体制不能适应改革发展需要的条件下，加强社会管理和创新，也就成为转型发展路径的应有之义。

（三）深化行政体制改革

1. 坚持民生优先发展导向

改革开放前，计划经济体制的重心在于国富，以大幅度增强国家财力为目标。改革开放后，在 GDP 优先导向的引领下，在政府控制大量资源的条件下，中国的经济增长方式继续被打上了国富优先的明显烙印。从 GDP 与居民收入的增长速度对比来看，前者远远高于后者，即使在城乡居民收入增速历史最高的“十一五”时期，两者相比还是有很大差距；从 GDP 与国家财政收入的增长速度对比来看，财政收入增长率远远将 GDP 抛在后面，意味着经济发展的成果更多地被政府据有；从 GDP 与国有资本扩张的速度对比来看，国有企业资产总额增长不仅快于 GDP 增长，也远远高于民营企业资本的扩张。

经济学家曼昆指出：“GDP 没有衡量我们孩子的健康，但 GDP 高的国家负担得起孩子更加好的医疗保健。GDP 没有衡量孩子们的教育质量，但 GDP 高的国家负担得起更好的教育制度。GDP 没有衡量我们的诗歌之美，但 GDP 高的国家可以教育更多公民阅读和欣赏诗歌。”这段话指向的一个浅显道理是：只有增加 GDP 量和积累国家的财富，才能在更大程度上推动社会发展和进步。然而，如果只有国家的富足，却没有民众的富裕和民生的发展，这样的社会必然“头重脚轻”，根基不稳。如果政府的主要精力仍然停留在单纯地主导 GDP 增长上，忽视社会和民生问题，特别是弱势群体的利益诉求，将会激化社会矛盾，延缓改革目标的实现。

民生，既是发展的源头，也是发展的归宿。经济发展的目的，从来就不是单纯的财富堆积，而是改善民生，增进人民的福祉。我们之所以要转变经济发展方式，就是要实现发展导向由经济总量向国民收入转变、由 GDP 优先向民生优先转变、由国家富强向人民富足转变，走公平与可持续的科学发展之路。实现这一目标，关键在于确立并实施民富优先的改革发展导向，解决好民生问题。事实上，改善民生也会反作用于经济发展，因为加大民生投入，不仅可以改善困难群体的生活，还会促进消费，促使发展的动力从投资向消费转型。

中共十八大报告提出，要“努力实现居民收入增长和经济发展同步”“劳动报酬增长和劳动生产率提高同步”“逐步提高居民收入在国民收入分配中的比重”“提高劳动报酬在初次分配中的比重”。这“两个同步”和“两个提高”是针对当前收入分配中存在的突出问题提出的，也是深化收入分配体制改革、增加城乡居民收入的重大举措。中共十八届五中全会提出：“必须坚持发展为了人民、发展依靠人民、发展成果由人民共享，作出更有效的制度安排，使全体人民在共建共享发展中有更多获得感，增强发展动力，增进人民团结，朝着共同富裕方向稳步前进。”

因此，要加快转变经济发展方式，促进政府从GDP优先向民生优先转型，在当前及未来一段时间，就要加快实现经济更好更快地发展，在科学发展中壮大国家财力，增加居民收入，增进社会福利。同时，必须清醒看到，社会建设将是中国今后30年的主题，要更加注重保障和改善民生，要把主要财力、精力集中到切实解决好住房、医疗、教育、收入分配、社会保障等群众广为关注的问题上来，加大财政对民生的投入，真正使发展的成果惠及城乡各个角落，让社会各个阶层共享改革开放的丰硕果实。

2．加快转变政府职能

中共十八大报告指出：“行政体制改革是推动上层建筑适应经济基础的必然要求。”中共十八届三中全会要求：“必须切实转变政府职能，深化行政体制改革，创新行政管理方式，增强政府公信力和执行力，建设法治政府和服务型政府。”中共十八届五中全会提出：“深化行政管理体制改革，进一步转变政府职能，持续推进简政放权、放管结合、优化服务，提高政府效能，激发市场活力和社会创造力。”

从我国政府职能转型的历程来看，其演进分别表现为经济和社会两个逻辑：一是与市场经济发展相适应，政府职能转型的逻辑体现为市场经济发展—生产要素流动—政府职能转型—从市场培育转向市场监管—规范市场经济；二是与社会结构变迁相适应，政府职能转型的逻辑体现为社会结构调整—公共产品需求增长—政府职能转变—政府行为转向公共服务导向—满足社会公共需求。由于社会结构的变迁滞后于经济发展，虽然经济和社会逻辑都是贯穿政府职能转型的全过程，但是从次序上看有先后之别。如果把经济、社会这两条逻辑综合起来，容易发现政府职能转型的方向：市场监管和公共服务，它们的共同点在于政府职能边界的收缩，从全能政府转向有限政府，从管制为主到管理为主，再到服务为主。

从我国政府职能转型取得的成就看，基本建立了以间接手段为主的宏观调控体系框架，市场体系建设取得了重大进展；政府机构改革取得一定成就，公共服务能力不断加强；随着行政审批改革推进，政府权力日益回归至经济与社会领域，公民、法人各项权利逐渐得到法律保障①。

尽管如此，随着市场经济的发展和社会结构的变迁，经济社会转型中的新矛盾、新问题会不断涌现，政府职能的转型也必然是一个长期的、不间断的过程。因此，要适应经济社会转型的需要，政府职能转型就应满足以下几个方面的要求：一是创造公平竞争环境，为市场经济的形成设立一个好的制度框架，以制度来保障市场的有序运行，实现资源的最优配置，并推动经济发展。二是提供公共服务，为市场经济提供良好的社会基础设施，保障公共产品的供给能够满足市场经济和社会发展的需要。三是合理调节经济，进一步完善间接的宏观调控体系，建立起完备的财政、金融制度。四是进行收入再分配，保护困难群体利益和收入分配的公平，通过包容性增长的方式，缩小地区间的贫富差距，推动共同富裕的实现，让全社会共享改革成果。五是在促进经济发展的同时保护和改善生态环境，实现可持续发展。六是优化产业发展政策，促进产业结构不断优化和升级，在巩固农业基础地位的同时，坚持以信息化带动工业化，以工业化促进信息化，提高第三产业的比重和水平②。

简而言之，经济社会的顺利转型和协调发展，完全靠市场机制是不可能妥善解决的，政府应当而且必须在其中承担相应的职能。下一步的政府职能转型，需要在经济社会改革中，围绕提升民生福祉，切实推进政府行政管理体制的改革，以确立政府在基本公共服务中的主体地位和主导作用，最终真正实现政府职能从管制、管理到服务的转变。

---

① 汪波：《社会结构变迁中的政府职能转变与“职能悖论”》，《中国特色社会主义研究》，2006 年第 6 期，第 67 - 71 页。

② 张进铭：《政府在经济转型和发展中的作用》，《光明日报》，2003 年 9 月 30 日。

四、深化体制机制创新

（一）制度创新是深化体制机制创新的重点

经济社会转型出现的各种矛盾和问题，需要进行新的制度安排来解决，通过制度创新来为改革深化和体制机制的健全和完善提供制度保证。中共十八大报告明确提出了市场经济体制、民主政治体制、文化管理体制、社会管理体制和生态文明制度等体制机制改革的任务。制度创新的核心内容是社会政治、经济和管理等制度的革新，是支配人们行为和相互关系的规则的变更，是组织与其外部环境相互关系的变更。其直接结果是激发人们的创造性和积极性，促使人们不断创造新的知识、合理配置社会资源及努力使社会财富源源不断地涌现，最终推动社会的进步。制度创新要解决的主要问题，就是要建立能够合理配置资源同时又具有自我发展动力的经济体制，建立以法制与法律体系为基本框架的社会生活的运行机制，建立能够有效沟通国家与民族、政府与个人的关系并具有较高效率的、能够体现宪政精神的政府运行体制，在保证社会总体进步的同时最大限度地保障人的自由、全面发展。归根到底，就是要通过制度创新来构建落实以人为本的科学发展观的制度保障。

我国经济社会转型面临着极其复杂的环境和挑战，其中既有历史的因素，也有时代的影响；既有经济利益的纠葛，也有思想意识的纠缠。在经济社会转型背景下的制度创新，就是要破除历史消极因素的转型的影响，进行顺应时代潮流的自我变革转型；就是要突破旧思想条条框框的束手束脚，进一步解放思想，放开手脚大踏步转型；就是要突破传统利益主体的不合理、不合法垄断的“私家领地”，重新建立包容性增长下的利益均衡和社会和谐①。

（二）制度创新的主要内容

一是更充分地发挥市场配置资源的决定性作用。妥善处理政府与市场之间的关系，就是要在尊重市场规律的基础上，把宏观调控与市场机制有机结合起来，以政

---

① 孔泾源：《跨越中等收入陷阱：转型发展与制度创新》，第72次中国改革国际论坛会议论文。

府干预之长弥补市场调节之短，同时又以市场调节之长来补政府干预之短，彼此之间形成良性互动，并以制度的方式体现出来、规范下来、运行起来，努力形成有利于更好发挥市场在资源配置中的决定性作用的体制机制。通过资源配置市场化，使市场按照效用性标准，将资源配置给最能充分发挥资源效用的市场主体；使政府从具体的事务性工作中解脱出来，腾出更多的时间组织市场、规范市场、管理市场，将职能真正转到经济调节、市场监管、社会管理和公共服务上来。

二是加快推进国有经济和垄断行业的改革。加快国有经济布局和结构战略性调整，推动国有资本从一般竞争性领域退出，推进国有企业完善法人治理结构，健全各类国有资产管理和监督体制。尽快打破行政性垄断；分离垄断行业中的自然垄断业务与竞争性业务，将竞争性业务推向市场；优化对自然垄断业务的监管，在保持国家必要控制力的前提下实现产权主体多元化。继续鼓励、支持和引导非公有制经济发展。营造各种所有制经济依法平等使用生产要素、公平参与市场竞争、同等受到法律保护的体制环境。

三是加快推进城乡经济社会一体化发展。只有从体制改革、制度建设上着手，建立统筹城乡发展、构筑支持农业农村发展的保障体系，才能从全局上、根本上突破城乡分割的体制和结构。以城乡规划、产业布局、基础设施建设为重点，着力改变城乡分治的规划管理和财政投入保障机制。构建城乡统一的土地、资本和劳动力市场，促进生产要素在城乡之间自由流动。建立健全推动城镇化快速健康发展的体制机制，提升大中城市的功能服务水平和综合承载能力，增强城市辐射力和带动力。只有在统筹城乡改革和发展上取得重大突破，才能给农村发展注入新的动力和活力，促进城乡共同发展和协调发展。统筹城乡经济社会发展，必须从法律、制度、政策上努力营造社会公平正义的环境，从收入分配、劳动就业、社会保障、公民权利保障、基本公共服务等方面采取措施，着力解决农民最关心、最直接及最现实的利益问题，切实保障农民经济、政治、文化、社会权益，使广大农民安居乐业、生活富足，使广大农村安定有序、充满活力。

四是加快推进收入分配制度改革。从宏观上来看，应坚持和完善按劳分配为主体、多种分配方式并存的分配制度，鼓励一部分人通过劳动和创造先富起来，切实保护公民合法收入和私人财产。初次分配和再分配都要处理好效率与公平的关系，再分配要更加注重公平，逐步提高居民收入在国民收入分配中的比重、劳动报酬在初次分配中的比重。从微观上来看，应以改善民生为重点，着力深化初次分配制度改革，着力在企业内部建立起科学合理的工资分配制度，推进制度和机制创新，消除体制性障碍，实现分配机会公平和过程公平，逐步扭转收入差距扩大的趋势，逐步形成中等收入者占多数的橄榄型分配格局。

五是加快推进政府管理体制改革。按照“经济调节、市场监管、社会管理、公共服务”的要求，合理界定政府在市场经济活动中的职责范围，积极推进政企分开、政资分开、政事分开以及政府与中介组织分开。在抓好经济调节和市场监管的同时，更加注重社会管理和公共服务。大力创新政府管理方式，使直接干预微观经济活动过多的局面得到根本改观。继续推进政府机构改革，建立“决策科学、分工合理、执行顺畅、运转高效、监督有力”的行政管理体制。按照精简、统一、效能的原则和决策、执行、监督相协调的要求，完善机构设置，理顺职能分工。按照财权和事权相对称的原则，科学界定中央政府与地方各级政府之间的财政责权。充分利用现代交通通信发达、信息传导便捷的有利条件，精简管理层级，扩大管理半径。全面推行依法行政，强化外部监督体制，实行政府行为责任追究制度，完善政府自我约束机制。健全科学民主决策机制，完善重大决策的规则和程序，采取多种渠道，运用多种形式，广泛集中民智、反映民意，使决策真正建立在科学、民主的基础上。对涉及经济社会发展全局的重大事项，要广泛征询意见，充分进行协商和协调；对专业性、技术性较强的重大事项，要认真开展专家论证、技术咨询、决策评估；对同群众利益密切相关的重大事项，要实行公示、听证制度，提高人民群众的参与度。围绕发展社会事业和解决民生问题，改革公共服务提供方式，扩大购买服务，实现提供主体和提供方式多元化，全面提高政府的公共服务水平，形成惠及全民的公共服务体系。

总之，应通过以上各方面的体制改革和制度创新，促进我国经济社会实现科学转型、顺利转型。

第三章　加快需求结构调整的路径选择

转变经济发展方式是我国一项长期战略举措，完成这一转变需要进行一系列重大改革和采取一系列配套政策，而扩大内需是完成这一转变的一个重要前提。在推动我国经济增长方式发展的三驾马车中，投资和出口一直发挥着重要作用，形成了投资和出口驱动型的增长模式。然而，在新的国际国内形势下，这种粗放型的发展方式面临着许多挑战。尤其是2008年国际金融危机发生以后，外需大幅萎缩，经济增速下挫，出口导向型发展方式受到严峻挑战，中国经济已进入以消费驱动逐步取代投资和出口驱动作为经济增长主动力的时期。胡锦涛总书记在中共十八大报告中指出："必须以改善需求结构、优化产业结构、促进区域协调发展、推进城镇化为重点，着力解决制约经济持续健康发展的重大结构性问题。要牢牢把握扩大内需这一战略基点，加快建立扩大消费需求长效机制，扩大国内市场规模。"由此可见，"保增长、扩内需、促发展"成为政府应对金融危机、实施宏观调控、推动经济持续增长的基本思路。为贯彻落实科学发展观，全面提升经济发展的质量，必须正确处理好投资、消费、净出口三者的比例关系，逐步增强消费对经济增长的拉动作用，促进经济发展方式由主要依靠投资拉动向依靠消费、投资、出口协调拉动的根本性转变。从长远来看，中国需要的是一条更为平衡的发展之路，让被压抑的国内消费发挥更大的作用。因此，需求结构调整已经成为中国经济破解内外困局的必然选择。

一、需求结构调整的重要意义及面临的问题

（一）需求结构调整的重要意义

1. 应对国际经济形势变化的战略举措

需求结构调整是适应国际经济环境变化所必需的战略调整，尤其是国际金融危

机发生之后，国际经济环境发生了巨大变化，这对我国经济发展方式提出了严峻挑战，也迫使我国进一步从出口导向战略向扩大内需战略转变。

第一，金融危机对我国以出口为导向拉动经济增长的发展战略形成压力。国际金融危机爆发以来，主要发达国家失业率居高不下，居民收入大幅减少、资产严重缩水，对现实消费带来较大影响。西方国家被迫改变负债消费模式，居民消费行为发生变化，开始缩减消费、增加储蓄。自改革开放以来，我国实行的是出口导向型的对外贸易战略，对外贸易依赖程度相对较高。从 20 世纪 90 年代初至今，我国外贸依存度提高了 30 个百分点，随着对外贸易的不断增长，我国经济也得到了持续快速的增长。然而，美国经济的下滑，拖累了发达国家的经济增长，导致全球消费能力下降，也使我国的出口贸易急剧下降，以出口拉动经济的增长方式面临挑战。2007 年中国 GDP 增长 13%，2008 年增长 9%，2009 年只有 8%。中国对外贸易发展受到重创，沿海地区外贸型企业严重亏损，大量破产，并导致大批工人失业，农民工不得不返乡。金融危机的爆发导致国际消费市场严重萎缩，中国大量外贸型企业的产品无法销售出去。2007 年中国进出口贸易总额为 2.17 万亿美元，增长率为 23.5%，其中出口总额为 1.22 万亿美元，增长率为 25.7%；2008 年中国进出口贸易总额为 2.56 万亿美元，增长率为 17.8%，其中出口总额为 1.43 万亿美元，增长率为 17.2%；2009 年中国进出口贸易总额为 2.21 亿美元，比上年下降 13.9%，其中出口总额为 1.43 万亿美元，增长率为 17.2%。从这三组数据可以明显看出对外贸易增长率在迅速下滑，推动经济增长的三驾马车之一受到严峻挑战。美国次贷危机造成我国出口增长下降，将引起我国经济增长在一定程度上放缓，同时，由于我国经济增长放缓，社会对劳动力的需求小于动力的供给，加上大量出口加工企业的倒闭，将使整个社会的就业压力增加。

第二，随着中国经济大国地位的形成，国际经贸关系也发生微妙变化。过去正常的经贸往来由于我国经济体量增大而变得不正常了。限制性条件增多，针对我国出口优势的贸易摩擦增多，并且从产品转向产业，从贸易政策转向经济政策。2008 年以来，全球发起反倾销调查 208 起、反补贴调查 14 起，我国分别遭遇反倾销调查 73 起、反补贴调查 10 起，占比达到 35% 和 71%。我国发展的外部环境更趋复杂。我们应该清醒地认识到，经济增长过高的外贸依存度，必然存在着隐患，因为国际经济局势是一个国家所不能左右的。特别是近来以美国为首的西方发达国家就人民币汇率问题频频对中国施压，有些美国议员甚至呼吁对中国输美产品征收反补贴税，面对这样的局势，对中国来说最好的解决办法是尽快建立内需拉动型经济的增长机制，把经济增长的动力由国外转向国内，实现中国经济持续健康平稳发展，有效抑制国际经济局势变化对中国的掣肘力。

第三，国际经济动荡和不确定性因素增多，国际金融危机的后续影响逐步显现，全球货币体系仍然存在不确定性风险。特别是美元风险扩大和新一轮欧债危机爆发，更增加了世界经济增长新的变数。美元的特殊地位（既是主权货币又是国际储备货币），使得美国可以通过增发货币来稀释债务。近年来的量化宽松，实质就是加速印钞、购买国债，即债务货币化。到 2010 年 2 月，全球政府负债突破 36 万亿美元，占 GDP 六成左右，2011 年全球政府负债超过 40 万亿美元。美、欧、日三大经济体的政府债务占 GDP 的比重远远高出 60% 的国际警戒线。财政赤字占 GDP 的比重也超出 3% 的国际警戒线几倍。①

因此，只有调整需求结构，我国经济增长的动力才能长期保持强劲，才可以不再受制于变幻莫测的全球贸易，以消费需求的扩大和消费结构的升级带动产业结构的升级，这样才能在未来一个较长的时间内保持中国经济发展的效率和活力。

2. 适应国内经济新发展的客观要求

国际金融危机发生之后对我国的经济发展方式提出了挑战，为了保持经济平稳较快发展，国家实施 4 万亿元的投资计划来刺激经济增长，巨额的资金投入在短期内的确是实现保增长目标的应急之策。但是经济发展的最终决定力量是消费，如果经济增长过度依赖投资，那么我国的生产和供给能力必然会不断提高，但是如果最终的消费没有得到相应的增长，生产和供给能力与最终需求的缺口无法通过最终消费的增长予以消化，那么就必然导致投资与消费的严重失衡，最终造成资源的过度消耗和排放增加。

第一，需求结构调整是我国经济进入新的转型期的必然要求。改革开放 30 多年来，我们通过扩大开放，积极利用国外要素资源，主动承接世界产业转移，实现了经济的快速发展。面向未来发展，这些特殊机会和我国的比较优势都发生变化，要求我们必须加快进行经济转型。在对外开放上，由以出口和吸收外资为主转向进口和出口、吸收外资和对外投资并重。在对内发展上，促进经济增长由主要依靠投资、

---

① 白津夫：《坚持扩大内需战略，促进经济内生增长》，《北京市经济管理干部学院学报》，2011 年第 1 期，第 4 页。

出口拉动向依靠消费、投资、出口协调拉动转变，提高消费对经济增长的贡献程度。

第二，需求结构调整是缓解国内压力、维持和提高国民生活水平的必然要求。随着经济的不断发展，国内人民也对生活水平提出更高的要求，这也迫使政府在如何提高人民生活水平的问题上需要下更大的力气。中国作为一个发展中国家，在民生方面还存在很多问题有待解决，解决民生问题需要大量的资金投入，这本身就是一个扩大内需的问题。经济学家克鲁格曼也针对中国的问题说过“中国还很穷，应该把钱花在国内”。只是金融危机的到来，使得这个问题变得更为复杂。除了要提高人民生活水平之外，还需要解决企业生存、百姓就业等问题。

第三，需求结构调整是缩小城乡地区差距的需要。城乡差异和区域发展不平衡一直是我国经济发展面对的难题，这些难题直接影响到我国社会的和谐稳定。农村和西部是我国经济发展的重要市场，具有很大潜力。我国在扩大内需战略方面提出，加快农村基础设施建设，加大农村沼气、饮水安全工程和农村公路建设力度，完善农村电网，加大扶贫力度，等等，这不仅是对经济的一种刺激，而且有利于增加农民的消费能力，加快城乡一体化进程。同时，对西部地区的投资有利于开发西部市场，平衡东西部经济发展。例如，重点建设一批客运专线、煤运通道项目和西部干线铁路，完善高速公路网，安排中西部干线机场和支线机场建设等。

总之，需求结构调整不仅是中国立于国际经济体系的战略选择，也是中国对世界经济的重大贡献。从短期来看，中国调整需求结构，保持经济平稳较快发展，将为世界经济发展提供真实的增长动力。从长期来看，中国通过调整需求结构将会成为世界经济中更加独立的增长极，从而促进更加平等、公平、公正的国际经济新秩序的建立。

（二）需求结构面临的问题

1. 国民经济视角下的需求结构构成

按照宏观经济学中的定义，经济系统可以从总需求和总供给两个层面进行分析，当总需求和总供给相等时，经济达到均衡。如果只考虑总需求，那么可以表示为 $AD = C + I + G + NX$，其中，C 为居民消费，I 为投资，G 为政府支出，NX 为净出口。这一表达方式是包含了居民、企业、政府和外部经济的四个部门经济模型。如果不考虑外部经济，只考虑居民、企业和政府三个部门经济，那么总需求则可以表示为 $AD = C + I + G$。

总需求来源于两部分：一部分是内需；另一部分是外需。关于这两者的界定，大家比较普遍接受的定义是：$(C+I+G)$ 为封闭经济条件下的那部分需求，即为内需；而 NX 为开放经济下本国与外国交往的那部分需求，即为外需。[①] 具体来讲，在总需求的表达式中，消费（C）是指消费者对食品、服装、耐用品服务等的消费；投资（I）是企业的投资；政府支出（G）是政府财政支出，包括公共建设、职员工资、转移支付（如补助、救灾）等支出。从需求角度来讲，拉动经济增长的“三驾马车”指的是消费需求、投资需求和出口需求。其中消费需求和投资需求就是我们所讲的内需，其中消费需求又包括两部分：一部分是居民消费，另一部分是政府消费。因此，我们接下来分析需求结构和转型发展之间的关系时可以通过消费与转型发展、投资与转型发展以及出口与转型发展之间的关系来进行。

2. 我国需求结构现状考察

一方面，从内需的总体发展趋势来看，我国投资需求呈现波动式上升趋势，而消费需求却呈现不断下降趋势。首先来分析投资需求的变化。从投资占经济总量的比重来看，自改革开放以来其始终保持在较高的水平上，且呈上升趋势。1979 年投资率为 36.11%，1990 年为 34.19%，2000 年为 35.13%，2006 年达到 42.16%，2008 年为 43.15%，1978—2008 年平均为 37.17%。从投资需求对经济增长的贡献率来看，1979—2008 年投资贡献率平均为 36.17%。近些年，凡投资率超过 40% 的年份，投资贡献率基本都高于消费贡献率。但投资波动较大，自改革开放以来投资增长率的振幅为 29.12 个百分点，是消费增长率振幅（13.14 个百分点）的 2 倍多。其次来分析消费需求的变化。改革开放后，我国的消费率呈下降态势。1979 年我国消费率为 64.14%，1990 年为 62.15%，2000 年为 62.13%，2006 年为 49.19%，2007 年为 49.10%，2008 年为 48.16%。而外国投资率最高不超过 40%，消费率一般在 60% 以上，发达国家和中等收入国家消费率在 80% 左右。从消费需求对经济增长的贡献率来看，1979—2008 年消费贡献率平均为 55.13%，消费对经济增长的贡献总体上仍高于投资。随着近年来投资占 GDP 的比重不断提高，消费的贡献率已低

---

① 也有的学者认为，这种定义方法不尽合理，如卢万青、张伦军（2010）认为，将（C + I + G）定义为内需，存在两个不足之处：一是该定义没有区分最终需求与中间需求。消费是最终需求（对最终产品的需求），投资是中间需求（对中间产品和原材料的需求），两种属于不同的需求，两者直接相加显得不太严谨。二是该定义未区分市场驱动型需求与投资驱动型需求。因此，他们把内需定义为最终消费（包括居民消费和政府消费）和国内市场驱动型投资。

于投资。2008 年，我国消费对经济增长的贡献率只有 45.17%，大大低于国外水平，说明我国消费需求不足，主要表现为居民平均消费倾向下降和消费需求在总需求中所占的比重下降两个方面。最后来分析净出口的变化。在我国加入 WTO 后，净出口对 GDP 的贡献率稳步提升。2001 年，我国外贸依存度（进出口总额/GDP）为 38.7%，2007 年达到 62.6%，之后虽有所降低，但 2011 年外贸依存度仍然达到 50.8%。这说明我国经济的发展离不开对外贸易合作，虽然净出口的提高可以拉动经济的增长，但是它容易受到国际经济环境的影响。自 2008 年金融危机爆发以来，我国的净出口额下降，对 GDP 的贡献率为 -37.4%，减缓了我国经济的增长。①

另一方面，从发展潜力来看，消费需求和投资需求还存在提升空间。国内消费对我国 GDP 的贡献率却一直徘徊不前，我国最终消费占 GDP 的比重已从 20 世纪 80 年代的超过 62% 下降到 2005 年的 52.1%，居民消费率也从 1991 年的 48.8% 下降到 2005 年的 38.2%，均达历史最低水平。储蓄率则从 2001 年的 38.9% 上升到 2005 年的 47.9%。这也恰恰表明，我国无论是投资需求还是消费需求都具有巨大潜力。

从投资需求来看，我国目前还处于工业化和城市化过程中，基础设施还不完善，这决定了我国投资需求有巨大潜力，具体而言主要有以下几个方面：一是我国目前处于工业化中期阶段，重化工业还有巨大发展空间，对资本的需求强度依然比较大，投资需求自然也就比较大。二是我国城市化还没有完成。城市化就意味着要把更多的农村人口转移到城市，城市化率的提高对城市的综合承载能力提出更多和更高的要求，既要为更多的城市人口提供住房，也需要提供更多的公共设施，包括学校、医院、交通、水、电、气等等。由此，必然产生巨大的投资需求。三是我国农村有巨大的投资需求，首先，农民的居住条件虽然有巨大改善，但是依然不能满足农民对更好居住条件的需求，农民居住条件的改善，要求进一步增加投资。其次，农村基础设施不完善，无论是生产性基础设施还是生活性基础设施都有巨大的投资需求。

从消费需求来看，主要表现在以下几个方面：一是我国具有巨大的国内市场需求潜力，可以为中长期经济发展提供强有力的支撑。我国劳动力众多，仍处于人口红利期，居民储蓄率高，社会资金充裕；地域辽阔，具有明显的生产要素组合优势

① 陈欣：《我国总需求结构分析及政策建议》，《商界论坛》，第 242 页。

和比较优势，能够基本满足调动内需潜力的客观需要。二是我国正处于工业化、城镇化快速发展阶段，有利于带动消费增长和内需市场的扩大。国际经验表明，城市化率在 45% ～ 55% 之间是城市化发展最快时期。2012 年我国城镇化率达到 52.57%，“十二五”期间城镇化率突破 50%，我国正处在这样一个加快发展时期。据估算，我国城镇化率每提高一个百分点，就将增加 1300 多万个城市人口，就会转化为巨大的投资需求和消费需求。三是我国居民收入依然处于较快增加的时期。改革开放 30 多年来，我国城乡居民收入有了大幅度的提高，农民人均收入从 1978 年的 133.6 元增加到 2009 年的 5153 元；城市居民人均可支配收入从 1978 年的 343 元提高到 2009 年的 17175 元。收入的增加为消费者提供了现实的购买力。未来相当长一段时间内，中国城乡居民收入还将继续较快增加，一方面，这是由中国经济依然平稳较快增长决定的；另一方面，党中央高度重视城乡居民收入的增加。在中共十八大报告中，中央明确提出要实现“双倍增”，即“实现发展成果由人民共享，必须深化收入分配制度改革，努力实现居民收入增长和经济发展同步、劳动报酬增长和劳动生产率提高同步，提高居民收入在国民收入分配中的比重，提高劳动报酬在初次分配中的比重”。特别是最近几年，中央高度重视民生问题，我国城乡居民收入和享受的社会福利大幅度增加。人口多只是扩大消费需求的潜在因素而不是现实因素，只有收入不断提高才能形成实际消费需求。城乡居民收入和社会福利的大幅度增加，为扩大消费需求提供了坚实的收入基础。四是我国的人均 GDP 已经进入 4000 ～ 5000美元区间，在这一区间，居民消费将在满足基本生活需求之后进入对发展资料和享受资料的需求快速增长阶段，家庭耐用消费品、旅游消费、家庭保健等消费需求将大幅度提高，形成新的消费增长极。五是我国生产力水平不断提高，无论是物质还是服务总体上都处于供求平衡和供大于求的状况，为扩大消费需求提供了现实物质基础，同时我国消费环境虽然还不尽如人意，但在逐步改善，为扩大消费需求提供了良好的消费环境。

3. 我国需求结构存在的失衡

根据需求结构的构成，需求结构的失衡主要体现为内需与外需的失衡以及内需内部结构的失衡。

从内外需与外需的失衡来看，我国内需与外需失衡的表象就是国内经济增长对出口的依赖日益加大，而内需却相对不足。1978 年我国的出口额仅为 167.6 亿元，1994 年时突破 10000 亿元，自 2001 年加入 WTO 后更是突飞猛进，2008 年达到

100394.9 亿元。1990—2007 年间外需在总需求中的比重呈整体上升趋势，2007 年达到 25.79%；内需总量虽然从 1990 年的 18837.5 亿元上升到 2007 年的 329990.3 亿元，但 1978—2007 年内需比重却呈整体下降趋势，从 84.12% 下降到 72.18%。经济发展对外依存度过高，从 20 世纪 80 年代的 20% 左右上升到 2008 年的 60% 以上，远超出世界 41% 的平均水平。同时，内外需相互拉动比较差，特别是近年来出现外资独资化倾向，跨国公司来华投资只是利用国内的生产场地，两头在外、封闭运行，拉动本土企业和关联就业能力下降，形成外需对内需的替代。

从内需的内部结构来看，我国的内需结构存在的突出问题主要表现在以下几个方面：一是投资与消费增长失衡。1990—2008 年，我国投资年均增速 22.1%，比居民消费年均增速高出 13.8 个百分点。2000—2009 年，我国投资率持续上升，由 35.3% 升至 47.7%，其中 2003—2009 年连续 7 年均在 40% 以上；而消费率持续下降，最终消费率由 62.3% 下降到 48%，其中居民消费率由 46.4% 下降至 35.1%。二是投资带动性不强。由于投资向少数行业集中的趋势比较明显，2009 年，城镇固定资产投资中，仅制造业和房地产业投资就占了全部投资的 52.2%。这其中政府和国有企业占比过高，形成了对民间投资的挤出效应。2010 年国有投资同比增长 35.2%，高于非国有投资 7.15 个百分点。而按国际经验，1 元政府投资应带动 5 元民间投资，这种投资效果没有很好地形成。三是居民消费比重低。由于国民收入分配格局不尽合理，导致消费占比偏低。2000—2007 年，劳动报酬在初次分配中的比重由 51.4% 下降到 39.7%，下降 11.7 个百分点；居民收入在国民收入分配中的比重由 65.5% 下降到 57.5%，下降 8 个百分点，对居民消费产生现实影响。据国家统计局核算，2010 年第一季度社会消费品零售总额实际增长 15.9%，而居民消费实际增长率不足 9%。在社会消费品零售总额增长中，政府和企业的贡献占 66%，而城乡居民消费只占 34%。1978—2008 年的 30 年间，我国全体居民消费支出实际增长 9 倍，国内生产总值增长则高达 14 倍。四是城乡居民消费不均衡。自改革开放以来，城市居民消费支出比重从 37.9% 上升至 70% 以上，农村居民消费从 62.1% 下降至 30% 以下。2009 年在国家政策引导下，农村消费一度超过城市消费，但 2010 年农村消费再度趋缓。2010 年 1～10 月农村消费增长 15.9%，城市消费增长 18.7%，城乡消费仍有拉大趋势。五是消费与储蓄关系失调。2000—2007 年，我国消费率从 60% 多降至 40% 以下，其中居民消费率 2009 年下降到 35.1%。相反，我国总储蓄率

（国内总储蓄占增加值总额的比重）由 35.1% 上升到 51.8%，上升了 16.7 个百分点。[①]

二、我国需求结构失衡的原因探析

（一）需求结构与经济转型

1. 消费需求与转型发展

众所周知，生产是国民经济循环发展的基础，没有生产就没有消费的来源，也不可能有经济发展，所以人类社会不能停止生产。同时，人类社会也不能停止消费，因为消费是社会经济生活的一个重要领域，是国民经济循环的先导性因素，是国民经济不断发展的根本动力。不论在何种社会经济制度下，消费都是社会再生产过程中的一个内在环节，没有消费，社会扩大再生产就难以为继。只有生产和消费有机结合、平衡发展，社会才能得以不断发展，关于这一点许多经典理论都进行了详细阐述。根据这些经典理论的分析和我国现阶段的发展实际，消费需求对经济发展方式转变的影响可以描述如下。

首先，消费需求为转变经济发展方式奠定基础。社会再生产有生产、分配、交换和消费四个环节，消费是生产的目的，产品只有在消费之后其生产行为才算真正完成。反言之，如果生产出来的产品不能被消费，再生产的运行过程也就停止。关于消费在经济发展中的作用，许多经典的经济学理论中都有或多或少的论述。如亚当·斯密就曾提出，生产的唯一目的是为了消费。萨伊也提出类似的观点，他认为，所有产品迟早总是要拿来消费的，生产的目的就是为了消费，但消费又由生产决定，而且供给会自行创造需求，这就是著名的“萨伊定律”。马克思经济学中认为，生产和消费都是经济社会活动的两个重要环节，只有生产和消费保持平衡关系才能维持社会再生产的顺利进行。正如马克思所说：“一件衣服由于穿的行为才现实地成为衣服；一间房屋无人居住，事实上就不称其为现实的房屋。”由此可见，通过扩大内需特别是消费需求，把生产出来的产品消费了，社会生产与扩大再生产才能继

---

① 何骏：《扩大内需应对国际金融危机，加快转变我国经济发展方式》，《经济研究参考》，2009 年第 61 期，第 5 页。

续，经济才会持续地发展，为转变经济发展方式打好基础。

其次，消费需求对转变经济发展方式具有导向作用。根据凯恩斯主义经济学的分析，总供给由劳动、资本和技术等因素所决定，在短期中总供给是既定的。短期内总需求的变化决定了均衡状态和水平，因此，决定短期经济增长的主要是社会总需求而不是总供给。而总需求又包括消费需求、投资需求和外部需求三个方面，其中消费需求主要取决于两个方面：收入水平和边际消费倾向，投资需求主要由资本边际效率与实际利率决定。在边际消费倾向随收入增加而降低、资本边际效率随投资规模的扩大而下降等因素的作用下，社会总需求往往不足，这时需要政府对需求进行宏观调控，总需求增加会使国民收入增加，总需求减少会使国民收入减少。在我国，随着经济的快速发展，居民的人均收入水平不断上升，收入水平和消费倾向都发生了变化，消费结构也会随之发生变化。在消费内容和形式日益增多的情况下，居民消费的选择空间逐步增大，社会消费需求由数量型向质量型转变，此时扩大内需所形成的新的消费需求对经济发展方式转变的作用越来越显著。这种新的消费结构的重构和消费模式的转变既避免消费不足，又防止消费过度，在抵消边际消费倾向下降带来的负面影响的同时扩大了总需求，这将有助于进一步明确经济发展方式转变的方向。

最后，消费需求是转变经济发展方式的动力。根据马斯洛的需求层次理论，人们的需要呈现为金字塔型，需求满足总是由低层次向高层次不断发展。最底端的需求是人的生理需求，即人首先要解决温饱问题，这部分需求需要通过消费才能得到满足，随后才能产生新的、更高层次的需要，从而使得再生产继续进行，最终达到最高层次——自我实现。在人们的需求从低端向高端转化的过程中，人们的消费水平和消费方式不断变化，这也迫使产业结构和经济结构跟着不断变化和调整。经济发展的实质最终表现为生产能力的提高，所以这一过程可以看作是消费驱动经济发展方式转变的过程，换句话说，扩大内需尤其是消费需求变化是转变经济发展方式的驱动力。

2. 投资需求与转型发展

内需包含的另一层面的意思是投资需求，所以分析扩大内需对转变经济发展方式的影响时投资需求对转型发展的影响也是非常重要的一个方面。就目前的研究来看，关于投资在经济发展中的作用的研究主要集中在现代经济学理论框架中，然而对其具体影响途径的分析并不明朗，大多数的研究主要分析消费对转型发展的影响而忽略了投资对转型发展的影响。从影响途径上来看，投资对经济发展方式转变的影响具体表现如下。

第一，投资对产业结构优化升级的影响。在我国，投资具有产业偏向性，我国的投资绝大部分流向第二产业即工业部门，这部分投资在一定程度上拉动了我国工业迅速发展，从而带动了整个经济的增长，同时形成了“二三一”的产业结构模式。然而，由于经济全球化的冲击和我国资源环境的约束，现有的产业结构模式遇到发展瓶颈，产业结构优化升级面临着新的挑战。按照产业经济学理论，产业结构升级应该由“二三一”向“三二一”模式转变，也就是说现阶段我们应该充分重视第三产业的发展。许多发达国家已经基本实现这一发展路径的转变，而在我国，服务业发展相对缓慢，工业增加值中资本收入比重高而劳动报酬比重低，服务业增加值中劳动报酬比重高而资本收入比重低，所以工业投资过度和服务业投资不足不仅会影响到消费，而且会影响到整个产业的优化升级。另外，投资的增长和投资规模的扩大，意味着机械设备以及其生产所需的资源环境投入的增长和规模的扩大，因此优化投资结构和方向可以在一定程度上缓解资源和环境压力，促进经济发展方式转型。

第二，投资对收入分配结构的影响。一国的收入结构在一定时期内具有一定的刚性，但是在经济快速增长的情况下，一国的生产结构和消费结构会发生巨大的变化，这种改变为打破收入结构的刚性提供了条件。就投资的影响而言，高投资通过对生产结构和消费结构的影响，直接改变了收入分配结构。一般而言，一国服务业中劳动者报酬占增加值的比重相对较高，而工业中劳动者报酬占增加值的比重相对较低，如在我国，前者占46%，而后者占36%。如前所述，在我国投资所带动的主要是第二产业的发展，主要集中在冶金、建材等重化工业，所以高投资所带动的工业和建筑业份额大大高于服务业、重工业的增长速度要快于轻工业。但是，由于工业和建筑业属资本密集型产业，它们的就业弹性较低，而服务业的就业弹性相对较高，所以这种投资偏向必然会降低了劳动者报酬份额而相应提高了企业和政府的收入份额。投资增长通过产业结构的逆向变化和对劳动力市场的扭曲，使得要素分配中代表资本的企业收入比重越来越高，劳动者报酬比重越来越低，这直接影响人们的消费能力。因此，投资高速增长引起的一系列重大结构变化，带来的最直接的结果就是消费率下降。这种下降呈现出的是有利于资本不利于劳动的分配结果。

第三，投资对经济均衡的影响。适度投资对经济增长有一定的积极作用，这是因为初始的投资可以产生需求，并带来经济的持续增长。但是一旦投资过程完成之后，投资就转变为新增生产能力，扩大了社会供给，所以如果一个经济体投资过度就会对该国的总需求和总供给产生影响。从对总供给的影响来看，长期依赖投资拉动经济增长，势必就会形成大量的供给能力。而如果消费不能够保持相应的增长，生产过剩的风险就会出现。此外，对资本投入依赖过度必然会提高资本的贡献率，同时却对人力资本和技术创新产生挤出效应。具体表现为：由于高投资偏向行业的就业弹性相对较低，所以对劳动需求较少，或需要的是技术水平相对较低的劳动力，出现了"低技术劳动者挤出高技术劳动者"现象，这是对人力资本的挤出效应；由于过度投资导致了企业技术创新不足，经营管理模式相对落后，所以，高强度的投资在一定程度上是经济增长方式水平不高的表现。

另外，过快的投资增长迅速改变了总需求结构，不仅使投资和消费越来越难以协调发展，而且越来越依赖出口来消化过剩的生产能力。投资率越高，储蓄率便越高，因为储蓄等于投资加净出口，这在造成内部失衡即储蓄大于投资、总供给大于总需求的同时，还造成外部失衡——高额的外汇储备持续上升。由此可见，高强度的投资通过影响一国的供给结构和需求结构来影响一国的经济均衡发展。

综上分析可以看出，投资需求和消费需求通过不同方式在经济转型发展中发挥重要作用。尽管投资是拉动经济增长不可或缺的重要力量，但是一个国家不能长期依赖投资去拉动经济增长。与投资需求相比，消费需求是最终需求，是推动经济实现经济发展方式转型的最终力量。随着经济发展水平的不断提高和城乡居民消费规模的不断扩大，消费需求必然会逐渐上升为影响投资方向、影响产业结构变动，以至于拉动经济实现又好又快发展的主要因素。

3. 外部需求与经济转型

我国的外贸结构从改革开放之初奉行的重商主义一直延续至今，重商主义追求的是鼓励出口和限制进口，加之中国抓住了全球产业转移的时机，承接了发达国家转移出来的产业，通过鼓励出口的措施，培育出口产业，利用自身丰富而低廉的劳动力优势和规模化生产优势所带来的竞争力参与了国际分工，因而中国的外需不断扩大，大大带动了经济发展。然而需要注意的是，外需不断扩大也会对经济发展产生一定的消极影响，具体表现为以下三个方面：①

① 余元明：《中国经济发展过程中的内需和外需问题探讨》，《当代经济》，2012 年 6 月，第 65 页。

一是加大经济运行的不稳定性。我国净出口占我国 GDP 的比重在逐渐上升，为我国经济的快速增长作出了很大的贡献。但是对外贸易依存度过大，也给我国经济带来了一些隐忧。由于我国对外贸易依存度过高和过度依赖国际市场，外需波动已成为经济运行中不得不面对的风险。当世界经济发生剧烈波动时，中国经济将会受到难以预测的打击，2008 年美国经济危机对中国经济产生的消极影响就是一个很好的例证。

二是加剧中国与其他国家的经济矛盾。在中国对外贸易保持高速增长势头的同时，越来越多的发达国家采取各种措施，限制进口中国产品，由此引发的反倾销、反补贴等贸易摩擦事件急剧增加。中国出口的扩大给进口国相关产业的发展及就业带来一定的消极影响，与西方发达国家的利益冲突也在加剧。为了维护自己的各种利益，西方发达国家必然设法阻止中国出口的快速增长，有针对性地单方面对中国出口设置各种障碍，中国出口不断扩大也导致国际市场竞争加剧，造成中国与部分发展中国家在经济利益上产生矛盾。中国凭借较低的工资水平、丰富的剩余劳动力等低成本优势实现对外出口不断增加，势必对其他处于同一个出口层次的发展中国家的出口产生不利影响，引起这些国家的反感和排斥。如果中国出口继续扩大，可能会恶化中国与这些发展中国家的关系。

三是使中国面临人民币升值的汇率调整压力。中国净出口不断扩大对人民币造成了一定的升值压力，这种升值压力来自于两个方面：一个方面是贸易伙伴施加的外部压力，由于作为逆差进口国的国家本国面临着各种经济问题，因此必然会对中国的汇率调整施加压力，以缓解贸易逆差的状况；另一个方面是为了稳定汇率而带来外汇储备增加使得中央银行难以承受的压力。中国国际收支顺差导致外汇储备急剧增长，要求央行必须有足够的有效资产来冲销过多的外汇占款，当央行难以承受这种冲销压力时必然要推动人民币升值。

（二）我国需求结构失衡的原因

1. 国际经济形势变化和分工的结果

当今世界，国际经济社会形势发生深刻变化，发达国家寻求外向发展，新兴经济体转向扩大内需，资源输出国延伸产业链，实现产业多元化。欧美国家吸取国际金融危机的教训，在保持虚拟经济优势的同时，开始重视实体经济的发展。如美国提出再工业化，推出振兴美国制造业框架，拟投入 170 亿美元支持制造业，并对制造业减免税，幅度由 10% 提高到 30%，明确要以制造业促进就业、以出口拉动增长。这将进一步加剧产业竞争，弱化我国制造业的出口优势，并进一步改变世界产业分工格局。新的国际分工格局的出现对我国的需求结构提出了挑战，原因在于我国的需求结构的外部依赖性太高。

2．**国内经济发展阶段和路径依赖的结果**

2008 年金融危机的爆发充分地暴露了前一阶段中国的经济增长方式在国际经济关系中的矛盾和隐患，使得中国政府以及社会各界更进一步地认识到了我国现行经济发展方式的不足，更加深刻地意识到加强内需驱动的自主发展方式的迫切性和必要性。在过去很长的一段时期内，中国的经济发展在很大程度上得益于出口贸易的拉动。以外资和出口拉动经济发展的外向型经济模式，易产生出口依赖与引进依赖并存症、能源紧张和环境污染症，经济增长三驾马车失衡，破坏开放尺度与经济安全、内需与外需之间的平衡，往往会遭遇“反倾销陷阱”，导致很多结构性、长期性的矛盾和总量矛盾、短期问题交织在一起。对于我们这样一个人口众多的发展中大国来说，推动经济增长的最主要力量是国内需求。国内市场广阔，是我国最大的优势，可以使我国经济有较大的回旋余地，增强抵御经济风险的能力。扩大内需是在当前严峻的国际经济形势下，实现经济较快增长的根本之策。只有确立居民消费在经济社会发展中的核心地位，建立扩大消费需求的长效机制，才能真正实现经济社会的持续发展与进步。

3．**收入分配不均等的结果**

收入分配不仅对居民消费有重要影响，还会在很大程度上影响政府政策效应。收入分配差距的拉大，不仅严重影响居民消费水平的提高和消费结构的升级，而且还会通过影响居民消费倾向、投资乘数来弱化宏观调控各项政策措施的效应。自改革开放以来，无论是不同城乡居民之间，还是不同区域居民之间，或是不同行业居民之间的收入差距都一直呈扩大趋势。基尼系数①是国际通用的衡量社会收入分配平均程度的定量指标，它的大小反映了一个国家居民收入的不平等程度。国际上通

① 基尼系数是意大利经济学家基尼于 1922 年提出的，用于定量测定收入分配差异程度。衡量的是在全部居民收入中，用于进行不平均分配的那部分收入占总收入的百分比。基尼系数最大为 1，最小等于 0。前者表示居民之间的收入分配绝对不平均，即 100% 的收入被一个单位的人全部占有了；而后者则表示居民之间的收入分配绝对平均，即人与人之间收入完全平等，没有任何差异。

常认为，基尼系数超过0.4，表明财富已过度集中于少数人，是严重的社会问题，将引发社会严重不稳。因此把0.4作为收入分配贫富差距的警戒线。从基尼系数指标来看，我国从2000年开始，基尼系数已越过0.4的警戒线，并且以每年0.1%的速度递增。截至2010年年底，在有完整统计数据的150个国家中，基尼系数超过0.49的不超过10个，排名前十的除了中国外，就是非洲和拉丁美洲的国家。早在2005年亚洲开发银行便发表了《减少不平等，中国需要具有包容性的增长》并公布了《亚洲的分配不均》的研究报告，指出在纳入研究范围的22个国家中，中国基尼系数值最高，并对中国严重的财富分配不均提出警告。在衡量分配不平等的两个常见指标中，除基尼系数外，还有收入最高的20%人口的平均收入与收入最低的20%人口的平均收入之比率。根据世界银行发布的数据，该比率中国是10.7倍，而美国是8.4倍，最低的是日本，只有3.4倍，和同区域的亚洲国家相比较，印度、韩国是5.5倍，文莱是5倍，巴基斯坦是4.5倍，最高的菲律宾也只是9倍。

目前，我国的收入差距过大是造成我国消费需求不足的重要原因。收入差距过大对消费需求的影响主要表现在：

一方面，使居民消费需求下降，影响了内需扩大。消费需求才是最终的需求，因而国内的消费需求提高才是扩大内需的根本之道。扩大国内消费需求的关键就是增加占人口绝大多数的劳动者的收入，提高他们的购买力。但是收入差距过大导致低收入群体无力消费，或迫于压力不敢消费，使得居民消费需求下降。我国的低工资、低成本、低产业链的产业结构和高外向型的经济发展模式决定了我国劳动者的收入很低，而且有进一步恶化的趋势，劳动报酬占GDP的比重偏低造成内需动力不足。从目前的情况来看，在发达国家，工资一般占企业运营成本的50%左右，而在中国则不到10%。发达国家劳动报酬在国民收入中所占的比重一般在55%以上，在我国则不到42%，并呈逐年下降趋势。[①] 中国当前劳动所得在GDP中的比重，大致只相当于美国这一数据的1/2，欧洲的3/5，日本的7/10。这些都导致了居民收入增长的缓慢，从而影响了消费，影响了内需的扩大。

另一方面，造成供给不足，制约了消费需求的扩大。消费行为的实现不仅需要有支付能力的有效需求，而且还要有相应的供给保障，这样有效需求才能转变为现

---

① 数据来源：《中国劳动力结构迈向拐点，劳动力仍过剩工资仍低》，《经济参考报》，2010年4月22日。

实的需求。根据凯恩斯的边际消费倾向递减规律分析可知，收入水平与边际消费倾向为负相关关系，收入水平越高，边际消费倾向越低。由于收入水平存在差距，理性的生产者会选择生产适合高收入群体的产品而降低对消费能力相对较弱的低收入群体的产品供给。如此一来，高收入者在满足基本的生活需求之后，边际消费倾向呈递减趋势。而低收入者的有效需求就面临着供给约束，虽有需求但无购买力，所以有效需求也无法得到实现。双方叠加的结果会导致居民消费倾向整体下降。在我国的突出表现是，收入份额差距和城乡居民收入差距、东中西部地区居民收入差距以及高低收入群体差距不断增大，财富越来越集中在少数高收入阶层手中。高收入阶层家庭收入在全部收入中所占的比重较大，但平均消费倾向低，而占人口多数的农民虽然存在较高的消费倾向，其收入和消费水平却较低，所以消费能力有限，这样必然带动全国居民的消费倾向下降，使消费需求不旺。另外，由于收入差距过大，消费点相对就比较分散，所以可以满足和刺激不同消费群体的消费热点就难以产生，这也从一定程度上抑制了消费。因此，现期收入差距过大也是导致消费需求减少的一个重要因素。

三、我国需求结构调整的路径选择

（一）扩大内需尤其是消费需求

根据我国居民收入差距较大的特点，顺应不同层次居民消费结构升级的需要，采取更加全面、更加广泛的刺激消费政策，迎接大众消费时代的到来。在我国，随着经济增长和人民生活方式的变化，扩大内需还存在着巨大的潜力，因此，如何积极培育和发展新的消费热点，挖掘内需增长热点也是一个需要关注的问题。

一是可以积极发展政府基本金融服务职能，发展消费信贷市场。消费信贷是增加居民现期现金收入、刺激居民消费的一个重要手段。在西方发达国家，消费信贷是银行贷款业务的一个非常重要的组成部分，在全部贷款中的比重一般可以达到30%左右。我国目前消费信贷占信贷余额的比重只有20%左右，因此发展信贷市场仍有较大的增长空间。发展消费信贷的基本思路是，通过政府信用和补贴风险的财政资金的运用，并借助商业资金补充社会保障体系，促进中低收入家庭的消费增长。

具体做法可以采用在政策性消费信贷机构或现有的商业性金融机构中开办政策性消费信贷业务的形式发展基本金融服务，推动针对城乡中低收入家庭的小额信贷、消费信贷的发展，这样就可以通过信用运行机制，把未来的财富变为可以即期消费的货币，解除居民流动性资金约束，促进居民信贷消费。建立和完善个人消费贷款征信体系、消费贷款抵押担保体系，扩大消费信贷品种，鼓励住房建设公司和汽车生产和销售企业发展贷款金融业务，降低消费贷款风险，优化消费信贷市场环境。

二是建立健全市场秩序，保护消费者合法权益。首先，加强市场流通体系建设，积极发展电子商务，建立健全现代消费品营销体系，不断提高居民消费的便利性。加快城乡现代化流通网络建设，加大财政资金对流通领域的投入力度，加快传统流通业的改造提升速度，大力发展现代流通组织形式和新兴流通业态，着力构建农村现代商品流通网络，促进工业品与农副产品双向流通。其次，要进一步规范市场秩序，保护消费者权益，让广大消费者放心消费、安全消费。“十二五”期间，要建立健全食品质量安全生产技术保障体系、质量检验监测体系、品牌标识认证体系、社会监督举报体系、质量监管责任体系、质量安全法规体系。严厉打击假冒商品，确保食品、药品质量安全，防止价格欺诈行为，促进安全、放心消费。加强农村市场秩序建设，尤其要针对家电、汽车等产品下乡活动，严把农村商品市场主体准入关，深入推进农村市场商品质量准入制度改革，完善各项监管制度，努力构建农村商品市场监管长效机制。最后，开发文化、旅游、休闲、健身消费项目，为扩大居民文化、休闲、旅游等服务性消费创造条件。适应消费结构从生存型向发展型升级的要求，要加大对现代服务业、新型服务业的投资，开拓新的消费空间、消费渠道与消费模式。

（二）优化投资结构

中国需求结构的失衡主要是储蓄过高、消费过低，而高投资率只是高储蓄、低消费的一个必然结果。消费与投资都是内需的组成部分，两者具有不可忽视的联系。因此，我们要通过刺激消费和扩大投资这两个方面来增加内需，就必须正确处理好投资与消费的关系，把扩大消费需求与增加投资需求有机结合起来，增强投资带动消费的能力。

一是围绕消费结构升级调整投资方向，优化投资结构。要把投资重点转向消费领域，不断增加改善民生、扩大消费的投资比重，使投资在扩大就业、拉动产业、带动消费方面发挥积极作用。近几年，部分行业出现投资过热的现象，特别是电力、钢材和有关原材料的投资项目增加迅速，房地产等行业增长迅猛，新的结构性矛盾有所显露。为了预防这种过热现象带来的影响，就需要通过市场机制调整投资结构，充分发挥市场配置资源的基础性作用，加强国家产业政策的合理引导，实现资源优化配置和产业结构的升级。同时，要适应经济增长中消费升级的要求，加大消费产业的投入，满足广大群众的消费需求。

二是注重投资质量和方向。投资应顺应我国工业化发展趋势，防止重复建设，控制高污染、高能耗投资，增加有促进消费能力的基础产业、社会事业方面的投资等。选择与消费关联性强的产业为投资重点，以生产带消费，以消费促生产，促进生产与消费协调发展。可以考虑重点发展旅游产业、健康产业、文化产业、教育产业等与居民消费密切相关的产业。因为这些产业不仅关联性比较强，而且本身就具有综合消费性质，具有联系生产与消费的突出特点。通过加快市场基础建设，加强文化、旅游设施建设，加快新一代互联网和物联网建设，进一步增加消费亮点，培育消费市场，创造新的消费需求。

三是促进经济增长从投资主导型向消费主导型转变。从长期发展来看，我国经济增长格局面临着从投资贡献为主向消费贡献为主的转变。为此，要以优化经济增长格局为重点，不断提高消费对经济增长的贡献程度，实现消费、投资和出口协调拉动经济增长。为此，要促进财政政策逐步从投资驱动转为消费驱动，从以刺激投资为主转向以刺激消费为主。

（三）提高城乡居民收入

在我国，农村人口占有全国总人口的大多数，然而由于多种方面的原因，农村市场尚处于一种待开发状态，这在很大程度上制约了我国消费规模的增长。因此，要从整体上提高消费规模，必须想方设法提高农民收入水平、改变农民消费观念，不断开拓农村市场消费亮点。

一是提高城镇化水平，加快农村剩余劳动力转移。长期以来，我国是一个城市绝对数量最多而城市化率很低的国家，农业现代化、农村工业化在很大程度上依赖于城市的发展。大量研究也表明，由于工业化创造供给、城市化创造需求，因此城市化对经济增长有明显的拉动作用。现阶段加快推进城市化，不仅有利于国内市场开拓，把潜在的消费需求转变成现实的购买力，从而解决经济发展中的市场约束问题，而且对促进工业化，加快经济发展还有更多的推动作用。从长期来看，加快城市化进程、有序转移农村劳动力，是提高农民收入，扩大农村消费，进而扩大最终消费需求的根本出路。据相关研究表明，城市化率每提高 1 个百分点，就会有 100 万～120 万人口从农村进入城市，而城市人口的消费是农村的 2.7～3 倍，约拉动最终消费增长 1.6 个百分点。如果"十二五"期间我国城镇化率每年提高 1.5 个百分点，就会有 900 万左右的农村人口进入城市，对消费将会形成有力的拉动作用。

在提高城镇化水平，加快农村剩余劳动力转移的过程中，关键的问题在于如何打破城乡二元的制度安排，改革户籍制度，尽快解决农民工及其家庭的市民化问题。在城市化过程中，应以城镇化建设为重点，让更多的农民工在户籍所在地市民化，通过中小城镇的建设，带动农民增收和提高农民的购买力水平。这样可以释放出巨大的消费需求增长空间，促进消费总量扩张和结构升级。此外，应加大政府公共支出力度，配套推进安居工程、教育、医疗、社会保障等相关公共服务和社会福利政策，使进城农民享有基本公共服务。同时，应在城镇化过程中让农民从土地的保值和增值中得到更多的财产性收入，提高对农民的补偿标准，通过多渠道提高农民收入和增加农民财富，为农民收入稳定增长提供可靠的制度保障，切实提高农民的消费能力。

二是改革城乡二元经济，增加农民收入。扩大消费需求，很大一部分潜力在农村。要大力开拓农民增收渠道，努力形成促进农民持续增收的合力，积极拓展农村消费需求。所谓的城乡二元经济是指城市工业经济和传统农业经济并存的一种经济形态。我国在改革开放之初，以农村和农业的巨大牺牲为代价，推动了城市工业经济的快速发展，其造成的结果是经济增长带来经济差距的拉大，从而制约了中国经济发展及其现代化的进程。现阶段，国家政策应该更多地向农村倾斜，工业反哺农业的时机也已成熟。要促进农民消费、启动农村市场，就要切实增加农民的可支配收入，解决农村贫困问题。首先，要加大财政对农民的补贴力度，深化税费改革，减轻农民负担，但最为关键的就是要做到补贴到手，避免政府腐败现象。要加快农村改革步伐，使农民拥有财产性收入。党的十七届三中全会指出，到 2020 年，要实现我国农民人均纯收入比 2008 年翻一番，消费水平大幅提升。其次，要调整农村经济结构，增加农民收入，加快推进农业和农村经济结构调整，提高农业劳动生产率，实行农业的规模化经营，延长农业产业链条和使农产品加工增值，从而为农民创造更多的增加收入的机会。再次，要加大对农村基础设施的投入，完善农村公共服务措施，特别是加大对农村教育设施的投入，培养科学型农民，以信息技术促进农村经济发展。最后，要规范农村市场，通过法制化管理，使消费市场规范化、秩序化，打击假冒商品，特别是要加大食品、药品和农资的打假力度。

三是建立和完善农村社会保障体系，减轻农民消费顾虑。健全的基本公共服务，有助于增进和扩大社会福利。党的十八大报告中明确要求："要坚持全覆盖、保基本、多层次、可持续方针，以增强公平性、适应流动性、保证可持续性为重点，全面建成覆盖城乡居民的社会保障体系。改革和完善企业和机关事业单位社会保险制度，整合城乡居民基本养老保险和基本医疗保险制度，建立兼顾各类人员的社会保障待遇确定机制和正常调整机制。扩大社会保障基金筹资渠道，建立社会保险基金投资运营制度，确保基金安全和保值增值。完善社会救助体系，支持发展慈善事业。建立市场配置和政府保障相结合的住房制度，加强保障性住房建设和管理。"实行农民最低生活保障制度，对贫困农户定期给予援助，切实保护低收入农户的基本生活。为防止农民因病致贫、因病返贫，从根本上解决农民就医问题，必须建立农村合作医疗制度，大力推行农村合作医疗试点工作，由政府引导农民参保，解决农民看病难、就医难的问题。此外要加快普及农村义务教育，促进农村教育事业的发展。加快解决农村危旧房改造问题，进一步推进基本公共服务均等化建设，逐步解决上学贵、看病贵、买房贵等问题，降低居民消费的后顾之忧。

四是培育农民的科学消费观念，要扩大我国的整体消费规模，全面启动内需，还必须依靠农民科学消费观念的培育和农村消费环境的改善。具体来讲，首先，要加强农村文化教育，逐步消除农村消费中存在的攀比现象、铺张浪费现象以及封建迷信现象，逐步打消农村居民不敢消费、不肯消费的观念，帮助广大农民群众树立科学的消费观念。其次，要进一步加强和完善农村的基础生活设施，加大农村公共基础设施建设，特别是交通运输建设、农村电网改造、饮用水的管道输送，要加快使城市流通网络和现代流通方式向农村延伸，"送货下乡"，解决农村消费品流通渠道不畅的问题。最后，要加快农产品市场体系建设，提高农产品在连锁超市、便利店等新型零售业态中的经营比重，优化农产品批发市场的地区布局和协调功能。

（四）完善收入分配制度

分配在连接生产及消费中发挥着重要作用。分配方式是否公平、合理，关系到社会成员各自获得物质利益的多少，决定着社会产品能否顺利、有效地进入消费过程，直接影响到整个经济社会的正常运行。目前，我国收入分配领域仍存在着一些不容忽视的问题，城乡之间、地区之间、行业之间的收入差距不断拉大，一些行业收入过高，国民收入分配格局不合理。收入分配制度不完善是内需不足的重要原因。因此，要坚持初次分配和再分配都注重效率与公平，再分配更加注重公平的原则，深化收入分配制度改革。有关数据表明，近年来我国消费占 GDP 的比重持续下降，部分专家指出出现这一现象的原因主要是我国财富在初次分配中不断向政府、资方以及垄断行业集中，所以要扩大我国的内需就必须完善收入分配制度，使收入趋于合理化。

一是完善社会保障制度，增加居民即期消费。刺激消费的关键在于使人们对社会经济发展有良好的预期。目前，传统的福利制度提供的条件逐渐转为由市场来提供，而有关的社会保障机制还没有健全和完善，人们出于对自身和家庭未来的经济安全的担心，不得不约束消费，不断储蓄以便应急。因此，消费萎缩、边际消费倾向低的状况还将在一段时间内影响乘数效应的发挥。应当继续加大中央财政对落后地区低收入者群体的转移支付力度，通过完善社会保障制度和提高人们的收入预期来增加人们的消费欲望。

二是健全促进就业和创业、增加劳动收入的制度条件。多渠道开发就业岗位，鼓励自主创业，促进机会公平和充分就业。建立统一规范的人力资源市场，打破城乡、地区市场分割，为劳动者提供优质高效的就业服务，让劳动者在平等竞争中获得合理报酬。建立高度透明的劳动力市场，完善我国就业制度，强化职业培训和再培训，促进劳动力合理流动。在城市，要实施积极的就业政策，扩大就业总量，有针对性地搞好下岗及失业职工的再教育和职业培训工作，提高这部分人的工资性收入，以增强他们的消费购买能力。

三是要多渠道增加居民收入。扩大消费，解决消费需求不足的问题，最根本的做法在于提高居民收入。为此，“十二五”时期要制订并实施“阶段性城乡居民收入倍增计划”，使城乡居民平均收入增长略快于经济增长，争取到 2015 年城乡居民收入比 2010 年翻一番。收入分配政策的调整和改革的着力点应当是放在增加中低收入阶层特别是低收入阶层的收入上面。首先，要深化收入分配制度改革，努力提高居民收入在国民收入分配中的比重，提高劳动报酬在初次分配中的比重。健全劳动、资本、技术、管理等生产要素按贡献参与分配的制度，把智力要素、技术要素、信息要素真正纳入分配机制中，提高劳动报酬在初次分配中的比重。其次，进一步规范收入分配秩序，加强税收对收入分配的调节作用，积极推进个人所得税改革。加强对财产性收入的调节，发挥第三次分配体系对调节收入的作用，进一步推进收入透明化。最后，完善与经济发展水平相挂钩的最低工资制度，推行企业工资集体协商制度，建立健全劳动者工资正常增长机制和支付保障机制。切实保护农民工合法权益。创造条件让更多群众拥有财产性收入。增加对城镇低收入群众和农民的补贴，着力提高低收入群体的收入水平。发挥工会组织在劳资双方平等协商中的重要作用，普遍建立工资集体协商制度，保障劳动者按劳动贡献参与分配的权益。进一步完善工资支付保障制度，建立健全工资支付监控制度和工资保证金制度。

四是缩小收入分配差距。收入分配差距是经济发展过程中的客观规律。按照一般规律，当经济发展比较落后时，适当地扩大差距，可以提高整个社会的效率。这时的收入差距不仅是改革和发展的一个后果，同时也是改革和发展的一个动力。但是当经济发展到一定水平，需求成为制约经济发展的因素时，就必须要提倡均匀分配，扩大需求，而扩大需求的一个重要手段就是缩小收入差距。当收入差距过大时，它就会影响总需求和总供给。高收入居民边际消费倾向弱，而低收入居民边际消费倾向强。过大的收入差距会导致两极分化，社会财富越来越集中在少数人手里，而这些人的边际消费倾向很弱，他们对大多数商品和服务的需求已基本达到饱和，而占人口比重很大一部分的低收入者有强烈的购买欲望和需求，但又缺乏支付能力，这样就会造成总需求萎缩。因此，政府应该采取政策措施，努力提高居民收入，缩小收入差距，扩大社会总需求，加快消费结构升级，促进经济增长。

（五）健全社会保障制度

从马斯洛的需求理论来看，人们只有在满足了生存需求、安全需求的前提下，才能追求更高层次的社交需求、尊重需求和自我实现的需求。社会保障体系不仅能够有效解决群众的民生问题，满足他们的切实利益，消解百姓的后顾之忧，促进和谐社会的建设，同时也能够大大刺激他们的消费，降低整个社会的储蓄率，提高消费在拉动经济增长中的作用。由此，必须不断完善社会保障体系。

一方面要完善公共服务，提高居民消费意愿。应当调整全社会的财政支出结构，建立以提供公共产品和服务为主的公共财政体制，确保财政投入关系群众切实利益的民生领域中。在社会保障制度改革过程中，必须始终坚持政府主导，加大公共财政对社会保障体系建设的投入，提高社会保障程度。不断完善政策，构建健全完备的社会保障体系，在此基础上，逐步提高统筹层次，实现可转移和可接续。要加快制定和完善社会保障法律法规，增强社会保障的强制性、规范性、稳定性与可预期性，切实维护人民群众的社会保障权益。推进农民工市民化，在切实解决农民工低保问题的同时，把农民工有序地纳入城市公共服务和社会保障体系内，使其逐步享受到市民待遇。完善公共服务能够有效保障广大劳动者更好地分享经济增长的成果，降低预期收入和预期支出风险导致的预防性储蓄动机，改善居民消费储蓄决策，提高当期消费意愿，从而促进居民消费需求不断扩大。可见，公共服务是增强消费对经济增长的拉动作用的重要途径。

“十二五”时期公共服务的发展完善，应与社会转型战略和经济发展规划统筹协调，在优先考虑公共服务发展的基础上制定经济发展规划。进一步调整财政支出结构，切实扩大公共服务投入规模。应较大幅度地增加教育、医疗、社会保障、就业等公共服务领域财政支出的规模，确保公共服务领域支出增速快于财政支出增速，实质性提高公共服务领域支出在财政总支出中的比重。创新基础设施领域融资机制，提高财政投资使用效益，削减财政资本性支出，并将其转换为公共服务领域支出。

另一方面要打破在住房、医疗、教育等领域的行政垄断和不合理的定价机制，建立新型的市场配置资源机制，即满足群众的更高层次的保障需求。重点发展医疗保障和住房保障，减轻居民负担。扩大医疗服务投入，扩大基本医疗保障范围，提高基本医疗保障水平，降低报销门槛，切实消除城乡因病致贫、因病返贫的现象。扩大住房保障覆盖范围，完善住房保障体系，加强制度建设，积极探索保障性住房建设投融资机制创新。完善社会统筹与个人账户相结合的企业职工基本养老保险制度，扩大做实养老保险个人账户试点工作，加快省级统筹步伐，制定全国统一的社会保险关系转续办法；规范发展企业年金制度；探索事业单位基本养老保险制度改革；抓紧制定适合农民工特点的养老保险办法，鼓励各地开展农村养老保险试点；加快完善失业、工伤、生育保险制度；健全社会救助体系；重点完善城乡居民最低生活保障制度，建立与经济增长和物价水平相适应的救助标准调整机制；健全临时救助制度；积极发展社会福利事业，鼓励和支持慈善事业发展，做好优抚安置工作。

第四章　构建现代产业新体系的路径选择

习近平总书记强调，产业结构优化升级是提高我国经济综合竞争力的关键举措，要加快改造提升传统产业，深入推进信息化与工业化深度融合，着力培育战略性新兴产业，大力发展服务业特别是现代服务业，积极培育新业态和新商业模式，构建现代产业发展新体系。[①] 党的十八届五中全会立足经济发展新常态，对构建产业新体系作出全面部署，进一步明确了构建现代产业新体系的发展方向、重点任务和重大举措。[②] 深刻认识构建现代产业新体系面临的新形势和新任务，明确构建现代产业新体系的可行路径和模式，提出完善现代产业新体系路径和模式的对策，对于抢占产业发展先机和经济发展主动权，实现经济保持中高速增长和产业迈向中高端水平的“双目标”具有重要意义。

一、构建现代产业新体系面临的新形势和新任务

我国经济发展进入新常态，是党的十八大以来以习近平同志为总书记的党中央在科学分析国内外经济发展形势、准确把握我国基本国情的基础上，针对我国经济发展的阶段性特征所作出的重大战略判断，是对我国迈向更高级发展阶段的明确宣示。[③] 必须以全球视野和战略思维，全面分析构建现代产业新体系面临的新形势和新任务，深刻认识新常态对构建现代产业新体系提出的新要求，顺应大局大势，厘清机遇挑战，为谋划构建现代产业新体系的可行路径提供基础和前提。

---

① 《习近平在华东7省市党委主要负责同志座谈会上的讲话》，新华网，2015年5月28日。

② 《中共中央关于制定国民经济和社会发展第十三个五年规划的建议》，新华网，2015年11月3日。

③ 李文：《深刻认识我国经济发展新常态》，《人民日报》，2015年6月2日。

（一）国际产业竞争格局深度调整形成挤压效应

1. 发达国家以“再工业化”回归实体经济

受国际金融危机影响，欧美等发达国家和地区纷纷在深刻反思“去工业化”致使其抗危机能力不足的基础上，推出“再工业化”战略，重振实体经济，推动制造业与服务业均衡发展。2010年美国总统奥巴马签署了《美国制造业促进法案》，希望重振制造业竞争力，恢复在过去10年中失去的560万个制造业就业岗位。美国还凭借在网络、金融体系和科研等领域的优势，吸引大量来自中国、墨西哥等国的低成本技术移民，进一步降低美国制造业的总体成本。本次欧美发达国家和地区“再工业化”不是向传统制造业的简单回流，而是以高新技术为依托，发展高附加值的先进制造业，重塑具有强大国际竞争力的新型工业体系，继续主导世界经济格局。从实际效果来看，近年来，美国等发达国家以“再工业化”为特征的产业结构调整取得明显进展，制造业对各国经济复苏的拉动作用明显增强。2009—2012年，美国制造业累计增长15.2%，制造业出口总额增长了47%，增幅明显快于同期GDP，美国制造业增加值占GDP的比重已由最低时的11.9%升至2013年的15%。在“再工业化”背景下，发达国家跨国公司有望形成包括研发设计、高端制造、品牌营销等各个环节在内的全产业链竞争优势，我国制造业与发达国家制造业在新一轮产业链竞争优势上的差距还可能继续拉大。

2. 后发国家加快承接国际产业转移

一些发展中国家也在加快谋划和布局，积极参与全球产业再分工，承接产业及资本转移，拓展国际市场空间。东南亚和南亚地区后发国家（如越南、柬埔寨、孟加拉国等）劳动力丰富、出口导向型经济比较优势明显，成为跨国公司产业转移的重点区域的一部分。根据日本贸易振兴会报告，2012年广州工厂工人的平均月薪是352美元，相比之下，越南河内、柬埔寨金边和孟加拉达卡工厂的工人平均月薪分别只有111美元、82美元和78美元。在国际上我国制造业已经进入发展的夹板层，面临发达国家和其他发展中国家双向挤压的严峻挑战：前有阻敌，面临发达国家和跨国公司的中高端竞争打压；后有追兵，面临后发国家的低端竞争挑战。由此，形成强烈的前后夹击态势，既没有退路，也不能原地固守，只有坚定地向高端发展，才能海阔天空。

3. 国际投资贸易规则深刻调整

国际金融危机爆发以来，在世界经济增长乏力、贸易保护主义不断升温和多边贸易谈判停滞不前的背景下，世界主要国家纷纷转向区域经济合作和自由贸易协定（FTA）的谈判，全球自贸区建设热潮方兴未艾，跨太平洋战略经济伙伴协定（TPP）、跨大西洋贸易与投资伙伴协定（TTIP）、区域全面经济伙伴关系（RCEP）、中日韩自由贸易区、中欧自贸区等区域自由贸易协定经济规模巨大，集聚了全球多个主要的经济体，对世界经济的发展和格局影响巨大，并逐渐取代现有的世界贸易组织（WTO）和亚太经济合作组织（APEC）等平台。这些举措实质上已折射出当今世界贸易格局的变化——一个以自由贸易协定为主体的国际贸易新格局正在逐步形成。以美国为首的发达国家积极推动TPP协议的签订和TTIP谈判，并设置了更高标准的投资贸易规则，中国被排除在外，这意味着我国现代产业体系有在新贸易格局中被边缘化的风险。我国前10位的主要贸易伙伴都被纳入TPP和TTIP中，TPP及TTIP所实现的区域经济一体化将产生贸易替代和转移效应，势必导致欧美国家和地区对于“中国制造”产品的需求下降。同时，发达国家市场准入标准的提高，也不利于“中国制造”拓展贸易及投资市场，这将使得我国现代产业体系在未来的国际贸易及对外投资竞争中处于不利地位。

（二）现代产业新体系的技术、市场和政策条件加速完善

1. 新一轮科技革命和产业变革助推现代产业体系升级发展

当今以信息技术和制造技术深度融合为趋势，以数字化、网络化、智能化制造为标志的新一轮科技革命和产业变革迅速孕育兴起，新的生产方式、产业形态、商业模式和经济增长点加快形成。欧、美、日等发达国家和地区在3D打印、移动互联网、云计算、大数据、生物工程、新能源、新材料等新兴技术和战略性新兴产业领域取得重大突破，有望开启新一轮技术革命和创新周期，带领世界经济“再出发”。基于信息物理系统的智能装备、智能工厂等智能制造“工业4.0”正在加速引领制造方式变革，以智能装备为代表的先进装备制造业迎来难得的战略发展期。发达国家以新技术为依托的高端制造环节向发展中国家转移扩散的广度和深度均加大。必须打破对传统产业和传统发展模式的路径依赖，积极融入全球科技产业变革浪潮，强化对国际创新要素的吸引，主动谋划布局“工业4.0”和战略性新兴产业，推进产业转型升级和创新发展。

2. 构建现代产业新体系的国内外市场条件逐步具备

从国内市场来看，党中央对全面深化改革和依法治国已作出总体部署，将进一

步激发现代产业发展的内生动力和市场活力。随着改革力度不断加大，改革红利将进一步释放，我国工业经济必将迎来发展新局面。随着新型工业化、信息化、城镇化、农业现代化同步推进，超大规模内需潜力不断释放，为现代产业规模扩张和转型升级提供了广阔空间。为满足各行业新的装备需求、人民群众新的消费需求、社会管理和公共服务新的民生需求，都要求现代产业在重大技术装备创新、消费品质量和安全、公共服务设施设备供给等方面迅速提升水平和能力。从国际市场来看，习近平总书记在2013年9月和10月分别提出建设新丝绸之路经济带和21世纪海上丝绸之路的战略构想，为我国现代产业新体系发展提供了广阔的国际市场空间。新丝绸之路经济带和21世纪海上丝绸之路沿线大多是新兴经济体和发展中国家，普遍处于经济发展的上升期或者亟须进行基础设施建设的阶段，它们未来要走的是基础建设带动经济发展的道路，我国制造业目前存在的过剩产能，对于广大发展中国家而言却是先进产能，因此，依托21世纪海上丝绸之路战略，我国制造业可充分利用沿岸国家的劳动力、土地、资源及广阔的市场，通过到丝绸之路沿线国家投资办厂，开展产品服务、市场拓展和资源方面的合作等方式，实现企业的国际化和产业的转型升级，提高企业的国际竞争力。

3. 构建现代产业新体系的政策措施加速完善

创新驱动发展、“互联网+”“中国制造2025”等一系列重大发展战略深入实施，也有利于促进支撑工业转型发展的相关政策体系加快形成和完善。党中央、国务院出台了《中共中央国务院关于深化体制机制改革加快实施创新驱动发展战略的若干意见》《关于在部分区域系统推进全面创新改革试验的总体方案》《国务院关于积极推进“互联网+”行动的指导意见》《中国制造2025》等一系列政策文件，为我国现代产业新体系发展提供了良好的政策环境。

（三）经济发展新常态对构建现代产业新体系提出新要求

金融危机之后，国际经济背景与中国阶段性因素的叠加，决定了中国经济由高速增长阶段转入中高速增长的新常态时期，即由原来的两位数增长回落至“十三五”时期7%左右的经济潜在增速。从本质上来看，中国经济进入新常态的深层次原因主要是内生性的。国际经济背景和金融危机更多的是经济的换挡调整的触发器，背后的深层次根源才是导致经济进入新常态的主因。

1. 人口结构发生根本性变化

据统计数据显示，我国15～59岁劳动年龄人口绝对数量和占比自2012年起就开始出现下滑，而人口抚养比则由下降转为提高。根据联合国人口预测结果，“十三五”期间，我国 15～59 岁的劳动年龄人口总量将延续“十二五”时期的下降势头继续回落，绝对数量将减少 875 万人左右，降幅为 0.93%。由于劳动力不再是无限供给，农业剩余劳动力逐渐减少，资本报酬递减现象已经发生，投资回报率显著降低，可以预期中国将经历一个经济增长速度减慢的过程。

2. 第三产业相对劳动生产率较低

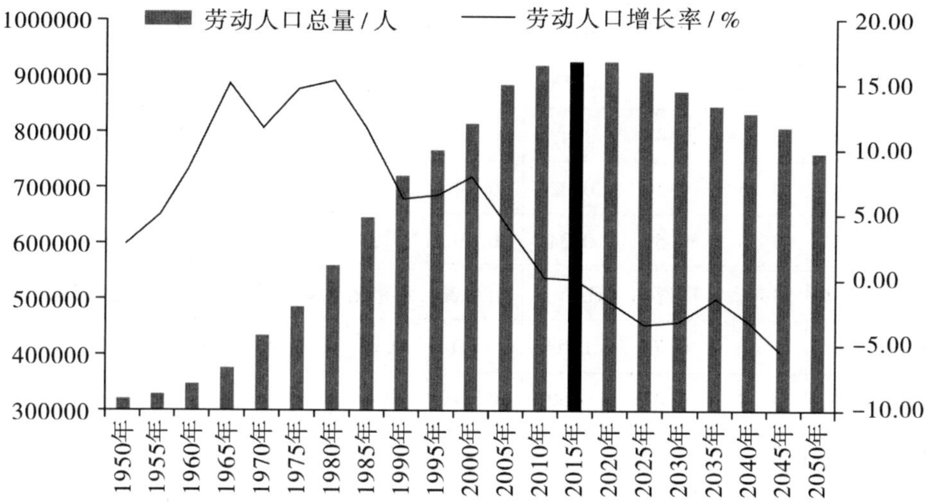

图 4－1　我国劳动人口总量及增长率情况

资料来源：蔡昉，《拨开经济悲观论的雾霾》，《求是》，2014 年第 14 期。

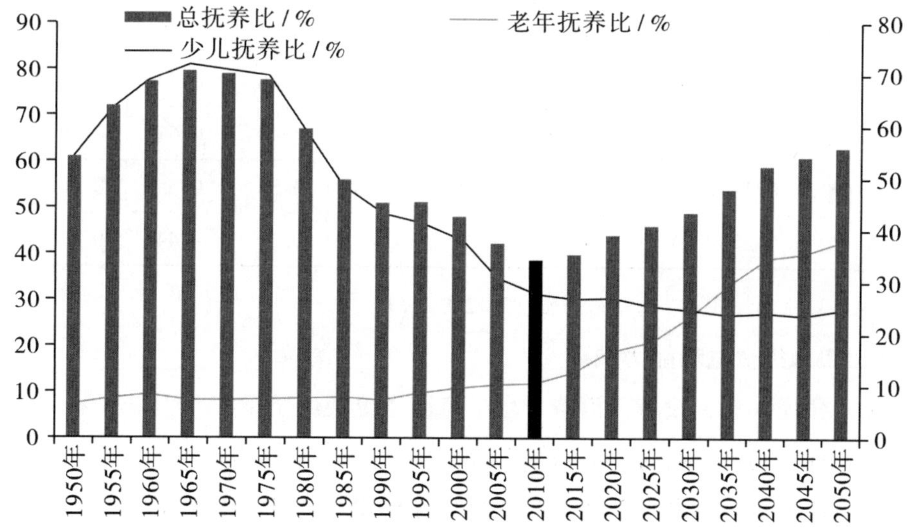

图 4－2　我国人口抚养比情况

资料来源：蔡昉，《拨开经济悲观论的雾霾》，《求是》，2014 年第 14 期。

近年来，我国经济结构服务化趋势逐步形成，但第三产业较高的比重却是在相对于第二产业较低的劳动生产率路径上扩展的，工业化进程吸收了相对高素质的劳动力，而把大量低素质的劳动力驱赶到非正规就业广泛存在的服务业部门，导致第三产业部门的被动扩张和劳动生产率相对于第二产业较低，经济减速成为必然。

表4－1　省际第三产业相对于第二产业的劳动生产率（第二产业劳产率＝1）

年份	北京市	天津市	河北省	山西省	内蒙古	辽宁省	吉林省	黑龙江省	上海市	江苏省
1990	0.89	0.81	0.87	0.70	1.07	0.89	0.77	0.87	0.86	0.97
1995	0.77	0.76	0.61	0.58	1.00	0.67	0.62	0.80	0.53	0.65
2000	0.62	0.60	0.48	0.47	0.73	0.40	0.37	0.53	0.51	0.51
2005	0.41	0.46	0.56	0.42	0.54	0.33	0.29	0.46	0.34	0.50
2010	0.35	0.35	0.55	0.34	0.39	0.24	0.27	0.35	0.32	0.56
年份	浙江省	安徽省	福建省	江西省	山东省	河南省	湖北省	湖南省	广东省	广西
1990	0.77	0.60	0.75	1.09	0.70	0.05	0.66	0.83	1.02	0.53
1995	0.36	0.47	0.43	0.52	0.47	0.5	0.39	0.41	0.41	0.26
2000	0.27	0.39	0.39	0.35	0.37	0.40	0.26	0.33	0.38	0.18
2005	0.34	0.48	0.39	0.36	0.32	0.42	0.24	0.30	0.34	0.15
2010	0.39	0.42	0.38	0.36	0.31	0.41	0.28	0.28	0.33	0.27
年份	海南省	四川省	贵州省	云南省	陕西省	甘肃省	青海省	宁夏	新疆	
1990	0.63	0.69	0.51	0.51	0.80	0.70	0.66	0.79	0.79	
1995	0.40	0.46	0.39	0.41	0.51	0.61	0.66	0.73	0.76	
2000	0.32	0.39	0.23	0.36	0.32	0.53	0.40	0.67	0.56	
2005	0.25	0.35	0.18	0.36	0.27	0.49	0.31	0.55	0.46	
2010	0.22	0.29	0.18	0.33	0.32	0.43	0.31	0.44	0.46	

资料来源：中国经济增长前沿课题组（2012年）。

3. 出口和投资拉动能力减弱

从需求角度来看，投资、消费、净出口作为拉动经济的三驾马车，在不同的时期提供了不同的马力。通过追溯数据可以发现，自2001年入世以来，净出口和投资对经济的贡献呈现出不断上升的趋势，投资对GDP增长的贡献率全面超过消费需求，体现了入世后出口和投资拉动对我国经济增长的重要贡献。但受国际金融危机的较大影响和冲击，净出口对GDP的贡献率从2010年的4.0%下降为2013年的-4.4%，资本形成总额对GDP的贡献率从2010年的52.9%下降为2013年的47%，均出现了明显的下滑趋势，这说明，出口和投资引擎对经济增长的拉动能力在最近几年不断减弱。显然，出口和投资减速会迫使经济进入减速通道。更为重要的是，过度依赖投资驱动的模式难以为继，已经暴露出产能过剩、投资效率低下等粗放型经济增长方式的诸多弊端。目前国内不仅传统行业有产能过剩的问题，而且一些新兴产业也出现产能过剩的现象，据国家统计局调查2014年第一季度国内工业企业产能利用率只有78%左右，比上年年底下降2个百分点，显示出国内已经出现较为普遍的产能过剩问题。在这样的背景下，新一届政府以化解产能过剩为抓手，主动调整经济结构，着力转变投资驱动型经济增长方式，付出的必要代价就是经济增速放缓。

中国作为制造大国，人口结构的根本性变化首先表现为普通劳动者的短缺和工资持续上涨，传统制造业生产成本大幅度提高，传统比较优势趋于丧失，亟须通过劳动者素质提升和自主创新来促进传统制造业转型升级，做大做强先进制造业和战略性新兴产业，避免经济结构过度服务化的趋势。值得特别指出的是，就目前的中国而言，经济减速期的出现恰好处于跨越中等收入陷阱的关键阶段，能否正确应对经济新常态也关系着跨越中等收入陷阱的成败。成功跨越中等收入陷阱，需要满足的关键条件是：在收入处于中等水平时，避免经济结构过早地趋于服务化。这意味着，“十三五”时期我国先进制造业还有较大的提升空间，通过转型升级推动先进制造业做大做强，势在必行，也大有可为。

二、构建现代产业新体系的基本模式与路径选择

（一）构建现代产业新体系的基本模式

构建现代产业体系主要依靠产业结构优化升级来实现。从某种意义上可以认为，现代产业体系的构建过程就是在科技进步的推动下，产业结构逐渐优化升级和产业体系不断完善提升的过程，而产业结构优化升级即是产业结构合理化和高度化的有机统一。产业结构合理化，主要指在现有技术的基础上所实现的三次产业结构之间比例关系的协调。产业结构高度化，则指依靠科技进步和技术创新，产业结构内部

各行业由低层次向高层次转换的过程。因此，我们可以将构建现代产业体系归纳为以下两种基本模式。

1. **产业结构整体优化模式**

即以先进制造业与现代服务业为核心，坚持现代产业体系双轮驱动，大力推动现代服务业与先进制造业实现跨越式发展，带动三次产业结构整体优化。随着经济的发展，国民收入和劳动力分布将从第一产业逐步转移至第二、第三产业，并最终形成以先进制造业与现代服务业双轮驱动的现代产业体系发展模式。著名的配第－克拉克定理认为，随着经济的发展和人均国民收入水平的提高，劳动力首先由第一次产业向第二产业移动，第二产业产出在经济总产出中的比重迅速增加。当人均国民收入进一步提高时，劳动力向第三产业转移。第二产业产出在经济总产出中的比重趋于稳定，第三产业产出在经济总产出中的比重呈现增加趋势。国际产业发展历程印证了配第－克拉克定理提出的国民收入和劳动力会逐渐从第一产业向第二、第三产业转移，即所谓“退一进二、退一进三”和“退二进三”的演变趋势。目前，当今世界主要发达国家都形成了以现代服务业和先进制造业为主导的三次产业结构，而且判断一国经济发达与否的一个重要指标就是其现代服务业和先进制造业占 GDP 的比重。国民收入和劳动力从第一产业转向第二、第三产业尤其是先进制造业和现代服务业，是由经济发展中各产业间需求收入弹性的相对差异造成的。当经济发展和人均国民收入达到一定水平后，第一产业（农业）的需求难以随人均国民收入的增加而同步递增，即第一产业的需求收入弹性出现下降，并小于第二、第三产业所提供的工业品及服务的需求收入弹性。

2. **产业内部结构优化模式**

主要指某一产业内部企业的加工程度和集约化程度逐步向纵深化发展，实现高加工度化与技术（知识）集约化。所谓高加工度化是指产业内部企业重心不断向深加工、精密制造等高端加工环节转移，同时加工层次不断延伸，加工程度迅速深化，产业链拉长，产业附加价值显著提升。技术集约化又称为知识集约化，是指产业内部企业重心向最高端的研发、设计和品牌环节攀升，企业在生产过程中对知识和技术等生产要素的依赖度和密集程度越来越高，产业内部企业占据全球价值链“链主”的主导地位。

企业是产业的主体，企业核心能力以及综合竞争力的提升是产业转型升级的根本来源。基于全球价值链视野，产业转型升级直接表现为产业内部企业在一条全球价值链中顺着价值阶梯逐步提升的过程。所谓全球价值链是指在全球范围内，为实现某种商品或服务的价值而连接生产、销售直至回收处理等全过程的跨企业网络组织，它包括所有参与者和生产销售活动的组织及其价值、利润的分配（张辉，2004）。随着经济全球化进程的加快以及科学技术的迅猛发展，全球价值链演进的最新趋势主要有二：一是国际价值链"微笑曲线"上端研发设计和高技术零部件等科技（知识）密集型产业和下端营销品牌、售后服务等现代服务业居于主导地位并支配整条全球价值链，中间段的加工制造环节居于次要地位；二是居于中间段的加工制造环节要避免被边缘化，必须强化以高加工程度为核心的中场产业，形成国际价值链中的强势中卫体系。顺应上述趋势，我们构建现代产业体系应树立前瞻性的国际化战略视野，通过高加工度化和价值链高度化，运用高新技术和先进适用技术改造传统优势产业，提高加工程度和加工环节附加值，增强产业自主创新能力，不断向"微笑曲线"两端（高端）环节延伸价值链，优化各产业内部企业所处的全球价值链位置。

（二）构建现代产业体系的路径选择

1. 注重技术引进、消化、吸收的渐进提升路径

作为后发的发展中国家，我国科技发展水平与发达国家之间存在着很大的差距，因而如何通过采用追赶战略尽可能迅速缩小与发达国家之间的技术差距一直是学术界和政策界高度关注的焦点问题。学术界一部分观点认为，我国企业在技术上仍大大落后于西方国家，要想尽快弥补与西方发达国家的差距，应注重借鉴日本企业的"赶超"做法：落后国家可以通过对外国产品、工艺和组织技术进行创造性的模仿，迅速缩小与发达国家之间所存在的技术差距。日本在战后经济"赶超"过程中形成了一个高效率的技术成果消化吸收与创新体系，企业有效地获取、吸收国外先进技术成果并在此基础上实现技术的扩散及产业的不断发展与升级。据有关资料表明，日本各产业部门从国外购买技术专利的费用总额同消化吸收的研究费用总额之比平均为1:7，也就是说，平均每花1美元引进技术要花7美元进行消化、吸收和创新。可见，日本企业的技术创新主要是对引进技术的改良和创新。据估计，日本企业引进技术并在原有基础上加以改造和创新后，其效率就能超过原技术效率的30%，有的甚至可以达到几倍乃至几十倍。应该说，战后日本企业通过对外国产品、工艺和组织技术进行创造性的模仿，迅速缩短了与发达国家之间所存在的技术差距。在短

短的15年间（1955—1970），日本企业几乎掌握了全世界半个世纪以来发明的全部技术（李卫群，2000）。

对于技术水平落后的企业而言，在引进技术的基础上加以消化吸收的渐进提升路径具有两个有利因素：一是可以将众多国外成功技术与国内现有技术优化组合为最优秀的技术，风险低，投入少，效率高；二是可以享受到率先开辟新市场投入的诸多外溢效益，回避市场风险。尤其对于已经通过大量吸收外商投资较多地融入了全球价值链体系的本土产业而言，要特别重视跟踪模仿发达国家跨国公司的先进技术及其外溢机会，利用国内已有的产业基础与外溢的技术结合产生“技术聚变”的渐进式提升路径，迅速提高技术创新的效率，取得后发优势。一般而言，发展中国家本土产业的提升趋势应从全球价值链最低端的加工组装环节，向高端的技术密集、附加值高的制造组装工序，以至于最高端的研发、设计和品牌环节攀升，从而实现由价值链低端向价值链高端的转变。企业的成长则沿着OEM（Original Equipment Manufacture，原始设备制造或原产地委托加工），到ODM（Original Design Manufacture，原始设计制造），再到OBM（Own Brand Manufacture，自主品牌制造）的路径演进。其目的是增强价值链控制能力，实现产业附加值提升。

2. 谋求全球价值链主导权的独立创新路径

如前所述，在全球化背景下，本土产业可以充分利用发达国家跨国公司的正向溢出效应，通过有效的技术引进、消化、吸收和快速的学习过程，沿着全球价值链的低端渐进式向上下游高端提升。应该说，这是本土产业构建现代产业体系的一般路径。然而，已有研究表明，在全球价值链中，本土产业的渐进式提升路径会受到不同程度的阻碍，很多本土产业均没有掌握全球价值链的主导权。由于要素禀赋的差异，发达国家依靠自身的比较优势，往往嵌入在全球价值链的资本和技术密集型的高附加值环节，成为全球价值链的主导者和整合者。当本土产业沿着价值链两端不断提升，与拥有设计、品牌和营销等核心能力的高端跨国公司发生根本性冲突时，跨国公司根据自身的利益需要必然会限制和阻挠本土产业沿着价值链的学习和产业提升过程。例如，苹果公司就将产业链的各个零部件的分工环节全部打散了，零部件由苹果公司直接与供应商纵向采购，封死了本土代工企业沿着完整的产品流程实现技术学习和产业提升的空间。

因此，在依靠发达国家技术外溢获得渐进式提升的机会空间不断变窄的情况下，如何通过知识积累和独立创新能力培育，获得更多的全球价值链的主导权和话语权是本土产业构建现代产业体系的关键路径。这是因为从根本上来看，谁通过独立创新掌握了核心关键技术，谁就会在全球竞争中赢得主动权。不过，在实际的经济活动中，本土产业的独自研发创造和独立创新往往蕴含着较高的现实风险。因为独立创新往往会经历一个从无到有的突变发展过程，而一旦创新失败，即意味着巨大的沉没成本，对本土产业构建现代产业体系形成较大的制约和拖累。

3. 基于本土市场特点的破坏性创新路径

基于本土市场特点的破坏性创新是推动本土产业构建现代产业体系的第三条路径。破坏性创新是当前国内外创新理论研究的热点和前沿。美国哈佛大学克里斯坦森教授以创新的环境为基础，首次将创新分为维持性创新和破坏性创新两类。维持性创新主要面向主流市场和高端消费者，通过为其提供性能更好的产品来盈利和赢得竞争胜利。与维持性创新不同，破坏性创新是一种不连续的技术或经营模式创新，其目标是通过引入与现有产品相比尚不够好的产品和服务，来吸引低端市场上不太挑剔的消费者甚至潜在消费者或非消费者。

应该说，破坏性创新最大的特点就在于其是建立在多层次本土市场和全新的技术知识的基础上的。作为最大的发展中国家，我国本土市场容量大，区域差异、城乡差异与行业差异广泛存在，本土市场呈现高、中、低端市场并存的多元化分散结构。我国本土市场的需求层次多样化特征十分明显，本土市场中既存在足够规模的高收入、高购买支付能力的高端市场需求，又存在着规模巨大的低端市场需求。初始阶段，本土产业的破坏性创新立足于低端市场或新兴市场，与发达国家跨国公司聚焦的高端主流市场相比，本土的低端市场或新兴市场尽管规模小、盈利水平低，但却为廉价、便利的破坏性创新产品及本土企业提供了一个不断挖掘顾客潜在需求、不断试错改进的平台和市场立足点，为有效地利用本土市场资源发展出独特的能力奠定基础。随着立足于低端市场或新市场的破坏性创新产品性能的不断改进，破坏性创新产品会逐渐向高端市场扩散，并最终成为主流市场的主导性技术。当破坏性创新带给消费者的边际收益足够大并使得破坏性产品性能成为主流市场评判产品的主要标准时，产业竞争的基础随之发生改变，破坏性创新对主流市场的占领和对既有技术的替代就成为本土产业升级发展必然的趋势。

基于本土市场特点的产品设计和技术学习，破坏性创新可以充分利用潜力巨大的本土市场，这是发展中国家本土产业的最大优势。破坏性创新自身的特点和在位的企业创新投资决策的刚性流程，决定了在位的跨国企业往往不会成为破坏性创新的推动者，而只能接受产业市场环境对企业的选择。因此，破坏性创新为后发的本土产业构建现代产业体系提供了机会，使之能够利用不同的技术轨迹实现有效的升级发展和技术跨越。

三、构建现代产业新体系的模式与路径创新

（一）先进制造业的发展模式与路径创新

近年来，随着信息技术的迅猛发展和市场环境的深刻变化，绿色制造、服务型制造、智能制造、云制造、极端制造等系列先进制造模式与路径得以发展和广泛应用，极大地促进了先进制造业的优化升级和竞争力提升。

1．绿色制造

该模式强调清洁生产和资源的循环利用，所提供的产品必须具有全寿命周期无污染、资源低耗及可回收、可重用的特征，它涉及环境、社会、经济综合性等问题。通过对先进制造业从设计、制造营销到报废处理的整个产业生产过程的绿色革命，实现先进制造业的可持续发展。近年来，发达国家纷纷按照可持续发展的要求，构建起先进制造业发展的绿色制造模式。如日本提出了“减量经营”的概念；美国提出了“再制造”和“无废弃物制造”的概念；德国制定了《产品回收法规》；意大利则在制造业发展中提出“少耗用原材料，少耗用能源，多利用信息”的口号，积极推动制造业企业采用对人类及其生存环境无害的绿色生产与制造技术。

2．服务型制造

在e技术的推动下，先进制造业和现代服务业深度融合趋势明显，先进制造业在有形产品的基础上，加速向提供具有丰富服务内涵的产品服务化转变，强调以“产品+服务”的形式为客户提供全面解决方案。企业不仅销售产品与服务，而且根据用户需求提供产品的设计、制造、应用、维护等覆盖产品全生命周期的解决方案。例如，IBM已成功转型为解决方案提供商，在其全球营收体系中，大约有55%的收入来自IT服务。为更好地把握IT服务市场的需求，提高市场响应速度，IBM还提出了产品服务化策略，为客户提供服务内涵更加丰富的全面解决方案。服务型制造模式在产品的设计、制造等环节融入服务内涵，使得产品系统的覆盖范围进一

步扩大，也使得企业能够在更大的范围内创造价值。服务型制造的盈利模式包括主动探求需求的个性化定制、中间性产品配件外包、全套产品外包、业务流程外包、一揽子解决方案提供、基于解决方案的全寿命周期代理运营等。

3. **智能制造**

近年来，随着新一代信息技术、新能源、新材料、新装备以及新的生产辅助技术等一系列重大关联技术的群体突破，发达国家在数控机床、3D打印、智能机器人等数字化制造方面加快发展，世界经济正在进入以智能制造（或数字化制造）为主要特征的第三次工业革命前夜。第三次工业革命以智能制造为核心，拥有新材料、新工艺、新机器人、新的网络协同制造服务，生产更加经济、高效、灵活、精简，工业发展正偏离大批量生产而转向个性化定制，低端生产人员需求下降，特殊劳动技能要求降低，个性化设计和生产成本下降，为了更好、更快地满足市场需求，企业会选择在消费者所在地进行制造，主要集中在个性化需求突出的生活资料领域，个性化、精细化和分散化生产的特征凸现，全球技术要素和市场要素配置方式将发生革命性变化，国际产业链全球化延伸和再配置加速。

4. **云制造**

云制造是指为降低制造资源的浪费，借用云计算的思想，利用信息技术实现制造资源的高度共享。建立共享制造资源的公共服务平台，将巨大的社会制造资源池连接在一起，提供各种制造服务，实现制造资源与服务的开放协作、社会资源高度共享。企业用户无须再投入高昂的成本购买加工设备等资源，只需通过公共平台来购买或租赁制造能力。在理想情况下，云制造将实现对产品开发、生产、销售、使用等全生命周期的相关资源的整合，提供标准、规范、可共享的制造服务模式，这种制造模式可以使制造业用户像用水、电、煤气一样便捷地使用各种制造服务。云制造以实现敏捷化、服务化、绿色化和智能化为重要目标，是先进的信息技术、制造技术以及新兴物联网技术等交叉融合的产品，是服务型制造模式的具体体现。它将各类制造资源（知识产权、制造技术、生产设备）和制造能力（研发、设计、采购、加工、分销等制造全过程中的每个环节）实现共享、协同，并通过交易产生巨大的商业价值，从而推动先进制造业突破资源环境束缚，向服务型制造方向发展。

5. **极端制造**

指在极端条件下，制造极端尺度或极高功能的器件和功能系统，集中表现在微细制造、超精密制造、巨系统制造等方面。如汽车安全气囊、医疗用的微管道试剂测试设备等。极端制造的特征，是在制造尺寸方面极大、极小；在制造环境方面极强、极弱；在制造系统方面实现新效应、新工艺、新装备、新技术，用多种技术极限，构造制造技术与能力极限。经过近年来的发展，一个新的极端制造前沿领地已经初现端倪。这些前沿领域标志性制造技术与产品包括：微射流光纤传输系统，约比现在的光纤传输速度快 10 倍；科学家正在研制的量子计算机，其运行 3 秒的速度，相当于现在的计算机运行上百亿年；还有超速飞机，时速为每小时 8000 公里，等等。鉴于极端制造模式的良好发展前景，《国家中长期科学和技术发展规划纲要》将极端制造列为未来先进制造技术的发展重点之一，以更好地促进极端制造模式在微尺度物质结构性态上挖掘与寻求制造技术的新突破，在极强的能量与物质的交互中探索与创造新结构、新功能产品。

（二）现代服务业和战略性新兴产业的商业模式创新

商业模式创新是市场经济中价值实现的核心逻辑，也是推动现代服务业和战略性新兴产业持续快速发展的关键驱动力。由于现代服务业和战略性新兴产业发展过程中需要克服消费观念、技术瓶颈、生产成本、服务体系等一系列障碍，因此，现代服务业和战略性新兴产业，在其发展过程中均可能会因为产业链不配套而出现阶段性过剩，而这往往需要高度重视商业模式创新。例如，2000 年美国的互联网泡沫，就与当时网络设备已由国家投资建立而市场没有同步培育发展有关，因而随后的搜索引擎等商业模式创新在有效开发互联网市场并最终走出泡沫经济的过程中起到了决定性作用。当前我国的战略性新兴产业发展，如太阳能发电和风力发电并网也遇到电网接入、价格补贴等市场启动难题，并出现了由于资金扎堆于产业链低端制造环节而导致的瓶颈性过剩现象，亟待启动实施商业模式创新。现代服务业和战略性新兴产业的商业模式创新的主要类型与模式有以下几种。

1. 成本共担

由于研发费用较高，基础设施和服务体系不完善以及初始市场规模较小等原因，战略性新兴产业发展初期的产品和服务往往成本较高，消费市场的认同度较低。例如，光伏发电成本是煤炭发电成本的 6 倍，是风力发电的 3 ～ 4 倍。即使是接近市场竞争水平的风电，总体上网价格也比火电高 50% 左右。因此，在启动市场初期寻找到一种企业与消费者共同分担成本和共享利润分配的模式，使消费者愿意为战略性新兴产业的产品和服务买单，就成为商业模式创新的一个重要方向。例如，节能产业的合同能源管理就是一种能源管理公司为客户的节能项目提供资金，与客户共同分担节能成本，客户再以减少的能源费用来支付节能项目全部成本的节能方式，从而有效打破了市场需求瓶颈。又如，环保产业以资金返还的形式来帮助客户回收投资成本，并推广安装含油污水处理装置也是一种较成功的模式。

2. **平台服务**

该模式充分利用互联网技术的发展和其他新兴技术，突破时间和空间的限制，以更低廉的成本、更快捷的方式构建一个产业链上下游各个环节联系和信息共享平台。借助该平台提供的专业服务，企业可以最小的代价，联系到最多的消费者，实现产品在世界范围内的销售。以环球市场集团为例，其通过参加国内外著名展会收集海量的买家资源，搭建全球最可信的国际电子商务信息服务平台，通过全球专业的推广和优质的服务，帮助买卖双方更快促成贸易交易，并基于国际买家在华采购标准，建立了优质制造商的群体品牌 GMC 环球制造商（Global Manufacturer Certificate）资格标志，让国际买家认识和信任中国真正的优质制造商。尤为可取的是，很多电子商务网站只是解决了交易前的步骤，无法解决交易中和交易后所涉及的物流、银行、保险、报关等问题。而环球市场集团则在交易中和交易后提供全方位、全过程的专业服务，不断积累资源，将平台服务商业模式做到最好。

3. **业务互补**

业务互补是指提供具有互补性的多个产品或服务能比提供单个产品或服务为顾客创造更多的价值。第一，业务互补模式可以通过提供互补产品和服务的协调来创造更多的顾客价值。例如，通过 iPhone + App Store 组合，苹果开创了一条全新的将硬件、软件和服务融为一体的业务互补模式，成功地整合了上下游的产业链资源，构筑了一个开放的产业链，让数字音乐下载变得更加简单易行，为客户提供了前所未有的便利。第二，商业模式创新可采用电子商务手段，将虚拟的网络平台与实体的产品配送进行有机结合，可以通过网络实现产品的信息传递、订单交易和货币交易，通过实体配送实现商品的物流，实现网上和网下的业务互补和信息流、资金流、商流以及物流的“四流合一”。该模式的价值在于现代网络技术与传统商业的结合，提高了流通的效率，为消费者创造更多的价值。例如，知名电子商务企业唯品会率先在国内开创了“名牌折扣 + 限时抢购 + 正品保险”的商业模式，加上其“零库存”的物流管理以及与电子商务的无缝对接模式，可以确保每种商品从进仓、上线、促销到下线、退货，周期往往不超过 1 个月，实现了仓库作业与线上平台商品的上线、下架周期高度配合。

4. **新媒体优质体验**

利用现代网络技术，满足消费者的娱乐心理，为消费者提供在线的娱乐、教育、游戏等增值服务，如真人秀、歌手演唱会、语音交流、在线授课、有奖活动等可以吸引消费者的内容，增强社交网站等新媒体对用户的吸引力。该模式的价值在于通过为用户提供优质的服务体验，在提高新媒体人气的同时，实现企业与组织者、表演者、消费者的互动共赢。例如，欢聚时代（YY）通过将众多听众与表演者拉进一个社交平台形成良性互动，为草根歌手、名人及专业演出人员等表演者提供了实时演出的舞台，而听众则可以购买公司提供的丰富的虚拟物品赠送给喜爱的表演者以示支持，使表演者获得经济收入和广受追捧的精神满足，广大听众则在支持表演者的行为中收获追随表演者成功后的喜悦及与志同道合者之间的交流等卓越的用户体验。其盈利模式是根据听众产生的虚拟物品消费，由频道所有者、表演者与 YY 官方按比例进行分成。

5. **外包提供**

该模式将产业链中的部分环节外包给合作伙伴，而仅在本企业保留设计、品牌和营销等产业链高端环节。这种模式的价值在于资源的重新组合和价值的双赢合作，价值链上的各个环节利用自己的优势，节约成本，提供增值服务，从而带来价值的增长。例如，梦芭莎自己设计产品并注册品牌，然后将产品制造环节外包给有稳定合作关系的供货商生产，牢牢控制产业链前端的开发设计和后端的品牌推广、物流配送以及售后服务等高附加值环节。通过开发自主品牌、自主研发设计，梦芭莎的毛利率高达 40% 左右，远远高于行业水平。

四、推动现代产业新体系路径与模式创新的对策

（一）选择符合本土产业实际的现代产业发展路径

加强国内外现代产业体系发展动态研究和预测，既考虑世界产业发展的一般趋势，又着眼于目前现代产业的发展基础，深刻把握未来现代产业发展布局与产业竞争态势，有所为有所不为，选择符合地区实际的产业发展技术路线。针对不同产业

的特点，采取不同的发展路径。对于具有较好的技术市场积淀和鲜明的区域文化特色的领域，例如具有不可替代性和一定程度非竞争性的现代服务业、现代农业部分细分行业，要坚持走以我为主的引领发展和独立创新道路。对于目前发展水平偏低的现代生产性服务领域，要强化针对创新创意、设计、商品化、分销、品牌各个环节的金融投资、检验、技术产权交易、中介服务、咨询等高端要素投入，坚持现代服务业与先进制造业双轮驱动，提升促进现代产业体系构建的服务链、学习链和创新链，形成现代产业体系创新发展的良性循环。对于战略性新兴产业等重大前沿性领域，要加强投入，扶持原始创新，掌握知识产权，实现跨越式发展；对于战略性新兴产业关键环节和核心技术，要从人才的培养与引进、研发平台的建设和研究力量的整合、产业配套等方面实施有针对性的援助计划。对于尚不掌握的关键核心技术、产业快速发展的先进制造业、传统优势产业多数领域，要坚持“两条腿”走路，一方面运用高新技术和先进适用技术改进生产工艺，优化管理方法，降低资源消耗和环境影响，将全球价值链加工制造环节提升到极致水平。另一方面，坚持走“本土市场带动破坏性创新”的道路，立足本土市场，合理配置产业发展资源，强化要素投入，着力提升整合内外部技术市场资源的系统集成能力，有效推动破坏性创新的持续改进，根据实际情况选择从边缘向核心、从低端市场向高端市场拓展，提高产业的整体竞争力。

（二）狠抓先进制造模式和商业模式创新

对于制造大国中国而言，企业在传统制造领域得益于劳动力、资金和环境等要素的低成本比较优势正在经受越来越激烈的竞争，第三次工业革命加剧了这种低成本的传统制造模式的不可持续性，必须抢抓绿色制造、服务型制造、智能制造、云制造、极端制造等系列先进制造模式加速涌现的发展机遇，主动作为、提前布局，加大政策扶持力度，寻求关键制造技术和制造模式的重大突破。尤其应注意到消费者驱动、智能制造等先进制造模式使得制造业对工人的依存度大幅下降，对柔性化生产、个性化营销、社会化供应链管理的敏感性大幅提高，这使得中国长期以来的大规模廉价劳动力优势逐步消失，并直接放大我国高端人才不足的劣势。现代产业新体系发展要牢固树立全球化的意识，密切关注国际先进制造模式发展动态，积极打造人才高地，引进集聚掌握第三次工业革命核心技术的高层次人才，充分重视消费者驱动在未来产业发展中的重要作用，大力拓展以技术、品牌、供应链管理为内生驱动力的先进制造模式。

同时，要坚持“产业链高效整合驱动价值创新”的战略思路，推动现代服务业和战略性新兴产业的商业模式创新。立足于本土市场的实际条件，从顾客的价值和有效需求出发，通过跨越现有竞争边界寻求新市场以及将不同市场的买方价值元素进行筛选和重新排序，对现有产业链进行调整和高效整合，优化产业链上下游各个环节间的关系，向本土提供的某些市场推出成本更低、操作更简单便利、性价比更高的产品和服务，以增加和创造现有产业链未来元素来开创新的买方价值，并剔除和减少现有产业链的某些价值元素以降低成本，从而最大限度地释放本土市场的购买力。充分认识商业模式创新的重要性和战略意义，坚持商业模式创新与技术创新并重，尽早制定并出台有关鼓励商业模式创新的政策，将商业模式创新纳入高新技术企业的认定标准。大力扶持那些不一定在技术创新上处于最尖端，却通过商业模式创新具有广阔市场空间的项目。组织开展商业模式创新成功企业评选活动，被评上的企业也可以享受高新技术企业的政策待遇。组织开展商业模式创新成功案例的评选总结工作，深入发掘和剖析有生命力的创新型商业模式，并在网络广播电视、报纸杂志上开辟专栏大力宣传，充分发挥其引导、示范作用，树立“模式创造价值”的意识，营造全社会关心支持商业模式创新的浓厚氛围。

（三）构建区域现代产业体系的市场基础

本土市场是后发国家构建现代产业体系的重要优势。从现实情况来看，目前各区域间本土市场分割和资源分散的现象仍十分普遍，难以形成对现代产业体系构建有利的市场环境。区域市场一体化通过要素流动和市场的统一，为现代产业体系构建提供了一个良好的市场基础和支持。尤其在受金融危机影响发达国家市场需求出现萎缩、扩大内需成为国家战略的背景下，实现区域市场一体化显得更加重要和迫切。

加强组织领导，以现代产业功能区为依托，建立完善现代产业体系各功能区联席会议制度，统筹协调构建现代产业体系的重大问题，明确各区现代产业构建的目标定位，推进各功能区市场一体化，带动功能区的产业破坏性创新和现代产业体系构建。合理布局功能区产业，减少区内产业布局的同质化，增强区内产业的互补性和协调性。落实各级政府、职能部门工作职责，建立服务和引导型的产业管理体制，形成分工合理、密切配合、整体推进的工作格局。充分发挥行业协会与科技中介服务机构的积极作用。按照“政府推动、市场运作”的原则，推动现代产业体系各类行业协会发展壮大，提升服务协调能力；加快培育科技情报、知识产权、技术评估、产权交易、成果转化等科技中介服务机构，构建社会化、网络化生产力促进中心服务体系，引导其向专业化、规模化和规范化方向发展，为科技创新和成果转化提供配套服务。

加快培育新兴产业市场需求。战略性新兴产业市场前景广阔，但由于目前战略性新兴产业的发展尚处在刚刚起步的阶段，潜在的市场需求要转化为现实的需求，仍然面临技术不确定性、消费市场认同度低、生产成本较高、配套基础设施和服务体系不完善等一系列障碍，这就迫切需要产业政策的介入，要把培育新兴产业市场需求作为发展战略性新兴产业的重要着力点，加大对战略性新兴产业市场培育的扶持力度。积极引导消费观念，落实和完善对新能源汽车等节能环保产品的补贴政策，加大政府采购扶持力度，积极扩大新能源、新光源、新材料和高端电子信息产品的市场需求。

（四）强化破坏性创新政策与制度环境建设

破坏性创新推动现代产业体系构建是一项系统工程。要强化灵活、宽松的政策与制度环境营造。一要各级政府放宽本土产业准入限制，鼓励民营资本进入，破除原有的产业垄断，充分发挥市场机制作用，调动本土企业创新的积极性和创造性，提高本土产业的发展活力和市场竞争力。二要加快推进以企业为主体、科研院所为支撑、市场为导向、官产学研投相结合的本土现代产业创新体系建设。面向现代产业体系破坏性创新和本土市场整合科研机构创新资源，引导和鼓励企业与高校、科研机构共建研发机构，组建多种形式的战略联盟、产学研结合的研发基地，加强产业创新公共服务平台建设，开展产业关键共性技术研发，促进科研机构成果转化和产业化。在政府科技投入、税收优惠、金融支持、政府采购、消化吸收再创新等方面完善扶持政策，鼓励企业加大研发和技改投入，巩固企业自主创新主体地位。

（五）完善市场配套设施和公共服务平台

强化电动汽车充电站/充电桩、新能源发电储能、电网接入等市场配套基础设施建设，加快完善产业链薄弱或缺失环节，组织实施智能电网、智慧城市、节能惠民等重大应用示范工程，为战略性新兴产业的产业化、商业化搭建平台。加快国际化信息基础设施体系和战略性新兴产业信息服务平台建设，注重打造形成集大容量程控交换、光纤通信、数据通信、卫星通信、无线通信等多技术手段于一体的立体化现代通信网络架构，让企业有更多的机会、更低廉的成本、更快捷的方式将信息发布到全球范围。着力培育一批具有较强研发能力和商业模式创新能力的龙头企业，充分发挥其核心和辐射带动作用，加快整合产业链各个环节，增强产业链内部企业的有机联系与有效合作，促进上下游企业之间的知识流动、技术扩散以及经营管理经验交流，切实加强产业链资源的集成与整合。围绕战略性新兴产业重点领域，构建和完善包括产品研发、质量检测认证、职业教育培训、电子商务和现代物流等体系在内的商业模式创新公共服务平台，建立比较完善的社会化服务体系，构建良好、和谐的产业生态系统。完善行业协会、商会的“牵线搭桥”功能，切实提高网络环境下的企业间协作配套能力和产业链专业化协作水平，为中小企业参与以龙头企业为核心的产业链协作和商业模式创新提供良好的条件。

（六）培养高素质的现代产业人才队伍

树立人才是产业发展第一资源的观念，重视人才的培养、引进和使用，努力构筑高科技人才、高技术人才、高技能产业工人等各类人才脱颖而出的激励机制。在住房、户籍、科研、奖励、医疗、继续教育等方面出台配套政策，积极引进现代产业体系高层次领军人才和创新科研团队，大力引进和培养一批现代产业发展必需的经营管理人才和工程技术人才。继续加大对现有产业工人的技能培训，培养和造就一大批中高级技工和熟练工人；继续加大对现有科技人才、技术人才的再教育，使之能够掌握更新、更前沿的专业知识和技术。大力发展职业教育，着力培养高技能人才；加大扶持力度，鼓励技工院校、高等院校和科研机构与企业开展人才培养和技术开发合作机制，建立起一批面向现代产业群的职业教育、技工培训示范基地，博士后流动站和工作站等，为现代产业体系建设提供强有力的熟练产业工人和智力支撑。

企业家作为商业模式创新的总架构师，是商业模式创新的第一推动力。很多企业的创始人是技术专家出身，运营管理和商业模式创新是其短腿。应紧紧抓住企业家这个核心要素，加大商业模式创新学习培训力度，如在知名高校和中介机构开设商业模式创新专题培训班；选派一批企业家到商业模式创新较为成功的国内外企业进行实地学习考察，提高认识，积累经验；设立商业模式创新论坛，邀请著名专家前来演讲，要求企业董事长、总裁、总经理等企业决策层参加，同时积极推荐企业家参加国内外商业模式创新论坛和峰会，等等。通过培训、考察和论坛等多种形式，推动商业模式创新研究，帮助企业家转变“重技术轻商业运营”的观念，学习商业模式知识，不断根据商业环境变化，整合产业链资源，优化或重构商业模式，再造企业高效成长机制。

第五章　创新驱动发展的主要途径

党的十八届五中全会提出，实现“十三五”时期发展目标，破解发展难题，厚植发展优势，必须牢固树立并切实贯彻创新发展理念，强调深入实施创新驱动发展战略，发挥科技创新在全面创新中的引领作用。因此，根据自主创新在转变经济发展方式中的重要作用和我国创新驱动发展的主要问题，探讨实施创新驱动发展战略的主要途径，对适应经济新常态，加快经济发展由主要依靠增加物质资源消耗向创新驱动转型具有重大意义。

一、创新驱动发展的基本机理

（一）产业结构优化是转变经济发展方式的根本途径

工业化先行国家的经验表明，转变经济发展方式和产业结构优化关系密切，作为反映影响经济发展方式的诸多因素的综合变量，产业结构优化是转变经济发展方式的根本途径。主要有四大因素：①需求因素决定着产业结构的变动方向。需求结构变化导致产业的兴衰更替，促进产业结构的演化。随着需求结构的变动，一些产业较为迅速地形成和发展，另一些产业发展缓慢甚至停滞不前。②供给因素是产业结构变动的物质基础。在不同国家、不同地区的不同时期，不同的经济资源和自然禀赋，加之不同的人力资本结构，形成了不同的产业结构。③体制因素是产业结构变动的必要保障。不同经济发展阶段的经济体制和产业政策，构成影响产业结构的制度性因素，是决定资源配置效率和结构升级的重要保障。④技术因素是产业结构变动的核心动力。第一，产业结构与技术结构之间存在着必然联系。技术结构是导致产业结构向高度化演进的重要因素，技术结构合理化与高级化的程度直接关联产业结构的合理化与高级化。合理的技术结构促进产业结构优化体现在两个方面：一是在生产要素不发生流动的情况下本身就带来产业结构的改进。二是能够促进生产要素在不同产业之间流动，在新生产要素组合的基础上推动产业结构升级。第二，技术进步是新产业产生和发展的基础。产业通过两种方式形成：一是随着原有产业的不断分解，形成新的产业。二是某种新产业或新生产方式的规模扩大，形成新的产业。两种形成方式都与科技进步息息相关。科技进步不仅直接改变着产业的结构，而且改变着产业间的投入产出比例，使产业结构发生变化。技术先进的产业，具有较高的劳动生产率，以相对较高的利润率吸引更多的经济资源，得以迅速发展，反之则反。第三，科技进步通过改变需求结构影响产业发展前景。一是产业间的生产技术关系决定了需求关系，并对生产性需求的量作出规定。在经济发展的各个阶段，新兴产业的发展和传统产业的改造，改变了人们对相关产业的需求。二是技术进步改变了生活性需求，进而对产业结构产生影响。在科技发展到较高层次以后，科技进步对需求结构的改变作用，通过产业结构的演进表现出来。第四，科技进步通过提高劳动者素质带动产业结构的优化。新技术归根结底要靠人去研发和驾驭，高素质人力资源的培养离不开科学技术，科技进步是提高劳动者素质的前提和基础。在上述因素的综合作用下，产业结构不断优化将促进经济发展方式不断转变。反之，经济发展方式转变也会在更广泛的层面上影响上述四大因素，影响产业结构的调整力度和速度。

（二）自主创新是产业结构优化的原始动力①

技术进步是产业结构优化的重要基础，主要表现在：第一，技术进步是新产业产生和发展的基础。产业通过两种方式形成：一是随着原有产业的不断分解，形成新的产业。二是某种新产业或新生产方式的规模扩大，形成新的产业。两种形成方式都与科技进步息息相关。从 17 世纪产业革命开始，每一个新产业都是在技术革命或技术扩张的基础上形成的。第二，产业结构与技术结构之间存在着必然联系。技术结构是导致产业结构向高度化演进的重要因素，技术结构合理化与高级化的程度直接关联着产业结构的合理化与高级化。合理的技术结构促进产业结构优化体现在两个方面：一是在生产要素不发生流动的情况下本身就带来产业结构的改进。二是

---

① 王可达：《自主创新：转变经济发展方式的中心环节》，《西北大学学报》，2008 年第 4 期，第 149 – 153 页。

能够促进生产要素在不同产业之间流动，在新生产要素组合的基础上推动产业结构升级。由于产业结构升级的核心是技术升级，因而就势必形成较大规模的设备更新，形成对先进技术的大量需求；要求产业提高自主创新能力，改变对引进技术的过高依赖；要求加快发展高新技术产业，并向传统产业渗透；要求创新需求和培育市场，增强技术供给对经济增长的支撑。第三，科技进步不仅直接改变着产业的结构，而且改变着产业间的投入产出比例，使产业结构发生变化。技术先进的产业，具有较高的劳动生产率，以相对较高的利润率吸引更多的经济资源，得以迅速发展，反之则反。第四，科技进步通过改变需求结构影响产业发展前景。一是产业间的生产技术关系决定了需求关系，并对生产性需求的量作出规定。在经济发展的各个阶段，新兴产业的发展和传统产业的改造，改变着人们对相关产业的需求。二是技术进步改变着人们的生活性需求，进而对产业结构产生影响。在科技发展到较高层次以后，科技进步对需求结构的改变作用，通过产业结构的演进表现出来。第五，科技进步通过提高劳动者素质带动产业结构的优化。产业结构的演进离不开新技术的应用和推广，而新技术归根结底要靠具有理性和创造性的人去研究开发，并依赖于具备相应素质的人去驾驭。而高素质的人力资源的培育开发离不开科学技术，科技进步是提高劳动者素质的前提和基础。

创新不断推动产业结构优化升级。一个产业能在现有的相对稳定的产业结构系统中异军突起，并迅速成长，关键在于创新发挥着重要作用，创新直接推动和影响了产业的升级。从生产要素配置的角度看，创新对产业结构的演进升级通过两方面完成：当某一产业的创新带来新的需求时，将引起生产要素向该产业流入，促进该部门的成长和发展，导致产业结构升级；当某一产业的创新仅带来生产效率提高，但没有创造新需求时，则往往引起生产要素从该产业流出，加速该产业的萎缩和退出，同样导致产业结构升级。熊彼特认为，创新是引入一种新的生产函数，从而大大提高了社会的潜在生产能力。创新从五个方面推动产业结构优化升级：第一，新产品从需求方面拉动产业结构升级。一种新产品的推出并被市场接受，可以形成新的需求，当这种需求达到一定的规模时便可促进和这种新产品相关的产业的成长和发展。第二，新技术从供给方面推动产业结构升级。第三，新市场从市场需求方面拉动产业成长。新市场的开辟等于扩大了市场需求，需求的扩大如同新产品的推出一样，将从需求方面拉动产业结构升级。第四，新生产要素从供给方面促进产业结构优化。采用新的生产要素，既可降低现有产业的生产成本，又可促进新产业的成长和发展，都将促进产业结构的升级。第五，新生产组织从产业内部推动产业发展。新生产组织的出现和完善，可大大提高生产效率，推动产业结构优化升级。20 世纪初福特公司首创流水线生产方式，实现了每分钟生产一辆汽车的目标，大大提高了整个制造业的生产效率，推动了整个制造业的发展。可见，创新不仅直接推动产业升级，而且从新产品、新技术、新市场、新生产要素、新生产组织等方面推动产业结构的优化升级。

（三）无形资产是衡量经济发展方式的重要标志

1. 无形资产是衡量经济实力的重要标志

无形资产是归权利人专有，能持续地为权利人带来高于有形资产利润而不具备实物形态的经济资源。无形资产与知识产权存在紧密联系。知识产权是一种应有权利，无形资产是一种现实权利。大部分知识产权可以转化为无形资产，知识产权和企业生产经营相结合，发挥使用价值，并取得经济效益才能转化为无形资产。在当代，衡量一个经济主体的经济实力，要看其他经济指标，更主要的是要考量经济主体拥有无形资产的数量和质量以及结构。一般来说，经济主体拥有无形资产的数量越多、质量越高、结构越合理，其经济实力和核心竞争力就越强。经济主体的专利拥有量以及结构可以反映该经济主体的经济实力。因为，企业的竞争从表面上看是市场的竞争，从实质上看则是技术的竞争，而技术的竞争实际上是争夺专利权的竞争。专利不仅仅是对工业产权的一种保护手段，更重要的是它包含了对技术市场和商品市场的竞争和垄断。这种特性使专利日益成为当代各国和企业之间竞争的焦点。根据经验分析进一步证明，世界上产品销售额最高的一些企业，也往往是拥有专利最多的企业。同时，我们已进入品牌竞争的时代。品牌竞争时代具有以下特点：名牌产品的市场份额越来越大，占全球品牌不足 3% 的名牌产品，占有了全球市场的 40%，全球销售额的 50%；名牌企业的规模越来越大，在全球 100 个最大的经济体中，有一半以上是公司而非国家；名牌产品与非名牌产品的价格差距越来越大，这种差异正是名牌产品所获得的超额利润的来源；消费者认牌购买的心理越来越明显，消费者为了得到更高消费层次的认同倾向于认牌购买，对名牌产品的需求加速上升，这就决定了名牌商标特别是驰名商标成为一个国家和地区经济发展的强大推动力，成为衡量经济主体核心竞争力的重要标志。

2. 无形资产是衡量自主创新能力的重要标志

自主创新的核心是技术创新。以技术创新为核心的自主创新和无形资产存在紧密关系。一方面，无形资产来源于技术创新，技术创新的质量决定无形资产的质量。当今世界90%以上的新技术都可以在专利文献中找到。技术创新的过程不仅是企业应用创新知识、新技术，采用新的生产方式，开发新的产品，提供新的服务，占据市场并形成市场价值的过程，也是企业不断取得并不断利用自主知识产权的过程。技术创新是发明创造的源泉，发明创造是技术创新的必然结果。而发明创造正是《中华人民共和国专利法》规定的可获专利的主题，具体是指发明、实用新型和外观设计。技术创新有利于实现高质量的经济增长，有利于提高企业的经济效益，有利于新产业的发展，有利于提高企业竞争能力。其作用的发挥是以一定的良好的发明创造结构和专利结构为前提的。发达国家的企业特别善于利用在基本技术研发方面的成果实施专利纵深保护，并善于正确处理自主创新、模仿创新、引进消化吸收创新的关系，因而在专利总量中，无论是申请量还是授权量，发明专利的比重都比较大，使专利战略发挥了日趋重要的作用。另一方面，无形资产是衡量自主创新能力的重要标志。伴随着自主创新特别是技术创新的集聚，必然会产生一系列新的知识产权，而获得知识产权并不是企业的最终目的，企业的最终目的是实现利润最大化。企业为了实现最终目的必然将知识产权应用于企业的生产经营并转化为无形资产，以不断提高企业竞争力。因此，无形资产在整个经济资产中的比重不断提高、作用日趋重要是知识经济的重要特征，是现代经济发展的必然趋势。目前，世界上公认的创新型国家有美国、日本、芬兰、韩国等。其共同特征是：创新综合指数高于其他国家，科技进步贡献率在70%以上；研发投入占GDP的比例一般在2%以上；对外技术依存度一般在30%以下；这些国家所获得的三方专利（美国、日本和欧洲授权的专利）数占世界总量的97%。可见，无形资产的数量和质量日益成为衡量经济主体自主创新能力的重要标志。本文建议在构建国家、企业自主创新能力的评价指标体系时，既要将获得的三方专利数作为评价指标，也要将国际合作专利比重、拥有专利的构成特别是发明专利的比例等因素作为评价指标，才能全面衡量创新主体的创新能力。同时，建议将创新主体拥有的名牌商标特别是驰名商标的数量作为评价指标的重要内容，因为从系统论的观点看，名牌产品之所以有名和其产品中包含先进而特别的专利技术及非专利技术有紧密关系。

3. 无形资产是衡量经济发展方式的重要标志

不同的经济时代，经济发展方式不同，依赖不同的经济资源。正如阿尔温·托夫勒在《预测与前提》一书中预示的那样：农业经济最重要的财产是土地；工业经济时代最重要的财产是机器；而知识经济时代最重要的财产是知识和信息。农业经济和工业经济均以开发稀缺资源为主旨，在知识经济时代，经济中的第一生产要素是无形资产。农业经济依靠原始的劳动力，并从自然界中提取初级资源。工业经济是围绕生产和机器这个轴心并为制造商品而组织起来的。知识经济将不再依托稀缺资源，它通过知识，对自然资源进行合理的、科学的、综合的和集约的配置，实现资源的优化利用，获得取之不尽用之不竭的资源，从而创造新的巨量财富。因此，有形资产将显得微不足道，无形资产将日趋重要。在 OECD《技术、生产率和工作的创造》的报告中，对知识经济作了总结："今天，各种形式的知识在经济过程中起着关键的作用，无形资产投资的速度远快于对有形资产的投资，拥有更多知识的人获得更高报酬的工作，拥有更多知识的企业是市场中的赢家，拥有更多知识的国家拥有更高的产出。"

无形资产在整个资产中的比重不断提高、作用日趋重要是知识经济的重要特征，是现代经济发展的必然趋势。目前，许多跨国公司已经超越了主要依靠增加物质资源消耗的发展阶段，形成大量高质量的无形资产。有形资产的地位正在被无形资产所取代。据统计，微软公司的无形资产超过其总资产的 70%。OECD 成员国的无形资产已超过总资产的 60%。1982 年在美国 500 家代表性上市公司的市值中，有形资产与无形资产的比例，前者占 62%，后者占 38%；到了 1992 年，情况发生逆转，前者占 38%，后者占 62%；而在 2002 年，有形资产的比例进一步缩小，仅占 13%，无形资产的比例则高达 87%。发达国家利用技术和品牌等无形资产，赚取了世界 80% 以上的利润。美国对世界 500 强企业的跟踪表明，在 1982 年，无形资产对价值创造的贡献率只有 38%，1992 年增长到 62%，目前已达到 82%。我国同发达国家的差距主要在无形资产。世界银行的 *Where is the wealth of nations?* 报告发现，越富庶的国家，无形资产所占比例越高。在人均财富排名中，被评估的 118 个国家，我国排在第 92 位，即倒数第 27 位。据统计，国内拥有自主知识产权核心技术的企业仅占大约 3/10000，99% 的企业没有申请专利，60% 的企业没有自己的商标。于是，在"三流企业卖苦力、二流企业卖产品、一流企业卖专利、超一流企业卖标准"的潮流之下，我们的"八亿件衬衣才折一架空客 380""一台 DVD 只能换一把洋葱""一台电脑只能赚十个苹果的钱"……我们正在陷入"中国人买什么，什么就贵；中国人卖什么，什么就便宜"的弱势地位。因此，必须摆脱"中国制造"的困境，而我国是否摆脱"中国制造"的困境，促进经济增长由主要依靠增加物质资源消耗向主要依靠科技进步、劳动者素质提高、管理创新转变，衡量的标准在于建立在技术创新基础上的无形资产的数量、质量和结构。无形资产和经济发展方式相互影响、相互促进：随着经济发展方式的转变必然会形成大量高质量的无形资产，随着无形资产质量和无形资产经营、监管水平的不断提高，又会进一步推动经济发展方式的根本转变。

二、创新驱动发展的主要障碍

（一）核心技术对外依赖严重

时任总书记胡锦涛在2006年全国科学技术大会上的讲话中指出，高技术含量的产品依赖外国进口、科技投入不足、科技领域中研究实力不强是我国面临的突出问题。我国自主创新能力不足，核心技术受制于人。尽管我国各个产业的技术水平和自主创新能力有了不同程度的提高，个别产业在国际上也具备了一定的竞争力，但总体来看，产业自主创新能力仍然较弱，与发达国家相比还有相当差距，多数产业处于国际产业价值链末端，技术水平、劳动生产率和工业增加值率都还比较低，产品附加值也很低。首先，我国产业技术中的核心专利技术少。我国近半数发明专利申请来自国外，其中绝大部分集中在移动通信、无线电传输等高新技术产业领域。在高技术领域，美国、日本拥有的专利占世界专利总量的90%左右，包括中国在内的其他国家仅仅占有10%。由于缺少拥有自主知识产权的核心技术，我国不少行业存在产业技术空心化的危险，成为我国产业进一步发展和进入国际市场的瓶颈。其次，我国工业生产所需的大量技术装备，特别是高端产品主要依赖于进口。我国作为工业品的出口大国，生产装备特别是技术装备水平还比较差。装备制造业虽然规模较大，但真正体现行业竞争力的高精尖加工工艺和重大技术装备仍然比较薄弱。市场急需的高技术含量、高附加值的技术装备和产品严重短缺，一些国民经济和高技术产业领域所需的重要装备依赖进口。中国的高端医疗设备、半导体及集成电路制造设备和光纤制造设备，基本从国外进口；石化装备的80%，轿车制造装备、数控机床、先进纺织机械、胶印设备的70%依赖进口。我国每年8万多亿元的固定资产投资，有70%是用于购置设备，而其中又有60%依赖于进口。目前我国技术的对外依存度超过50%，也就是说一半以上的技术需要从国外引进。以低碳技术专利为例，自2005年以来，我国低碳技术专利申请量呈现爆发式的快速增长。2004年申请不足1000件，2006年超过3000件，2008年超过6000件，这充分显示了近年来我国在低碳技术领域蓬勃发展的态势。[①] 但我国低碳技术领域的专利存在明显不足：①我国低碳技术专利总量仍然较少。如先进交通工具领域（主要是电动汽车），我国专利只占全球的5%，碳捕捉与碳存储技术领域，我国专利只占全球的8%，说明我国整体的技术水平与发达国家相比还有比较明显的差距。②在专利申请中，高校和科研单位多、企业少，特别是研发能力突出、专利申请量大的企业少。我国低碳技术领域专利申请量前5名中，有4家是高校，仅有1家是企业。1990—2009年，日本的丰田公司在全球公开的先进交通工具领域专利申请超过5000件，而同期我国的汽车厂商没有一家达到百件。③向国外专利申请少。尽管国内低碳技术专利申请量增长很快，但是我国申请人向其他国家提交的申请量非常少。以燃料电池为例，1985—2009年，我国向美、欧、日、韩4个国家和地区提交的燃料电池领域申请总量不到200件，占这4个国家和地区受理总量的比例不足2‰。④缺乏低碳核心技术。在我国所有专利中，发明专利占比过半，专利申请质量不容乐观。我国专利申请多集中在科研单位，企业专利申请零散，说明我国企业在低碳技术领域研发能力不足，与国际先进企业相比还有不小的差距。我国太阳能研究和应用已形成一定规模的产业，但我国有关太阳能热利用的专利申请集中于太阳能集热器的构件、零部件、附件或太阳能热水器上，而国外的专利申请主要集中在太阳能建筑一体化或者太阳能的综合利用上。根据调查，中国70%的减排核心技术需要进口。联合国开发计划署在《2010年中国人类发展报告》中指出，中国实现未来低碳经济的目标，至少需要60多种骨干技术支持，其中有42种是中国目前不掌握的核心技术。

（二）企业创新主体地位缺失[②]

技术创新的主体只能是企业，这是因为，将一项新技术从设想开始经过设计、实验后引入生产体系，并生产出高附加值的产品占领市场，这个过程不是技术行为而是经济行为。而且市场经济条件下的技术创新是高投入、高风险、高收益的技术

---

① 田力普：《低碳技术专利申请增长迅速，仍有不足》，《创新科技》，2010年第5期，第5页。

② 王勇：《企业要成为国家技术创新的主体》，《理论导刊》，2006年第12期，第91－92页。

经济活动，客观上要求技术创新主体必须具备以下条件：①必须是市场竞争的主体，具有市场竞争所赋予的从事技术创新的压力和动力。即在市场竞争的压力下愿意通过技术创新的商业运用来获得市场竞争的优势和高额利润。②具有一定的资金实力或融资能力，以保证技术产业化需要的大量投入。③能够承担技术创新过程中的各种风险。按照上述基本条件，只有具备经济实力并以营利为目的的经济社会组织，才能有效地进行技术创新。而这种经济社会组织只能是企业。高校和研究机构以创造和传播知识为主要使命，具有非营利的经济特性，它们既不是市场竞争的主体，也缺乏资金实力或融资能力以及风险承担能力，它们是知识创新的主体而无法成为技术创新的主体。因此，如果按照经济学家将技术创新界定为科技成果商业化的过程的原则，那么，技术创新的主体只能是企业。现代意义上的企业技术创新主体的内涵主要体现在：企业是整个国家创新研发活动的投入主体、执行主体、技术成果产出和应用主体、风险承担和利益分配主体。

如果从国内研发结构指标看，我国企业似乎已成为技术创新的主体，但如果将我国企业置于国际宏观背景进行全面比较，可以看出，我国企业并未真正成为技术创新的主体。①我国企业研发投资虽已达到国内研发总投资的 2/3，但企业研发投资总量少，而且研发强度甚低，企业在研发投资上的比较优势可以说完全是基于政府研发投资偏低获得的。我国大中型企业的研发投资经过多年大幅增长，2004 年已达到 954 亿元，但所有这些企业加在一起的这个数字尚不及美国通用和福特两家汽车公司的经费多。我国大中型企业的研发投资强度（企业研发经费占销售额的比重）2004 年平均只有 0.71%，规模以上企业研发投资强度只有 0.56%，而先进国家平均达到 3%。与之相对应的是，我国政府的研发投资强度也很不理想，与先进国家相比，政府的研发投资强度明显偏低。由于政府的研发投资强度偏低，致使我国企业的研发投资强度虽然相对于外国竞争者明显落后，但相对于研发投资更低的政府，企业的研发投资占国内研发投资的比重仍然相对较高。②尽管我国政府近年来一直鼓励和支持有条件的大中型企业和企业集团建立技术中心，但截至 2003 年，我国大中型企业建立技术开发结构的还不到1/4。另外，我国企业的研发人员虽经多年增长，2003 年占到全国的 60%，已接近 OECD 整体的分布结构，但与韩国的 69% 相比仍有较大差距。特别是我国企业的研发人员中，高层次人才严重匮乏，而且人才流失情况严重。③在研发执行上，我国企业虽然执行了全国 67% 的研发工作，但绝大部属低端的改良型研发活动，前瞻性、关键性高端技术研发活动进行得极少。2003 年我国企业用于基础研究的经费支出仅占全国基础研究的经费的 7.3%，而美国是 16%。基础性、前瞻性、关键性研发投入较少，导致我国企业难以掌握关键产业的核心技术，每年需支付外国巨额的专利技术费和技术转让费。同时，由于企业技术创新的深度和纵度有限，致使创新产品的档次不高，附加值低，产品缺乏国际竞争力。④就研发的产出指标——发明专利而言，尽管我国企业国内职务发明专利授权量增长迅速，但与先进国家相比，企业的发明专利无论是绝对数量还是相对份额都远远落后。⑤从技术创新的决策和风险承担看，国有企业国有股一股独大的产权结构以及出资人所有权和法人财产权合一的产权制度导致企业缺乏技术创新的决策权和自主权，企业作为政府的附属物，既没有完全承担技术创新的风险，也不能保障完全获得技术创新的收益。在这种情况下，即使国家通过各种激励措施促使企业进行技术创新投入，使企业成了创新研发的主体，也不能说是完全意义上的技术创新主体，而最多称之为准主体。

（三）自主创新人才资源匮乏

根据调研，92.31% 的企业认为缺乏人才是阻碍企业自主创新的主要因素。主要表现在：①创新人才素质偏低。技术创新，人才是关键。人才是技术创新的第一资源。然而，对我国的大部分企业来说，恰恰就缺乏人才。国内企业的研发人员不仅数量少，而且绝大多数在在校期间和就业之后很少获得技术培训的机会，实际操作水平和自主研发能力普遍较低，难以满足企业快速发展的需要。部分企业采取内部集训的方式培养自己的创新人才队伍，但是由于没有制订完备的学习计划和提供充分的实践空间，发展速度很难跟得上企业在实际工作中的需要。②高层次创新人才匮乏。尽管目前我国科技人员总量已达 3800 多万人，在校大学生 2000 多万人，数量居世界第一；R&D 人员 160 多万人，位于美国之后居世界第二，但与世界发达国家相比，我们还处于较低水平。2003 年，我国每万人劳动力中全时当量 R&D 人员只有 15 人，而日本有 132 人、德国有 122 人、法国有 127 人。同时高层次的创新人才十分短缺，能跻身国际前沿，参与国际竞争的战略科学家更是凤毛麟角。在 158 个国际一级科学组织及其包含的 1566 个主要二级组织中，我国参与领导层的科学家仅占总数的 2.26%，在一级科学组织中担任主席的仅 1 名，在二级科学组织中担任主席的仅占 1%。可见，高层次创新人才匮乏是我国拥有核心知识产权数量极少的一个主要原因。③研发人员分布不合理。近年来，虽有许多政府所属应用型科研机构转制成科技企业，加之一批新兴高科技企业的崛起壮大，使企业拥有全国2/3的R&D人员，但我国大多数中高级专家和技术带头人都集中在高校和科研机构，而作为技术创新主体的企业拥有的高层次创新人才数量却严重不足。据调查，2005年我国高级科技人员最密集的302家国家级企业技术中心，有61家没有一名博士；全国192家中央级企业专业技术人员中，具有硕士以上学历的人员也只占总数的3.7%，高级技师仅占工人队伍的2.23%；在我国企业中每百名职工拥有大专以上学历的人员，大型企业为13.73人，小型企业仅为4.12人。企业研发人才严重缺乏，这是导致我国企业整体自主创新能力较低的一个重要原因。④人才流动尚不规范。从国际情况来看，随着人才国际化进程加快，国外许多机构纷纷以优越条件、优厚待遇吸引挖走了大批高级科技人才，人才外流的形势相当严峻。随着人才流动日趋频繁，人才带走原单位商业秘密的现象十分突出，成为商业秘密流失的主渠道。当务之急是探索既促进人才的科学流动又保护原单位商业秘密的有效机制。

（四）知识产权制度尚不完善

完善的知识产权制度对于优化自主创新的环境发挥着重要作用，具体表现在以下几个方面：①完善的知识产权制度是激励科技创新的重要手段。在市场经济条件下，自主创新活动必然要付出一定的成本。创新者所支付的成本应该能够收回，甚至实现赢利。知识产权制度给予技术发明者发明专利，使专利权人获得一种排他性独占权，从而在某一技术、产品上形成市场独占，不仅能收回研究开发付出的投入，而且还可能取得比投入更大的回报，这是对发明者的莫大激励。有了这一制度保障，发明者才有积极性继续从事新的发明创造，自主创新活动才会走上良性循环。反之，如果发明者的自主创新得不到有效保护，而被他人自由或无偿地仿制和使用，那么，发明者就得不到应有的回报，甚至还有可能无法收回最初的投入，这样，发明者也就失去了继续发明创造的积极性，自主创新活动也就成为无源之水。正如诺思所说的那样，一个社会如果没有实现经济增长，那就是因为该社会没有为经济方面的创新活动提供激励，也就是说，没有从制度方面去保证创新活动的行为主体应该得到的最低限度的报偿或好处。① 依照《中华人民共和国专利法》授予专利权，给予自

---

① 道格拉斯·C. 诺思：《经济史中的结构与变迁》，陈郁译，三联书店，1994年版，第161页。

主创新者独占市场的权利，为其收回投资，继续进行自主创新提供保障，是专利制度存在的重要基础，而市场经济的发展，也为专利制度的生存和完善提供了良好的外部环境。在市场经济条件下，企业在市场中的份额不由政府分配，而是由企业拥有多少专利以及这些专利的技术水平决定的，而自主创新者可以专利技术的许可和转让获取丰厚的回报。②完善的知识产权制度是有效配置创新资源的重要条件。自主创新资源配置主要包括用于研究与开发的资金、人力和设备等。要进行自主创新，自然离不开自主创新资源的支持。以专利制度为例，专利制度要求专利申请人公开有关技术原理，但保护的只是该核心技术的专利权而不是对该技术进行二次利用的权利，这就为他人在该技术的基础上进行进一步的开发和创新提供了基础，从而避免了开发同一技术的重复劳动，节约了全社会的自主创新资源。根据世界知识产权组织的研究报告，全世界最新的发明创造信息，90% 以上都曾先通过专利文献反映出来。在自主创新的各个环节充分运用专利文献，不仅能提高研究开发的起点，而且还能节约 40% 的研究开发经费和 60% 的研究开发时间。实际上，灵活有效地利用专利文献，不仅可以选择正确的自主创新方向、领域和研究开发项目，做到既避免侵犯他人权利又有效保护自己的权利，还可以站在更高的起点上从事更高水平的自主创新，从而避免研究开发的低水平重复和有限创新资源的浪费，实现自主创新资源的有效配置。据欧洲专利局统计，十几个欧洲专利条约成员国在应用技术的研究中，由于利用了专利文献，避免了重复研究，每年可节约大约 300 亿马克的研发费。充分利用现有的专利信息，有效配置创新资源，对于我国这样一个科技资源紧缺的发展中国家来说尤为重要。③完善的知识产权制度是实现创新成果产业化的关键因素。创新不仅是指研究开发，还包括从研究开发到产业化和商业化的过程。新技术的产业化和商业化，是自主创新活动的一个关键环节，也是自主创新的根本目标。知识产权制度是市场经济的产物，保护和鼓励技术发明的产业化和商业化，是知识产权制度的根本出发点。按照《中华人民共和国专利法》的规定，自主创新者的奖励和回报，不是在技术发明完成时得到的，而是在技术发明产业化和商业化之后，从技术发明的市场收益中获得的。任何一项自主创新完成以后，不尽快付诸实践，转化为现实生产力，就有可能被新的技术所替代，变成无经济效益的技术，一旦他人利用相同技术取得专利权，后果更为糟糕。这是知识产权制度区别于一般的科技奖励制度的一大特点，也是知识产权制度之所以能促进自主创新活动良性循环的根本原因。由于受长期计划经济的影响，长期以来，有关管理部门和科技人员只重论文、评奖和成果鉴定，忽视市场，更谈不上技术成果的产业化和商业化，造成两方面情况：一方面，在高校、研发机构许多新技术完成之后被束之高阁，没有产生经济效益，造成了科技资源的巨大浪费；另一方面，在企业许多产品缺乏自主技术的支撑，世界先进企业处在卖专利、卖标准的阶段，而我国企业不仅无专利、标准可卖，甚至连产品和苦力都卖不出去。完善知识产权制度，就是要尽快改变上述现状，加快推进知识产权转化。④完善的知识产权制度，是营造公平和有序的创新环境的重要手段。市场经济是一个竞争经济，具有竞争才有动力，只有竞争才能发展，但竞争必须规范、公平和有序，否则，就会导致冲突和混乱，市场经济就难以为继。知识产权制度作为市场经济制度的重要组成部分，其重要目的也在于维护规范、公平和有序的竞争环境，而且知识产权制度规范的是知识与技术的竞争市场。在现代市场经济条件下，知识和技术的竞争越来越成为企业或国家竞争的优势，企业的自主创新活动必须在公平和有序的市场环境下进行。一方面，如果知识产权得不到有效保护，那么，不仅对投入大量人力、物力、财力的自主创新者极不公平，而且由于大量仿制或假冒产品的出现会引起市场的极度混乱，对消费者也是不负责任和不公平的。另一方面，如果知识产权被滥用，从而产生过度的市场垄断，那么，对于其他竞争者和消费者也是不公平的。知识产权制度在保护创新者个体利益的同时，还通过合理使用、法定许可使用、强制许可使用等制度，对创新者滥用权力的行为进行限制，保证创新者个体利益和社会公共利益之间的平衡。知识产权制度以法律形式规定智力成果所有人、持有人的权利和义务，既保障他们的应有的权利，又防止不正当的垄断，充分发挥其社会效益，从而促进社会进步。

随着全球经济化的发展，知识产权已经成为国家发展的战略性资源和提高自身竞争力的核心因素，我国知识产权制度存在的问题如下：①知识产权保护意识薄弱。目前我国居民普遍存在着知识产权保护意识薄弱的现象，具体表现在：首先，一些人不知道知识产权是什么，更不知道如何去保护自己的知识产权，这就导致了其知识产权利益受损。据国家知识产权局统计，自 1985 年《中华人民共和国专利法》实施至 20 世纪末的十四五年时间里，中国向国外申请的发明专利不足 3000 项，反而将 11.3 万多项发明无偿地“奉献”给了世界各国。其次，由于中国企业知识产权保护意识不强，企业境外申请专利和注册商标数量较低，近几年来遇到了种种知识产权纠纷，其中最突出的就是商标抢注问题。据统计，中国企业商标有超过 80 件在印度尼西亚被抢注，有近 100 件商标在日本被抢注，有近 200 件商标在澳大利亚被抢注。②法律体系不完善。虽然颁布了《中华人民共和国商标法》《中华人民共和国著作权法》《中华人民共和国专利法》等，相对于内涵和外延极其丰富的知识成果和人类无穷无尽的创新能力而言，这些法律可以起到一定的保护作用，但是深度仍然远远不够，而且相关的配套法律也存在着不足，在一些行业和领域上甚至出现法律空白。③知识产权执法不严。知识产权领域有法不依、执法不严、违法不究的现象也时有发生。中国虽然成立了知识产权局，还颁布了一系列的法律，但是面对广大的知识产权领域，其执法质量可以说是力不从心的，无法面面俱到。就管理执法人员而言，仍然存在着一定的官僚作风和贪污腐败行为，这严重地影响了知识产权执法的质量。④核心技术和关键技术领域的自主知识产权数量偏少、质量偏低。2007 年中国大型民航客机，百分之百从国外进口；高端医疗设备、半导体以及集成电路制造设备和光纤制造设备，基本上都是从国外进口；很多重要装备，制造产品的机器，都从国外进口：石化装备的 80%、数控机床和先进纺织设备的 70% 依赖进口，彩电、手机的关键技术 50% 以上掌握在跨国公司手里。中国的外贸总额已经居世界第三位，但是自主创新的高技术产品仅仅占外贸总额的 2%，究其原因主要是中国的自主创新领域太少。这也充分说明了核心技术和关键技术领域的自主知识产权数量偏少、质量偏低。这一方面不利于大量科技、品牌优势的保护；另一方面直接导致国家经济的动力不足，抵御金融危机的能力弱化。

（五）创新政策支持有待突破

我国自主创新能力还比较薄弱，与建设创新型国家的要求还有一定距离。造成这一局面的原因主要在于技术依赖观念的影响、科技体制的束缚以及政府政策的制约。其一，技术依赖观念的影响。我国在过去一段时期内所实行的产业技术进步方针主要是“以市场换技术”，将技术的获取依托于国外，亦即技术依赖。自主创新风险较大，新技术、新产品从研发到中试再到最后投产的全过程需要投入大量资金，攻克大量技术难关，如果不能较好地解决融资难题和技术难题，不仅难以提供前期的巨额投资，更无法承受前期投资不能收回的巨大损失。而且，即使有了创新成果，能否迅速打开市场以收回投资、取得回报，又要受消费者是否认可、市场中有没有替代产品等多种因素制约。所以，自主创新虽有高回报的驱动，但高回报的背后往往隐藏着高风险。为了规避风险，很多企业不敢贸然进行自主创新，而宁愿采取跟随策略，待技术和市场前景明朗后，搭搭“便车”，进行模仿，从而形成了对国外技术的依赖。然而，当今世界，先进技术更新与传播的速度日益加快，技术淘汰频率很高，新引进的技术还没有实现完全的消化和吸收，就已经被出现的新技术所取代，使得我们陷入“技术追赶陷阱”。所以，仅靠技术引进来提高技术能力的方式在中国已经走不通。其二，科技体制的束缚。一是国家宏观科技管理体制没有理顺。目前，国家综合部门、产业部门和公共事业部门都能通过独立提出国家级的科技计划，直接获得财政预算，缺乏各部门联系和协调机制，导致科研经费分散和重复使用。从经费的使用管理看，科技预算、执行和监督三个环节不完全独立，经费分配和使用缺乏科学有效的评估机制，国家科技资源使用效率无法有效提高，甚至造成一些浪费。二是科技评价制度不科学。科技评价制度是国家宏观科技管理体制中一个非常重要的环节。科技评价制度是否科学、有效，直接关系到整个科技体制的运行效率。经过多年的探索实践，我国已经建立起相应的科技评价体系。但是，长期以来，技术指标是衡量科研工作质量和水平的最重要标志，并与职称、获奖等社会评价直接挂钩，造成科技工作重研究轻转化、重技术轻生产等与发展要求不适应的问题。三是组织体系不合理。在我国，科研院所与高等学校作为科研活动主体、企业作为生产主体的格局长期存在。究其原因，主要在于我国实施技术创新的组织主要是政府、高等学校和科研院所。全国研究开发经费主要来自政府，研究开发的执行主要集中在高等学校与科研院所。这一体制的突出问题表现为政府、企业、研发机构三者脱节。企业研发的产业化目标十分明确，但科研力量比较缺乏，高等学校、科研院所拥有大量的人力资本、先进设备与科研经费，但研究成果的产业化率却相当低，三方没有形成有效的合力。其三，政府政策的制约。自改革开放以来，我国经济建设取得了巨大成就，自主创新能力也得到了较大提高，政策支持自主创新的力度不断加大，但是从建设创新型国家的要求来看，自主创新还尚未摆在国家相关政策的重要位置，激励企业成为技术创新主体和支持自主创新的政策还很薄弱，经济政策和科技政策在促进自主创新方面需要进一步协调，支撑创新型国家建设的政策体系还未形成。① 一是财政科技支出总量不足。财政科技支出是政府支持自主创新最直接的切入点和着力点，是使从事自主创新的主体获得国家资助的最直接、最有效的手段。近年来，我国财政科技拨款保持高速增长，但与建设创新型国家的要

---

① 孙晓峰：《自主创新财政支持的理论基础与政策选择》，《财经问题研究》，2008 年第 6 期，第 78－84 页。

求还有一定距离，财政科技支出总量仍有待提高，尤其是基础研究领域的投入严重不足。二是金融政策对自主创新支持不够。创业风险投资和多层次资本市场的政策环境尚不完善，高新技术企业在种子期和起步期很难得到资本金支持。三是政府采购政策所承担的支持新兴产业和企业自主创新的主要功能发挥不够。政府采购对自主创新具有重要的推动作用。政府部门的需求是一个大市场，政府采购对创新产品起着需求拉动的作用，而且由于其导向效应和示范效应，还能带动其他社会需求，从而为科技创新企业拓展需求空间，降低企业自主创新及市场开发的风险，提高其核心竞争力。但是，目前政府采购的目标主要还是节约资金和抑制腐败，政府采购促进技术创新的目标没有得到足够的理解与认识。四是税收政策不合理。我国现行的支持自主创新税收政策主要体现在支持企业创新的生产投入和成果转化应用方面，而对企业创新最需要支持、处境最为艰难的研发过程则缺乏有力的税收支持。而大部分高科技企业在创业初期基本上都没有利润，享受不到企业所得税减免优惠，待几年后科技创新成果的产业化实现了经济效益时，又大都过了优惠期，结果造成一些企业实际上享受不到税收优惠。

三、实施创新驱动发展的主要路径

（一）推进核心技术创新

1. 加强引进、消化吸收再创新

日本、韩国的经验证明：技术引进、消化吸收再创新是技术落后国家和企业实现技术追赶的一条重要捷径。第二次世界大战结束后，日本的技术比世界先进水平落后 20 ～ 30 年。日本从引进技术成果入手，并在应用中吸收、提高和创新，仅用 20 年的时间就走完了欧美主要发达国家和地区半个世纪所经历的过程。要不断提高再创新能力，一是要强化消化吸收，再创新意识。跨国公司为了确保竞争优势，可能会向东道国转移相对先进的技术，但绝不可能转移核心技术和关键技术。真正的核心技术和关键技术只能通过自主创新获得。二是要改善管理体制，提供政策鼓励和引导。要增加消化吸收再创新的投入，在技术引进后消化吸收再创新投入方面，日本是1∶4，韩国是1∶8，我国只有1∶0.08。我国总是先引进生产线、培训工人、生

产产品，待生产线落后时再引进更先进的，永远是“输血”，没有“造血”功能。三是要成立企业技术消化吸收中心。要成立配套的引进技术的研发中心，并制定相关引进技术消化吸收的法规和制度来加以保障。与此同时加强对行业中引进技术各企业的思想指导工作，让它们站在行业共同发展的高度，去改变行业落后状况，走出“引进—落后—再引进—再落后”的怪圈。四是要提高企业技术学习能力。自主创新能力具有内生性的特点。实践证明，引进技术的有效性在很大程度上取决于引进方的学习程度。

2. 提高集成创新和原始创新能力

要重点开展电子信息、生物与新医药、先进制造、新材料、节能与新能源、环保与资源综合利用、现代农业等关键领域的自主创新，掌握一批行业核心和共性技术。①基于核心能力的企业集成创新模式。基于核心能力的企业集成创新模式有：基于组织核心能力构建和强化的集成创新模式、基于技术核心能力构建和强化的集成创新模式、基于战略核心能力构建和强化的集成创新模式。②基于组织核心能力构建和强化的集成创新模式实施过程。就是通过独特的组织集成创新实现企业组织核心能力的获得和提升。③基于技术核心能力构建和强化的集成创新模式实施过程。是指企业在引进已有的成熟技术或参照技术资料进行学习的基础上，能够根据现有技术和产品的市场特性，使各项技术在产品中高度融合，在短时间内进行集成开发，以最快的时间领先占有市场。④基于战略核心能力构建和强化的集成创新模式实施过程。实施关键在于企业的战略集成，即在一个共同发展战略的基础上进行多种战略的组合和协调。从战略的角度来看，集成创新主要涉及如下方面：一是企业创新与企业家精神的集成。二是技术创新战略与市场营销战略的集成。

3. 加快科技成果的转化

要紧密结合我国的实际，重新审视发展理念、发展举措、发展机制，大力推进科技创新成果转化。一是加强科技成果转化基地建设。发挥国家级高新区作用，引领高新技术产业发展、推进科技成果转化。有效集成科技、人才、资金等资源，采取产学研结合的方式，围绕重点行业和优势产业，在有条件的科技园区、科技型企业建立若干个科技成果转化基地。二是加大对科技项目的支持力度。对科技项目和科技成果进行分类研究，对已具备产业化条件的科技项目，千方百计做大做强；对发展前景良好但尚未完成的科技项目，加快工程化研发速度，使其早日具备转化条件。组织实施重大科技专项计划。三是促进科技成果转化公共服务平台建设。加快科技企业孵化器产学研合作体系建设，增强科技服务功能。大力发展各类科技中介机构。鼓励和引导科技中介机构积极开展与科技成果转化相关的技术交流、技术咨询、技术评估、技术代理、技术外包、技术培训等活动。四是建立科技成果转化的有效机制。充分发挥高等院校和科研机构的创新源头作用，将成果转化的成效逐步纳入高等院校和科研机构的考核评价体系，鼓励、支持其面向广州技术创新需求，开展关键和共性技术研究、高新技术应用研究和应用基础研究。支持其开展技术转化、技术开发、产品设计、技术咨询等服务活动。鼓励科技人员进入企业兼职，支持企业以购买或委托开发等方式获得高等院校、科研机构的技术创新成果和服务；鼓励企业在高等院校、科研机构设立实验室或研发机构，支持高校、科研机构与企业联合建设研究院、研发中心等，使产学研结合点前移，推动产学研合作从成果型松散模式向实体型紧密模式转变。五是完善科技成果转化政策。用足用好国家、省有关促进科技成果转化的政策，抓好各项政策的落实。

4．更加注重协同创新

党的十八大报告强调，要更加注重协同创新。协同创新是企业、政府、知识生产机构（大学、研究机构）、中介机构和用户等为了实现重大科技创新而开展的以知识增值为核心的大跨度整合的创新组织模式。协同创新的关键是形成以大学、企业、研究机构为核心要素，以政府、金融机构、中介组织、创新平台、非营利性组织等为辅助要素的多元主体协同互动的网络创新模式，通过知识创造主体与技术创新主体进行深入合作、资源整合，产生“1+1+1>3”的非线性效用。美国硅谷的成功在很大程度上归功于其将创新型企业、研究型大学、研究机构、行业协会、服务型企业等紧密联系在一起，演化出扁平化、自治型的联合创新网络。我国高铁成功实现了从追赶到引领，也是源于官产学研之间的高度协同创新。协同创新已是当今世界科技创新活动的新趋势，成为整合创新资源、提高创新效率的有效途径。协同创新是各个创新要素的整合以及创新资源在系统内的无障碍流动。协同创新是以知识增值为核心，以企业、高校、科研院所、政府、教育部门为创新主体的价值创造过程。产学研合作是国家创新体系中重要的创新模式，各个主体之间的合作绩效在很大程度上取决于知识增值的效率和运行模式。协同创新的本质是：通过构建各种创新平台打破学科阻隔、体系壁垒，促进人才、资本、信息等要素有效配置及充分共享，通过加强各个创新主体之间的多元协同，最大限度地实现全面创新。协同创新能够克服信息不对称问题，降低技术资本之间的交易成本，使合作主体的信息交流和沟通更直接、高效，实现即时合作创新。协同创新知易行难，不同的创新主体对协同创新实践的认知存在差异。公共创新主体对创新的共同追求是实现协同创新的必要条件，微观主体间共同利益体的形成对于协同创新的实现也至关重要。当前，要从构建协同创新战略联盟、推动科技体制改革、营造适宜协同创新发展的文化氛围等方面不断探讨协同创新的实现路径。

（二）强化企业创新主体

党的十八届三中全会强调，强化企业在技术创新中的主体地位。①强化企业的创新意识。强化企业的创新意识，是提高企业技术创新能力，完善企业技术创新机制的关键。当前，要特别强化企业家的创新意识。②加快国有大企业的改革步伐。实践证明，制度比资金、技术和人才更重要。国有企业要加快股份制改革的步伐，按照建立现代企业制度的要求，引入市场机制，改善资本结构，实行产权多元化，从制度上确保企业技术创新的动力。③使企业成为研发的主体。技术创新活动主要应在企业进行，而不是在企业以外的科研机构和高等院校进行。科研机构和高等院校以创造和传播知识为主要使命，具有非营利性的组织特征，它们既不是市场竞争的主体，也缺乏资金实力或融资能力。它们即便是想通过自己的力量把自身的科技成果商品化，也必须通过创办衍生公司即企业的形式方能实现。④使企业成为技术创新的投资主体。要转变投资方向，逐渐形成以企业为投资主体的、多渠道的技术创新投融资机制与体系，还要在促使企业逐年加大技术开发投资、关键设备更新、加速科技成果转化的同时，鼓励企业进一步拓宽资金渠道，不断加大技术创新投资。⑤完善市场导向的技术创新机制。对技术创新成果的评价要以市场为标准，不能局限于对论文的评定方式，而要着重看研究成果是否能顺利转化，是否能实现产业化、商品化，是否能获得较大的市场占有率。企业还要完善开放式的技术创新机制，善于同科研机构和高等院校进行合作创新。⑥建立健全企业技术开发机构。有条件的大型企业和企业集团要建立技术中心，不断改善企业的研发条件，并创造条件吸引独立科研院所和高等院校的科研力量以多种形式投入企业创新，以抓好重大关键技术的攻关，带动企业原始性创新。⑦是努力做好技术创新的基础工作。做好设备改造、更新、技术配套、工业试验、质量管理、信息收集加工处理等基础工作，以提高科技成果实用化的成功率。

（三）培育自主创新人才

培育自主创新人才是一项系统工程。本文仅就实施竞业限制，既促进人才合理流动，又保护商业秘密的问题进行探讨。2008 年我国正式实施《中华人民共和国劳动合同法》（以下简称《劳动合同法》）首次从法律高度明确掌握企业商业秘密的劳动者具有竞业限制义务。竞业限制可分为在职竞业限制和离职竞业限制。因此，对离职竞业限制的合理性和完善离职竞业限制的问题进行探讨，对于促进人才合理流动，推动自主创新具有重要作用。

1．竞业限制产生的背景①

竞业限制，又称竞业禁止。广义的竞业限制，是指对于具有竞争性的特定行为加以限制的制度，其限制的客体为特定行为，限制的主体却不以特定人为限，即不特定的人也包括在内。狭义的竞业限制按照产生的依据不同，可以分为法定的竞业限制和约定的竞业限制。法定的竞业限制源于法律的明文规定。约定竞业限制是指用人单位以合同或者合同条款的形式，对劳动者的从业予以限制。约定竞业限制包括在职竞业限制和离职竞业限制。在职竞业限制是指约定劳动者在在职期间不得从事与用人单位相竞争的经营。离职竞业限制是指约定劳动者在离职后的一定期限内不得从事与原用人单位相竞争的经营。这种竞业限制有两个特点：一是来源于合同的约定，无约定则无此义务；二是它的约束力延续到劳动者离职以后。可见，离职竞业限制不是积极的作为义务，而是一种消极的不作为义务，它要求不特定的人不得为特定行为。在保护劳动者合法权益和防止商业秘密侵权之间保持平衡，是竞业限制产生的基本背景。随着经济全球化和高新技术的迅速发展，劳动者特别是人才的流动日趋频繁。劳动者的合理流动有利于经济社会的全面发展。但是，伴随着劳动者的流动，骨干技术人员带走原用人单位商业秘密，另谋高就或自立门户，成为商业秘密流失的主渠道。据国务院国资委调查，企业中有 21.6% 发生过知识产权流失，其中 79.4% 是因员工携带商业秘密跳槽造成的。我们既不能因噎废食，禁止劳动者流动，也不能无视甚至放纵劳动者流动中的商业秘密流失。一句话，劳动者必须合理流动，商业秘密必须保护。这是一道难以破解但又必须破解的难题，方法之

---

① 王可达：《平衡劳动者与用人单位利益的新规范》，《西安财经学院学报》，2008 年第 2 期，第 109 - 114 页。

一就是实施竞业限制。

2. **竞业限制的合理性**①

在职竞业限制的合理性显而易见，劳动者享受用人单位的劳动报酬和福利待遇，在职期间理应保护用人单位的商业秘密。问题的关键在于如何理解和把握离职竞业限制的合理性。我国宪法规定公民有劳动权，有权自由地选择自己的职业和自由地使用自己的一般知识、经验和技能。离职竞业限制直接限制了劳动者的平等就业权和自由择业权。要平衡劳动者与用人单位的利益，关键在于将离职竞业限制置于合理的条件下，使之不与劳动者依法享有的平等就业权和自由择业权相冲突。合理的限制主要包括：①目的合理。竞业限制的目的在于保护原用人单位的商业秘密，防止不正当竞争。竞业限制必须要有值得保护的正当利益，这一正当利益就是原单位的商业秘密。一般认为，商业秘密是竞业限制唯一可保护的正当利益所在，这也是竞业限制合同有效的前提条件。任何与商业秘密保护无关的竞业限制措施都将因损害劳动者的自由择业权和有技术垄断、限制竞争之嫌疑而无效。此外，还应当注意到，“违法”的商业秘密并不受法律保护。如果原用人单位的某些信息表面上符合商业秘密法律保护的形式要件，但其内容或内容的使用违反了其他法律的规定，触犯了公共利益或其他优先权利，把这些所谓的商业秘密作为竞业限制的保护因素，这是以合法的形式掩盖非法目的，与法律保护的本意相悖。但有学者认为，竞业限制存在的前提是竞争利益。竞争利益是商业秘密的上位概念，商业秘密只是竞争利益的一种。竞业限制合法与否应该以是否存在竞争利益为前提，而不能一概以商业秘密是否存在为前提。笔者认为，根据《劳动合同法》的立法宗旨，竞业限制不应该以竞争利益为前提。该法的立法宗旨一直是业内争论的焦点问题。争论的核心在于：《劳动合同法》应该倾向于保护处于弱势地位的劳动者的合法权益，还是应该平等保护用人单位和劳动者双方的合法权益。两种意见的博弈贯穿该法制定与修改的始终。《劳动合同法》最终将立法宗旨界定为：“为了完善劳动合同制度，明确劳动合同双方当事人的权利和义务，保护劳动者的合法权益，构建和发展和谐稳定的劳动关系，制定本法。”该规定将“保护劳动者的合法权益”置于“构建和发展和谐稳定的劳动关系”之前，从立法观念上颠覆了最初对平等保护的追求，将对劳动

① 王可达：《平衡劳动者与用人单位利益的新规范》，《西安财经学院学报》，2008 年第 2 期，第 109－114 页。

者的保护作为立法的主旨。因此，为了有效保护劳动者的合法权益，防止用人单位滥用竞业限制条款，竞业限制协议应以商业秘密为前提条件。②对象合理。《劳动合同法》第 24 条规定："竞业限制的人员限于用人单位的高级管理人员、高级技术人员和其他负有保密义务的人员。"这就是说，竞业限制的义务主体只能是用人单位的高级管理人员、高级技术人员和其他负有保密义务的人员，用人单位不得与上述人员以外的其他劳动者约定竞业限制，否则约定无效。在确定限制对象时必须考虑劳动者的原任职务和地位，将竞业限制的对象限于接触或有可能接触原单位商业秘密的劳动者这一范围。通常，能够接触到商业秘密的竞业限制对象包括高级管理人员，如总经理、副总经理、各部门负责人，此类人员掌握核心商业秘密，最为竞争者所关注，是竞业限制的首要对象；高级技术人员，这类人员负责单位的技术创新、知识管理，可能了解原单位技术秘密的关键细节；其他负有保密义务的人员。笔者认为，在确定合理对象时，应注意防止两种倾向：一种倾向是将竞业限制的对象扩大化，甚至扩大到普通员工。一般而言，普通员工不可能有机会接触到商业秘密，而且这些人群离职后在就业市场上的竞争地位较弱，限制其在熟悉的领域自由择业，无疑严重削弱甚至剥夺了其生存权利。另一种倾向是将竞业限制的对象狭隘化，即认为只有高级管理人员、高级技术人员才是竞业限制的对象。这样，既不符合《劳动合同法》第 24 条的立法精神，又容易在实践中造成将应该列为竞业限制对象的人员排除在竞业限制对象之外。需要特别指出的是，其他负有保密义务人员中的某一类人员是否是合理竞业限制的对象，不可一概而论，而应根据人员所在岗位的职责、岗位的重要性和接触商业秘密的可能性，具体问题具体分析。如一般而言，驾驶员不应该是竞业限制的对象，但确曾发生过驾驶员离开原用人单位，利用其在原用人单位送货过程中所掌握的商业秘密（客户名单）进行不正当竞争的案件。③限制范围合理。[①]《劳动合同法》第 24 条规定："竞业限制的范围、地域、期限由用人单位与劳动者约定，竞业限制的约定不得违反法律、法规的规定。"限制范围又称限制领域，就是指竞业的范围，竞业限制合同必须明确约定离职劳动者从事的营业行为的范围。对行为限制的把握应与可保护的商业秘密相适应。竞业限制的行为是与用人单位或原用人单位相同、类似业务的竞争性行为。设立竞业限制的

---

① 王可达：《离职竞业限制的合理性研究》，《广州社会主义学院学报》，2008 年第 2 期，第 77－80 页。

初衷是杜绝商业秘密泄露的可能性，因此从业限制的范畴应包括在有竞争关系的企业任职和自行经营同类业务两种情形。根据具体情况，自行经营又分为独资经营和合资经营两种形式，这里所讲的合资经营应指主体在经营体中拥有明显的决策权、参与权或重大利益的情形，而不包括在经营体中占有无足轻重的股份的小股东。竞业限制的范围应当限于劳动者在原任职期间接触或可能接触的商业秘密领域，而不能简单笼统地套用《公司法》中“同类的营业”的概念或者前国家科委《关于加强科技人员流动中技术秘密管理的若干意见》中“生产同类的产品或者经营同类业务且有竞争关系和其他利害关系的单位”的表述，应将“竞业”的含义与劳动者接触或可能接触的商业秘密范围相结合。我们知道，有的劳动者特别是人才熟悉数个专业，有多方面特长，他在原用人单位可能只是利用其在某一专业领域的某一个专长工作，那么，在离职竞业限制中限制劳动者以其他专业的其他专长去自营或去他处工作，就有利用经济上的强势，胁迫劳动者之嫌。这种对劳动者就业范围的广泛限制，已不是一般意义上的具有合理性的竞业限制，而是从根本上侵害了劳动者的劳动权，也违背了合理性原则。④限制地域合理。商业秘密具有相对性，在不同的地域判断同一信息是否属于商业秘密有不同的认识标准。因此，以保护商业秘密为初衷的竞业限制必须限定合理的地域范围。在商业秘密成立的区域内，原用人单位能够凭借商业秘密获得经济利益或竞争优势，也只有在该区域内才存在对原用人单位有实质性威胁的不正当竞争，所以该特定区域应作为竞业限制地域。如果劳动者在这一地域范围之外从事某些经营活动或者就业，严格来讲与原用人单位无关。毕竟商业秘密不同于专利，商业秘密的受保护范围通常要远远小于专利。有人认为，应以可能与原单位产生实质性的竞业为限的经营区域为竞业限制地域，但不能扩大到原单位将来可能开展业务的地域。受经济实力、技术实力、市场占用率等因素影响，原用人单位业务涉及的地域范围总是有限的，在原用人单位无法延及的地域内劳动者从事相同的业务并不能构成同原用人单位的竞争关系，也自无竞业限制的必要。这种观点从产生实质性竞争的角度立论，有合理性因素，但也存在偏颇之处，最大的问题在于判断具有竞争关系的时间点上。在签订竞业限制合同时，原用人单位的实际经营区域可能小于商业秘密成立的地域范围，即使将时间定格于对竞业限制合同产生争议时，仍然存在这一问题。如果仅以实际经营区域作为竞业限制的限制地域，则原用人单位商业秘密受保护范围将小于其商业秘密应有的权利覆盖范围。劳动者了解前述细节上的差异，就可以在两种范围的非交叉地域使用或泄露企业的商业秘密，这显然不符合诚实信用原则，也有违竞业限制的保护目的。而且，原用人单位的经营区域是不确定因素，在其商业秘密的成立范围内，经营区域一般来讲是变动的，扩大经营区域是很正常的事情。只要是在权利辐射的范围内，原用人单位的潜在竞争优势就存在，以某一时刻的经营区域作为竞业限制的地域，不合理地局限了原用人单位的竞争优势。基于以上认识，笔者主张把商业秘密成立的范围作为限制地域的最大限度。⑤限制期限合理。国际通行的标准是不超过劳动者离职后的三至五年。《瑞士劳动合同法》规定最长不超过雇员退职后三年。《德国商法》规定最长不得超过二年。《意大利民法典》对高级职员规定为五年，一般职员为三年。《劳动合同法》通过以前，我国允许竞业限制的期限一般不超过三年。《劳动合同法》第 24 条规定："在解除或者终止劳动合同后，前款规定的人员到与本单位生产或者经营同类产品、从事同类业务的有竞争关系的其他用人单位，或者自己开业生产或者经营同类产品、从事同类业务的竞业限制期限，不得超过二年。"竞业限制的目的是平衡劳动者和用人单位的利益，所以竞业限制必须有时间限制，不能无限期地阻碍劳动者重新进入原工作领域。确定限制期限时应考虑受保护的商业秘密所能带来的竞争优势的持续时间、劳动者对商业秘密的掌握程度，以及企业技术升级换代和信息更新后的保密意愿。限制时间过短，不利于原用人单位商业秘密的保护，过长又侵犯了劳动者的合法权益，对劳动者和急需人才的其他企业都是资源的极大浪费。实际上，问题的关键在于限制时间如何确定才算合理。笔者认为，竞业限制的最长期限由三年变为二年，有利于充分尊重劳动者的平等就业权和自由择业权，但笼统地规定合理期限为二年的做法，难以反映各个行业的技术更新情况，应根据当代科技日新月异的趋势和各行业技术更新的程度，按行业确定竞业限制的期限。对于医药、化工等发展周期长的行业，其合理期限可确定为三年；对钢铁、机械、矿山等传统行业，其合理期限可确定为二年；对于电子行业，其合理期限可确定为一年；对于金融、证券、保险等行业，其合理期限可确定为三到六个月。⑥补偿给付合理。《劳动合同法》第 23 条规定："用人单位与劳动者可以在劳动合同中约定保守用人单位的商业秘密和与知识产权相关的保密事项。对负有保密义务的劳动者，用人单位可以在劳动合同或者保密协议中与劳动者约定竞业限制条款，并约定在解除或者终止劳动合同后，在竞业限制期限内按月给予劳动者经济补偿。劳动者违反竞业限制约定的，应当按照约定向用人单位支付违约金。"对于备受关注的竞业限制补偿问题，《劳动合同法》只是原则性地规定用人单位应在竞业限制期限内按月给予劳动者经济补偿，而草案规定的并广受好评的竞业限制补偿和违约金数额标准并没有出现在最终的法案里，这不能不说是一个遗憾，这使得将来用人单位在与劳动者协商竞业限制时，仍将面临无规则可循的尴尬。补偿给付，是指原用人单位在让劳动者承担竞业限制义务时支付给劳动者的经济补偿。从权利与义务的关系来看，合理的竞业限制影响了劳动者的择业权和劳动报酬权，根据权利与义务对等和平衡原则，应由原用人单位以适当的形式给予合理竞业限制对象适当的经济补偿。从劳动力开发和利用的角度来看，在“时间就是金钱”的条件下，劳动者流动本身就是为了更大的发展，但限制期限影响了劳动力的开发和利用。因此，原单位应该给予劳动者适当的补偿。问题的关键在于，究竟应按什么原则补偿，补偿多少。笔者认为，劳动者应按用人单位的要求签订竞业限制合同，自愿限制择业，劳动者的生活质量不应由此受到影响，这应当作为确定补偿费给付标准的基本原则。具体的补偿金额，应结合劳动者的专业技能水准和竞业限制的限制范围、限制地域以及社会平均生活水平的提升前景等因素来综合考虑。从增强劳动者遵守竞业限制合同的自觉性方面考虑，原用单位给予期权并结合现金给付的方式作为对价补偿的做法值得借鉴。其最大的好处在于，劳动者和原用人单位成为利益共同体，即使劳动者离职之后，其利益仍与原用人单位的利益紧密联系，泄露商业秘密将使劳动者自身的利益和原用人单位的利益同时受到损害。

（四）完善知识产权制度

党的十八大报告强调，实施知识产权战略，加强知识产权保护。完善知识产权制度，提高自主创新能力是一项系统工程。当前，应从以下几个方面完善知识产权制度。

1. 强化知识产权意识

即通过大力开展宣传教育活动，强化全社会的知识产权意识。2013 年 8 月，美国商务部公布了新的国民生产总值（GDP）统计方式，将知识产权、研发支出、文化产业支出等指标纳入新的 GDP 统计体系之中，在全球率先实行 SNA2008 国民经济统计核算新标准体系。美国 GDP 统计的新调整，顺应了全球国民经济统计演进新趋势。2009 年，联合国、世界银行、国际货币基金组织、经济合作与发展组织、欧盟等 5 个国际组织联合发布了新的国民经济统计国际标准 SNA2008，并鼓励各国在国民经济核算中采用这一新的国际标准。SNA2008 的新变化表现在对生产性资产分类进行了较大幅度的修订，并扩展了资产边界，其中最突出的变化就是知识产权及研发投入的资本化，这种改变直接的影响就是固定资产规模加大，非生产性资产减少；知识密集型行业资产规模加大；科技创新活动活跃地区的资产比重上升。对于这个新的国际标准，除美国外，欧盟国家和日本也提出了实施的时间表。实际上，意识是行为的先导，知识产权意识是知识产权工作的思想基础，一国知识产权意识的强弱，直接关系到该国知识产权事业的发展和成败。目前，我国在知识产权方面存在的最大问题是社会公众的知识产权意识不强，导致各项知识产权工作无法顺利开展。知识产权意识不强主要表现在：商标意识淡薄，大量企业、商品没有注册商标，未能及时依法办理续展手续，使他人特别是外国企业乘虚而入，抢先注册；专利意识淡薄：一方面，一些企业假冒他人专利，随意生产和销售别人已获专利的产品，造成侵权；另一方面，一些企业、高校和研发机构不为自己的发明申请专利，致使市场被他人分割或侵占；商业秘密意识淡薄，企业经营者、涉密人员和社会人士保密观念不强，致使失密、窃密和泄密事件时有发生，给国家和企业造成巨大经济损失；著作权意识淡薄，盗版、侵权事件屡禁不止，因而提高全社会的知识产权意识就成为当前工作的重点。强化知识产权意识的时候应该针对不同对象，综合运用公众宣传、专题培训、基础教育等形式，宣传知识产权的重要作用。商标作为商品经济发展的产物，在促进商品生产、交换等方面发挥着重要作用，包括商品来源的标示作用、商品选购的指导作用、商品质量的监督作用、商品销售的广告作用。专利在经济生活和企业生产经营中发挥着重要作用，特别是随着知识经济的到来，专利在促进技术创新、推动技术成果转化和加强国际技术交流等方面发挥着日益重要的作用。专利制度有利于促进企业技术进步，有利于促进科技成果转化，有利于吸引外国先进技术，有利于提高核心竞争力。商业秘密作为一项重要的无形资产，在经济生活和企业生产经营中发挥着重要作用。商业秘密具有价值性，有利于企业进行技术创新和提高自身核心竞争力，包含技术信息和经营信息的商业秘密日益成为企业提高核心竞争力的重要手段。

2. 实施知识产权战略

在知识经济和经济全球化的大潮中，知识产权已成为许多国家发展和参与国际竞争的重要手段。20 世纪 80 年代以后，美、日、欧等国家和地区都逐渐认识到知识产权在经济和社会发展中的重要性，并开始将知识产权工作从具体的部门性层面提高到国家性层面，制定了国家知识产权战略，从而推动了本国科学技术的迅猛发展。我国在2006年召开的全国科学技术大会上，提出用15年的时间，到2020年，使我国的自主创新能力显著增强，进入创新型国家行列，为在21世纪中叶成为世界科技强国奠定基础。自主创新一说被提高到国家战略的高度。2008年《国家知识产权战略纲要》颁布实施，作为一项重要的战略部署，其对我国自主创新意义重大。因为对于自主技术创新而言，知识产权制度是对其具有实质性内容的影响因素，所以知识产权保护是重中之重。在自主创新中，强调发挥知识产权制度激励创新和强化竞争的作用，将有益于我国的自主创新，有利于我国后发向先发的“赶超”。实施知识产权战略，有利于企业的战略创新；实施知识产权战略，有利于优化资源配置；实施知识产权战略，有利于维护国家经济安全；实施知识产权战略，有利于提高中国国际竞争力。国家知识产权战略应坚持以下原则：全面性原则、系统性原则、合法性原则、客观性原则、前瞻性原则。当前，国家知识产权战略的实施重点是：商标战略、专利战略、著作权战略和商业秘密战略。实施国家知识产权战略，必须强化知识产权战略观念，建立健全科学有效的知识产权制度，优化实施知识产权战略的社会环境，密切关注发达国家知识产权战略的最新动向，学习借鉴发达国家知识产权战略的成功经验。在制定和实施国家知识产权战略的同时，各地区、各行业、各企业也要根据自身的具体情况，抓紧制定本地区、本行业和本企业的知识产权战略，使之成为自身发展战略的组成部分。特别值得注意的是，未申请专利的企业究竟要不要实施专利战略？据权威统计，迄今仍有99%的国内企业没有申请1件专利，只有3/10000的企业拥有自主知识产权。同时，不少企业工作人员甚至是一些专利管理者也认为未申请专利的企业不需要实施专利战略，未申请专利的企业忽视专利战略的运用效果。在知识产权日益成为国际竞争焦点的今天，未申请专利的企业究竟要不要实施专利战略？本文认为，未申请专利的企业要和跨国公司进行竞争就要实施专利战略，未申请专利的企业要进行技术创新也要实施专利战略，未申请专利的企业要培育无形资产，保护自己的名牌商标和商业秘密等无形资产，也必须实施专利战略。①

3. 完善知识产权法制

目前，中国从地方到中央已经建立了门类多样的知识产权保护的法律体系，

---

① 王可达：《未申请专利的企业要不要实施专利战略?》，《山西高等学校社会科学学报》，2008年第9期，第79－81页。

但是为了满足市场经济的发展和经济全球化所带来的竞争加剧的需要，中国仍然有必要进一步完善知识产权保护的法律体系，形成领域广、深度大、适用性强的法律体系保障。作为国家的执法机关，应不断地加大知识产权保护的执法力度，提高执法质量；不断地提升自身的专业素质和思想觉悟。执法机关及其工作人员应该通过严格执法为自主知识创新提供一个良好的、稳定的市场环境。近年来，我国相继颁布实施了《中华人民共和国专利法》《中华人民共和国商标法》《中华人民共和国著作权法》和《计算机软件保护条例》《集成电路布图设计保护条例》《植物新品种保护条例》等涵盖知识产权保护主要内容的法律法规，并颁布了一系列相关的实施细则和司法解释，使中国知识产权保护的法律法规体系不断趋于完善。在 2001 年中国加入世界贸易组织（WTO）前后，我国又对相关法律法规和司法解释进行了全面修改，在立法精神、权利内容、保护标准、法律救济手段等方面，做到了与 WTO 的《与贸易有关的知识产权协议》（TRIPS 协议）以及其他知识产权保护国际规则相一致。当前，国际知识产权保护的重点和热点表现为对遗传资源、传统知识和民间文学艺术的保护，我国作为一个历史文化悠久的发展中国家，在这方面具有一定的比较优势，因此，应当制定和完善相关的法律法规，加大对遗传资源、传统知识和民间文学艺术的保护力度，使其更好地为我国的自主创新工作提供智力资源。在完善知识产权保护法律体系的同时，还要加大知识产权保护的执法力度，通过日常监管与专项治理相结合，真正做到有法可依、有法必依。建立健全知识产权保护的法律体系，加强知识产权保护的执法力度。

4. 加强知识产权管理

随着经济全球化和知识化的发展以及我国改革开放的不断深入，我国知识产权管理显然起步较晚，但已取得明显的成效；知识产权观念不断增强；知识产权法律体系初步建立；知识产权管理的组织体系逐步建立；知识产权评估逐步趋于规范。但是，必须看到，和国际知识产权协议对我国知识产权管理的要求相比，以及和发达国家知识产权管理的先进经验相比，我国知识产权管理还存在不少突出问题：知识产权观念有待加强、知识产权管理制度尚不完善、知识产权信息渠道尚不畅通、对知识产权国际惯例尚不熟悉。当前，加强知识产权管理，除了要加大对知识产权的依法保护力度之外，还要不断加强对知识产权的行政管理，加大企业作为自主创新主体对知识产权的管理力度。加大企业对知识产权的管理力度主要是要抓好以下工作：强化知识产权观念，这既是加强企业知识产权管理的前提，也是其他管理对象的基础；建立知识产权组织，配备专门的人才，落实必要的经费，确保企业知识产权管理科学化、规范化；完善知识产权制度，主要包括知识产权教育培训制度、交易制度、日常管理制度、财务审计制度、诉讼制度等，使知识产权管理制度化；实施企业知识产权战略，企业应根据国家知识产权战略，结合自身情况，实施专利战略、商标战略和商业秘密战略，通过实施知识产权战略，不断提高企业的竞争能力。

（五）完善财政支持政策

1. 加大财政科技投入力度

优化财政科技支出结构，进一步加大财政科技支出力度是当务之急，财政科技支出的增长速度应当快于财政总支出的增长速度，将每年新增的财政收入中更多的部分用于技术创新。我国 R&D 投入中企业所占的比例逐年上升，这一方面说明 R&D 投入的企业机制正在形成，但另一方面也说明政府财政投入的力度还不够，相对于我国经济发展的阶段而言，进一步增加政府 R&D 投入是必然的选择。从财政科技支出的结构上来看，基础研究是技术创新的源泉，是一个国家科技、经济和社会发展的潜力和后劲所在；从战略的角度考虑，政府应对此承担更多的责任。并且，WTO《补贴与反补贴措施协议》规定，政府对基础性研究的补贴不在限制之列，我们应当充分利用该规定，加大基础性研究投入，改变我国基础研究投入严重不足的事实。

2. 强化政府采购对自主创新的支持作用

要确立政府采购的自主创新目标。通过政府采购支持自主创新，必须将自主创新作为政府采购的重要目标之一，普及政府技术采购概念。一方面要开展对技术采购政策的研究，使潜在的采购执行者获知这个概念并制定相应的规则；另一方面要开展提高认知度的活动，让决策者和一般公众有所了解。要实行灵活的自主创新产品价格政策。对自主创新产品实行优惠采购。政府采购在招标过程中，对自主创新及具有我国自主知识产权的产品或专利成果，实行价格优惠。自主创新产品优先采购，在产品必要功能满足政府需求的前提下，应该优先采购自主创新或拥有自主知识产权的产品和服务，或者是优先采购自主创新含量较高的产品和服务。唯一性采购是指对于一些特殊的产品和服务，只采购具有完全自主知识产权的产品和服务。固定比例采购是指对于政府采购的某些工程、货物和服务，规定本国自主知识产权必须达到的比例，凡是未能达到这种比例要求的，一律不得采购。要建立激励自主创新的政府采购首购和订购制度。对于处于技术创新起步阶段的新兴产业、产品，政府采购的支持比政府直接资助更有力度。因此，应该建立起激励自主创新的政府采购首购和订购制度，利用政府采购来影响早期阶段的技术创新活动。对于生产或开发的试制品和首次投向市场的产品，且符合国民经济发展要求和先进技术发展方向，具有较大市场潜力并需要重点扶持的，政府进行首购。政府对于需要研究开发的重大创新产品或技术，应当通过政府采购招标的方式，面向全社会确定研究开发机构，签订政府订购合同，并建立相应的考核验收和研究开发成果推广机制。它是一种主动性的促进措施，与被动性的首购制度一起构成对企业自主创新开发产品的全面支持和促进，要建立全国统一的政府采购自主创新产品的信息平台。政府采购的公开性原则要求将相关的法律法规和程序公之于众，将采购项目和合同的条件以及资格预审和评价投票的标准公之于众，采购过程的各种信息要予以记录等。建立全国统一的政府采购自主创新产品信息系统，可以在全国的范围内为自主创新产品提供展示、交易平台，方便各级政府运用市场手段进行自主创新产品的采购工作，并定期公布政府部门在一定时期内要采购的自主创新产品的清单，向企业招标，提高政府采购工作的效率。

3. 完善支持自主创新的税收激励政策①

要全面强化自主创新的税收法律地位。建议制定《促进自主创新税收优惠法》，对现行繁杂、零散的税收优惠政策进行规范化、条理化后，以法律形式明确对科技进步的税收政策支持，要充分认识自主创新的税收激励时点。科学的自主创新税收激励理念应该以培育经济价值增加量为先导，适应知识经济中价值形态的生命周期，以鼓励科技创新为直接目的，以价值增值为主要征税对象。在技术研发期→成果转化期→初步产业化→规模市场化的纵向链条中，税收激励效应越是向前移动，其驱动效应就越明显。而激励扶持的重心后移，忽视前期基础研发，则可能导致技术“空心化”现象。因此，在激励政策上，适应研发周期性特点，实现税收政策与研发活动的协调互动，是当前调整和完善新的税收激励政策的重要指导思想，要科学把握自主创新的税收激励环节。自主创新涵盖着众多环节，如何分析其着力处，找

---

① 王可达：《实现经济发展方式转变的制度安排》，《江西财经大学学报》，2010 年第 3 期，第 5－10 页。

准激励契合点，是税收激励政策科学性的标志。目前主要瞄准高科技产业，但是，如何界定高科技产业、如何判断高科技产业的成熟程度则成为两大难题。从某种意义上来看，对哪些行业或项目进行鼓励和支持应有明确的规定，不论其是否为认定的高新技术企业，只要其进行自主创新活动，就可享受税收优惠。重点用在高新技术的研究、开发和应用推广上，避免误导企业偏离科技开发和研究方向，如在基础研究领域应侧重于优惠的个人所得税政策，在科技成果转让方面应侧重于优惠的流转税政策，在应用研究方面应实行优惠的财产税政策。要统筹协调自主创新领域的税收优惠政策。从税收负担的角度来看，税收优惠可分成税基优惠和税率优惠。从实践效果来看，税基优惠的针对性更强，也更能传导一个明确的信号，而税率优惠只是一种可能性，刺激效果没有税基优惠那么明显。同时，应对自主创新实行直接优惠与间接优惠相结合的税收激励措施，既有所得税优惠，又有流转税优惠，并形成以流转税优惠为主的新型税收激励措施。

4. 创新财政支持自主创新的方式

发达国家的实践证明，市场发育到一定程度后，市场主导型的自主创新模式必然要取代政府主导型的发展模式。因此，必须构建政府支持企业技术创新的投入机制。一是继续积极支持企业承担国家科技计划项目，包括支持企业开展事关国家安全和重大经济利益的研究开发活动，支持企业开展竞争前技术、共性技术、公益技术等研究开发活动，形成科技溢出。二是综合运用无偿资助、贷款贴息、风险投资、后补助、偿还性资助等多种投入方式，对企业的技术创新活动给予重点支持，引导企业和社会力量加大科技投入。三是与鼓励有条件的地方建立风险投资引导基金，建立健全中小企业信用担保体系，支持创业投资机构投资初创期科技型中小企业，促进中小企业开展技术创新。四是建构官产学研一体化的 R&D 社会化多元投入机制，完善国家创新体系，为自主创新营造良好的制度环境和政策环境。

四、高铁创新驱动发展的主要经验

中国高铁的发展是跨越式发展的典范，而跨越式发展的重要支撑是创新驱动。短短 5 年，中国走完国际上 40 年的高速铁路发展历程；短短 10 年，中国悄然迈向“高铁社会”。因此，总结中国高铁创新驱动发展的主要经验，对实施创新驱动发展战略具有重要意义。

（一）高铁的发展是跨越式发展的典范

中国高铁的发展与先进国家相比，起步晚了 20 ～ 30 年，但自 2004 年研究启动到 2008 年中国第一条营运时速达 350 公里的城际铁路京津城际开通运营，再到 2014 年中国高铁营运总里程超过 16000 公里，中国高铁发展速度之快、建设规模之大、运输能力之强，举世瞩目。发达国家的高铁发展起步较早，日本新干线于 1964 年 10 月 1 日开始通车营运，是全世界第一条载客营运高速铁路系统。2004 年，党中央、国务院做出发展中国高铁的重大决策。此时，世界发达国家的高铁发展整整领先了我们 40 年的时间和科技。2004 年，在中国引进高速列车技术时，日本川崎重工总裁大桥忠晴曾经这样耐心劝告中方技术人员：不要操之过急，先用 8 年时间掌握时速200 公里（国际铁路联盟定义，时速 200 公里以上就可以称为高速铁路）的技术，再用 8 年时间掌握时速 350 公里的技术。16 年是公认的研究成功所必需的时间。毕竟，新干线从时速 210 公里提升至 300 公里，日本人用了近 30 年的时间。然而中国高铁只用了 4 年，整整跨越了 12 年，实现了时间、速度、绩效的跨越。

中国高铁的跨越式发展具有后发展优势性、自主创新性、领先发展性、科学发展性、可持续发展性。其中，中国高铁的跨越式发展的自主创新性是重要核心。自主创新是相对于技术引进、技术模仿而言的一种创造性活动，是指通过拥有自主知识产权的独特的核心技术并在此基础上实现新产品的价值的过程。自主创新所需的核心技术来源于内部的技术突破，摆脱技术引进、技术模仿对外部技术的依赖，是依靠自身力量，通过独立的研究开发活动获得的，其本质就是牢牢把握创新核心环节的主动权，掌握核心技术的所有权。自主创新是跨越式发展的灵魂和支柱，没有自主创新就很难实现跨越式的发展，就只能亦步亦趋地跟着别人走。一般技术可以通过引进掌握，但核心技术是花钱买不来的。中国高铁时速 350 公里动车组牵引电机上的瓷瓶技术、转向架技术、空气动力学技术、制动技术、牵引传动技术、列车网络控制技术等都是靠自己攻关，一项一项地突破所取得的，其成果有百项之多。专家们认为，网络控制系统研制成功，中国动车有了“中国芯”；车体加宽 0.4 米并进行改造，有了“中国身”；动车头形采用全新设计，有了“中国脸”；“和谐号”动车组集合成了“中国名片”。

（二）高铁创新驱动发展的经验

1. 发挥企业的主体作用

充分发挥企业在技术创新中的主体作用是中国高铁实现创新驱动发展的重要经验，这里仅以南车集团的创新驱动发展为例进行分析。按照国务院“引进先进技术，联合设计生产，打造中国品牌”的总体要求，中国南车积极落实创新驱动发展战略，突出科技创新的核心位置和战略作用，坚持自主创新与引进、消化、吸收相结合，构筑开放式的科技创新体系，走出了一条独具特色的轨道交通装备制造自主创新之路。中国南车大力建设三大技术平台：一是构建具有国际先进水平的设计技术平台，结合国际铁路行业（IRIS）标准，优化产品设计和开发控制流程，全面推进产品三维设计，建设协同仿真设计平台和试验验证体系。二是构建具有国际先进水平的制造技术平台，完善和优化制造控制流程，建立工艺管理标准，加大投入改善装备，提升现场管理水平。三是建设具有国际先进水平的产品技术平台，实现了产品标准化、模块化、系列化，性能、质量、可靠性达到国际先进水平。四是完善覆盖核心产品领域的技术标准体系，构建以可靠性为核心的质量管理体系。建立了完备的标准化组织机构，制定了标准化管理办法，不断加强标准化体系建设。中国南车注重提升行业整体水平。其南车作为主发起单位（理事长单位），联合16家科研院所和企业，成立了中国高速列车产业技术创新联盟，努力实现高速列车“谱系化、智能化、绿色化”目标，共同推进轨道交通装备业的技术进步和规模化、集约化发展。截至目前，搭建了南车大功率机车、高速动车组、城轨车辆、货车、转向架等25个技术标准体系。完成了51项国家标准、85项行业标准、134项南车企业标准的制修订。参与IEC（国际电工委员会）、UIC（国际铁路联盟）、ISO（国际标准化）等国际标准的制定，获得了5项IEC国际标准的制修订主导权，参与了1项ISO标准、3项IEC标准、3项UIC标准的制修订工作。全球权威品牌评估机构——世界品牌实验室从1999年起每年发布“中国500个具价值品牌”榜单，2014年的榜单中，中国南车的品牌价值以352.26亿元名列中国机械行业第一位。南车经历了四个阶段的创新之路：第一阶段是引进、消化、吸收、再创新阶段。中国南车在引进时速200～250公里动车组技术的基础上，分阶段实施了国产化，国产化达到70%。第二阶段是自主创新提升阶段。在时速200～250公里动车组技术的基础上，研制出时速300～350公里动车组。第三阶段是全面创新阶段。以350公里动车组技术平台为基础，坚持“领先一步”的策略，成功研制出世界领先、具有完全知识产权的 CRH380A 新一代高速动车组。2010 年 12 月 3 日，创造了 486.1 公里的世界铁路运营试验最高时速。第四阶段是持续创新阶段。以 CRH380A 动车组技术为基础，通过技术外推和拓展，进行系列产品的持续创新。2011 年 12 月 25 日时速 500 公里试验列车成功落成。

2. **实施精准的技术战略**

应时刻追踪本行业的技术发展方向，根据市场变化、顾客需求、技术趋势等信息对技术进行评估，确保储备技术的保值和增值。生产动车组的 3 家企业均有几十年甚至上百年的历史，而且都有生产客运列车的经验和技术，从制造工艺、工装设备、产品系列、试验条件等都积累了丰富的资源，技术成熟度高，产品市场需求旺盛，因此技术研发转化的阻力就比较小，更容易创新。技术本身是具有递进性和延展性的，某一方面技术的重大创新可能带动周边技术的全面创新，而且这种全面创新与原有技术之间一定有密切的联系，不可能把原有技术完全抛开而“另起炉灶”，只能在原有的基础上“修修补补”。由此可见，技术积累与技术创新是紧密结合的，没有中国铁路几十年发展所具有的技术底蕴和整个国家的工业基础，就不可能有高铁的创新。实际上，在从国外引进高铁技术之前，国内的几家企业曾联合设计过一些动车组，如“蓝箭”“中华之星”等，虽然没有实现商业运营，但也都积累了许多经验。因此，我们可以把中国的技术储备看作是高铁创新之道的起点，是起跑之前的热身运动，没有技术储备就没有技术创新。创新，尤其是技术创新绝不是凭空出现的，而往往是在对原有技术的反思与批评的基础上经过深思熟虑才找到突破的。没有自身的技术积累和储备，即使引进了先进技术，也会因吸收、消化过程太漫长而迟迟不能创新。技术储备往往容易受到忽视，但它却是企业发展的核心竞争力，无论国家间还是企业间的经济竞争，归根结底都是技术上的竞争，因此就必须建立一种持续性的技术储备机制，储备对象应包括技术人才、科技知识以及先进的技术装备等。这种储备短期内可能不会产生效益，但是在出现重大转折或机遇时往往能发挥意想不到的作用。

3. **发挥人才的重要作用**

企业应为人才提供适于创新的环境，使创新成为企业文化建设的重点和企业发展的生命线，从而达到人人创新、事事创新、时时创新的最高境界。人才的问题虽是老生常谈的问题，但也是无法回避的问题。企业的发展、技术的创新、市场的发现都是靠人来推动的，最好的企业往往是那些贯彻以人为本最彻底的企业。如谷歌公司在世界各地的风格迥异的办公室就充分体现了员工张扬的个性。创新是人类的本性，人类因追求自由且自觉的创造性活动而得以进化。每一个人都是创新的主体，每一个人都具有潜力，而创新潜力能否发挥在很大程度上取决于是否有一个有利于创新的环境和良好的氛围。企业一定要改变“枪打出头鸟”“论资排辈”“嫉贤妒能”等落后观念，应想方设法为人才打造一个适宜工作和生活的良好环境，搭建一个干事创业的平台，建立一个有利于人才成长和发挥才干的机制，只有如此，才能使人才心中的创新种子孕育、发芽、长大。从引进到创新是一个由靠人“输血”向自我“造血”转化的过程，正是因为这些人才的出现才实现了这种转变。中国的高铁就是在倡导创新的大背景下靠人才实现了跨越式发展。人才就是高铁创新之路上的运动员，正是他们使创新成为可能，使竞争有意义；创新的环境就像体育比赛的规则，建立一套公平、公正、奖罚分明的制度将极大地促进人才的脱颖而出。

4. 构建完善的创新网络

企业应构建一个创新网络，建立一个创新联盟，实现内部与外部界面的彼此合作、协同和进化，提高资源的高效共享。中国高铁的创新是系统综合的结果，它既是技术本土化的逻辑要求，也是市场需求拉动的正常反应，还是与上游供应商和下游客户互联的诉求，其中任何一个单独的因素都不足以带动整个系统的创新，只有在所有因素一体化的交互过程中才能孕育创新。在这样的一体化中，创新既有主动的，也有被动的；既有自觉的，也有自发的；既有“设计”的，也有“涂鸦”的，很难一概而论，但多种因素的综合是产生总体大于局部之和效应的关键。这种复杂性最终服从于高铁创新系统的目的，即建立中国自己的高铁标准和高铁体系。在国际高铁竞赛中，这个目标就是中国所要抵达的终点，所有努力都是朝着这个方向做出的。技术、需求、产业链就好像赛道上运动员的起跑、呼吸、摆臂、步幅、加速等技术一样，构成了科技人才的强大动能，引领他们飞奔在创新之路上。技术、需求、产业链的交互作用有助于企业构建一个创新网络和创新联盟。多种因素的相互作用作为创新最初的原动力提高了资源的利用率，促进各联盟成员实现共同进化。同时，及时关注和处理多种因素碰撞产生的问题，企业才能更好地发展，解决问题的过程也是创新过程的一部分。根据统计，在380A新一代高速动车组研制过程中，有包括中国南车在内的50多家企业、30多家科研单位与高校参与研发制造。有60多名院士、500多名教授、近万名企业研发人员参加到项目中。通过3～4年的艰苦奋战，攻克了成百上千个技术难关，终于获得成功。

第六章　保障改善民生的路径选择

保障和改善民生是社会主义制度的本质规定，是转型发展的出发点和落脚点，不仅关系到广大人民群众的根本利益，更影响到整个国家改革发展的大局，是党和政府工作的重中之重。党的十八大报告强调："加强社会建设，必须以保障和改善民生为重点。"中共十八届五中全会进一步提出坚持共享发展的理念。如何通过改革完善保障民生的体制机制，努力构建中国特色社会主义民生制度，着力构建民生改善与经济发展的协同机制，是保证"十三五"时期民生的改善和发展，保证如期实现全面建成小康社会奋斗目标的关键。

一、坚持共享发展的必然选择

党的十八届五中全会提出"坚持共享发展，必须坚持发展为了人民、发展依靠人民、发展成果由人民共享"，共享发展，是中国共产党的根本宗旨的一贯体现，也是中国特色社会主义制度的应有之义。当前，我国经济高速发展的同时，各种社会问题凸显，民生问题已从改革初期解决吃饭和贫困问题转向教育、就业、医疗养老、安全等更加复杂而具体的领域，正视和分析存在的问题，是我们进一步研究保障和改善民生的现实基础。

（一）保障和改善民生的根本目的

（1）保障和改善民生是中国共产党的根本宗旨的体现。全心全意为人民服务是中国共产党的根本宗旨。党的一切奋斗和工作都是为了替广大人民群众谋利益。民生问题直接反映人民群众最基本的生活需求。改善民生，"以最大多数人民的最大利益为标准"是中国共产党全部工作的出发点和归宿。党的路线、方针、政策必须符合人民群众的利益，把提高人民的物质文化生活水平当作中国共产党的中心任务。

民生问题虽属经济、社会层面的问题，但它会直接影响到党的政权巩固和社会的和谐稳定。因此，要始终把最广大人民群众的根本利益作为党和国家工作的根本出发点和落脚点，实现好、维护好、发展好最广大人民群众的根本利益，切实解决人民群众最关心、最直接、最现实的利益问题。

（2）保障和改善民生是中国特色社会主义制度的应有之义。人民利益至上、促进共同富裕是社会主义制度的共同价值追寻。中国特色社会主义制度继承和发扬了科学社会主义理论的基本原则，进一步彰显了社会主义的基本价值取向，将人民代表制度作为根本的政治制度，在制度安排上明确了国家的一切权力属于人民，保障了人民当家做主的地位，人民真正成为国家、社会和自己命运的主人。而后，通过基本政治制度、基本经济制度和中国特色社会主义法律体系以及建立在根本政治制度、基本政治制度、基本经济制度基础上的经济体制、政治体制、文化体制、社会体制等各项具体制度，在路径上保障了发展成果更多、更公平地惠及全体人民，既有利于解放和发展社会生产力、推动经济社会全面发展，为中国特色社会主义民生事业的发展提供强大的物质支撑，又有利于充分反映最广大人民群众的意愿，保障最广大人民群众的合法权益，维护和促进社会公平正义，实现全体人民共同富裕。新中国成立 60 多年的发展，特别是改革开放 30 多年的不断探索和实践，不仅解决了中国人吃饭问题，而且以占世界 7% 的耕地养活了占世界 22% 的人口，中国有 2. 5 亿农村贫困人口成功脱贫，人民生活总体上基本达到了小康水平。进入 21 世纪以来，我国先后建立和完善了农村最低生活保障制度、城镇居民基本医疗保险制度、新型农村合作医疗制度等一系列事关人民群众切身利益的社会福利制度，全面实施了学有所教、劳有所得、住有所居、老有所养、病有所医五大民生工程，构建了具有中国特色的社会主义民生体系。所以，建设中国特色社会主义制度，归根到底是为了维护最广大人民群众的根本利益。

（3）保障和改善民生是实现转型发展的必然要求。首先，保障和改善民生，增加广大中低收入社会成员的收入，提高其创业、生产的积极性，可以增强发展动力，改善经济结构，形成经济增长的内生动力。其次，保障和改善民生是促进消费、扩大内需的根本途径，一方面增加中低收入社会成员的收入，缩小收入差距，为扩大内需提供坚实的基础；另一方面政府财力优先运用于公共支出，建立完备的社会保障网络以及全民共享的医疗卫生和教育体系，广大人民群众才能改善消费预期，积极扩大消费，为扩大内需提供广泛而持久的动力。最后，保障和改善民生是促进政府转变职能的重要动力，保障和改善民生，构建公共服务型政府，营造公平、透明的市场环境，完善公共服务，调节收入分配，可以为经济社会又好又快发展提供保障。同时，随着民生经济的发展，政府公共服务职能日益凸显，政府行为与广大人民群众切身利益的关联度越来越高，必将进一步促进政府管理方式的提升和转变。

（二）保障和改善民生面临的主要问题

新中国成立以来特别是改革开放以来，我们党和政府高度重视保障和改善民生，围绕民生的重点、难点问题做了大量卓有成效的工作，出台了一系列为民、惠民、利民的政策措施，包括免除义务教育阶段的学杂费、取消农业税、建立新型农村合作医疗制度和城镇居民基本医疗保险制度等一系列惠民举措，使民生问题大为改善。然而，民生问题的改善是一个长期的、复杂的过程，纵观我国经济社会发展进程，其中制约社会和谐的最突出矛盾仍是民生问题，发展成果由人民共享还未很好地实现，收入分配在城乡之间、区域之间和社会各阶层之间差距仍然较大，且贫富差距有进一步拉大的趋势；伴随着深刻而剧烈的社会转型，民生中存在的深层次矛盾逐渐显现，有些矛盾还呈加剧之势，看病贵、上学贵、就业难、分配不公等社会问题成为新的社会焦点。

（1）教育不公平现象普遍存在。其一，是教育经费投入不足，2014 年国家财政性教育经费为 26420. 58 亿元，比 2013 年的 24488. 22 亿元增长 7. 89%，占国内生产总值（GDP）比例为 4. 15%，比 2013 年的 4. 16% 降低了 0. 01 个百分点，2012 年占 GDP 比例为 4. 28%。国家财政性教育经费已连续 3 年占 GDP 比例超过 4%①。但是这一指标与一些教育发达国家仍存在很大的差距。例如根据世界银行的统计数据，早在 2000 年的时候，丹麦的教育经费占 GDP 比例就已经达到 8. 3%，加拿大为 5. 6%，法国为 5. 7%，瑞典为 7. 2%，英国为 4. 5%。因此，我国的教育经费投入还有进一步提升的空间②。其二，教育资源分配不公，由于区域经济发展不平衡和城乡二元经济结构等原因，我国义务教育发展存在不均衡现象。首先，教育资源配置的区域不平衡、城乡差距大。尽管国家采取了诸如加强薄弱地区政策和经费支持等措施，各地区教育资源配置不均衡问题仍然比较突出。其次，校际差距悬殊。即使

---

① 国家财政性教育经费占 GDP 比例连续 3 年超过 4%，人民网，2015 年 10 月 14 日。

② 朴振兴：《论教育投入及其结构对经济增长的作用》，《西南大学学报》（社会科学版），2015 年第 5 期。

在同一区域的不同学校之间，师资力量、基础设施、教学设施等资源配置的差距也很悬殊。不少地区在分配教育经费时，优待重点学校，让其享有非重点学校没有的“附加经费”。最后，各级教育享有资源不均。其三，教育机会不均等，目前，中国的统一高考制度采取的是分省定额划线录取的办法，各省市区的录取定额并不是按照考生数量平均分布的，而是优先照顾城市考生，许多高校在教育相对落后的中西部地区的招生计划指标远远低于东部地区，另外，社会地位较低、经济相对贫困、身体有缺陷的社会群体在获取教育机会时往往处于弱势位置。

（2）就业矛盾依然突出。近年来，我国就业总量压力已经趋于缓解，但结构性矛盾问题突出：一是随着经济转型升级和战略性新兴产业的发展，技术工人特别是高技能人才短缺问题将会更加凸显；二是在结构调整过程中会有一个失业率波动的过程，节能减排、淘汰落后产能以及企业兼并重组，都不可避免地会带来部分岗位的流失，产生新的失业人员；三是劳动力年龄结构加快老化，与产业和市场对劳动力的需求差距越来越大；四是以高校毕业生为主体的青年失业问题已经成为焦点，毕业生的就业观念局限，到城乡基层、中小企业就业渠道不通畅，专业能力不适应市场需求，以及管理服务不到位，造成毕业生就业困难；五是结构矛盾，意味着未来大量劳动力必须在职业、行业、区域之间进行调整，然而，目前我国在户籍、教育、住房、社会保障以及相关的劳动人事制度等方面仍然存在很多限制，导致就业者的就业成本和生活成本过高，劳动者在城乡之间、地区之间的流动依然存在诸多障碍，公平就业和体面就业仍然难以完全实现。

（3）分配不公进一步拉大收入差距。改革开放以来，我们打破了“大锅饭”，抛弃了平均主义思想，逐步确立了按劳分配为主体，多种分配方式并存的分配制度，走出了一条让部分人先富起来，先富带后富，最终实现共同富裕的中国特色社会主义道路。事实证明，这条道路有效地激发了社会的创造力和活力，各种要素得到了充分利用，社会财富得到了极大的增加，百姓的“钱袋子”越来越鼓。然而，近年来，收入差距不断扩大，分配不公成为影响经济持续发展、威胁社会和谐稳定的隐患。从基尼系数来看，我国居民收入分配的基尼系数在2000年就突破了国际公认的0.4的警戒线标准，当年达到0.417，根据国家统计局发布的数据，2014年全国居民收入基尼系数为0.469，15年来，我国的基尼系数均在0.4的警戒线以上。与其他一些主要国家相比，我国的收入不平等程度相当严重，中国已经是收入差距最大的国家之一：一是城乡居民收入差距仍然较大，根据国家统计局发布的数据，2014

年我国城镇居民人均可支配收入为 28844 元，农村居民纯收入为 9892 元，城乡居民收入比为 2. 92∶1，这也已经是 2002 年以来的最低值。二是行业收入差距明显。目前，公众普遍关注的垄断行业收入居高不下，呈畸形发展的状态，金融、保险、电力、电信、水电气供应等均属行政性、体制性垄断，其从业人员收入远远超过社会平均收入水平。三是存在大量不合法的收入，包括制假造假、制毒贩毒、贪污受贿、商业欺诈、偷税漏税等非法收入，是老百姓反映强烈的一个严重问题。

表 6－1　2001—2014 年城乡居民收入比变化情况

年份	农村居民纯收入/元	城镇居民可支配收入/元	城乡绝对差距/元	城乡收入比
2001	2366	6860	4494	2. 90∶1
2002	2476	7703	5227	3. 11∶1
2003	2600	8472	5872	3. 26∶1
2004	2936	9422	6486	3. 21∶1
2005	3255	10493	7238	3. 22∶1
2006	3587	11759	8172	3. 28∶1
2007	4140	13786	9646	3. 33∶1
2008	4761	15781	11020	3. 31∶1
2009	5153	17175	12022	3. 33∶1
2010	5919	19109	13190	3. 23∶1
2011	6977	21810	14833	3. 13∶1
2012	7917	24565	16648	3. 10∶1
2013	8896	26955	18059	3. 03∶1
2014	9892	28844	18952	2. 92∶1

（4）医疗保障水平低、医疗资源分布不合理。自改革开放以来，我国医疗保险制度改革的最主要成就，就是建立了以城镇职工基本医疗保险、城镇居民基本医疗保险和新型农村合作医疗为主要内容的社会化医疗保障体系。然而，医疗保障制度中保障面的广覆盖同保障程度的低水平共存，导致看病难、看病贵的现实问题仍然困扰着中国人民。一是医疗保障水平较低。尽管中国已经构建起全民基本医保体系，为参保人员提供了基本医疗保障，但对于一些病情严重和需要花费昂贵医疗费用的参保人员而言，现有的医疗保险制度提供的补偿还很不够，给患者及家庭带来

经济压力，甚至出现因病致贫、因病返贫问题。二是医疗资源分布不合理，突出表现之一是基层医疗资源匮乏，由于受到经济状况制约，基层医疗资源缺乏，配套的基础设施、激励机制不健全，难以吸引优秀的医务工作人员到基层就业，基层群众看病难问题普遍存在，表现之二是公立医院医疗资源过于集中，公立医院在地区、城乡分布不均衡，优质公立医院多集中在东部发达城市，欠发达地区以及城镇、农村优质医疗资源匮乏。三是公立医院公益性和非营利性特征弱化。中国公立医院作为公共政策的制度安排存在明显不足，政府财政投入过低、补偿不到位、补助政策不落实，导致医院生存发展的资金来源主要依靠患者缴费，医生薪酬过低，造成医生靠药品回扣来赚取灰色收入，药品占收入比例过高的“以药养医”现象，造成“看病贵”问题，使公立医院偏离了非营利性轨道和社会公益目标，并且直接导致了医患关系的紧张。

（5）养老保障问题突出。截至 2014 年年底，我国 60 岁以上老年人口已经达到 2. 12 亿，占总人口的 15. 5%。据预测，21 世纪中叶老年人口数量将达到峰值，超过4 亿。[①]“银发浪潮”袭来，给我国的养老事业带来诸多挑战和压力。经过多年的努力和不断改革，我国已经初步建立起覆盖较为全面的养老保障体系，但我国养老保障体系仍然处在改革过程中，具有不完善、低水平以及发展不平衡等特点：一是养老保险资金缺口不断扩大，养老保险存在隐性债务危机、养老保险金存在“空账”以及养老基金面临贬值危险这三大问题，直接导致了我们本将用于应对未来的养老金逐渐被透支，人们对未来养老缺乏信心，心怀恐惧。二是新型养老保险制度实行困难。在城镇职工养老保险制度上，由于现行养老保险制度缺乏强有力的约束机制，导致很多非公有制企业、个体工商户以及自由职业人员的参保率低；在新型农村社会养老保险制度上，由于农民本身收入水平较低，新农保政策法规不健全等原因，导致农民参保意识不强。三是制度之间缺乏公平性，我国现行的社会养老保险制度，是依据不同的人群建立不同的制度，而不同的社会养老保险制度之间的待遇差距过大，有失公平，如原来的机关事业单位退休人员养老金同企业退休人员养老金差距较大，这一问题在机关事业单位养老金并轨之后将会改善，而新型农村社会养老保险制度和城镇居民基本养老保险制度中农村和城镇的养老金标准的差距则难以一时改变。四是随着城镇化、工业化和城乡一体化进程加快，大量农村务工人

---

① 截至 2014 年年底中国 60 岁以上老年人口已达 2. 12 亿，《人民日报》，2015 年 6 月 12 日。

员从农村迁徙到城市，不同地域养老保险政策的差异给我国养老保险制度的统筹带来挑战，跨区域同种社会保险的转移以及跨区域不同种社会保险的转移十分困难。现在我国所实行的农村养老保险管理体制繁杂，涉及部门较多，存在功能交叉，不同部门政策难以协调，无法发挥整体效应。

（6）房价过高导致住房困难。一是房价过高，住房问题不仅是经济问题，同时也是影响社会稳定的重要民生问题。近些年，由于房地产行业供需不平衡滋生了房地产的投机行为，造成很多地方房价畸形增长，严重影响了中国房地产业的健康发展。买房贵，买房难已经成为困扰老百姓生活的一个严重问题，虽然国家政策屡次调整，还是难以抑制房价上涨的趋势，房价高涨引发了许多社会问题。二是保障性住房制度不完善，与商品房相比，我国的保障性住房制度还很不完善，保障性住房建设大大落后于商品住宅的发展。首先是经济适用房，这种可以解决低收入家庭住房问题的民生保障制度，在具体实施中很容易滋生腐败，成为特权阶层谋取福利的一种手段，广受诟病。其次是廉租房，目前已初步形成了以租金配租（即发放租金补贴）为主、实物配租（即分配给低租金住宅）为辅、多种方式并举的廉租房制度，来解决最低收入家庭住房困难问题，不过，廉租房制度在整体发展态势上与居民的期望和长远目标仍有差距。

（7）民生安全堪忧。近年来，全国范围频繁出现的雾霾污染天气，江河水系、地下水污染等生态环境问题，毒奶粉、地沟油、冷冻僵尸肉等食品安全问题，厦门公交车纵火案、天津港爆炸事故等公共安全事故警醒着人们，中国民生安全堪忧。我国正处在经济社会转型时期，各种问题凸显，长期粗放式的发展方式和一味追求GDP的评价标准导致资源的大量消耗和环境的严重破坏，片面追求经济利益以及监管不力导致食品安全事件频发，各种社会矛盾交融积聚以及价值观扭曲导致社会安全事故屡屡发生，各种新的风险和隐患伺机潜伏，而现有的制度能力却又不足以解决风险，各种明显的或潜在的风险与灾难令人们的安全感降低，社会陷入“有组织的不负责任”的安全困境之中，人们对安全的需求越来越急迫、安全，已经成为民生的基础。

（三）保障和改善民生存在的问题分析

自改革开放以来，利益多元的发展在给我国带来生机活力的同时，也造成了社会需求的千差万别，不同社会阶层的民生诉求、不同层次上的民生问题、不同要求的民生期待，呈现多元化的景象。民生领域出现了许多新情况、新问题，之所以出现这些问题，原因是多方面的，学术界为此展开了广泛的讨论。

（1）我国生产力总体水平不高且发展不平衡。生产力发展水平比较落后是我国民生问题产生的主要原因之一。目前，我国社会的主要矛盾仍然是落后的社会生产与人民群众不断增长的物质文化需求之间的矛盾。解决民生问题，归根到底还受生产力发展水平和经济社会发展状况限制，我国是在半殖民地半封建社会生产力发展水平十分落后的基础上走上社会主义道路的，尽管经过几十年的社会主义建设，生产力发展水平有了很大的提高，但我国生产力发展水平总体上与发达国家生产力发展水平还有很大的差距，突出表现在：科学技术水平总体上比较落后，机械化、信息化、自动化程度不高，专业化和商品化有限，劳动生产率比较低，发展方式还比较粗放，人均国民生产总值在世界上的排位还很落后等。况且，我国生产力发展水平还存在着严重的不平衡现象，既有大城市发达的生产力发展水平，也有农村非常落后的生产力发展水平，这种城乡发展的不平衡上，还突出表现在我国各地区之间生产力发展的不平衡，如沿海与内陆地区之间、东部与中西部地区之间生产力发展水平差距非常大。

（2）城乡二元体制的影响。城乡二元体制是我国传统计划经济体制的最主要表现形式之一，其核心是以户籍制度为代表的城乡隔离体制。通过户籍制度将城乡居民分为城市户口和农村户口，农村户口不能自由转换为城市户口。我国的城乡二元结构不同于两种不同社会制度或社会形态格局下一般由殖民移植而形成的外生型的城乡二元结构，而是在同一社会制度条件下形成的城乡两种不同的身份制度和社会福利制度，以及两种不同的生产力水平和文明形态。这种二元结构是内生的，是由内部制度安排形成的，具有巨大的稳定性和习惯性，通常很难打破和加以改变。[①]长期以来，由于国家政策对城市的侧重，导致城市和农村发展不平衡，城乡二元结构是造成当前很多民生问题的主要根源之一。统计显示，农村居民与城镇居民的消费水平差距较大，且此差距存在扩大趋势。虽然近年来农民收入保持了持续快速增长态势，但农民增收的基础仍比较薄弱，增收的渠道仍比较缺乏，促进农民持续增收的长效机制尚未完全建立，城乡收入差距呈扩大趋势。

（3）社会保障制度不健全。我国当前民生问题凸显，根源在于社会保障制度的

① 佐军：《中国的根本问题：九亿农民何处》，中国发展出版社，2000 年，第 51 页。

不健全。其中，教育结构不合理，就业制度、社会保障制度等方面的改革不配套和政策调节不力是重要根源，例如教育资源分配不均、就业服务体系不健全、各项社会保障制度不完善等，结果直接导致了社会财富难以向广大民众方面倾斜。[①] 除了各项社会制度的短缺外，造成当下民生问题难解的原因，还在于我国上层政治体制改革相对滞后，导致我国公共资源配置与公共机制运行存在一些偏差：①公共决策缺乏广泛的民众参与制定，存在着少数人或个别部门主宰的不良现象，甚至是少数人利益、团体利益凌驾于公众利益之上，弱势群体和社会大众之普遍诉求被忽视。②公共服务的制度安排缺乏公正原则，以致城乡之间、沿海与内地之间的公共服务不平等，不仅浪费了民生资源，而且挫伤了相当一部分民众的心理。③公共资金的支出缺乏监督制度，城乡助困扶贫资金被挪用和挤占，甚至被贪污和浪费，使政府“民生工程”大打折扣。[②]

二、保障和改善民生的基础与保障

“十三五”时期是全面建成小康社会的决胜阶段，经济体制深刻变革、社会结构深刻变动、利益格局深刻调整、思想观念深刻变化的形势，既给经济社会发展带来巨大动力，也对改善民生工作提出了新的更高要求。我们必须把改善民生放在战略高度上来看待，努力使全体人民学有所教、劳有所得、病有所医、老有所养、住有所居。同时，也要清醒地认识到，民生改善是一个渐进的过程，绝不可能一蹴而就，未来任重而道远。

（一）保障和改善民生的基本思路

（1）改善民生应以保障社会公平正义为基本价值取向。社会公正有两个方面的基本内涵：一是让全体社会成员共享发展的成果，让广大人民群众特别是困难群体都能平等享有公共资源，没有公平的前提，就不会有共享的结果。二是为每个人的全面发展提供充分的空间。改善民生不是搞平均主义，现代意义上的改善民生同平

① 汤以伦：《科学发展与民生问题纾解——江苏富民优先发展目标的实践和思考》，《统计研究》，2007 年第 11 期。

② 黄家骅：《民生问题的研究视角与指向》，《中共福建省委党校学报》，2008 年第 6 期。

均主义是完全不同的。其一，对平等的理解有很大区别。平均主义强调的是结果平等，强调社会成员生存状态的相似。而改善民生则强调机会平等，强调在民众基本生存条件得到确保的前提下，为社会成员在机会平等方面创造条件，进而为每一个社会成员的全面发展提供一个基本的平台。其二，在是否允许社会成员之间存在差异性方面完全不同。平均主义忽视个体人之间的差异。实际上，这是另一种类型的不公正现象。而改善民生承认个体人之间的合理差异的正当性，但认为这种合理的差异应当建立在所有社会成员基本生存底线能够得到保障的基础之上。

（2）政府主导和社会参与相结合。改善民生，加快社会建设，必须正确发挥政府和社会的积极性。教育、医疗卫生、社会保障等社会事业，具有明显的公益性质，直接关系社会公众利益和福祉，直接关系社会公平正义。推进这些事业，要切实强化政府职责，充分发挥政府主导作用，特别是要不断增强政府公共产品和公共服务的供给能力，减轻群众在教育、医疗、养老、住房等方面的支出负担。同时必须认识到，广大人民群众的需求是多样性、多层次和不断变化的，不可能完全由政府直接提供。要充分发挥各类市场主体和社会组织的作用，政府要积极引导和支持各类市场主体和社会组织参与社会管理和公共服务，建立公共服务供给的社会参与机制。要把那些适合或可以通过市场、社会提供的公共服务，以适当的方式交给社会组织、中介机构、社区等基层组织承担，引进竞争激励机制，以扩大公共服务的供给，并降低服务成本，提高服务效率和质量。

（3）增加投入和深化改革相结合。加快发展社会事业，改善民生，一要靠增加投入；二要靠深化改革。不增加投入，社会事业就不能加快发展，而不深化改革，增加的投入也难以有效发挥作用。所以，必须把增加投入和深化改革这两者很好地结合起来，既要扩大公共服务供给总量，又要大力调整供给结构，特别是要注重向农村、困难地区、中西部倾斜，努力改变公共服务设施分布不合理的状况。同时，必须针对管理体制、运行机制存在的弊端，加大社会体制改革力度，推进体制机制制度创新，以实现社会事业的持续健康发展。

（4）解决突出问题与建立长效机制相结合。随着时代的发展和社会的进步，人民群众对改善民生的需求日趋多样化、标准不断提高，需要我们在改善民生方面长期不懈地努力。各级政府应从本地实际出发，集中力量解决突出问题。始终关注民生、不断改善民生，凝聚民心、集中民智、发挥民力，从而使人民幸福安康、社会和谐安宁、国家繁荣昌盛。与此同时，各级政府要坚持科学民主决策，完善重大问题集体决策制度、专家咨询制度、社会公示和听证制度、决策责任制度，依法保障公民的知情权、参与权、表达权、监督权，努力形成惠及全体人民、保障困难群众和低收入群体基本生活、切实改善民生的长效机制，为改善民生提供制度保障。

（5）更新发展理念与改进工作作风相结合。发展的目的是为了不断满足人民群众的日益增长的物质文化需要。随着经济社会发展和人民群众物质生活水平日益提高，人民群众对精神文化、健康安全等方面的需求日益增长，对扩大政治参与、维护自身权益、促进社会公平正义等方面的要求显著增强，对民主健全、科教进步、文化繁荣、社会和谐、生活殷实等方面的渴求更加强烈。这就要求我们自觉把握发展规律，创新发展理念，转变发展方式，破解发展难题，坚持科学发展、和谐发展，使广大人民群众在发展中得到更多实惠。同时，各级领导干部应树立“民生问题无小事”的观念，大兴调查研究之风，把群众的呼声当作第一信号，把群众的需要当作第一任务，把群众的利益放在第一位置，把群众的满意当作第一标准；大兴求真务实之风，反对形式主义、官僚主义，多干群众急需和群众受益的事，多干打基础、利长远的事；大兴艰苦奋斗之风，坚持勤俭节约，反对铺张浪费。同时，注重改进工作方法，推进政府决策的科学化、民主化。[①]

（二）发展是保障和改善民生的关键

（1）保持经济平稳较快发展是保障和改善民生的根本保证。党的十八大报告强调：“加强社会建设，必须以保障和改善民生为重点。提高人民物质文化生活水平，是改革开放和社会主义现代化建设的根本目的。要多谋民生之利，多解民生之忧，解决好人民最关心最直接最现实的利益问题，在学有所教、劳有所得、病有所医、老有所养、住有所居上持续取得新进展，努力让人民过上更好生活。”[②] 从根本上肯定了经济发展对民生问题改善的基础性作用。民生问题的解决离不开生产力的发展。生产力高度发达了，才能创造出更多的物质财富和精神财富，来满足不同社会阶层人民的需求，才能使民生问题得以改善。无论是作为民生之基的教育、作为民生之本的就业、作为民生之源的收入分配还是作为民生之安全网的社会保障，都离不开经济的发展。改革开放30年来，中国是世界上经济增长率最高的国家之一，呈现了

① 田波：《论改善民生的基本思路和价值取向》，《产业与科技论坛》，2008年第4期。

② 《中国共产党第十八次全国代表大会文件汇编》，人民出版社，2012年版，第31页。

历史上少有的持续发展过程。我国的经济总量虽然位列世界前茅，但是人均量偏低，结构也不尽合理，增长方式还是以粗放型为主，经济发展的总体水平不高，这些问题的存在对民生的改善是不利的。我们必须要坚持以经济建设为中心，坚持聚精会神搞建设，一心一意谋发展，调整经济结构，促进经济发展方式由粗放型向集约型转化，处理好速度、效益和质量以及人口、资源和环境之间的关系，提高经济的总体发展水平，促进国民经济又好又快发展，切实改善民生。

（2）在经济发展的同时更加注重社会事业的发展。民生问题的解决离不开经济的发展，但不能简单地认为，只要经济上去了，一切社会问题包括民生问题就会自然而然得到解决。长期以来，特别是30多年的发展中，我国的发展结构存在明显的不合理，在发展中重经济，轻社会事业，形成了经济发展和社会发展“一条腿长，一条腿短”的不协调现象。在今后一段时间内，应当注意加大对社会事业的投入。在解决民生问题的过程中要立足于确保公益，促进均衡，激发活力，进一步优化公共资源配置，逐步建立惠及全民的基本公共服务体系。

（3）关注群众对精神利益的需求。民生大体分为两类：生存型民生和发展型民生。通俗地讲生存型民生就是“填饱肚子”，发展型民生就是“体面的生活”。“体面的生活”是动态的、模糊的、不断变化的概念。在人类社会发展的初级阶段，人类发展追求的主要目标之一是解决基本生存问题。改革开放以来，随着人们基本物质需求的满足，精神利益的追求开始在民生中占据越来越重要的位置。近年来，大规模的群体性事件时有发生，可以说现在已经进入了群体性事件的高发期。当前，体制转换、结构调整、社会变革，在广度上已经涉及经济、政治、文化等所有领域，在深度上已经触及人们具体的经济利益。在这个大背景下来看待群体性事件，绝大多数都是群众为了维护自身利益，通过集体行动，唤起政府的关注，使自身利益得到政府的确认和保障。还有些事件卷入了大量群众，但参与者并非是自身利益受到直接侵害的当事人，而是无直接利益者，这些无直接利益者参与事件的主要原因是对一些公共权力掌握者感到不满，说明人们已经越来越关心自己的政治利益，相应地也越来越关心政治体制的运作。①

（三）健全改善民生的体制保障

当前中国最大的民生问题源于体制弊端，表现为庞大经济体反作用于民生改善

① 张彬：《社会转型时期的民生问题研究》，山东大学硕士学位论文。

的机制缺失，导致民生福祉增进的步伐严重滞后于经济发展的速度，并成为社会矛盾的主要来源。既然为适应经济发展而形成的体制短板压缩了民生改善的福利空间，并在机制安排上抑制了民生福祉增进的路径，从而形成了“低水平民生陷阱”格局，那么，保障和改善民生，必须从体制改革上进行破局。[①]

（1）服务型政府体系。服务型政府是保障和改善民生的重要保证。正如有的学者指出的，只有服务型政府，才能为全社会提供有效的公共物品，提供职业化、专业化的公共服务，从而有效地推动民生状况的改善；也只有服务型政府，才能够成为一个节约型政府，才能够最大限度地防止挥霍浪费，从而将公共财力最大限度地用于民生的改善。建设服务型政府，关键是转变观念和转变职能。要由单一的、不全面的发展观向科学发展观转变，由以 GDP 衡量政府政绩向将公共服务置于重要位置的政绩观转变，由经济建设型政府向公共服务型政府转变，着力解决政府在民生保障和改善方面的职能缺位问题。

（2）基本公共服务供给体系。公共服务可以分为基本公共服务和非基本公共服务。着力保障和改善民生，必须逐步完善符合国情、比较完整、覆盖城乡、可持续的基本公共服务体系，提高政府保障能力，推进基本公共服务均等化。我国城乡发展不协调、区域发展不协调，基本公共服务差距比较大，因此必须优化基本公共服务的结构和布局，扩大基本公共服务的覆盖范围，更加注重向农村、基层、欠发达地区倾斜，向社会弱势群体倾斜，从而更好地保障这些地方人们的基本公共服务需求。

（3）公共财政体系。要建立和健全公共财政体制。政府的财政收入除了保障国家机器的正常运转和国防支出等需要外，应当主要用于民生领域，真正做到财政取之于民用之于民。现在财政支出用于民生方面的比重过低，必须增加政府财政支出用于改善民生的比重，加大财政对民生领域以及其他基本公共服务的投入，将财政支出的重点转到公共安全、公共卫生、公共教育、社会保障和公共基础设施建设上来。对此，党的十八大明确要求：“加快改革财税体制，健全中央和地方财力与事权相匹配的体制，完善促进基本公共服务均等化和主体功能区建设的公共财政体系，构建地方税体系，形成有利于结构优化、社会公平的税收制度。”

（4）构建民生保障的法律机制。解决民生问题的保障在于制度化、法制化。当

---

① 韩喜平，孙贺：《社会主义改革与保障和改善民生》，《湖南社会科学》，2014 年第 3 期。

前，造成民生问题的凸显与解决民生问题方面的制度短缺直接相关。比如，我们还没有建立起比较健全、合理的社会保障制度，已有的制度在农村的保障水平极低，随着数以亿计的农村人口涌向城市，他们要面对城市的物价、医疗、教育等方面的高收费，这就使这些弱势群体在客观上对国家的社会保障、社会救助等制度有了很高的依赖，我们应该完善相关的法律和制度，保障他们的民生权利。法律是民众寻求公正的最后屏障，法律同时也是人类追求正义、公平理想的通途。完善的法律机制能够在实现司法公正的同时，保障人权，保障民生。因此，建构民生保障的法律机制，就是通过建立健全劳动关系的法律制度和完善劳动、工资以及规范市场经济的法律制度，保证社会成员机会平等，实现合理的初次分配和再分配；通过建立健全税收、金融方面的法律制度，调节不同社会阶层之间的收入，逐步缩小贫富差距以及城乡之间、区域之间、行业之间的差距；通过建立健全社会保险、社会救助、社会福利、慈善事业方面的法律制度，切实解决好就业、教育、医疗、住房和社会保障等方面存在的问题，通过加大污染违规成本，加强监管，保护和改善生态环境，保护民众的各种合法权益。

三、保障和改善民生的主要途径

保障和改善民生，必须要有相应的制度作为保障，中共十八届五中全会强调，要“作出更有效的制度安排，使全体人民在共建共享发展中有更多获得感，增强发展动力，增进人民团结，朝着共同富裕方向稳步前进”。建立劳有所得的收入分配体系、建立公平的教育制度体系、完善基本医疗保障体系、建立健全城乡养老保障体制、建立中国特色住房保障体系，这些都是事关民生保障和改善的政策取向和制度安排。

（一）建立资源共享的公平的教育制度体系

（1）坚持教育的公益性质。教育的公益性质是指教育活动应当为社会全体成员的共同利益服务，强调服务对象的全体性、服务准则的公平性和运行方式上的公共性。教育要为全体人民服务，为全体人民的公共利益服务。教育活动应该遵循公平原则，应一视同仁。教育应纳入社会共同承担、共同管理、共同监督的范围。要把维护教育的公益性作为教育体制改革的重要价值取向。教育体制改革的最终目的是实现最广大人民的根本利益，要把是否有利于维护教育的公益性作为评价教育体制改革的重要标准。

（2）加大财政对教育的投入。要健全以政府投入为主、多渠道筹集教育经费的体制，大幅度增加教育投入。各级政府要优化财政支出结构，统筹各项收入，把教育作为财政支出重点领域予以优先保障。严格按照教育法律法规规定，年初预算和预算执行中的超收收入分配都要体现法定增长要求，保证教育财政拨款增长明显高于财政经常性收入增长，并使按在校学生人数平均分配的教育费用逐步增长，保证教师工资和学术人均公用经费逐步增长。按增值税、营业税、消费税的3%足额征收教育费附加，专项用于教育事业。要完善投入机制。义务教育全面纳入财政保障范围，实行国务院和地方各级人民政府根据职责共同负担，省、自治区、直辖市人民政府负责统筹落实的投入体制。进一步完善中央财政和地方财政分项目、按比例分担的农村义务教育经费保障机制，提高保障水平。尽快化解农村义务教育学校债务。非义务教育实行以政府投入为主、受教育者合理分担、其他渠道筹措经费的投入机制。普通高中实行以财政投入为主、其他渠道筹措经费为辅的机制。中等职业教育实行政府、行业、企业及其他社会力量依法筹集经费的机制。高等教育实行以举办者投入为主、受教育者合理分担培养成本、学校通过设立基金接受社会捐赠等筹措经费的机制。进一步加大农村、边远贫困地区、民族地区的教育投入。中央财政通过加大转移交付，支持农村欠发达地区和民族地区教育事业的发展，加强关键领域和薄弱环节，解决突出问题。

（3）坚持教育的公平价值取向，努力促进教育公平。教育公平既是和谐社会的重要内容，又是和谐社会的重要基础。在充满竞争的社会中，结果不可能完全均等，但机会应该公平。在所有的机会公平中，教育机会的公平是最重要的，它是人发展的起点公平。有了公平的发展机会，社会弱势群体才有可能与社会其他成员站在同一起跑线上，才有可能通过知识改变命运，社会各阶层才能正常流动，全社会才能充满生机与活力，安定有序，和谐发展。一是义务教育阶段教育权利的完全平等。义务教育是针对所有社会成员所实施的一种基础教育，也是一个国家或社会及其所有成员能正常生存和发展的前提条件。因此，在义务教育阶段，要大力推进义务教育均衡发展。均衡发展是义务教育的战略性任务。首先，要切实缩小校际差距，着力解决择校问题。加快薄弱学校改造，着力提高师资水平。实行县（区）域内教师、校长交流制度。实行优质普通高中和优质中等职业学校招生名额合理分配到区域初中的办法。义务教育阶段不得设置重点学校和重点班。在保障适龄儿童少年就近入读公办学校的前提下，发展民办教育，提供选择机会。其次，要加快缩小城乡差距。建立城乡一体化义务教育发展机制，在财政拨款、学校建设、教师配置等方面向农村倾斜。率先在县（区）域内实现城乡均衡发展，逐步在更大范围内推进。最后，要努力缩小区域差距。加大对革命老区、民族地区、边疆地区、贫困地区义务教育的转移支付力度。鼓励发达地区支援欠发达地区。二是非义务教育阶段享受教育权利的机会平等。非义务教育与义务教育相比更强调教育的选拔功能，需要根据社会分工的现状和对人才素质的要求，对每一个受教育者作出某种鉴别和选拔，是一种有差异的公平。尊重每个人的差异的前提是，所有的人面对的评价标准和被选拔机会是同样的，即保证教育起点的机会平等和教育过程的机会平等，在此基础上进行自由竞争。三是制定针对弱势群体教育权利的补偿原则。政府应健全法律法规，确保弱势群体的受教育权，并在教育过程中，构建无差别、无歧视的学校教育条件，促进每个社会成员的全面自由发展。依据利益补偿原则，对社会弱势群体进行补偿，建立和完善国家对弱势群体就学的救助制度，是促进教育公平的重要条件。

（二）建立劳有所得的收入分配体系

收入同就业是民生之本，两者是一个问题的两个方面，收入的提高离不开就业机会的增加，收入分配的不均会影响个人劳动的积极性和个人财务的增长，同时也影响到社会和谐问题和国家经济发展，所以，完善现有的收入分配制度，缩小收入差距，确保人民收入稳步增长，对于保障和改善民生，实现共同富裕的根本目标具有至关重要的意义。

（1）实施就业优先战略推动充分就业。党的十八大报告强调："就业是民生之本。要贯彻劳动者自主就业、市场调节就业、政府促进就业和鼓励创业的方针，实施就业优先战略和更加积极的就业政策。"第一，以市场调解为基础，市场是资源合理配置的重要场所。市场能够准确、快捷地提供劳动力供求关系，使用人单位和劳动者在市场上分别选择所需的劳动者和合适的就业岗位。促进劳动力自由流动、合理配置，缓解结构性失业矛盾；第二，发挥政府的引导作用，政府在解决就业问题上的主要职能是制定有利于促进就业的政策，千方百计地扩大就业岗位，要对就业困难群体实行优惠政策。要营造有利于干事创业的环境，消除各种创业壁垒，积极创造各种便利条件，有针对性地引导各类人群实现就业创业。

（2）完善工资制度。建立正常的工资增长机制和支付保障制度。贯彻落实中共十八大和十八届五中全会精神，健全企业职工工资决定和政策增长机制，努力实现劳动报酬增长和劳动生产率提高的同步，是实现国富民强的途径。除了建立正常的工资增长机制外，还要进一步完善工资支付保障制度，严格执行《劳动法》《劳动合同法》及相关规定，对拖欠农民工工资拒不支付的企业和经营者，要坚决依法查处。要为劳动者的工资支撑起一把有效的保护伞，除了政府要完善立法、严格执法，出台并落实相应政策外，工会组织及劳动者个人也应增强维权意识，有所行动，只有多方形成合力，才能切实保障劳动者的权益。落实最低工资制度，是对劳动者“劳有应得”的有力保障。我国的最低工资标准虽然每年都在提升，但是增速不断放缓，由于制定最低工资标准的权力下放到了各省、自治区、直辖市，各地的具体标准和方法存在差别，导致一些地区最低工资标准不甚合理，要真正落实好最低工资制度，必须进一步申明制定标准的原则，细化制定标准的规则，结合本地区的实际情况，适时调整最低工资标准，使其更好地服务于广大劳动人民。加强国家对企业工资的调控和指导，发挥工资指导线、劳动力市场价位、行业人工成本信息等对工资水平的引导作用。

（3）调整收入分配格局。第一，逐步提高居民收入在国民收入分配中的比重，提高劳动报酬在初次分配中的比重。进一步调整和规范国家、企业、居民个人三者之间的分配关系，是继续深化分配制度改革的重要目标和任务。要进一步完善以税收为主要调节手段的国家和企业之间的分配制度，进一步完善以个人收入所得税、社会保障和其他转移支付等为主要调节手段的分配制度，完善按劳分配为主体、多种分配方式并存的分配制度，健全劳动、资本、技术和管理等生存要素按贡献参与收入分配的制度。第二，建立健全农民收入较快增长的长效机制。坚持工业反哺农业、城市支持农村和多予少取放活方针，加快完善城乡发展一体化体制机制，加大强农惠农富农政策力度，促进公共资源在城乡之间均衡配置、生产要素在城乡之间平等交换和自由流动。增加农民家庭经营收入。健全农产品价格保护制度，稳步提高重点粮食品种最低收购价，完善大宗农产品临时收储政策。着力推进农业产业化，大力发展农民专业合作和股份合作，培养新型经营主体，支持适度规模经营，加大对农村社会化服务体系的投入，促进产销对接和农超对接，使农民合理分享农产品加工、流通增值收益；健全农业补贴制度。建立健全农业补贴稳定增长机制，完善良种补贴、农资综合补贴和粮食直补政策，增加农机购置补贴规模，完善农资综合补贴动态调整机制，新增农业补贴向粮农和种粮大户倾斜。完善林业、牧业和渔业扶持政策。逐步扩大农业保险保费补贴范围，适当提高保费补贴比例，进一步细化和稳步扩大农村金融奖补政策；合理分享土地增值收益。按照依法自愿有偿原则，允许农民以多种形式流转土地承包经营权，确保农民分享流转收益。完善农村宅基地制度，保障农户宅基地用益物权。改革征地制度，依法保障农民合法权益，提高农民在土地增值收益中的分配比例。

(4) 精准扶贫，消除贫困。2013 年 11 月，习近平总书记在湖南湘西调研扶贫攻坚时指出：扶贫要实事求是，因地制宜。要精准扶贫切忌喊口号。① 精准扶贫概念的提出，是对原有的扶贫机制的反思与改进，是我国现阶段扶贫开发的重大创新。首先，精准扶贫工作要有制度的保障，要构建扶贫资源分权的管理体系，避免扶贫资源永远掌握在从中央到地方的部门体系手里而容易产生的利益寻租等现象；其次，精准扶贫需有法制的保障，出台农村扶贫开发条例等指导性文件或相关法规，通过立法来推动、实现扶贫开发工作规范化、长期化、可持续，从制度上确保扶贫资金的投入，为实施精准扶贫，加快贫困群众脱贫致富提供有力支持；最后，精准扶贫需要有配套政策和措施跟进，精准扶贫的实施规划颁布后，国家和地方只有个别部门如土地、教育等部门制定了一些优惠政策，其他部门尚未出台配套政策，致使扶贫规划的实施效果并不乐观，相关政策的含金量不高，繁重的扶贫攻坚任务与投入不足的矛盾十分突出，精准扶贫的下一步工作需要通过相关实施细则和配套制度的制定完善，对上述存在的问题进行更加深入细致的研究，推动建立更加完备、更具操作性的配套政策和措施。

（三）完善基本医疗保障体系

党的十八大报告强调："要坚持为人民健康服务的方向，坚持预防为主、以农村为重点、中西医并重，按照保基本、强基层、建机制要求，重点推进医疗保障、医疗服务、公共卫生、药品供应、监管体制综合改革，完善国民健康政策，为群众提供安全有效方便价廉的公共卫生和基本医疗服务。"这一重要思想，为我们深化医疗卫生体制改革指明了方向。享受基本医疗卫生保障是所有公民的基本权利。要

① 《习近平赴湘西调研扶贫攻坚》，新华网，2013 年 11 月 3 日。

从制度建设入手和着力，探索解决影响医疗卫生事业发展的体制机制问题，努力发展与我国经济社会发展水平相适应的国家、社会和个人能够负担得起的安全有效方便价廉的公共卫生和基本医疗服务，保障全体公民能够公平享有基本医疗保障。

（1）健全公共卫生服务体系。重点是健全疾病预防控制、健康教育、妇幼保健、计划免疫、精神卫生、计划生育技术服务、应急救治等服务网络，并与医疗服务体系建立互动机制，实现信息互通、资源共享，完善重大疾病防控体系，提高突发公共卫生事件应急处置能力，其中绝大部分服务是由财政直接投入或政府筹资的，是我国实现基本公共服务均等化的优先领域。

（2）健全医疗服务体系。重点是加强农村县医院、乡镇卫生院、村卫生室三级卫生服务网络和城市社区卫生服务体系。它们是承担基本医疗卫生服务的主体，必须定位清晰、布局合理、分工明确、技术相宜、防治结合、运转有序，方便群众合理就医。要坚持以政府为主导，“实行政事分开、管办分开、医药分开、营利性和非营利性分开”，深化公立医院改革，同时鼓励社会参与，引导社会资金依法创办医疗机构或参与部分公立医院改制，形成投资主体多元化、方式多样化的办医体制，满足社会多层次、多样性的医疗服务需求。

（3）健全医疗保障体系。健全全面医保体系，建立重特大疾病保障和救助机制。重点是完善城镇职工基本医疗保障、城镇居民基本医疗保险、新型农村合作医疗、城乡医疗救助组成的基本医疗保障体系，与此同时，要发展商业医疗保险，引导群众合理选择就医和保健方式，努力使多层次、不同形式的医疗保障制度覆盖城乡居民。要充分发挥全民基本医疗保险的基础性作用，重点由扩大范围转向提升质量。通过支付制度改革，加大医疗保险经办机构和医疗机构控制医药费用过快增长的责任。在继续提高基本医疗保险参保率的基础上，稳步提高基本医疗保障水平，着力加强管理服务能力，切实解决重特大疾病患者医疗费用保障问题。

（4）建立国家基本药物制度。制定国家基本药物目录，建立基本药物生产供应体系，实行招标、定点生产或集中采购直接配送等方式，确保基本药物的生产供应，规范基本药物使用，完善药品储备，保障群众基本用药。同时，大力整顿和规范药品市场经济秩序，严厉打击制售假冒药品的违法犯罪行为。加强药品研制环节整治、药品监督的实施，加强药品流向实时监控，严格药品经营准入制度。加快药品监控信息网络建设，增加制假售假者的违法风险成本。

（四）建立健全城乡养老保障体系

中共十八大报告指出："社会保障是保障人民生活、调节社会分配的一项基本制度。要坚持全覆盖、保基本、多层次、可持续方针，以增强公平性、适应流动性、保证可持续性为重点，全面建成覆盖城乡居民的社会保障体系。"这一重要论断，为我们建立和健全城乡养老保障体制指明了方向。

（1）扩大养老保险的覆盖范围。一个国家制订的社会保障计划的覆盖范围是由该国的生产力发展水平、劳动力市场和政府的行政管理能力所决定的。从目前中国社会经济发展的现况来看，养老保险制度应该逐步覆盖所有参与城市化和工业化进程建设的群体。包括所有的城镇就业者和逐渐城镇化的工资收入者。根据已有的数据显示，中国国有企业和集体企业职工绝大多数已经参保，三资企业的职工也大部分参保。但由于受到就业结构快速变化的影响，还有许多群体尚未纳入保险范围。可以说，我国养老保险的覆盖范围还是有相当大的上升空间的。所以，在考虑扩大养老保险的覆盖范围时应该考虑这些群体：城镇私营、个体就业者和外资企业员工；流动到城市中的农民工和乡镇企业的就业者；国家机关和事业单位的工作人员。积极扩大覆盖面，也是对政府行政管理能力的一个考验。因此，政府需要改进现有的养老金管理体制，加强依法征缴基金，并且规范对基金的管理，在扩大费用的基础上，堵塞各种漏洞。

（2）加快推进社会养老保险制度的整合。党的十八大明确提出，要整合城乡居民基本养老保险制度。推进社会养老保障制度的城乡统筹，主要是"把人人享有基本生活保障作为优先目标，在城乡基本公共服务均等化下，通过制度'并轨'和'整合'，全面将城乡居民纳入到社会保障覆盖范围，逐步把城乡分设的社会保障发展成为：'制度合一、服务衔接、功能配套'的保障体系"①。在养老保障制度方面，目前最有条件也最容易实现"并轨"和"整合"的做法，就是把新型农村社会养老保险制度与城镇居民基本养老保险制度"并轨"和"整合"为城乡居民基本养老保险制度。此外，还应该在改革机关事业单位退休金制度，建立公职人员养老保险制度的基础上，把公职人员养老保险制度、职工基本养老保险制度和城乡居民基本养

---

① 郑功成主编：《中国社会保障改革与发展战略》（总论卷），人民出版社，2011 年版，第 95 页。

老保险制度“并轨”和“整合”为统一的国民基本养老保险制度，以实现养老金发放的统一。

（3）稳步增加社会养老保险资金投入。社会养老保险基金是社会养老保障制度的物质基础，随着我国社会保障制度的逐步健全、覆盖面的迅速扩大和保障水平的不断提高，必须有顺畅的筹资渠道、充足的资金供给、可靠的增值手段，才能不断增强社会养老保障资金的支撑能力，保证社会养老保障制度的可持续发展。特别是面对人口老龄化高峰临近的挑战，增强社会养老保障的物质基础，已成为关系我国社会养老保障制度可持续发展的关键。在加大资金投入方面：一要加强社会养老保险基金的收缴，做到应收尽收。二要根据我国经济发展水平、财政收入增长状况和社会保障事业发展需要，逐步加大各级财政对社会保障的支出比重。三要继续逐步做实基本养老保险个人账户，这是根据我国国情作出的正确决策，应坚定不移地推进。四要尽快制定投资运营办法，开辟社会保障基金投资渠道，努力实现增值保值。五要加强社保基金监管。要建立健全包括社会养老保险基金在内的社会保险基金预决算制度，健全行政监督与社会监督相结合的监管体系，提升社会保险基金监管技术和能力，确保基金安全完整。六要稳步提高社会养老保险的统筹层次，全面落实城镇职工基本养老保险省级统筹，实现基础养老金全国统筹。

（4）建立多层次的养老保障模式。根据我国人口年龄结构和就业结构的差异情况，建立一种多层次的养老模式是当前符合我国国情的正确选择：一是大力发展企业年金，企业年金制度是构建多层次养老保障体系的一个重要组成部分，可以补充城镇职工社会基本养老保险保障水平的相对不足，缩小与机关事业单位退休职工之间的待遇差距。① 二是大力发展商业养老保险，商业养老保险是我国养老保障体系的重要组成部分，在我国多层次、多支柱的养老保障体系中发挥着重要作用。在基本养老保险层次，商业保险的作用主要体现在参与社会保障日常管理，为社会保障提供精算技术支持和第三方服务，实现社会保障资金保障增值，减轻政府的社会保障事务经办压力，提高社会保障体系的运行效率。

（五）建立中国特色住房保障体系

中共十八大报告指出：“建立市场配置和政府保障相结合的住房制度，加强保

① 郑秉文主编：《2011 中国养老金发展报告》，经济管理出版社，2011 年版，第 3 页。

障房建设和管理，满足困难家庭基本需求。”这一重要论述，为我们探索中国特色的住房保障体系指明了方向。广大人民群众的住房问题与民生紧密相关。

（1）加强政策调整和制度规范，抑制投资需求。针对我国目前房地产市场的投机现状，要抑制房价畸形增长的状况，需要从宏观上进行政策调整和制度规范。第一是利用税收来抑制房地产投机，充分利用财政手段来调节房地产市场的健康发展，可以增收房屋保有税与房屋交易和遗赠过程中的交易税、不动产税。在房屋保有税方面可以增收房屋空置税，在房屋交易和遗赠方面增收资本增值税、交易管理费、遗产税等。通过税收的作用来调节房屋交易的差价，减少房地产投机的暴利，缩小收益空间，从而抑制房地产投机，促进房地产市场的健康有序发展。第二是利用金融政策来调节房地产投资，提高房地产投机者的门槛，实行严格的信贷政策，对于购买两套及两套以上住房的购买者进行严格要求，在首付及银行贷款利率上进行严格控制和抑制，从而减少投机的空间，引导房地产市场走向科学发展的轨道。

（2）构建多层次的住房保障体系，建立健全完善的保障性住房准入、审核和退出机制。首先通过廉租房建设，解决城市最低收入家庭的住房困难问题；然后随着经济的发展，将保障对象逐步扩大到中低收入家庭，为他们提供经济适用房，保障标准也逐步提高。针对“夹心层”的住房困难问题，即为了缓解新就业的职工阶段性住房支付能力不足的矛盾，以及改善在城市有稳定职业并居住一定年限的外来务工人员的居住条件，通过大力发展公共租赁住房，逐步扩大住房保障的覆盖面，将这部分人群也纳入住房保障供应体系。可建立地方性的住房保障综合信息化管理及控制系统。通过信息管理系统，定期、及时地向居民披露国家、城市政府及管理部门有关住房保障的文件、法律法规，住房保障的年度计划、中长期规划、保障准入标准、限制条件、保障住房的运作审核流程；通过设立网上申报模块，实施网上申报；对廉租住房、经济适用房、公共租赁费的申请人及资格审查合格者进行网上公示，并通过网上举报系统接受监督，以保证中低收入阶层获得稀缺的保障性住房资源，从而极大地降低政府住房保障的实施成本。

（3）完善租赁市场，规范租赁行为。加强对租房消费观念的引导，“住有所居”的理念不完全是拥有自己的房产，也包括租赁房屋实现居住的基本需求，将是对人们生活方式的一种改变，也将对整个房地产市场产生积极的影响。另外，还要加强对房屋租赁行为的规范，重视租赁登记备案，所有投资到市场租赁的房屋都必须有详细的备案信息，发展联网备案，从而逐步实现房屋租赁信息的公开化，规范租赁合同，明确租赁双方的权利和义务关系，避免纠纷，加强政府对房屋租赁市场的价格指导，为房屋的租赁提供价格分析和建议，从而避免在房屋租赁过程中房屋持有者出现自我定价、盲目抬高租金等行为。

（六）构建和谐有序的公共安全体系

随着人们物质生活水平的提高，安全问题、生态环境保护问题等方面的民生诉求越来越引起关注。2014 年 1 月 7 日，习近平总书记在中央政法工作会议上明确指出“平安是老百姓解决温饱后的第一需求，是极重要的民生，也是最基本的发展环境”。这里的平安包含了公共安全的含义。公共安全是每个公民最关心、最直接的利益所在，涉及公众生命、健康、财产等方面的安全，是当前最为重要的民生。

（1）完善社会治安防控体系。整合多方力量和资源、运用多种手段和方法，及时对违法犯罪等社会治安问题进行多角度、多层次、全方位、多环节防治，根本目的是立足预防，从源头上进行防范和治理，不断减少和消除产生社会治安问题、影响社会稳定的诸多社会矛盾和消极因素，最大限度地预防、控制和减少违法犯罪，最大限度地增加社会和谐因素，维护社会治安长期稳定。严格落实综治领导责任制，把社会治安防控体系建设纳入综治工作考核评价指标体系，将考核评价结果作为对领导班子和领导干部考核评价的重要内容。

（2）完善食品药品监督管理体系建设。强化源头监管，重点加强对食品药品行业的检查监督，发现问题及时处理。严格流通市场准入条件，按照国家统一部署，以数据标准化和应用标准化为原则，构建全国统一的食品药品安全信用信息数据库，并实现与相关部门信息系统互联互通。加强市场监督检查，强化行政执法与刑事司法的协调，严厉打击食品药品领域违法犯罪行为。

（3）完善生态环境保护体系建设。推进政府生态责任的不断完善，改变重 GDP 轻环境治理的传统政绩考评体系，建立和推行以保护生态环境为价值取向的绿色政绩考评体系。以保护当地生态系统完整为指导原则，以自然资源与环境存量的可持续发展为目的，设立定量化的考评指标，并设定相应的奖惩措施，将生态环境保护作为干部政绩考核的重要内容，作为衡量被考核单位及其领导政绩的重要指标。建立和完善生态问责机制，政府作为承担生态责任的首要主体，在涉及生态环境保护、生态环境管理等事务中担负主要责任。强化企业生态责任意识，严格按照“谁污染、谁治理”的生态原则，加强对企业违法破坏生态环境行为的执法处罚力度，改变“守法成本高，违法成本低”的局面，开展企业生态环境信用评级，对环保信用良好的企业给予财政、税收等方面的优惠政策，对环保信用不良企业依法采取治理和惩罚措施。强化人大和司法部门的问责力度、扩大公民参与环境问责的渠道和加强新闻舆论的传播导向等立体多元化问责方式。培养公民环保意识，引导公民进行绿色消费，享受低碳生活。

（4）构建和完善应急管理体系。健全应急反应指挥体系，完善公共预警机制和应急预案，建立自然灾害预报信息和社会安全预报信息相结合的预警信息发布系统。着力构建功能齐全、快速高效的应急运行体系，重点建立和完善信息报告、应急处置、新闻发布、善后管理四个方面的机制：一是信息报告机制。完善信息报告的纵向分级报告制度与横向信息通报制度。在纵向上，尽快完善政府间应急办、政府与部门间应急办的突发事件信息报告机制；在横向上，应急办应及时向相关部门和事发地政府通报信息。加强信息报告的规范管理，做到信息报告及时、准确、简练、规范，坚决杜绝发生迟报、谎报、瞒报突发事件信息的现象。二是应急处置机制。关键是强化事发地政府对突发事件的先期处置功能。政府可授权下级政府采取应急处置措施。三是新闻发布机制。突发事件新闻发布总的原则是及时、准确、归口管理、主渠道。四是善后管理机制。主要是做好善后处置、恢复重建和分析评估三个环节的工作。

第七章　走低碳经济发展之路

党的十八届五中全会提出，绿色是永续发展的必要条件和人民对美好生活追求的重要体现，强调推动低碳循环发展，主动控制碳排放。世界低碳经济发展的历史潮流，既对我国发展低碳经济提供了不可多得的发展机遇，也对我国发展低碳经济提出了前所未有的现实挑战。因此，既顺应低碳经济发展的历史潮流，遵循低碳经济发展的一般规律，又根据我国的国情和国家利益，探索一条具有中国特色的低碳经济发展路径，对推动我国向绿色经济转型具有重要意义。

一、低碳经济的最新发展趋势

（一）低碳经济的概念

低碳经济是相对于高碳经济而言的，高碳经济是指工业革命以来形成的，在人类的生产、流通和消费的一系列社会活动中，无限制地使用化石燃料，无限制地排放二氧化碳等温室气体，从而导致全球变暖的经济模式。低碳经济是以低能耗、低污染、低排放为基础的绿色经济模式，是人类社会继农业文明、工业文明之后的又一次重大进步。低碳经济的实质是提高能源利用效率和清洁能源结构问题，核心是能源技术创新、制度创新和人类生存发展观念的根本性转变。

（二）低碳经济的提出背景

2003 年 2 月 24 日时任英国首相布莱尔在《我们未来的能源——创建低碳经济》的白皮书中首次提出低碳经济的概念。低碳经济提出的背景有三个方面：其一，应对气候变化，是低碳经济提出的最直接和最根本原因。由于人为排放的二氧化碳等温室气体引起了全球气候变暖，反过来又影响到人类自身的生存和发展，降低碳排放强度就成为保护我们共同的地球的客观需要。其二，发达国家迈过了以使用高碳能源为主要动力的发展阶段。换句话说，保持发达国家现有的福利水平，就可以不依赖高碳能源，特别是煤炭的生产和消费了。从工业化进程来看，英国、美国等国家在20世纪就完成了工业化和城市化的历史任务，或者说走过了大量消耗煤炭、石油等化石能源的发展阶段。其三，煤炭、石油等能源资源耗竭是发展低碳经济的内在要求。从世界能源储量来看，化石能源还可以开采和利用较长时间。尽管如此，我们也应看到，人类使用化石能源的经济成本越来越高，技术要求越来越高。

（三）低碳经济的全球利益博弈

低碳经济始终面临着全球公共利益和国家利益之间的博弈，也面临着国家内部诸多利益集团之间的博弈。第一，全球公共利益面临公共资源稀缺性与产权无主性的矛盾。人类活动使温室气体的环境容量这一公共资源越来越稀缺。减少全球碳排放首先要面对的是环境经济学上的一个基本问题，即全球温室气体的环境容量是无主的，正是这种所有权的缺位，才导致各国在没有外界压力时对其视而不见乃至过度使用。第二，主权国家利益与全球公共利益在时间尺度上存在矛盾。碳减排涉及各国的具体利益，当减排目标和各国的具体利益存在重大矛盾时，碳减排配额的约束力相当有限，因而碳减排的过程是一个多方利益博弈均衡的过程。主要表现在：发展中国家排放空间受限；发达国家对低碳经济的态度有异；碳减排的成熟模式尚未形成。第三，哥本哈根大会背后的利益角逐。奥巴马开始实施“绿色新政”，日本积极开展投资低碳革命，老牌工业革命国家英国深谋远虑，提出并大力发展低碳经济革命。[①]

① 蔡林海：《低碳经济：绿色革命与全球创新竞争大格局》，经济科学出版社，2009年版，第5－17页。

二、低碳经济是可持续发展的必然选择

（一）我国发展低碳经济面临的机遇

1. 低碳经济或将成为世界经济发展的新规则

世界经济在经历了工业化、信息化之后，正在走向低碳化。自2003年英国首次提出“低碳经济”概念起，发展低碳经济已成为世界经济发展的新趋势。随着低碳经济的发展，低碳产业将产生新的技术标准和贸易壁垒，必将导致以低碳为代表的新技术、新标准及相关专利的出现，最先开发并掌握相关技术的国家将成为新的领先者、主导者乃至垄断者，其他国家将面临新的技术贸易壁垒。因此，在全球化经济格局中，工业化国家和发展中国家或将会因新的低碳模式而再次拉开差距。从目前全球低碳产业发展及专家的研究来看，《联合国气候变化框架公约》（以下简称《公约》）可能成为第三个规制全球发展的总则。如果说《联合国宪章》是以土地为主要资源的农业文明的游戏规则，世界贸易组织以及《关贸总协定》是突破以土地为主要资源而利用市场规则的工业文明的游戏规则，那么《公约》可能会成为未来以低碳经济为主的生态文明的游戏规则，引领世界经济的未来发展。《公约》的本质就是抢占话语权、分配排放权、划分环境容量空间、争夺经济发展空间，作为人类从工业文明向生态文明过渡的法律文件，它将会要求任何国家、民族、企业和家族，甚至有可能包括个人的生存和发展不能危及别的国家、别的民族、别的企业和别的个人发展的权利，不仅对当代负责，而且对未来负责。发达国家早已完成工业化，碳排放量呈下降趋势，在节能减排技术上拥有绝对领先优势，在根据全球气候谈判确定的世界新体系中的主导地位进一步加强。发展中国家尚未完成工业化，发展低碳经济面临许多挑战，但如果忽视发展低碳经济，那么，面对世界经济发展的新规则则可能处于被动位置。

2. 发展低碳经济是应对气候变化的现实选择

目前，全球正面临两场危机：金融危机和气候变化。正当人们开始分享全球经济复苏成果之时，另一场旷日持久的危机——气候变化却在步步紧逼。在全球气温变暖的背景下，我国的气候也发生了明显变化。近百年来，我国气温上升了0.4～

0.5 摄氏度。1986—2006 年，我国连续出现了 21 个全国性暖冬，极端天气、气候事件与灾害的频率和强度明显增大、损失增加，水资源短缺和区域不平衡加剧、生态环境恶化，农业生产损失巨大、粮食安全受到严重威胁，海平面持续上升、沿海地区经济社会发展受到威胁，人类的身心健康受到严重破坏。据 2006 年发布的《气候变化国家评估报告》预测，未来中国气候变暖的速度将进一步加快，很可能在未来 50～80 年全国平均气温升高 2～3 摄氏度；到 2030 年，中国沿海海平面可能上升的幅度为 10～16 厘米，导致洪水泛滥的机会增大；气候变化将使农业生产的不稳定性增加。如果不采取措施，21 世纪后半期，中国主要农作物，如小麦、水稻和玉米的产量最多可下降 37%；今后 20～50 年的农业生产也将受到气候变化的严重冲击。面对未来气温升高及其可能导致的一系列严重后果，发展低碳经济已成为当务之急。

3. 低碳经济将成为新一轮增长的推动力量

低碳经济将催生新的经济增长点，成为金融危机后带动新一轮世界经济增长的强大力量。其实，在全球金融危机中，人类的第四次科技革命正在酝酿，新能源是这一革命的突破口。如果从能源角度审视产业革命，不难发现新能源的使用是产业革命发生的前提。在产业革命中，相继使用了煤、石油、煤气和电力。产业革命改变了人类生产的方式，机器代替了人力。然而，200 多年后的今天，似乎历史又回到了原点，迫于生存环境的变化，人类又试图用人力进行自我的救赎。第一次产业革命的核心是蒸汽机，以能源代替了手工劳动，有效地提高了劳动生产率；第二次产业革命的核心是电力，实质是能源传输，通过降低能源传输成本提高了生产效率；第三次产业革命的核心是计算机和互联网，由于人类的信息处理速度加快而提高了劳动生产率。目前新能源产业已成为新一轮国际竞争的战略制高点，新能源很有可能引领第四次产业革命。低碳经济有望成为继蒸汽机、电力、互联网之后的第四次产业革命。从高碳经济向低碳经济转型是一种全球化的重要而紧迫的发展趋势。在过去的产业革命中，中国的落后使中国遭受了上百年的屈辱历史，我们再也不能错过这次称作第四次工业革命的低碳经济带来的发展机遇。

4. 低碳经济将成为推动经济结构转型的重要力量

低碳经济以能源的变革为核心，涉及的行业和领域十分广泛，主要包括低碳产品、低碳技术、低碳能源的开发和利用。从技术创新来看，低碳经济涉及电力、交通、建筑、冶金、化工、石化等多个行业，以及可再生能源、新能源、煤的高效利用、油气资源和煤层气的勘探开发、二氧化碳捕获等领域开发的有效控制温室气体排放的新技术。国际上减碳排放主要有三个方面的技术：第一是替代技术，用可再生能源代替化石燃料，即新能源技术。第二是节能技术，如整体联合气化循环发电技术（IGCC），这是一种新一代的先进的净洁煤燃烧发电技术。第三是碳捕获和碳存储（CCS）技术，包括燃烧后和燃烧前对二氧化碳的捕获，并在地质结构中寻找可以存储二氧化碳的地方。低碳经济所引发的技术革命是一个体系，包括可再生能源技术、碳捕获和封存技术、智能电网技术、节能技术（能源效率）、环保技术、储能技术、建筑新材料技术、新能源汽车技术等。从产业结构来看，低碳农业将降低对石化能源的依赖，呈现有机、生态和高效的新特征；低碳工业将减少对能源的依赖，低碳产业如电气、电子等产业将出现较快发展；低碳物流将提高利用物流比率，发展减排物流线路，大大提高物流效率；低碳服务市场将得到巨大发展。从社会生活来看，低碳城市建设将更受重视，在建筑和家居方面节能家电、保温住宅系统将会不断发展。在交通运输方面来看，城市轨道交通将快速发展。从价值链的分布来看，现在价值链的分布一直是向资源型企业倾斜，今后价值链的分布可能在高技术产业，即向掌握低碳经济核心技术的环节和链条倾斜。

（二）我国发展低碳经济面临的挑战

一个国家或地区二氧化碳排放量的增长，主要取决于四个方面的因素：人口、人均收入、能源强度和能源结构。从人口因素来看，虽然出生率、人口自然增长率、婴儿死亡率都远远低于世界平均水平，但我国有13亿的人口基数；从能源结构来看，我国以煤炭等化石燃料为主的能源结构在今后相当长的一段时期内不会发生根本性改变；从人均收入来看，我国为满足人们日益增长的物质文化生活需要的努力不会动摇，不能以降低人均收入或减缓经济增长来实现控制温室气体排放的目标。因此，必须科学认识我国发展低碳经济面临的严峻挑战。①

1. 发展阶段的制约

低碳经济提出的背景之一是，发达国家迈过了以使用高碳能源为主要动力的发展阶段。换句话说，保持发达国家现有福利水平，可以不依赖高碳能源，特别是煤炭的生产和消费。从工业化进程来看，英国、美国等发达国家在20世纪就完成了工

---

① 王可达：《我国发展低碳经济的路径研究》，《岭南学刊》，2010年第3期，第68－72页。

业化和城市化的任务，走过了大量消耗煤炭、石油等化石能源的发展阶段。这些国家在后工业化阶段，生产的目的主要是满足人们的生活需求，除小汽车需要消费油品外，吃饭、住房等可以不依赖高碳能源的生产和消费。而工业化、城市化、现代化加快推进的中国，正处在能源需求快速增长的阶段，大规模基础设施建设不可能停止，大规模的基础设施建设需要钢材、水泥、电力等的供应保证，能源的大量需求和快速增长一时难以改变，这些高碳产业虽然是我国新一轮经济增长的带动产业，却无法通过国际市场满足中国的巨大需求。同时，长期贫穷落后的中国，以全面建设小康社会为目标，致力于改善和提高13亿人民的生活水平和生活质量，必然造成能源消费的持续增长。因此，高碳特征突出的"发展排放"，成为我国发展低碳经济的一大制约因素。

2. **资源条件的制约**

"富煤、少气、缺油"的资源条件，决定了中国能源结构以煤为主，低碳能源资源的选择有限。我国一次能源生产和消费的65%左右仍为煤炭。煤炭的使用排放了大量烟尘和二氧化硫，直接后果是，酸雨的覆盖面积已经达到国土面积的40%，二氧化硫等大气污染造成的经济损失达到GDP的2%以上。据计算，每燃烧1吨煤炭产生4.12吨的二氧化碳气体，比石油和天然气每吨多30%和70%。长期以煤为主的能源消费结构给我国带来了严重的环境问题。目前全国85%的二氧化碳、90%的二氧化硫和73%的烟尘都是由燃煤排放的。从各国经验来看，石油对外依存度达到50%是一条安全警戒线。2009年中国石油对外依存度已超过50%，甚至有专家认为，中国石油对外依存度已达到55%，并认为这意味着中国能源环境已从"比较安全"向"比较不安全"转移。2009年公布的《全国矿产资源规划（2008—2015)》预测，如不加强勘查和转变经济发展方式，到2020年中国石油对外依存度将上升至60%。而《中国能源发展报告（2009)》指出，2020年中国的石油对外依存度将上升至64.5%。这种以煤为核心的能源结构在今后相当长的时期内都很难改变。随着工业化的进一步发展，煤炭在能源消费总量中的比重将不断加大，二氧化碳的排放还会不断增长。由于技术和设备相对陈旧，我国单位GDP的二氧化碳排放量远高于发达国家。目前，我国二氧化碳排放总量居世界第二位。预计到2015年中国二氧化碳排放量占世界的比例将达到20.7%，超过美国的20.1%，成为世界第一排放大国。

3. **产业结构的制约**

我国第一、第二、第三产业之间的比重停留在1:5:4的状态，产业结构严重不合理，经济增长过于依赖第二产业，工业特别是重化工业比重偏高，低能耗的第三产业和服务业发展滞后。这就决定了能源消费的主要部门是工业，而工业生产技术水平落后，又加重了中国经济的高碳特征。“十五”期间，我国工业能源消费量由2000年的95443万吨标准煤增加到2005年的159492万吨标准煤，年均增长率为10.8%，年均增加12810万吨标准煤，工业能源消费量在能源总消费量中的比例由2000年的68.9%上升到2005年的71%。工业能源消费量的增长速度高于能源总消费量的增长速度，是中国近20多年来能源总消费量快速增加的重要因素。当前，我国正处在工业化时期，改革开放至今乃至今后几十年的时间里，工业生产在我国经济中占有重要地位。尽管单位工业增加值能耗大幅度下降，但在能源消耗以及碳排放总量和增量的构成中，来自工业生产活动的部分均占很大比例。同样，作为能耗大户的工业，在城市能源消费结构中也处于举足轻重的位置。工业能耗占比平均超过2/3，工业污染几乎占据了全国总污染负荷的70%。工业污染排放不仅与工业规模和能源使用效率紧密相关，还与工业产业结构密切相关。调整产业结构，提升工业生产技术和能源利用水平，是我们面临的又一重大课题。

4. 技术创新的制约

技术创新是发展低碳经济的关键，但我国低碳技术的研发还面临诸多困难。一方面，缺乏完整、有效的政策支持体系。尽管我国相关的主管部门曾制定并出台了一些与低碳技术研发有关的优惠政策，但随着体制改革的发展，管理机构的变化及政策规定的不完善，一些鼓励政策名存实亡。另一方面，我国低碳技术项目特别是大规模的示范项目的投资主要依靠政府临时拨款和政策贷款，以及国际机构的捐款和贷款，没有形成稳定的政府投入机制。同时，金融系统对低碳技术项目支持不够，多数银行不愿对低碳技术项目实施融资，即使部分银行实施融资，其信贷放款数量也非常有限，难以满足低碳技术发展的资金需求。此外，从技术的转让来看，尽管《公约》和《京都议定书》要求发达国家向发展中国家转让技术，但执行情况并不乐观，中国不得不主要依靠商业渠道引进技术。据估计，以2006年的GDP计算，中国由高碳经济向低碳经济转变，每年需要资金250亿美元。这种巨额投入，对我国来说是沉重的负担。

三、我国发展低碳经济的对策措施

我们既要遵循发展低碳经济的一般规律，顺应低碳经济的发展趋势，又要根据中国的基本国情和国家利益，探索一条科学发展、统筹兼顾、谋求双赢的低碳经济发展路径。

（一）加快经济结构调整

1. 实施低碳经济国家战略规划

在加强低碳经济宣传教育的基础上，加快构建发展低碳经济的国家战略规划。要结合我国建设资源节约型、环境友好型社会的要求，尽快制定国家低碳经济发展战略规划。从我国实际情况来看，面对日益严峻的能源和环境约束，为避免经济建设和能源基础设施建设在其生命周期内的锁定效应，必须高度重视向低碳经济转型。因此，有必要把低碳经济的发展模式纳入国家发展战略视野，纳入国家和各地正在调研制定的“十二五”规划，从前瞻、长远和全局的角度，部署低碳经济的发展思路。在我国发展低碳经济，国家和政府必须超前谋划、积极应对，特别是对发展低碳经济应建立长效机制和科学的制度安排，使我国在国家层面、企业层面、社会层面和公众层面上，实现经济活动低碳化—低碳活动企业化—低碳技术创新化—低碳模式制度化—低碳参与公众化—低碳体制社会化—低碳合作国际化—低碳文明生态化。要通过制定规划，不断提高社会生产和生活活动的碳生产率：一是将低碳经济纳入国民经济和社会发展规划，进行总体安排和部署。二是将低碳技术研发纳入国家科技规划和相关科技计划。三是制定专项规划，提出低碳经济的概念、目标、重点和保障措施等，提出低碳经济的统计和考核指标，并作为国民经济规划中的引导指标。四是制定重点行业和部门的低碳发展规划，向低碳经济转型。

2. 不断优化产业结构

我国发展低碳经济绝对不能超越我国的经济发展阶段，必须正确处理发展低碳经济和经济社会发展的关系。应该看到，我国刚刚进入新一轮经济增长阶段，具有重工业化特征的行业相继进入快速增长通道。今后 20 年更是我国基本完成工业化中期任务并进入后工业化阶段的重要时期，重化产业和以“住行”为特征的汽车、船舶工业的发展仍将成为增长的重要因素。所以，无论工业或能源结构调整还是技术进步都不可能一蹴而就。第一，要调整工业结构。一般来说，重化工业的能源强度远高于一般制造业，而且在同一行业中，技术水平越低则能源强度越高。因此，调整工业结构特别是重化工业结构是重中之重。一是大力推进清洁能源产业化。以生物质能、核能、风能、氢能、太阳能等为主要方向，积极发展清洁及可再生能源，加大产业化力度。二是积极发展低碳装备制造业。要加快低碳装备制造业和节能汽车产业发展步伐。三是大力发展高新技术产业。IT 产业是低碳经济中最具发展潜力的产业，不论是硬件，还是软件都具有能耗低、污染小的特点。四是提高高碳产业准入的门槛。防止发达国家通过“碳交易”把碳密集产业和高能耗项目向发展中国家转移。值得注意的是，不能为减排而盲目调低第二产业比重。处于工业化进程中的发展中国家，工业在国民经济中的比例会在相当长的时期内占据主导地位，只有在充分工业化之后，才可能由服务业来主导国民经济。现阶段，我国发展低碳经济也不能全部抛弃工业中的高碳成分，而是要在降低其碳排放量即低碳化过程中推进其优化和发展。第二，要降低农业对化石能源的依赖，走低碳农业的新路子。一是大幅度地减少化肥和农药用量。降低农业生产过程对化石能源的依赖，走有机生态农业之路。二是充分利用农业的剩余能量。三是推广太阳能和沼气技术，在农村普及太阳能集热器是发展低碳农村的有效途径。第三，要大力发展现代服务业。现代服务业是一个能耗低、污染小、就业容量大的低碳产业。优先发展电子信息、金融、保险、旅游、房地产等低碳产业和服务业；努力完善商业连锁、电子商务等产业集群；积极推进创意产业，大力支持以创意设计工作室、创意产业园和文化创意体验区为载体的创意产业发展。

3. **大力优化能源结构**

进入“后化石能源时代”，现代社会的发展面临着化石资源短缺与环境污染两个严重问题。大力优化能源结构是我国解决上述问题，发展低碳经济的现实途径。第一，降低煤在能源结构中的比例，提高煤炭净化比重。对我国而言，加速国家能源消费从传统的以煤炭为主的结构向现代的以石油和天然气为主的结构转变是必然选择。这不仅是减少碳排放的有效途径，也是国家工业化和城市化发展的正常趋势。虽然国际油价的波动会给我国通过扩大进口方式改善国家能源消费结构带来很大风险，但与其他减排方式相比，这种政策成功的风险成本依然是最小的。同时，作为最大的能源矿种，煤炭在我国能源消费的主导地位还将持续相当长的时期，因此，大力实施煤炭净化技术及加强相关基础设施的建设将成为我国未来能源消费结构改善的一个基本任务。第二，提高能源效率，重点改善城市的能源消费结构和效率。世界主要国家都将提高能源效率作为应对气候变化能源战略的核心目标之一。我国应注重纤维素乙醇和氢燃料等车用燃料生产技术，清洁煤、核能、太阳能和风能等先进发电技术，先进节能技术，碳捕获和储存，可再生能源等能源新技术的开发。此外，应根据国家现代化进程的发展需求，将国家能源消费结构的变化与城市化燃料供应的改善紧密结合起来。第三，全力发展低碳和无碳能源，促进能源供应的多样化。尽管能源结构的调整可以大量减少温室气体的排放，但这种减排的潜力并不是无限的。因此，从保证能源安全和保护环境的角度来看，发展低碳和无碳能源，促进能源供应的多样化，是减少煤炭消费，降低对进口石油依赖度的必然选择。我国应逐步降低煤炭终端消费比例，大力发展洁净煤技术，避免和减少能源开发利用引起的环境污染，推进技术进步，促进能源效率的提高，加速发展天然气，适当发展核电，积极发展水电，深入开发可再生能源，减少煤炭在能源消费结构中的比重。

（二）推动低碳技术创新

1. 低碳技术创新是中国发展低碳经济的关键

联合国政府间气候变化专门委员会（IPCC）在第三次气候变化评估报告中指出，在解决未来温室气体减排的问题上，技术进步是最重要的因素，其作用超过其他驱动因素之和。

（1）离开低碳技术创新的中国不可能发展低碳经济。根据 IPCC 颁布的第四次气候变化评估报告①，1970—2004 年，全球温室气体排放量增长了 70%，从 287 × 10^8吨二氧化碳当量增长到 490 × 10^8吨二氧化碳当量，年均增长 1.6%。不同温室气体的增幅不同，二氧化碳占整个温室气体的 77%，其排放量在过去 30 年中的增幅为 80%。从行业来看，能源部门是温室气体排放量最大的部门，同时也是增幅最大的部门，在 1970—2004 年增幅为 145%。交通部门的直接排放量增幅为 120%，工业制造业部门为 65%，土地和森林变化导致的排放增幅为 40%。从国家和地区来看，温室气体排放总量同经济发展水平和人口数量密切相关。欧美等发达国家和地区以及中国、印度等人口大国排放的温室气体占了全球排放总量的 60% 以上。如

① IPCC：*Climate Change* 2007：*Synthesis Report* [R]，Geneva，Switzerland，2007.

2004 年，美国和加拿大排放的温室气体占全球总量的 19.4%，欧洲占 11.4%，以中国为主的东亚地区（不含日本）占 17.3%，以印度为主的南亚地区占了 13.1%。中国是世界上人口最多的发展中国家，且能源消费结构中煤炭占到 70%，因而，在二氧化碳排放量方面，中国目前是仅次于美国的全球第二大排放国。2006 年中国一次能源中化石能源消费所产生的二氧化碳排放量达到 60.18×10^8 吨（图 7－1），为 1980 年的 4.12 倍，年均增长 5.6%，尤其 2002—2006 年这 5 年期间，年均增长率在 10% 以上，2004 年达到峰值 19.3%；占世界总排放里的比重也由 1980 年的 7.9% 上升到 2006 年的 20.6%，增加了近 13 个百分点。与世界整体平均水平不同，中国二氧化碳的排放主要来自煤炭消费，1980—2006 年中国二氧化碳排放中煤炭的比重基本上都维持在 80% 以上，而世界的平均水平尽管有所上升，但大致为 35%～40%。与世界各国相比，中国二氧化碳排放强度明显偏高，2006 年排放强度为 22.55 吨 $\times10^4$ 美元，分别是美国的 5.04 倍、日本的 7.85 倍、德国的 7.64 倍、巴西的 6.39 倍、印度的 1.58 倍，比世界平均水平高出 2.93 倍。对于一次能源消费的二氧化碳排放量，可由下式得到：二氧化碳排放量 = 人口 × GDP/人口 × 能源消费量/GDP × 二氧化碳排放量/能源消费量 = 人口 × 人均 GDP × 能源消费强度 × 碳源排放系数。可见，一次能源消费的二氧化碳排放总量与人口、经济活动产出、能源结构（影响着不同能源品种的碳排放系数）以及能源效率（即一次能源消费强度）密切相关，其中，碳排放系数是指每一种能源燃烧或使用过程中单位能源所产生的碳排放数量。根据 IPCC 假定，可以认为某种能源的碳排放系数是不变的。相应的，二氧化碳排放量变化率 = 人口变化率 + 人均 GDP 变化率 + 能源强度变化率 + 碳排放因子变化率。因此，在人口变化率不变且保持一定经济增长速度的前提下，要降低碳排放增长率，需要降低能源消费强度和改变能源消费结构。当前及今后较长时期，中国二氧化碳的主要排放部门是能源工业。因此，在化石能源仍占主体的背景下，低碳技术创新对于减少中国二氧化碳排放总量具有重要的现实意义。①

（2）CDM 不可能给中国提供低碳技术。中国获得低碳技术有两种途径：一是通过清洁发展机制（CDM）引进发达国家的成熟技术。这种方式的优点在于成本低廉，但往往不能获得国外的核心技术。清洁发展机制是指发达国家通过提供资金和

---

① 蒋金荷，吴滨：《低碳经济模型现状和几个理论问题探讨》，《资源科学》，2010 年第 2 期。

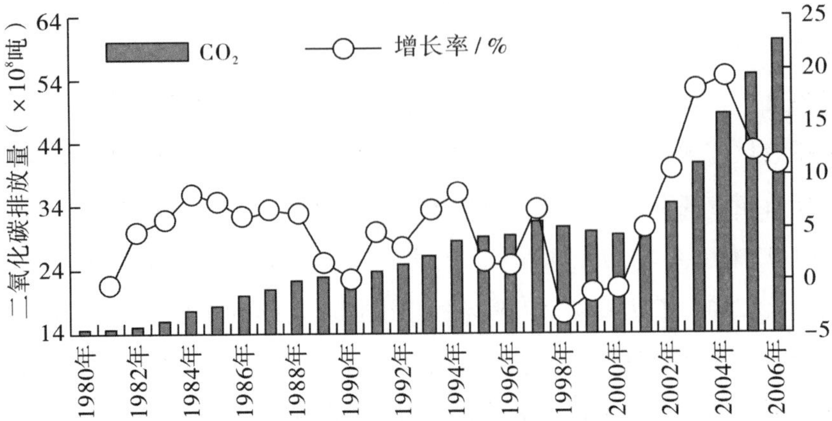

图 7－1　1980—2006 年中国二氧化碳排放总量与年均增长率

数据来源：美国能源部

技术给发展中国家，在发展中国家实施具有减少温室气体排放效果的项目，项目产生的温室气体减排量转让给发达国家。由于在发达国家减排二氧化碳的成本，平均要比发展中国家高出 5～20 倍，所以一些发达国家及其企业在强制减排的压力下，更愿意利用相对低成本的资金和技术，帮助发展中国家减排而获得相应的排放指标。CDM 是按照《京都议定书》的规定，由发达国家与发展中国家合作减少温室气体排放的市场机制，它的一个重要目标就是要促进发达国家向发展中国家转让低碳技术。但从实施的情况来看，CDM 执行得更多的是资金的转让，也可以说是单纯的二氧化碳排放权的买卖，技术的输出转让则很少。原因在于发达国家担心转让先进技术会影响其国内产业和产品的国际竞争力。因此，在多年的气候谈判中，虽然发达国家在相关的公约和协议中都声称转让技术，但总是以各种借口拖延履行这项义务。显然，CDM 不可能给中国提供低碳技术。二是自主研发，即通过原始创新和集成创新，重点攻关中短期内可以获得较大效益的低碳技术，尤其是针对提高重化工行业能耗的新技术，并建立低碳技术创新体系。对中国而言，发展低碳经济和低碳能源技术的实质是可再生能源的开发和化石能源的洁净、高效利用。中国发展低碳能源技术的重点应当是煤炭的洁净高效转化利用和节能减排技术。因为，中国经济发展尚处于工业化、城市化和现代化的起步阶段，重化工业比重较大、能源结构以煤为主、人口增长等因素决定了在中国短时间内不可能根本扭转温室气体排放增长的势头，过早、过激的减排将会严重影响我国社会经济的持续增长。因此，必须探索一条既能满足众多人口的基本物质需求，又不会对资源环境造成严重破坏的新型发展道路，这就是大力推动中国低碳技术创新。

2. **中国低碳技术创新的瓶颈**

中国的整体自主创新能力薄弱。国内拥有自主知识产权核心技术的企业仅占大约3/10000，99%的企业没有申请专利，60%的企业没有自己的商标。[①] 中国的低碳技术创新能力格外薄弱，中国70%的减排核心技术需要进口。联合国开发计划署发布的《2010年中国人类发展报告》指出，中国实现未来低碳经济的目标，至少需要60多种骨干技术支持，在这60多种技术中，有42种是中国目前不掌握的核心技术。[②]

（1）低碳技术创新的主体缺位。中国企业的研发投资虽已达到国内研发总投资的2/3，但企业研发投资不仅总量少，而且研发强度低，企业在研发投资上的比较优势完全是基于政府研发投资获得的。中国企业的研发人员虽有增长，但与发达国家相比仍有相当差距。企业研发的高层次人才匮乏，且流失严重。中国2800多家大中型企业中，拥有研发机构的只占到25%，75%的企业没有一个专职人员从事研发活动。就研发的产出指标——发明专利而言，中国企业的发明专利无论绝对数量还是相对份额都远远落后于发达国家。我国在低碳技术领域专利申请量前5名中，有4家是高校，仅有1家是企业。从1990—2009年，日本的丰田公司在全球公开的先进交通工具领域专利申请超过5000件，而同期中国的汽车厂商没有一家达到百件。从低碳技术创新的决策和风险承担来看，国有企业国有股一股独大的产权结构以及出资人所有权和法人财产权合一的产权制度导致企业缺乏低碳技术创新的自主权。

（2）低碳技术创新的动力不足。低碳技术创新离不开相应的激励机制，动力不足很难催生技术创新重大突破。一方面，企业的盈利目标可能是短期的而不是长期的，企业的短期盈利目标很难促使其放弃当前的利益而投资长远的发展。目前的经济发展模式与技术之间达成一种低效率均衡，开展低碳技术创新可能会打破原有的产业利益链，投入充裕的资金进行研发，配套相应的设施，改变原有的营销理念和盈利模式等。一系列的变化必然会给当期带来巨大的额外成本，以短期盈利为目标的企业不愿花费巨大的成本投入技术创新。另一方面，低碳技术创新存在着极大的风险，尤其对于一个尚未成熟的新兴产业来说，未来低碳产业发展前景的不确定性，

---

① 蒋建科，武卫政，廖文根：《用专利之尺量创新水平》，《人民日报》，2006年4月12日。
② 闫晓虹：《中国70%减排核心技术需进口》，中国新闻网，2010年6月27日。

单家企业进行投资将面临巨大的风险，未来收益能否弥补成本并获取可观收益以及创新项目能否成功都很难预测等不确定性因素将迫使企业放弃低碳技术创新。市场需求是低碳技术创新的内在动力，未成熟产业的重要特征是需求不成熟，即使低碳技术创新项目取得成功，也还将面临市场开拓的艰巨任务，进一步降低了企业低碳技术创新的激励。技术创新的不确定性，投资风险巨大，创新成果知识产权保护难度大等导致企业缺乏激励低碳技术创新的动力机制。

（3）低碳技术创新的能力薄弱。据统计，2005 年以来，中国低碳技术专利申请量呈现爆发式的快速增长。2004 年申请不足 1000 件，2006 年超过 3000 件，2008 年超过 6000 件，这充分显示了近年来中国在低碳技术领域蓬勃发展的态势，但是与发达国家相比，中国低碳技术专利总量仍然较少。如先进交通工具领域（主要是电动汽车），中国专利只占全球的 5%，碳捕捉与碳存储技术领域，中国专利只占全球的 8%。专利总量的差距，说明中国整体的技术水平与发达国家相比，还有比较明显的差距。低碳技术创新能否成功在很大程度上取决于研发能力的强弱，中国低碳技术研发能力由于存在诸多因素的限制而始终处于较低水平。首先，技术创新人才资源匮乏，包括核心的技术研发人员、优秀的技术操作人员以及具有良好素质和长远眼光的企业家。其次，低碳技术创新起点过低，整体科技水平落后。西方发达国家已经建立起较为成熟的技术创新体系，而在很多技术领域里中国才刚刚起步。低碳技术创新起点过低，攻克高端复杂的核心技术显得力不从心。最后，低碳技术创新的研发资金短缺。中国研发投入占 GDP 的比重在 1.5% 左右，与发达国家的 2% 左右、世界 500 强企业的 5%～10% 相比还有较大差距。

（4）具体技术创新领域存在障碍。以能耗技术来看，目前发达国家的综合能耗，也就是一次能源投入经济体的转换效率已达到 45%，而中国只能达到 35%，最近 2 年虽然有了很大的提高，但是整体来看还是比较落后，而且发展很不平衡。在电力行业的煤电整体煤气化联合循环技术、高参数超临界机组技术、热电多联产技术等方面，中国已经初步掌握了相关技术，而且近 2 年发展比较快，但在一些关键技术方面仍不太成熟，产业化也存在一定的问题。在可再生能源和新能源技术方面，大型风力发电设备、高性价比太阳能光电池设备、燃料电池设备、生物质能技术等与发达国家相比仍有较大的差距。在交通领域特别是在汽车燃油经济性、混合动力汽车的相关技术方面，中国企业虽然掌握了一定的先进技术，但是在比较短的时间内达到产业化仍有一定的难度。在太阳能研究和应用技术方面，中国的研究十分活跃并已形成一定规模的产业。但中国有关太阳能热利用的专利申请集中在太阳能集热器的构件、零部件、附件上，而国外的专利申请主要集中在太阳能建筑一体化或者太阳能的综合利用上。国外的技术多集中在整体系统上，而中国的技术多停留在零部件上，技术水平较低。说明在中国技术中核心技术少的趋势仍未改变。

3. **中国低碳技术创新的对策**①

低碳技术创新是一项复杂的系统工程，必须科学规划、统筹兼顾、重点推进、协调发展。当前，应重点在以下方面取得突破。

（1）明确企业创新主体。中国低碳技术创新能力不强的一个重要原因就是企业没有真正成为低碳技术创新的主体。首先，低碳技术创新的主体只能是企业。低碳技术创新是一项高投入、高风险、高收益的技术经济活动，客观上要求创新主体必须具备以下条件：必须是市场竞争的主体；具有一定的资金实力或融资能力；能够承担低碳技术创新中的各种风险。按照以上条件，只有企业才能成为低碳技术创新的主体。现代意义上的企业低碳技术创新主体的内涵体现在企业是低碳技术创新研发活动的投入主体、执行主体、技术成果产出和应用主体、风险承担和利益分配主体。其次，要真正使企业成为低碳技术创新的主体。第一，深化国有企业改革。国有企业要加快股份制改革的步伐，按照建立现代企业制度的要求，引入市场机制，改善资本结构，实行产权多元化，从制度上确保企业低碳技术创新的动力。第二，使企业成为低碳技术研发的主体。低碳技术创新活动主要应在企业进行，而不是在企业以外的科研机构和高等院校进行。科研机构和高等院校既不是市场竞争的主体，也缺乏资金实力或融资能力。第三，使企业成为低碳技术创新的投资主体。逐渐形成以企业为投资主体的多渠道的低碳技术创新投融资机制与体系，还要在促使企业逐年加大低碳技术开发投资、关键设备更新、加速科技成果转化的同时，鼓励企业加大低碳技术创新投资。第四，完善市场导向的低碳技术创新机制。对创新成果的评价要以市场为标准，着重考察研究成果是否能顺利转化、是否能实现产业化、是否能获得较大的市场占有率。

（2）完善低碳技术政策。要增列低碳技术创新支出预算项目。政府预算支出是低碳技术创新的根本保证。要确保低碳技术创新资金的稳定性和连续性，把低碳技术创新资金列入财政预算的支出范畴，把低碳技术创新资金作为财政的经常性支出，

---

① 王可达：《低碳技术创新的意义和路径选择》，《探求》，2011 年第 2 期，第 68 – 73 页。

为财政履行发展低碳经济职能提供制度保证。应在国家财政预算科目中单列低碳技术创新支出项目，并立法规定其支出的额度和增长幅度，确保国家在低碳技术创新方面的宏观调控力度。要建立政府低碳技术创新投资增长机制，通过立法形式确定一定时期内政府低碳技术创新投资占 GDP 的比例或占财政支出的比例。要完善投资主体投资低碳技术创新的政策。切实调动企业投资低碳技术创新的积极性：对企业低碳技术创新投资项目在贷款额度、贷款利率、还贷条件等方面给予优惠；对企业投资防污设备给予投资抵免、税前还贷、加速折旧等多种形式的支持；对企业低碳技术创新融资给予税收优惠；对低碳产业和有明显污染削减的技术改造项目进行贴息。要完善低碳技术创新的激励政策。在低碳新产品刚刚推向市场的初期，政府低碳采购是一种很重要的激励手段。为促进低碳技术创新，要制定具有可操作性的低碳采购制度。政府应定期公布低碳采购清单和数量，优先采购和使用符合低碳认证标准的产品。要发展低碳技术风险投资机构。要采取优惠政策，扶持一批低碳技术风险投资机构，承担低碳技术成果研究、开发和产业化过程中的风险，若低碳技术开发成功，投资机构可从企业利润中提取一定比例作为投资的回报。

（3）重点低碳技术领域。第一，清洁煤炭技术。根据预测，到 2020 年，煤电在中国发电量中的比重仍会占到 60% 以上。从世界和中国能源需求形势来看，国际能源署报告预测由于中国和印度经济的快速发展，全球煤炭需求将增长 73% 。对于减排的途径，市场上的趋势已经从开源（发展太阳能、风能等）逐渐转向了节流（工业领域的低碳改造）。这就意味着，如何高效率、清洁利用煤炭，将煤炭利用过程中对环境的负面影响尽可能降到最低，是未来发展的大势所趋。清洁煤技术的未来发展方向是 IGCC 和 CCS 的结合。目前，要大力发展清洁煤燃烧技术。加快洁净煤发电技术的试点工作。现在建设的示范工程，都是世界上容量较大的机组之一，在技术上还存在许多问题，造成了中国示范电厂迟迟不能试运营。要不断提高我国的机械制造能力。洁净煤发电机组对设备的制造水平要求极高，特别是 IGCC 机组必须采用燃气轮机。我国燃气轮机生产技术与世界先进水平的差距很大，严重阻碍中国洁净煤发电技术的推广和产业化的发展。要大力发展烟气净化技术，切实落实燃煤二氧化硫排放污染防治技术政策，新建、改建燃煤电厂，在建厂同时配套建设烟气脱硫设施，以满足二氧化硫排放总量控制的要求。第二，电动汽车技术。当前，要充分发挥政策先导的作用，降低消费者的购车成本，使消费者愿意购买电动汽车。电动汽车产业的财税扶持政策重心要向消费市场领域倾斜，可将财政补贴直接发放给消费者，以降低消费者的购车成本，增强电动汽车产品的竞争优势。也可通过购置税减免，引导消费者购买和使用电动汽车。要站在应对跨国汽车巨头严峻挑战的高度，加强城市电网、市政基础设施的全面规划，要通过制度安排，发挥国家电网主动参与电动汽车充电网络建设的积极性，加快电动汽车充电网络建设，使消费者在使用电动汽车时感到充电和加油一样便利甚至充电比加油更为便利，切实解决电动汽车充电麻烦的问题。大力支持具有创新能力的电动汽车企业做大做强，在尊重市场规律的基础上，发挥政策的先导作用，通过兼并重组实现资源的整合和优化，让优质资源向优质企业集聚。特别值得注意的是，电动汽车企业要特别关注外国公司在中国进行的电动汽车专利“跑马圈地”，避免DVD专利事件的悲剧在中国电动汽车行业重演。第三，可再生能源技术。可再生能源技术创新是我国面临的一个长期战略任务，要完善立法，制定中长期发展规划。由于制定发展规划的资源基础等工作不够扎实，特别是由于可再生能源是个新兴行业，形势变化较快，目前我国的规划还缺乏足够的科学性，因此，必须在完善法律的基础上，根据可再生能源发展的需要，科学规划，合理布局，并建立有效、独立的监管能力和法律实施效果评价机制，指导和保障产业的正常健康发展。要不断完善经济政策。各有关部门根据各种可再生能源发展目标、资源状况、技术开发和产业发展的实际情况，继续完善合理的可再生能源发电价格机制、具有可操作性的可再生能源发电配额细则、优惠的投融资机制，以及完整的规范、标准、检测认证体系和可再生能源发展基金办法等政策手段。此外，要加强基础研究和自主技术研发。基础性研究和技术开发是新兴产业保持持续竞争力的关键。必须加大对基础性研究工作的投入，为创新能力的培养提供条件，包括开展新能源人才体系、试验风电场、公共试验平台等利于基础研究能力提升的支撑体系建设，提高整体技术水平。第四，智能电网技术。中国国家电网公司计划分三个阶段逐步推进智能电网建设，到2020年全面建成智能电网，技术和装备全面达到国际先进水平。要加快制定智能电网设备标准。智能电网设备标准化框架可分成核心、通用和领域三大类，其中核心部分包括通信和安全，是整个智能电网设备标准化需要考虑的重点；通用部分包括电磁兼容EMC、设备安装、产品标识、鉴定、工程、设计等；领域部分包括发电、输电、配电等。要大力发展实体电网。实体电网是智能电网的物理载体。加大骨干电网建设尤其是特高压电网的建设，以构成科学的国家电网架构；实现大区域电网的互联，保证电网的协调发展，为实现大区域电网智能运营创造条件；加强地区配电网的结构优化及升级，构建灵活、可靠、坚固的配电网络，适应未来分布式电源、微网的柔性连接；积极采用成熟先进技术，使实体电网在架构上、技术上、装备上满足未来智能电网的需求。要改善智能电网装备。智能电网的装备不仅涵盖传统二次系统的测控、保护、安全稳定控制等装置，还包括传统一次系统的智能电器、静止补偿装置、固态开关、优质低价和高容量的储能装置等。应该鼓励和优先采用适用于未来智能电网建设所需和可用的智能电网设备。

（三）推进轨道交通建设

低碳交通理念的形成可以追溯到20世纪60年代。当时欧洲一些国家正面临着高速发展的汽车交通对城市中心发展造成的严重困扰，转变其城市规划和公共交通规划的策略势在必行。1963年，一研究小组向英国交通大臣提交了《城市交通》研究报告。该报告深刻地分析了英国城市的交通问题，其中涉及环境标准问题、机动车可达性问题和财政资源的可利用性问题。首次提出城市道路的建设和使用不仅要考虑承担交通流量的大小，更要与城市环境相协调。在关于道路的环境容量方面，提出对任何街道网都要规定一种环境标准（噪声、废气、不安全程度和不方便程度等方面），只有按照这一标准来确定容许通过的交通量，才能有效提高道路交通运行能力以及城市环境质量。1965年，德国政府的调查研究报告将交通发展与城市环境紧密相联，提出城市公路应该规划成环绕市中心或形成切线的形式。私人的交通流必须被引导出城市中心；市中心应该禁止小汽车通行或停泊，鼓励建设步行区。荷兰的一项研究数据表明，有30%～40%的私人小汽车的出行都不是必需的，完全可以被其他交通方式所代替。

交通运输部门是二氧化碳排放的主要来源之一。据统计，交通运输部门温室气体排放仅次于工业部门，美国占28%，欧盟国家平均为21%。在西方发达国家城市交通的发展历程中，几乎都经历了以小汽车为主导的传统发展模式。20世纪50年代以来，随着工业化的进一步深入，西方发达国家的城市因个人小汽车的发展，使得城市的水平延伸距离继续扩大，城市人口密度进一步降低。与此同时，城市化水平的高速提升，对道路交通的依赖也带来了城市交通的拥挤、秩序的混乱、停车场的不足、环境严重污染、交通事故繁多等一系列问题。而我国人口众多，土地、环境、能源三大资源相对西方国家的城市更显不足，在城市交通传统发展模式下，随着城市人口与机动车急剧膨胀，更加剧了三大资源瓶颈的制约作用，城市交通难以满足我国低碳城市建设的需求。在传统的以小汽车为主导的城市交通发展模式下，我国城市交通发展将面临环境、能源和土地三大资源的“硬约束”，城市交通既不能做到在自身发展的同时实现低排放，也不能满足城市化加速带来的庞大交通运输需求，更不能促进城市低碳经济发展，不可能满足我国低碳城市建设的需要。

1. **轨道交通的低碳经济特征**

与常规地面公共交通相比，城市轨道交通体现了明显的低碳经济特征：①运量大。私人小汽车运输能力为每小时 3000 人，公共汽车运输能力为每小时 6000 ～ 10000 人，而城市轨道交通的运输量为每小时 2 万～6 万人。城市轨道交通的运输能力是公共汽车的 3 ～6 倍、私人小汽车的 7 ～20 倍、自行车的 10 ～30 倍。②效率高。城市轨道交通运行速度在每小时 40 公里以上，一般是公共汽车的 1 倍以上，而且由于其具有准时性和直达性，大大缩短了人们的乘车时间，保障了人们的城市生活准时要求，相比其他交通方式具有更高的运输效率。③能耗低。从每公里每人次能源消耗量看，私人小汽车、公共汽车、城市轨道交通分别为 721 ～831 大卡、180 ～216 大卡、70 ～100 大卡，城市轨道交通仅为公共汽车的 1/2、私人用车的 1/8，具有明显的节能效果。④无污染。城市轨道交通是一种绿色的交通工具和清洁的运输方式。城市轨道交通采用电力驱动，运行基本无废气污染。⑤用地省。从人均占地面积来看，小汽车、公共汽车和城市轨道交通分别为 10 ～20 平方米、1 ～2 平方米、0 ～0. 5 平方米。城市轨道交通人均占地面积远远低于自行车、私人小汽车和公共汽车，这一点对人口众多、土地稀缺的我国城市的发展尤为重要。⑥噪声低。与常规地面公共交通相比，城市轨道交通线路单位运输量所产生的噪声小且集中，易于治理，通过现代技术手段可大大降低所产生的噪声。在人口集聚区城市轨道交通往往建于地面以下，因此对周边人们工作生活环境的噪声污染小。⑦优化城市布局。城市轨道交通占地面积比公路交通小，节约出的大片土地部分可用于规划建设轨道交通系统两侧的绿色走廊，有效改善了城市形象和布局，既美化了环境，改善了城区气候和空气质量，又涵养了城市地下水资源。

2. **加快城市轨道交通发展的对策**

当前，应当统筹兼顾，将解决城市交通问题、优化城市合理布局、促进城市低碳经济发展、实现轨道交通发展与低碳城市建设的协调和良性互动作为发展城市轨道交通发展的目标。一是加强宣传教育。通过媒体及行业协会的力量，借助各种渠道和各种活动进行低碳交通理念的宣传教育，培养全民减少化石能源消耗、减少二氧化碳排放量的整体意识。引导人们正确认识交通行为和方式，尤其应当对各级政府部门、规划设计部门进行系统的宣传教育，增强人们创造低碳、健康的生活环境的责任感和使命感。促使人们积极参与城市低碳交通建设，平时工作生活中尽量多走路、多骑自行车，多使用轨道交通等低碳交通工具等。二是制定城市轨道交通发展配套扶持政策。从国家到地方都应当明确我国大城市的交通将是以城市轨道交通为骨干的低碳交通体系，在轨道交通项目的审批、投融资、用地、税收、政府贴息和担保等方面出台系统化和长期有效的政策法规。三是建立城市轨道交通节能减排效益的激励机制。应鼓励在城市轨道交通行业利用清洁发展机制和相应排放贸易系统，将城市轨道交通发展带来的二氧化碳减排量进行交易，获取经济效益；同时也应出台相应的奖励措施，增加并不断完善对城市轨道交通节能减排效益的激励性制度安排，促进城市轨道交通领域低碳经济技术的研究开发和不断完善，加快我国城市轨道交通发展步伐。同时，完善相关交通能耗规范、制度和标准体系，建立健全有关交通节能减排方面的统计指标体系以及城市运输车辆准入与退出机制。四是注重城市轨道交通与其他交通的衔接。应对城市交通和对外交通进行综合交通运输规划，重点将城市轨道交通与外部快速轨道交通及对外交通枢纽有机地衔接起来。以城市轨道网为基础骨架，并通过对外快速轨道网向外辐射，逐步形成现代化的一体化城市轨道交通网络体系，同时要强化轨道交通与土地的一体化开发。要对轨道线周边用地性质进行适当的调整，实现土地使用与轨道交通建设捆绑式的综合性开发利用。

（四）不断增加森林碳汇

1. 森林碳汇的作用机制①

森林碳汇是指森林植物通过光合作用将大气中的二氧化碳吸收并固定在植被与土壤之中，从而减少大气中二氧化碳浓度的过程、活动或机制。地球上的绿色植物包括各种各样的高、中、低等植物，都能利用自身光合作用来吸收和储存碳素。保护和管理好现有森林，扩大森林面积、蓄积量、生物量和生长量，有利于充分发挥森林的碳汇作用，是控制和储存二氧化碳最直接、最有效的方法之一。森林是陆地生态系统的主体，储存了全球陆地生态系统地上80%以上的碳储量和陆地以下40%

---

① 王可达：《我国增加森林碳汇的对策研究》，《开放导报》，2011年第2期，第65－68页。

以上的碳储量。此外，农地、草地、沙地、沼泽地等都具有一定的碳汇功能，都能吸收和固定二氧化碳。各种植物的碳汇能力因其种类、生长速度、密度或株数、气候、土壤、海拔、地理纬度、地形、坡向坡度等不同而存在差异。陆地上植被与大气间碳交换 90% 以上是由全球森林完成的。同样森林土壤中的碳占全球土壤有机碳的 73%，森林土壤在全球碳平衡中也发挥非常重要的作用。森林碳汇功能在全球碳循环和我国碳汇中有着十分重要的作用，它比其他地类碳汇作用都大；破坏森林，改变土地利用，会明显减少森林的碳汇作用；热带林、速生林、混交林、多层次森林、生长量大的森林等森林碳汇作用更大；森林覆盖率、生物量、生长量和蓄积量越大，碳汇功能越强。根据研究，自 1981 年起到 2000 年止，我国工业碳排放总量达到132 亿吨，而森林生态系统抵消了同期工业总排放量的 22.6%，在未来 50 年里，如果面积不变，仅仅改善林分结构，增加密度，我国森林还可以增加 22 亿吨碳汇；如果按照林业规划到 2050 年森林覆盖率达到 28.4%，我国的森林碳库可以再增加 30 亿吨碳汇。森林碳汇的作用机制可分为直接作用机制和间接作用机制。前者包括碳吸收和碳保护，后者包括碳延伸和碳替代。其中，碳吸收属于增加森林固碳，碳保护与碳延伸属于固碳与减排的结合，而碳替代属于减排二氧化碳。碳吸收是指通过造林、再造林，退化生态系统恢复，建立农林复合系统，加强森林可持续管理等活动，实现森林植被和森林土壤等吸收二氧化碳的过程。表明增加森林资源可以增加碳吸收，但是同时应该考虑森林资源的可再生性和可持续性，应该考虑森林成熟和森林资源的合理采伐利用，才能保持森林碳汇吸收的最大化与可持续性。森林与陆地其他生态系统相比具有较高的生物量和生长量，是陆地生态系统的最大碳库，对维护陆地生态平衡、保护生态安全、防止生态危机发挥了决定作用。据联合国政府间气候变化专门委员会估算：全球陆地生态系统中约储存了 2.48 万亿吨碳，其中 1.15 万亿吨碳储存在森林生态系统中占 46%。研究表明，林木每生长 1 立方米，平均吸收 1.83 吨二氧化碳，放出 1.62 吨氧气。森林面积占全球面积的 27.6%，森林植被的碳储量约占全球植被的 77%，森林土壤的碳储量约占全球土壤的 39%，森林生态系统的碳储量约占陆地生态系统的 57%。全球森林对碳的吸收和储量约占全球每年大气和地表碳流动量的 90%。碳保护是指保护现有森林生态系统中储存的碳，减少其向大气中的排放。研究表明，我国目前森林固碳总量达到 78 亿吨。每增加 1% 的森林覆盖率，可从大气中吸收固定 0.6 亿～7.1 亿吨的碳。采伐利用后的木材及其产品是一个巨大的碳储存库，这个碳库的碳在林产品的寿命周期内不会被排放在大气中，这就是森林碳汇的延伸作用。只要木材及其产品不腐烂、燃烧，其固碳作用就会长期稳定地持续下去，固碳时间可达上百年。新疆胡杨林有“活着一千年不死，死了一千年不倒，倒了一千年不朽”的特点，固碳时间更长。据 IPCC 估计，目前木质林产品碳储量高达 423 亿吨，每年增加量 1.39 亿吨。碳替代包括能源替代和原材料替代。能源替代是指森林生物质不仅可以作为薪材，还可以用来发电。原材料替代是指用林产品替代化石能源或化石能源产品。

森林碳汇的优越性。森林碳汇与工业直接减排等其他措施相比，有其独特的优越性：①潜力较大、见效较快。目前，全球森林面积自 20 世纪以来每年约减少 0.2 亿公顷，相当于森林从大气中吸收和固定二氧化碳每年减少 48 亿吨。所以，《联合国气候变化框架公约》（以下简称《公约》）和《京都议定书》（以下简称《议定书》）要求促进可持续的森林经营、造林和森林更新来缓解全球的温室效应。森林经营和森林更新均可以在短期内大量增加生物量，甚至增加森林土壤的固碳量。②成本低，对经济增长影响小。在中国种植 1 公顷森林，每储存 1 吨二氧化碳的成本约为 122 元人民币，这与非碳汇措施减排每吨碳成本高达数百美元形成了鲜明反差。森林碳汇对经济增长影响较小。我国 2003 年能源消费中，煤的比重为 67.1%，天然气的比重为 2.8%。如果将煤的使用比重降低 1 个百分点，代之以天然气，二氧化碳的排放量会减少 0.74%，而 GDP 会下降 0.64%，居民福利降低 0.60%，各部门生产成本普遍提高，其中电力部门受影响最大，平均成本提高 0.60%；如果“气代煤”的比例为 5%，二氧化碳的排放量会减少 4.9%，而 GDP 会下降 2.0%，居民福利减低 2.0%，电力部门平均成本提高 2.4%。③森林碳汇的居民福利高。森林在固碳的同时，还发挥着森林的生态、经济和社会效益，这些效益与森林碳汇是协同效应，是森林额外增加的社会福祉和居民福利。

2. 中国增加森林碳汇的瓶颈

（1）森林碳汇的研究不够。对森林碳汇的研究不够，家底不清。我国对森林碳汇的研究，如对森林碳循环、碳汇、碳汇潜力等问题研究的投入不够，对家底还不十分清楚。尤其对森林碳汇的时空变化、碳循环的调控等研究不够，使我国在环境谈判中缺少技术支撑。同时，缺少从国家生态安全的高度考虑森林碳市场化和碳汇经济的发展。我国目前还处在森林碳汇项目的试点阶段，距真正的森林碳汇市场化和碳汇经济发展还有很大的差距。我们应该认真研究气候变化及有关公约对林业产生的影响，从战略高度把握气候变化给林业带来的机遇与挑战，尤其从国家生态安全角度考虑未来气候变化对林业的影响。此外，缺乏对森林碳汇项目及碳交易政策的研究。

（2）森林碳汇市场的复杂性。经过 10 多年的发展，森林碳汇交易已经成为全球温室气体排放交易市场的重要组成部分。但是，由于森林碳汇本身的特殊性，它只是一个具有巨大潜力的市场雏形，还远未具有完备市场的各种功能。如森林碳汇的需求是国际、国内或区域政策驱动的结果，因此，政府出台的各种政策对森林碳汇市场的导向性较强；森林碳汇服务的价格难以准确核算，导致其不能准确地反映市场真实的供求状况，也不能成为森林碳汇市场的信号；目前的森林碳汇市场属于典型的买方垄断市场，因缺乏有效的竞争机制使得资源难以实现有效配置；碳汇林经营比一般项目存在更大风险，导致森林碳汇的供给不足，难以实现森林碳汇市场有效运行。将森林碳汇市场发展为减缓全球气候变暖的一个有效便捷、功能完备的交易机制还有很长的路要走，而森林碳汇市场的健全需要政府发挥更积极的作用。

（3）森林碳汇的计量因素。清洁发展机制下造林、再造林项目主要根据碳汇林的固碳功能来抵消发达国家的减排量，因此，准确计算碳汇林的碳储量是进行碳汇交易的前提。准确计量森林碳汇不仅是全面开展以碳汇为目的的森林经营的基础，也是解释全球碳收支计量中存在的不平衡问题的关键因素。目前森林碳汇的计算方法有两大类：一类是与生物量密切相关的反映碳积累量的生物量清查的方法；另一类是利用微气象原理和技术测定森林二氧化碳通量，然后再将二氧化碳的量换算成碳的储量。第一类方法简单易行，但缺乏精度。第二类方法虽然弥补了第一类方法精度上的不足，但测量难度较大、费用较为昂贵，且不适宜在小范围内采用。因此，选择一种既操作简易又能确保精度的方法较为重要。在 CDM - AR 项目方式和程序中，森林活动引起的泄露广受关注，其实质是碳汇林建设过程中可能带来的负面效应，如由于碳汇林建设而导致国家和地区消减或取消原有的造林计划；森林经营过程中运送苗木、劳力、化肥及进行管理等往返于项目地点所使用的交通工具等消耗的燃料排放的温室气体等。林业碳汇泄露的原因有政策泄露、市场泄露、人为泄露和自然泄露。因此，碳汇林泄露判断的一个重大挑战就是判断泄露的原因以及产生的影响。

（4）林业产权制度存在缺陷。产权边界不清。实行分山到户的地方，“三定”（稳定山权、林权；划定自留山；确定林业生产责任制）过于匆忙，林权证明材料四至不清、内容表述不全、面积计算不准、填写粗糙、没有附图、边界模糊。产权主体虚置。集体所有的资源应该能以某种形式分解到每一位成员，并享有一定的自由度，即以有偿或无偿转让的形式进入或退出该集体，承担有限责任，拥有合作经济特征。然而，村组所有的产权实现形式，却是一种共有产权的特征，而且是一种无差异的共有产权，产权流转不规范。在依法、自愿、有偿的前提下，林地承包经营权人可采取多种方式流转林地经营权和林木所有权。然而，在一些地方刚刚完成的林权改革中，就出现了异常频繁的林权流转交易和倒卖等现象，金融支持缺乏。调查显示，41.82%的林农认为资金不足是开展林业生产的最主要困难。涉林贷款对象大多为大户林农和林业企业，没有惠及小林农；还款期限过短，无法满足林业生产的需要；涉林贷款成本较高。

3. **中国增加森林碳汇的主要对策**①

（1）构建森林碳汇市场。目前的重点是构建森林碳汇市场基本架构和森林碳汇市场运行机制。碳排放权交易市场。设立碳排放权交易所，并实施集中交易，交易所在遵守国家法律的前提下实行自律管理；森林碳汇提供者持森林碳汇交易许可证，向碳排放权交易所申请碳排放权交易商品并申请上市交易，碳排放权交易所在审查森林碳汇交易许可证后，按照许可证上载明的碳汇数量等信息，分配给许可证持有人相应的碳排放权交易商品，并将其挂牌上市交易。碳汇信用项目交易市场采取类似产权交易的项目挂牌交易的方式；交易所在遵守国家法律的前提下实行自律管理；国家通过政策、法律及其他手段，支持和保障碳汇信用项目交易所及其交易制度的运行。森林碳汇资产产权交易市场采取项目挂牌交易方式，森林碳汇资产产权拥有者在办理必要的手续后，可在森林碳汇资产产权交易所挂牌交易。森林资产与碳汇保险市场设立专门的保险公司或在现有保险公司设立火灾保险、干旱或雷电等自然灾害保险、病虫灾害保险等险种，甚至政治和政策损失保险、远期风险等险种。森林碳汇提供者互助基金，建议由政府部门或行业协会牵头设立森林碳汇提供者互助基金，确定缴纳起点标准和补助起点标准，森林碳汇提供者互助基金缴纳起点标准一般可按森林碳汇收入超过某一标准部分的一定比例计算。每一个市场都具有不同的效率，而森林碳汇市场效率的高低是市场诸要素之间相互联系、相互制约、相互协调的结果。森林碳汇市场的发展必须符合市场经济的适用性规律，需要供求机制、价格机制、竞争机制、风险机制来丰富森林碳汇市场运行机制的内涵。其中，价格

① 王可达：《我国增加森林碳汇的对策研究》，《开放导报》，2011 年第 2 期，第 65 - 68 页。

机制处于核心地位，森林碳汇市场要发挥作用必须通过价格机制来实现；供求机制是森林碳汇市场运行的保证机制，灵活的供求机制，可以反映森林碳汇价格与供求关系的内在联系，保证价格机制的形成，从而保证森林碳汇市场的正常运行；竞争机制是森林碳汇市场运行的关键机制，反映竞争与供求关系、价格变动等市场活动之间的有机联系，它同价格机制等紧密结合，共同发生作用；风险机制是森林碳汇市场运行的重要机制，森林碳汇项目的风险能够有力地促进产品创新、技术创新、管理创新以及制度创新。供求机制是价格机制形成的基础，也是竞争机制发挥作用的前提。有了供求机制，并且具备供给略大于需求这个条件，竞争机制才能发挥促进市场主体改善经营管理和提高经营绩效的作用。价格机制对供求机制、竞争机制和风险机制起着推动作用。价格机制能够有效地调节森林碳汇市场的供求关系，从而对供求机制发生产生作用。供求关系的变动又引起森林碳汇市场供给和需求主体竞争的展开，即对竞争机制发生作用。

（2）加强政府规划指导。森林碳汇项目的开发和建立离不开国际社会、组织的协调和各国政府的合作，在项目初期阶段尤其需要发挥政府的规划指导作用，要提供技术培训和具体引导。目前，我国碳汇参与者缺乏相关的知识，对于森林碳汇贸易项目开发与实施，迫切需要政府部门加强森林碳汇项目知识的传播，并提供各类相关技术培训，以提高交易者的参与水平。由于森林碳汇交易的国际性，在初期阶段碳信用交易中往往会涉及国家层面的谈判，现阶段我国的参与者很难胜任谈判工作，需要由政府林业主管部门承担信息收集和谈判工作。建议政府通过广泛宣传，加深公众对森林碳汇知识的了解，建立网络信息平台，发布最新的碳信用供求信息，并加强对相关森林碳汇基本理论的深入研究。要从国家生态安全的高度，研究确定碳汇项目区域布局。CDM 框架下的造林和再造林与一般意义的造林有很大的区别，这首先体现在造林地的选择上。选择什么样的造林地块，既要满足国际规则又要符合国家利益，还要考虑社区群众利益最大化。因此，需要确定林业碳汇项目的优先区域。碳汇意义下的造林，不仅要符合《议定书》的基本规定，更重要的是要考虑项目实际产生的碳汇的价值。研究显示，不同的地带，如热带、亚热带、温带、寒带等植被的生长状况和碳汇能力是不同的，林地条件的不同也导致了不同地带基线和额外性的重大差别。而且，根据目前国际上的不成文标准，一个碳汇项目是否能成功通过核准和认证，主要看其效益的多样性。因此，在确定我国造林与再造林的碳汇区域分布后，一个重要的工作就是选择适宜的树种并进行合理配置。要完善产权制度和法律规则。在我国已有的试点项目中通过政府与林农、社区以及林场的协调，较好地调和了产权问题。但是，今后的碳汇项目产权问题不能总由政府出面来解决，这样既不经济也不现实。完善的产权制度和法律规则是进行交易的前提和保障，清晰透明的市场制度、标准和规则能够降低交易风险，减少不确定性。由于森林碳汇是以森林资源蓄积为载体，所以，根本问题是对森林资源产权的明确界定，这就迫切需要政府根据我国的具体情况以及森林碳汇市场的特殊性，因地制宜地制定相关政策法规和产权制度。要建立碳汇项目风险保障机制，森林碳汇项目是一个投资大、周期长、程序复杂的国际性项目，特别在碳汇项目的初期，资金来源单一，未来收益不明确，建议政府优化投资融资环境，在政策上对森林碳汇项目的投资融资予以倾斜。将来的碳汇项目要和其他的行业竞争资金，由于森林碳汇项目自身的特点，在项目实施过程中蕴涵着各种各样的风险，有清晰明确的法律制度和政策可以减少一定的市场风险和政策风险。要发挥政府在市场运行中的作用，针对政府出台的各种政策对森林碳汇市场的导向性较强，应通过建立健全法律法规来加强对自身的监督，使政府在森林碳汇市场的运行中起到积极作用。针对森林碳汇服务价格难以准确核算的问题，应加强研究并建立科学的定价体系。针对目前森林碳汇市场是典型的买方垄断市场的问题，应加大排污费的征收力度或征收合理的碳税，增加排污单位对森林碳汇的需求，从而形成买方之间的竞争。

（3）完善碳汇计算方法。目前国内外应用最广泛的有三种方法：样地清查法、涡度相关法和利用遥感等新技术的模型模拟法。样地清查法是指通过设立典型样地，准确测定森林生态系统中的植被、枯落物或土壤等碳库的碳储量，并可通过连续观测来获知一定时间内储量变化情况的推算方法。主要分为三种：平均生物量法、平均换算因子法和换算因子连续函数法，三种方法都是在推算出生物量的基础上再乘以一个换算系数求得碳储量的方法，换算系数通常在 0.44 ～0.55 之间。平均生物量法是指基于野外实测样地的平均生物量与该类型森林面积来求取森林生物量的方法。优点在于直观明确、操作简便以及节约成本。平均换算因子法是指利用生物量换算因子（BEF）的平均值乘以该森林类型的总蓄积量，得到该森林类型的总生物量，这个方法的出现使得利用森林清查资料中的蓄积量推算生物量和碳储量成为可能。但是，某森林类型的林分生物量是随着林龄、立地、个体密度、林分状况等不同而变化的。因此，使用固定的 BEF 值得出的森林生物量和碳储量不够准确。为克服上述不足，学者们提出了换算因子连续函数法，将单一不变的换算因子改用为分龄级的换算因子，利用该法能更加准确地推算出大尺度的森林生物量和碳储量。涡度相关法是以微气象学为基础的一种方法。通量（flux）是一种物理学用语，指单位时间内通过一定面积输送的动量、热量和物质等物理量的数量，单位时间内通过单位面积界面所输送的物理量被称为通量密度（flux density），但是通常情况下把通量密度简称为通量。当仅考虑物质和能量在垂直方向上的湍流输送时，CO_2通量可以定义为在单位时间内湍流运动作用通过单位截面积输送的CO_2量，这时CO_2的垂直湍流通量（F_C）可以简化为用三维风速的垂直分量（w）和CO_2在大气中的浓度（p_c）的协方差表示，即：

$$F_C = w' p_c'$$

式中的$w' p_c'$可以理解为某时段内垂直方向通过单位截面积的CO_2量的平均值。其优点是观测时对下垫面植被及周围环境的干扰较小，能更准确直观地测定生态系统的CO_2通量，可实现对被测样地的连续观测且能在短时内获得大量数据，以及实现空间格局的大区域联网观测。但该法所用设备昂贵，对下垫面的要求较高，存在较多不确定性和误差。模型模拟法是通过数学模型估算森林生态系统的生产力和碳储量的方法，适用于推算在一个理想的条件下区域生物量及碳储量的变化情况，但基于数据缺乏或理想条件下的参数设定也存在缺陷。在国内外应用最广泛的三种碳汇计算方法中，样地清查法作为中国绿色碳基金造林项目碳汇计量与监测中唯一采用的估算方法，基于碳汇计量的透明性、可测定性、可核查性和成本有效性的综合考虑，该法的优势突出。但该法仍有待完善，应加强对森林的灌木层、草本层以及地下生物量等估算方法的研究，综合考虑森林碳汇的影响因素，建立完善的参数体系，明确活立木生物量和森林总生物量的关系。涡度相关法在降低成本，提高参数和数据有效性方面仍有较大的空间。模型模拟法提高了森林生物量和森林碳汇的有效性，但存在着尺度转换和模型本身的不确定性等问题。因此，三种方法各有其优势和局限，应根据实际情况选择某一种方法或将多种方法结合起来，提高计量的科学性。同时，针对碳汇林泄露问题，应该加大对碳汇林泄露计量、原因和影响的研究，实际上，最终碳汇林可交易的减排量等于碳储量与碳泄露之差。

（4）深化林业产权改革。良好的制度安排是经济发展的首要保证，而在制度安排中最重要的是财产权确定。要以法律形式巩固林改的确权成果。我国与林地有关的法律主要有《农村土地承包法》和《森林法》。按照前者规定，林地属于农村土地范畴，受其调整，但按照后者要求，林地同样属于森林资源，也受其调整。前者关注的是林地的经济效益，后者关注的是林地的生态效益，在立法价值上存在冲突，导致《农村土地承包法》一直无法真正应用到林地承包上。事实上，集体林地一直是作为森林资源归国家林业局管理，而不是归国土资源部管理，现行的集体林权制度改革也主要是由国家林业局主导。在确权改革的过程中，主管部门所依据的是中共中央国务院出台的相关文件而不是《农村土地承包法》。其实，《农村土地承包法》主要是针对耕地而制定，对林地并不具有太大的适用性。所以，当务之急是制定《集体林地承包经营法》。要加大金融支持力度。为解决集体林权制度改革的资金瓶颈问题，中国人民银行、财政部等联合下发了《关于做好集体林权制度改革与林业发展金融服务工作的指导意见》，该文件可在一定程度上缓解林农的资金压力，但能否从根本上解决问题仍需要实践的检验。问题的关键在于如何使林农借款的提供者——农信社等地方金融机构实现盈利，必须设计一种将林农的利益与金融机构利益捆绑在一起的科学机制。基于地方金融机构之所以对涉林贷款不热衷的主要原因在于对风险的担忧，建议将涉林企业、信贷机构、林农联合在一起，培育一种企业加信贷机构加林农的产业经营模式，发挥林木经营企业的专业力量，降低信贷机构的风险，让信贷机构的收益可以预期。要建设林业产权流转平台。目前，林业产权流转平台的建立工作正在有序开展，各省都在筹建自己的林业产权交易所。这标志着全国范围内的林业产权流转平台正在形成，意味着林业的经营正在由商品经营向资产经营与资本经营转变。建设林业产权流转平台必须注意解决交易费用、信息不对称、市场环境等问题。只有降低市场主体进入市场交易过程中由于制度因素造成的费用，才能吸纳各类生产要素进入林业产业。要加快推进林业信息化和电子政务工作，实现省、县、乡、村森林资源信息共享，使交易公开透明，形成有效的市场竞争，解决信息不对称的问题。对森林限额采伐、木材检验、运输、加工尤其是营销，要本着放活、规范、高效的原则，加大改革力度，消除市场壁垒。针对我国还没有一部林地流转的全国性法律法规，建议国务院根据《森林法》和中共中央国务院《关于加快林业发展的决定》，尽快制定《森林、林木和林地使用权流转条例》，规范现有的林权交易，将竞价拍卖、租赁经营、协商转让等方式都纳入其中。

（五）加强低碳制度建设

纵观世界各国由高碳经济向低碳经济转型的历史，可以更加深刻地理解法制保障在低碳经济发展中的重要作用。2008 年英国发布了全球第一部《气候变化法案》。

2009 年英国发布了《英国低碳转换计划》等一系列配套方案。日本近年来不断出台重大政策：2008 年日本发布了《面向低碳社会的十二大行动》；2009 年日本公布了《绿色经济与社会变革》的改革政策草案。美国参议院于 2007 年提出了《低碳经济法案》；2009 年美国众议院通过了《美国清洁能源安全法案》。澳大利亚于 2008 年发布了《减少碳排放计划》政策绿皮书。可见，利用法律法规为发展低碳经济保驾护航是一条重要的国际经验。党的十八届三中全会通过的《中共中央关于全面深化改革若干重大问题的决定》强调：建设生态文明，必须建立系统完整的生态文明制度体系。目前，构建推动低碳技术创新的专利制度安排特别重要。

1. 我国现行专利制度存在的主要问题

专利制度是激励低碳技术创新的重要手段，专利制度是有效配置低碳创新资源的重要条件，专利制度是实现低碳技术创新成果产业化的关键因素。但是，我国低碳技术领域的专利存在明显不足：我国低碳技术专利总量仍然较少。如先进交通工具领域（主要是电动汽车），我国专利只占全球的 5%，碳捕捉与碳存储技术领域，我国专利只占全球的 8%。高校和科研单位申请多、企业申请少，特别是研发能力突出、专利申请量大的企业少。尽管国内低碳技术专利申请量增长很快，但是我国申请人向其他国家提交的申请量非常少。以燃料电池为例，1985—2009 年，我国向美、欧、日、韩 4 个国家和地区提交的燃料电池领域申请总量不到 200 件，占这 4 个国家和地区受理总量的比例不足 2‰，缺乏低碳核心技术。在我国所有专利中，发明专利占比过半，专利申请质量不容乐观。我国专利申请多集中在科研单位，企业专利申请零散，说明我国企业在低碳技术领域研发能力不足，与国际先进企业相比还有不小的差距。我国现行专利制度存在的主要问题：第一，专利的审批时间过长。我国《专利法》对专利申请采用先期公布、延迟审查制，即专利自申请日开始满 18 个月后就例行公布，随后根据申请人的请求再进行实质调查，从申请人提出的实质调查到调查结束一般不超过 30 个月。根据这一程序，一项专利从申请到授权的法定时间大约需要 4 年，但由于现有的专利检索能力和审查人员不足，一项专利获得授权的实际时间为 5～6 年。专利制度形成的根本目的就是提高创新收益，激励创新和加快创新的速度，而专利审查却需要创新者花费大量的时间，直接导致创新收益的下降和创新风险的增加，打击创新者进一步创新的积极性。第二，对申请发明专利的奖励力度不够。与实用新型、外观设计的专利申请相比，发明专利申请的比例一直较低，发明专利申请比例较低在很大程度上是由《专利法》对发明专利的奖励力度不够造成的。根据我国《专利法》的规定，对成功申请发明专利的个人，可以给予不少于2000元的奖励，对成功申请发明专利的企业，可以允许把用于对发明专利申请有突出贡献的职务人员的奖励计入会计成本，这些奖励与我国各种科技成果动辄上万元或者几十万元的奖励相比明显偏低。中国社会科学院调查表明，有57.3%的科技人员认为申请发明专利不如申请科技奖实惠；有53.6%的科技人员认为获奖比取得专利权光荣。第三，缺乏专利成果转化的保障机制。根据世界银行统计，中国科技成果转化率平均只有15%，而专利转化率也仅为25%。我国专利成果转化长期偏低有三个方面的原因：一是我国没有设立专利成果转让的评估机构，导致专利成果转化的双方难以科学地确定成果的价值。二是专利成果转让的信息渠道不顺畅，这种不顺畅不仅表现为公众对专利技术了解的匮乏，还表现为公众对专利技术的不信任。三是我国还没有建立专利成果转化为永久性的交易场所，导致专利成果的供给方很难发现专利成果的需求方，而专利成果的需求方也很难发现专利成果的供给方。第四，维权程序较为复杂。按照我国《专利法》规定，专利权人发现他人涉嫌侵犯了自己的专利权，有三种维权的途径：第一种是主动与侵权人协商，要求侵权人停止侵权行为，赔偿经济损失。如果双方协商比较顺利，专利权人还可以通过签订许可协议的方式允许被许可人（以前的侵权人）交纳使用费后在许可协议约定的范围内继续使用该专利。第二种途径就是到当地知识产权局管理部门举报，要求查处侵权行为。知识产权局受理举报后，可对侵权行为进行实地调查，认定是否已经构成了侵权，如果认定侵权，有权责令侵权人立即停止侵权行为，如果侵权人不服可以到法院通过行政诉讼起诉知识产权局，现实中要经过法院的一审和二审程序，一般情况下要经过8个多月的时间才能有最终的结果。第三种途径就是直接到法院起诉侵权人，请求法院依法认定侵权人构成侵权。一般要经过一审和二审程序。因此，构建推动我国低碳技术创新的专利制度安排迫在眉睫。

2. 构建推动低碳技术创新的专利制度安排

第一，低碳技术专利申请的加快审查制度。为加强对低碳技术创新的保护，英国、美国、日本、韩国等均采取了加快审查或者优先审查的方式。由于专利申请的程序较为复杂且比较耗时，从提交申请到获得专利往往需要几年的时间，造成专利申请的大量积压和先进技术的闲置，甚至使专利申请对专利制度失去信心。为了使致力于绿色技术的企业及早获得专利，加速环保产品和服务上市的进程，发达国家纷纷针对绿色专利设立特别的程序，加快对绿色专利的审查。① 英国是应对气候变化的先行者。作为英国应对气候变化的方案之一，英国知识产权局于 2009 年 5 月 12 日宣布，自宣布之日起实施一项新的措施，即申请人的发明若属于应对气候变化的绿色技术，则可以进入绿色通道加速审查。申请人需要以书面形式证明其发明绿色技术或环境友好型技术，并提出申请加速的程序；检索、检索与审查合一、公开和审查。申请将由专利审查员进行评估，核准通过的进入绿色通道处理申请，未核准通过的仍按常规方式处理。目前，英国一般的申请案平均耗时 2 ～3 年才获得专利，而通过绿色通道最快 9 个月可获得专利。美国专利商标局自 2009 年 12 月 7 日起试行低碳技术专利申请加快审查项目，主要针对下述三个方面的发明专利申请：对可再生能源的改进；有利于更有效地利用和节约能源的技术；有利于温室气体减排的技术。建议我国设立加快审查制度，对于涉及低碳技术的专利申请，允许专利申请人可以请求对于涉及低碳技术的专利申请予以加快实质审查和优先复审审查，以较短的审查周期获得授权。

第二，低碳技术专利的激励制度。本文认为，低碳技术专利的激励制度应该从低碳技术专利申请的资助制度开始。按照《专利法》，在国内单纯申请我国专利时所需要交纳的各种费用最多就有 12 个大类、30 个小类，各种费用都有各自的交纳期限和金额，申请人如果不能按时交纳或者交纳的费用不足，超过一定的期限就可能导致提交的专利申请被作废。这样本来是简单的收费问题就被法律塑造成了能够直接决定申请人能否获得专利权以及能否保住专利权的关键一环。这样，专利申请所包含技术含量的高低，以及这种技术可能给社会带来的经济效益和科学技术进步的贡献都变得无关紧要。这种收费制度在一定程度上把申请人申请专利的行为演变成了申请人用钱购买审查机关出售审查服务的买卖合同行为，而且在这种合同之上又附加了审查机关享有的特殊权力。按照现有的法律规定，申请人如果不能按照要求或者审查员的通知按时足额地交纳全部被要求交纳的费用，审查机关不但不给予提供审查服务，而且还可以依据自己掌握的法定权力宣布申请人的申请被视为撤回或者丧失了相应的权利，因此这与一般的买卖合同又不相同，买方不能按时足额地履行买卖合同时还会受到来自卖方的法律制裁。这种收费制度既不合理，也不公平，

---

① 何隽：《从绿色技术到绿色专利——是否需要一套应对气候变化的特殊专利制度?》，《知识产权》，2010 年第 1 期，第 37 –41 页。

更不科学。科学的做法应该是把需要正常交纳的费用进行合理地归纳并进行集中交纳，取消一些过于繁杂的交费内容和环节，以节约申请者的时间和费用，提高我国专利授权的效率。此外，我国目前专利费用资助制度包括两类：国家知识产权局实施的针对交费确有困难的专利申请人或者专利权人的普遍减缓制度；地方政府实施的针对本地专利申请人或者专利权人的专利费用无偿资助制度。前者伴随着专利制度得以建立，后者从 1999 年开始试行，目前已经为绝大多数地方政府普遍实施。国家知识产权局在 2008 年 1 月 21 日下发《关于专利申请资助工作的指导意见》，使地方政府实施的专利费用无偿资助制度得以完善。财政部于 2009 年 8 月 28 日下发《资助向国外申请专利专项资金管理暂行办法》，对向国外提出的专利申请加以资助。低碳技术代表了未来先进技术和经济模式的发展方向。建议借鉴向国外提出的专利申请的资助制度，实施低碳技术专利申请的专项资助。建议加大低碳发明专利成果转化后发明人的税后利润提成比例。根据我国的规定，发明专利成果允许他人实施的，发明人可以提取 5%～10% 的税后利润作为奖金；根据 1996 年科技部关于促进科技成果转化的若干规定，科技成果允许他人实施的，实施企业可以提取 20% 的税后利润用于奖励发明人。有必要把低碳专利成果转让后发明人应得的税后利润奖金的比例由 5%～10% 提高到 20% 。

第三，低碳专利成果转化的保障制度。较低的专利成果转化率不仅浪费技术创新的成果，而且还严重地挫伤了申请者对专利的申请热情，为了激励专利的市场化速度，我国应进一步完善专利成果转化的市场机制：建议设立专利成果转让的评估机构。我国应在专利局之外设立一个独立的专利成果评估机构，该中介机构必须秉承公正、客观的原则，正确地对专利成果进行定价，使交易双方能够顺利地达成交易。建议加大对专利技术的宣传力度。为了使交易双方对专利技术进行了解并顺利达成交易，我国要通过媒体、网络等手段加强对专利技术的宣传，使公众广泛参与，加强公众对尚未转化的专利成果的了解。

第四，简化低碳技术专利的维权程序。我国专利维权程序比较复杂，特别是在上述维权程序的第三种途径中，按照现有法律规定，在起诉之前以及诉讼过程中，被侵权人可以向法院申请诉讼禁令（即禁止侵权人继续实施侵权行为的法院裁定）、财产保全和证据保全，通过这三种方式帮助被侵权人免受进一步的侵害，获得证据和实际获得赔偿，因此这种规定对被侵权人是有利的。但是，法律同时规定，诉讼中侵权人有权在一审答辩期间先向国家专利复审委员会申请该专利无效，并依次要求法院先停止对侵权案件的审理，这样对于这一专利权本身是否有效的问题已经受理了侵权案件的这一个法院却无权进行审理，只能等待别的法院先作出生效的判决。按照规定，复审委员会审理后，如果当事人不服，还要经过北京市第一中级人民法院和北京市高级法院的两次审理和判决才能最终确定该专利权是否真正有效，这样判定专利权本身是否有效就需要另外花费大约 12 个月以上的时间，需要先后打 3 场诉讼。3 场诉讼完成后再回到侵权诉讼案件中还需要 2 场诉讼，这 2 场诉讼一般需要花费 8 个多月的时间。这样，专利权人需要 5 场诉讼，花费 20 个月的时间。这种程序虽是法律明文规定，但显然是对专利权人不利的。因此，建议设立低碳技术专利的简易维权程序，减少专利权人的维权成本。

第八章　加快转变社会治理方式

社会治理是社会建设的重大任务，也是国家治理的重要内容。加快转变社会治理方式是适应社会发展变化的必然要求，是加快转型发展的战略举措。它对于提高社会治理科学化水平，推动社会主义和谐社会建设具有重大而深远的意义。近年来，我国在转变社会治理方式方面作了积极的探索，取得了重大成绩，积累了宝贵的经验。但是，对社会治理重视不够、投入不足、工作不到位的现象仍然比较突出，社会治理与现代化建设还不相适应。因此，应当从战略和全局的高度重视和加强社会治理，以改革创新的精神加快转变社会治理方式。转变社会治理方式包括转变思想观念、改革社会体制、创新社会治理模式、改善社会方法等多方面内容。其中最重要的是改革社会体制、创新社会治理模式。为了适应社会发展变化，社会治理主要应从重政府管理、轻公众参与向政府负责和社会参与转变；从重管制、轻协商向更加重视协商和共同治理转变；从重行政手段、轻法律道德等手段向依法管理和综合运用多种手段转变。这种转变，实质是社会治理领域的改革创新。加快转变战略任务，就是要形成新的社会治理方式，不断提高社会治理的科学化水平。应当充分认识加快社会治理方式转变的重要性和紧迫性以及它的艰巨性和复杂性，毫不动摇地加快转变社会治理方式。

一、转变社会治理方式的重要性和紧迫性

社会治理的本质是对人的管理和服务。我国社会治理的基本任务是协调社会关系、规范社会行为、解决社会问题、化解社会矛盾、促进社会公正、应对社会风险、保持社会稳定。新中国成立以来，特别是改革开放以来，党和国家在社会治理方面进行了不懈的探索，经历了从加强社会治理到提高社会治理水平、从提高社会治理水平到创新社会治理体制的逐步深化过程。过去，在党和政府的文件中没有使用社

会治理这一概念，通常是用社会管理的提法。中央十八届三中全会明确提出创新社会治理体制、提高社会治理水平的新部署和新要求，充分体现了党的群众路线，体现了对社会治理认识的升华，体现了党领导下多方参与、共同治理的主张。

转变社会治理方式，应当加强和改进党的领导，更好地发挥政府作用，积极鼓励和大力支持社会各方面参与，从传统的社会治理转向时代发展所要求的社会治理。

（一）适应社会发展变化的必然要求

随着改革开放的不断深入和社会主义市场经济的不断发展，我国社会发生了广泛而深刻的变化。这种变化集中体现为“四个深刻”和“两个前所未有”，即经济体制深刻变革，社会结构深刻变动，利益格局深刻调整，思想观念深刻变化；发展机遇前所未有，风险挑战也前所未有。胡锦涛同志深刻指出：“当代中国正经历着空前广泛的社会变革。这种变革在我国发展进步带来巨大活力的同时，也必然带来这样那样的矛盾和问题。”① 事实表明，工业化、城镇化、信息化、市场化、国际化的深入发展，使我国社会实现了由封闭到开放的历史性转变。对我国而言，这种转变创造了难得的发展机遇，同时带来了诸多可以预见和难以预见的风险挑战。

改革开放近四十年来，我国社会发展变化主要表现为如下十个方面：一是社会的开放性、流动性明显增强，人流、物流、资金流、信息流不断加快；二是城乡结构、人口结构、就业结构、阶层结构发生了很大的变化，人们的利益格局也随之深刻变动；三是不同阶层、不同群体收入差距过大，城乡之间、区域之间经济社会发展差距仍然很大；四是流动人口的规模越来越大，目前我国已经有 2 亿多流动人口，其中大部分是由农村流向城镇的人口，人口老龄化越来越明显，老年人口已近 2 亿；五是互联网、手机等新兴媒体广泛使用，我国已经拥有 6 亿多网民、8 亿多手机用户；六是各种社会组织相继出现，特别是新经济组织和新社会组织迅速增加；七是越来越多的“单位人”变成“社会人”，社区和公共场所成为他们的主要活动区域，其中许多人没有工作或已退休；八是虚拟社会已经形成且迅速扩大，虚拟社会与现实社会联系更加紧密；九是境外来华人员越来越多，境外非政府组织来我国活动日益频繁，我国出国定居或旅游、经商、留学的人越来越多；十是思想观念发生深刻

---

① 胡锦涛：《在庆祝中国共产党成立 90 周年大会上的讲话》，《人民日报》，2011 年 7 月 2 日。

变化，人们的参政意识和权利意识日益增强，同时集体观念淡薄、公德意识弱化、极端个人主义等现象明显抬头。

上述变化，使我国社会治理任务越来越繁重，难度也越来越大。可以说，当代中国社会治理面临的风险挑战世所罕见，艰巨性和复杂性也世所罕见。能否治理好近 14 亿人口构成的社会，是对我们党执政能力以及政府施政水平的重大考验。尽管近年来我国在社会治理方面进行了许多改革和探索，取得了很大的进展，然而现行的社会治理方式仍然带有一些计划经济时期的色彩，明显滞后于经济体制改革，明显滞后于社会发展变化。近年来，各级政府在社会治理方面做了大量工作，取得了重大进展，收到了明显成效。但是，由于管理方式滞后和治理体制的制约，迄今为止，政府仍然管了许多不该管、管不了、管不好的事，没有把该由市场管的事交给市场和社会。同时，政府该管的有些社会事务又没有管好，或者管理不到位。在社会治理的实际工作中，传统的方式较多，新的方式较少；管治较多，服务较少；对体制内的人管得较多，对体制以外的人管得较少。政府揽得过多、社会参与积极性不高的现象没有根本改变，尤其是基层社会治理仍然相当薄弱，对新的社会组织、社会领域如何管理缺乏经验。总之，社会治理方式与社会发展变化不相适应的问题日益突出。要解决这些问题，实现新形势下社会治理的突破，必须加快转变社会治理方式。正如中共中央政治局会议所指出的那样："随着实际情况的变化，社会治理理念思路、体制机制、法律政策、方法手段等方面存在很多不适应的地方，解决社会治理领域存在的问题既十分紧迫又需要长期努力。"①

（二）切实维护社会安定的必然要求

总的来看，我国的社会大局是比较稳定的。人心思安定、人心思和谐、人心思发展是社会的主流，经济持续快速发展也为社会和谐稳定创造了有利条件。但是，影响社会和谐的因素大量存在，维护稳定的形势比较严峻。

从国内来看，社会矛盾易发多发。我国正处于社会转型期，也是社会矛盾凸显期。由于历史遗留问题与改革发展中的问题相互交织，也由于管理体制的弊端和工作上的缺陷，引发了大量社会矛盾，出现了不少群体性事件。在国有企业改制、农村土地征用、城市房屋拆迁、涉法涉诉等领域，社会矛盾比较集中。因劳资纠纷、

① 《人民日报》，2011 年 5 月 31 日。

医患纠纷、环境污染等问题引发的社会矛盾明显增多。由于社会贫富差距拉大和管理不到位等原因，刑事案件立案数居高不下，不少地方社会治安状况不容乐观。面对激烈竞争、生存压力和消极腐败现象，一些失意群体对社会的不满情绪逐渐滋长。有的人在困难挫折面前自寻短见，有的人以极端手段报复社会。此外，近些年在新疆、西藏等地还出现“打、砸、抢、烧”等严重暴力事件，在国内外产生了恶劣影响。凡此种种，说明社会矛盾和社会冲突直接影响社会和谐、危及社会稳定。应当说，这些社会矛盾和社会问题是我国发展阶段性特征在社会治理领域的集中体现，同时也暴露出社会治理方式存在的一些深层次问题。习近平总书记指出：“新形势下我国国家安全和社会安定面临的威胁和挑战增多，特别是各种威胁和挑战联动效应明显。我们必须保持清醒头脑，强化底线思维，有效防范、管理、处理国家安全风险，有力应对，处置、化解社会安定挑战。”① 这个论述具有重要的指导意义。

从国际上来看，我国面临重大挑战。随着经济全球化的日益深化，国际环境不稳定、不确定的因素增多，两种社会制度、两种社会意识形态之间的较量更加激烈。事实表明，国际敌对势力出于自身利益的考虑，不愿看到中国不断发展强大，他们千方百计对我国实施西化、分化的战略。一些境外非政府组织打着“维权”的旗号，插手我国的敏感问题、突发事件；还有一些境外敌对势力利用各种手段，对我国进行渗透破坏；境外一些别有用心的人利用我国经济社会发展中遇到的矛盾和问题，肆意炒作，无限放大，煽动群众对抗党和政府。显而易见，他们对我国的所作所为是别有用心的，应当引起我们的高度警觉，并采取必要的措施积极应对。此外，还应当看到，随着世界经济一体化的进程的加快，国内与国际的联系日益加强，传统安全与非传统安全因素相互作用明显加强，虚拟社会与现实社会的相互影响不断深化。这些新的特点和新的变化，对我国的社会治理提出了许多新的重大课题。因此，面对国际国内形势发展的新特点和我国维护稳定的新形势，我们应当居安思危，增强加快转变社会治理方式的紧迫感和使命感。

（三）加快转变经济发展方式的必然要求

加快转变经济发展方式，是推动科学发展的必由之路，是我国经济社会领域的一场深刻变革。党的十八大报告明确指出：“以科学发展为主题，以加快转变经济

---

① 《习近平谈治国理政》，外文出版社，2014 年版，第 202 页。

发展方式为主线，是关系我国发展全局的战略抉择。”① 这种转变的目的，就是要适应国内外经济形势新变化，加快形成新的经济发展方式，从而促进经济又好又快地发展。加快转变经济发展方式涉及许多方面，包括发展理念的变革、模式的转型、路径的创新。可以说，它是一种综合性、系统性、战略性的转变。要实现这种转变，必须坚持改革创新。因此，加快转变经济发展方式必须贯穿经济社会发展全过程和各领域，坚持在发展中促转变、在转变中谋发展，实现更高质量、更有效率、更加公平、更可持续的发展。转变经济发展方式内容丰富、任务繁重，必然要求加强和创新社会治理。因此，要按党和国家的决策部署构建全民共建共享的社会治理格局，提升社会治理能力和水平，激发社会活力，促进社会和谐。从一定意义上来说，加快转变社会治理方式与加快转变经济发展方式是相互贯通的。社会建设的重点是保障和改善民生，而民生一头连着民利和民心，一头连着内需和发展。保障和改善民生，既是经济建设的根本目的，又是经济发展的有效途径。搞好以民生为重点的社会建设，不仅可以显著提高人民群众的生活水平，而且可以扩大内需、增加就业、拉动经济发展。

实践证明，经济发展与社会发展是相互联系、相互制约的。经济发展方式的转变，必然要求社会治理方式作出相应的转变。这是推动上层建筑适应经济基础的必然要求，也是促进经济发展和社会稳定的战略举措。改革开放以来，我国的社会建设取得很大成就，但从我国的实际情况来看，社会建设滞后于经济建设的问题却没有很好地解决。在经济、社会、政治、文化诸项建设中，社会建设是一块“短板”，而社会治理又是社会建设中最明显的“短板”。陆学艺等学者研究认为：“在纷繁复杂的矛盾中，经济发展和社会发展不平衡、不协调应当是当前中国社会面临的突出矛盾和问题。”在深入研究中国社会结构深刻变化的基础上，他们作出了这样的判断：“当前中国的社会结构滞后经济结构约 15 年。”② 目前，加快转变经济发展方式已经迈开了较大的步伐，不少地方已经取得了实质性进展，而社会治理方式的转变却迟迟没有跟上。我国面临的社会矛盾这么多、社会问题这么复杂，如果不高度重视社会建设，不加快转变社会治理方式，经济发展就难以为继。因此，我们应当像抓经济发展方式转变那样，毫不动摇地加快转变社会治理方式，不断提高社会治理

---

① 胡锦涛：《坚定不移沿着中国特色社会主义道路前进，为全面建成小康社会而奋斗》，中国共产党第十八次全国代表大会上的报告。

② 陆学艺：《当代中国社会结构与社会建设》，《学习时报》，2010 年 8 月 30 日。

科学化水平。如果这个问题解决得不好，不仅会影响社会和谐稳定，同时也会拖经济建设的后腿。许多国家的经济表明，经济发展并不能自动带动民生改善和社会进步。改革开放以来，我国发展的实践也表明，加强社会建设，既是社会和谐稳定的重要保证，也是经济持续发展的必然要求。经过多年的建设和积累，我国已经基本上具备了加快社会建设的条件。因此，我们应当按照科学发展的要求，在推动经济建设的同时，着力加强社会建设，推动经济社会协调发展。而要做到这一点，就必须破除社会领域的体制机制障碍，加快转变社会发展方式。

二、转变社会治理方式的主要动力

改革创新是社会发展进步的必由之路，也是加快社会治理方式转变的强大动力。发展需要转变，转变必须改革。转变社会治理方式是提高社会治理科学化水平的必由之路。实践表明，社会领域内体制机制不合理是制约转变社会治理方式的最大障碍。因此，转变社会治理方式必须深化社会体制改革。党的十八大提出了加快推进社会体制改革的战略任务，作出了加强和创新社会治理的战略部署。加快转变社会治理方式，必须通过改革创新才能实现。改革创新的主要目的就是要解决现行社会治理体制中存在的问题，加强源头治理、注重标本兼治，增强社会治理能力，建立健全中国特色社会主义社会治理体系，确保社会既充满活力又和谐稳定。

（一）进一步转变政府职能

这是加快转变社会治理方式的重要前提，也是行政体制改革的核心。因此，必须继续深化行政体制改革。党的十八大报告提出了今后一个时期行政体制改革的目标要求，即“要按照建立中国特色社会主义行政体制目标，深入推进政企分开、政资分开、政事分开、政社分开，建设职能科学、结构优化、廉洁高效、人民满意的服务型政府”。经过三十多年的改革开放，政府职能转变取得了长足的进展，但是仍存在“越位、错位、缺位”的问题。形势的发展，迫切要求政府继续转变职能，主要应实现四个方面的转变，即政府职能应当向创造良好发展环境转变，向提供优质公共服务转变，向注重维护社会公平正义转变，向实行科学化公共治理转变。

显然，政府职能转变的范围很广、要求很高、任务很重。从加快转变社会治理的角度来看，转变政府职能的核心是处理好政府与社会的关系，其途径是继续简政放松，其目的是充分调动社会各方面的积极性，促进和谐社会建设。

为了加快转变政府职能，应当深化行政审批制度改革，把简政放权真正落到实处，把更多的人力物力和财力投入公共服务和社会治理。为此，应当推进以下几个方面的工作：一是创新政府服务方式，建设服务型政府，在管理中体现服务，在服务中加强管理。要坚持以人为本的施政理念，实施人本管理，以服务人民为根本宗旨，着力发展社会事业和改善民生。二是属于社会公共领域的事务，公民、社会组织承担不了的，市场机制也不能解决的，政府必须努力解决，并且要坚决管住、管好。三是把适合或可以通过市场、社会提供的公共服务，以适当的方式交给社会组织、中介机构、城乡社区等基层组织承担，引进竞争激励机制，以扩大公共服务的供给，并降低服务成本，提高服务质量和效率。四是减少政府对微观经济运行的干预，把那些政府不该管、管不好、管不了的事项转移出去。公民法人或其他组织能够自己办的，就让他们去办。市场机制能够有效调节的，就让市场去调节。行业组织和中介机构能够自我管理的，就让它们自己去管。需要指出，转变职能并不是政府要推脱责任，而是要更好地履行职能，建设服务型政府。温家宝同志指出："把应该由社会和市场发挥作用的真正交给社会和市场。"同时"要进一步转变政府职能，加强公共服务职能，加快健全覆盖全民的基本公共服务体系，推进基本公共服务均等化。在社会事业特别是涉及基本民生，包括就业、社保、教育、文化、医药卫生等，都要建立健全保障人民基本需求的制度，这是政府义不容辞的责任"①。所有这些，需要从体制机制、政策措施、素质能力等各方面着力推进，狠抓落实。

（二）推进社会治理社会化②

这是转变社会治理方式的一个重要方向，也是提高社会治理科学化水平的必由之路。事实表明，社会治理领域的任务极其繁杂，问题层出不穷，要在发挥好党委领导、政府主导作用的同时，激发社会自治、自主、能动力量，让社会治理中的问题由社会力量来解决。

社会化原是一个社会学范畴，指的是人的社会化，即自然人成长为社会人的过

---

① 温家宝：《关于发展社会事业和改善民生的几个问题》，《求是》，2010年第7期。

② 笔者于2009年提出了推进社会治理社会化的观点，此后发表了一些与此有关的文章。参见王永平：《社会治理体制应当"社会化"》，《广州日报》，2010年3月2日。

程。本文讲的社会化是相对于行政化而言的，是社会组织和社会公众参与社会治理的过程。社会治理社会化主要是指社会事业社会办、社会事务社会管、社会成果社会享。根据我国的国情，加快转变社会发展方式必须在党的领导下，由政府负责，调动社会各方面的力量，共同参与社会治理。需要指出，这种社会化，不是要摆脱党的领导，而是要加强和改进党对社会治理的领导；不是要否定政府的主导作用，而是要更好地依法履行政府在社会治理方面的职能。通过社会化的管理，从根本上改变政府包揽过多、不堪重负的现象，同时也要从根本上解决有些社会治理领域无人抓、无人管的问题。

社会治理社会化主要体现在治理主体多元化、治理政策公平化和参与方式多样化等方面。治理主体多元化，就是要按照党的十八大报告提出的“加快形成党委领导、政府负责、社会协同、公众参与、法治保障”的社会治理体制的要求，在党委领导下，发挥多元治理主体的作用，形成社会治理的有效合力。在社会治理格局中，党委领导是核心，政府负责是前提，社会协同是载体，公众参与是基础，法治保障是保证，五位一体，互相联系，不可分割。党委领导，就是党委在社会治理中要发挥总揽全局协同各方的领导核心作用，确保社会治理的正确方向。党的领导，要体现在贯彻党的路线、方针、政策上，体现在支持政府依法管理社会事务上，体现在引导各类社会组织、群众组织和人民群众有序参与社会治理上。政府负责，就是政府在社会治理中要切实负起责任，做到职能到位、工作落实、重在实效。如前所述，要通过简政放权，转变政府职能，更好地发挥政府在社会治理中的作用，不断提高政府管理社会的科学化水平。应当通过改革创新，以法制的形式进一步明确政府的职能和责任。该由政府管的，一定要管好、管到位，不能推给市场、社会；不该由政府管的，应当交给市场、社会，不能大包大揽。与此同时，要高度重视社会协同，要强化人民团体、企事业单位社会治理服务职责，充分发挥各类社会组织的作用，促进社会组织健康有序地发展。通过社会协同整合社会治理资源，建立政府行政机构与社会组织功能互补、良性互动的管理网络。公民参与社会治理是社会稳定的重要基础，是激发社会活力的内在要求，也是社会治理社会化的内在要求。因此，应当努力创造条件，拓宽公民参与社会治理的渠道。要培养公民意识，引导公民依法有序参与社会治理。要完善基层民主制度，发挥城乡社区的作用，把群众自己的事交给群众自己去办。要重视发挥公民中共产党员和共青团员在参与社会治理中的骨干作用，影响和带动越来越多的公民积极主动地参与社会治理。治理政策公平化，就是社会治理政策要一视同仁、公平公正。社会治理的目的，就是要维系社会秩序，创造和谐的社会环境。要通过制定和实施社会政策，规范社会行为，协调社会关系，化解社会矛盾。所有的社会成员都有平等参与社会治理的权利，同时又都应该平等接受社会治理。社会治理应当寓于社会服务之中，在管理中体现服务，在服务中加强管理，逐步推进基本公共服务均等化。参与方式多样化，就是要尊重人民群众主体地位，发挥人民群众首创精神，动员和组织人民群众以各种方式参与社会建设和社会治理。参与方式可以是义务参与、有偿参与、社会组织参与、居民个人参与，也可以是政府购买服务、民间慈善行为、志愿者服务或引进市场机制等。应当指出，社会治理社会化应同法治化和精细化结合起来，协调推进。社会治理法治化的重点就是善于运用法治方式把社会治理难题转化为司法问题加以解决。社会治理精细化，就是善于运用现代化先进技术和手段分析研判和处理社会治理中的问题，这是加强和创新社会治理的应有之义，也是提高社会治理科学化水平的必然要求。

人民是国家的主人，群众是社会的主体。群众工作是社会治理基础性、经常性、根本性工作，一切社会治理过程都是做群众工作的过程。社会治理涉及广大人民群众的切身利益，必须始终坚持以人为本执政为民，保持党同人民群众的血肉联系，体现政府为民服务的根本职责。因此，社会治理社会化应当树立马克思主义群众观，自觉贯彻党的群众路线。习近平总书记指出："要发挥社会各方面作用，激发全社会活力，群众的事同群众多商量，大家的事人人参与。"① 推进社会治理社会化需要最大限度地调动群众参与社会治理的积极性，充分发挥人民群众的主人翁作用。在推进社会治理社会化过程中，应当尊重群众、依靠群众，着力解决好群众最关心、最直接、最现实的利益问题。群众工作具有社会性和阶段性，在新的历史条件下，群众工作的对象更加多样、内容更加丰富、环境更加复杂。因此，要深入研究和准确把握新形势下群众工作的新特点、新要求，在继承的基础上不断创新，综合运用各种手段，提高群众工作的针对性和实效性。

在推进社会治理社会化的过程中，应当高度重视培育和践行社会主义核心价值观，全面提高公民道德素质。这是一项中国特色社会主义的"铸魂工程"，是凝聚社会共识、实现社会和谐的根本途径。它对于转变社会治理方式，保持国家长治久安，具有非常重要而深远的意义。党的十八大报告明确指出："倡导富强、民主、

---

① 《人民日报》，2017 年 3 月 6 日。

文明、和谐，倡导自由、平等、公正、法治，倡导爱国、敬业、诚信、友善，积极培育和践行社会主义核心价值观。”“加强和改进思想政治工作，注重人文关怀和心理疏导，培育自尊自信、理性平和、积极向上的社会心态。”要做到这些，不可能是朝夕之功，而是逐渐积累、逐步形成的过程。因此，要立足当前、着眼长远，从现在做起、从点滴做起，要把中央提出的这项“铸魂工程”与社会治理的实际结合起来，与弘扬各地精神和行业精神结合起来，与各系统、各单位的工作结合起来，与公民个人的道德修养结合起来。只有扎扎实实坚持不懈地实施这项“铸魂工程”，才能为社会治理社会化提供正确的价值引领和精神支撑。

（三）建立和完善社会治理机制

这是推进社会体制改革的重要环节，也是转变发展方式的必然要求。建立和完善社会治理机制，主要包括如下几个方面：第一，建立和完善社区治理机制。社区治理是基层工作的重要组成部分，是整个社会治理的基础。把社区建设好、管理好，意义重大。为此，重点要建立和完善党组织领导下的社区居民自治制度。主要是坚持以扩大党内基层民主带动社区居民民主，坚持和发展社区民主选举制度，完善社区民主管理制度，健全社区居民委员会日常工作制度。通过扩大社区党组织领导班子直接选举范围、稳步扩大社区居委会直接选举覆盖面等途径，把社区建设成为自我管理、自我教育、自我服务的社会自治组织。同时，要把农村社区建设摆到重要地位，统筹城乡社区建设，把城乡社区建设成为管理有序、服务完善、文明祥和的社会生活共同体。第二，建立和完善社会综合维稳机制。统筹协调各方面利益关系，妥善处理社会矛盾。建立健全各级维稳机构，健全社会舆情收集和分析机制，完善矛盾纠纷排查制度。完善社会治安防控体系，充分利用信息化等现代科技手段，实现人防、物防和技防的有效结合。适应社会结构和利益格局的发展变化，形成科学有效的利益协调机制、诉求表达机制、矛盾调处机制、权益保障机制。高度重视社会矛盾调解工作，善于运用对话协商谈判等方法解决利益冲突。把人民调解、行政调解、司法调解结合起来，更多地采用调解方法，把矛盾化解在基层，把问题解决在萌芽状态。第三，建立和完善公共服务体系。这个体系由政府主导、覆盖城乡、具有可持续性，这是化解社会矛盾，消除不和谐不稳定因素的根本性和基础性工作。政府要切实履行基本公共服务职能，加快完善公共服务体系。应当在经济发展的基础上着力保障和改善民生，逐步推进基本公共服务均等化，努力使全民学有所教、劳有所得、病有所医、老有所养、住有所居。当前和今后一个时期，重点应加强覆盖城乡的社会保障体系建设和公共教育服务体系建设，切实保障困难群体的基本生活，为社会长治久安创造良好的社会环境，为社会和谐稳定提供源源不断的人力资源。第四，建立和完善应急管理机制。按照“统一领导、综合协调、分类管理、分级负责、属地管理为主”的原则，建立和健全应急管理机构，完善应急管理体制，建立健全应急管理制度，提高应急管理预案的针对性和有效性。同时，要着力加强应急设施和处置能力建设，特别是加强防灾救济、社会治安队伍建设，切实增强应急管理和应对危机的能力。第五，建立和完善信息化管理机制。加强信息化建设，是新形势下创新社会治理的必由之路，也是提高社会治理效能的现代化手段。在用好传统方法手段的基础上，还要善于学习新的方法手段，特别是要高度重视善于应用信息化的手段。要尽快建立社会治理信息化系统，构建信息化管理平台，不断提升社会治理信息化的时效性和实用性。依托信息化建设，不断推进社会治理科学化、社会化。

三、加快社会治理方式转变的基本思路

加快转变社会治理方式，就是要探索一条符合我国国情和客观规律的社会治理新路子。为此，要通过改革创新提升社会治理能力，增强社会发展活力；强化依法治理，着力解决社会治理中面临的突出问题；强化智能化管理，提高社会治理科学化、精细化水平；充分发动群众，让大家共同参与社会治理。

（一）设立社会治理委员会

这是加强党委领导、依法履行政府职能的组织保证，也是减少部门职能交叉、形成社会治理合力的战略举措。在这方面，北京市做了有益的探索。2007 年 12 月，经中央批准，中共北京市委成立了社会工作委员会、北京市社会建设工作办公室，统一领导北京市的社会建设工作。三年多来的实践表明，北京的社会建设和社会治理取得了显著的成绩。在专题调研的基础上，有些学者认为，北京市的这种做法实现了社会建设的体制机制重大创新，社会建设实现了历史性突破，初步建立起了具

有时代特征、中国特色、首都特色的社会建设新格局的基本框架。① 目前，上海等地也在积极研究筹建类似的领导机构。为此，应当重视研究借鉴北京市的经验，扩大试点范围，加快试点进程。可以考虑先在一些地方政府成立社会建设工作委员会，即由地方政府有关领导牵头，有关部门、单位负责人参加，组成一个专职机构统一领导社会建设和社会治理工作。社会治理委员会主要是统筹社会治理与社会建设，其职能类似于现在的发展与改革委员会，不过要将后者的社会治理与社会建设的职能划归前者，同时还应将党政部门的有关统筹职能划归前者。社会治理委员会的基本职能可以作如下设定：一是研究制定地方社会发展规划，明确社会治理和社会建设目标、重点和途径，制定相应的主要政策；二是统一领导并组织实施社会治理体制改革与创新，制订有关工作计划和实施方案；三是指导和协调社会建设和社会治理方面的工作，并进行督促和落实；四是制定社会建设和社会治理有关政策文件，例如《关于加强社会建设实施纲要》《关于加强和创新社会治理的办法》等。社会治理委员会下设办公室，办公室主要负责落实社会建设委员会布置的有关工作任务。在全国一些地方试点的基础上，建议国务院成立全国社会治理委员会，或由中央成立一个社会治理领导小组，统一领导全国社会治理工作。

（二）推广和规范政府购买服务

这是减少政府运作成本、提高政府工作效率的必然要求，也是推进社会治理社会化的重要途径。重点应推进如下几项工作：一是选择好购买服务的项目。首先应当选择社会福利、社区服务、就业培训等作为政府购买服务的项目。同时，还要努力扩大到其他领域，比如政府举办的公益活动、政府管理的社会事务等方面都可以作为政府购买服务的内容。二是制定政府购买社会服务的规章制度。比如：《政府购买服务经费管理办法》《政府购买服务实施细则》《提供服务的质量标准》等。三是建立起相应的监察机制。可以考虑成立一个具有权威的监察机构，由纪检、监察、审计、财政等部门的人员以及社会组织代表、公众代表组成。在购买服务前，公布有关信息，做好准备工作。在购买服务中，引入竞争机制，进行招标。在购买服务后，进行检查和评估，并适时公布结果。对于不履行服务或服务质量不达标的服务单位，及时采取措施，依照有关规章制度给予相应的处罚。

---

① 陆学艺等主编：《2010 年北京社会建设分析报告》，社会科学文献出版社，2010 年版。

（三）制定和完善社会治理政策法律

这是推进社会治理法制化的内在要求，也是转变社会治理方式的重要保障。习近平总书记强调："要强化依法治理，善于运用法治思维和法治方式解决城市治理顽症难题，努力形成城市综合管理法治化新格局。"[①] 当前和今后一个时期，要高度重视社会治理领域立法执法工作，努力把各项社会治理活动纳入法制轨道。要加强法治宣传，弘扬法治精神，使领导者和管理者善于用法治思维和法制方式管理社会，使每个社会成员都自觉学法、守法、用法。一是加快完善社会治理方面的政策。目前各地已经出台了不少社会治理方面的政策，应当根据形势发展的需要，不断充实完善。社会治理某些领域没有制定相关政策的，应通过调查研究，尽快出台有关政策。二是积极创造条件，把社会治理政策上升为地方性法规。建议地方人大及其常委会把社会治理立法摆到更加突出的地位，加快社会治理立法的进程，同时建议国务院加快完善社会治理方面的政策法规。等条件成熟时，建议由全国人大常委会制定社会治理方面的法律。三是加强有关社会组织的立法工作，为各类社会组织依法登记成立、参与社会治理、表达利益诉求、扩展社会服务、强化自律管理营造良好的法制环境，也为政府加强对各类社会组织的管理监督提供健全的法律依据。四是选择一些地区进行立法试点。试点地应从推动科学发展的全局出发，创新地方立法工作，及时研究立法计划和重大立法项目，把经过实践检验行之有效的政策措施和成功经验，通过法定程序转化为当地人民的共同意志，切实发挥法律法规在社会生活中的规范、引导、促进和保障作用。

（四）鼓励发展和监管引导社会组织

这是推进社会治理社会化的重要载体，也是转变社会治理方式的迫切需要。第一，政府在资金、职能、人才等方面培育和扶持社会组织，使之尽快发展起来。同时，抓紧建立健全公共财政对社会组织的激励机制，积极创造条件，加快推进政府向社会组织购买公共服务。第二，采取切实有效的措施，逐步取消社会组织的行政主管部门，积极推进社会组织与政府脱钩，努力实现社会组织的自我管理、自主发展。第三，政府加强宏观管理，实行分类指导，简化登记手续，转变管理方式，落

---

① 《人民日报》，2017 年 3 月 6 日。

实扶持措施，引导社会组织合理布局、健康发展。第四，制定社会组织管理法律法规，明确社会组织的地位、作用、权利和义务，用法律法规来保障其合法权益，规范社会组织的行为。第五，在培育和发展社会组织的过程中，加强党的领导，重视发挥社会组织中党组织的战斗堡垒作用，发挥党员的先锋模范作用。社会组织也应加强自身建设，完善内部治理结构，提高在社会治理中的协同能力。

（五）加强社会工作队伍和志愿者队伍建设

这是加强和创新社会治理的战略举措，也是推进社会治理方式转变的人才保障。第一，成立志愿者队伍工作委员会，负责组织领导和统筹协调等方面的工作。采取切实可行的措施，积极倡导全社会参与志愿者服务的事业，营造“人人参与志愿服务、各方支持志愿服务”的良好社会氛围。第二，在调查研究的基础上，建立健全社会工作人才政策制度，确定职业规范和从业标准。科学制定社会工作专门人才培养规划，抓紧培养大批社会工作急需的各类专门人才，使之与社会建设相适应。第三，在继续加快高等院校社会工作专门人才培养体系建设的同时，充分发挥党校、行政学院以及各类社会培训机构的作用，形成互相配合、互相促进的社会工作综合教育培训体系。第四，在社会团体和公益单位，可根据工作需要设置相应的工作岗位，配备社会工作专门人才，努力做到人尽其才、才尽其用。第五，在继续发展青年志愿者的基础上，引导和鼓励中年人和一部分身体健康的老年人加入志愿者队伍，尤其是鼓励和引导机关、事业单位的公职人员和企业单位的中青年加入志愿者队伍并及时搞好培训，努力提高志愿者的服务水平。第六，政府及有关职能部门可根据需要给予一定的财政支持，为志愿者服务提供必要的条件。要广泛发动社会力量，采取社会募捐等形式筹集资金，成立志愿者服务基金会。社会基层组织和企事业单位应当积极参与，为志愿者服务提供便利。

四、加快转变社会治理方式的重点和关键

习近平同志反复强调：“空谈误国，实干兴邦。”他号召，各级领导干部都要深

入基层，“切实改进工作作风，密切联系群众”。[①] 这既是对全党各级干部的要求，也为加快转变社会治理方式指明了方向。基层是各种组织中最低的一层，它跟群众联系最直接。基层社会一般指乡镇（街道）或乡镇以下所辖区域构成的生活共同体。基层社会治理是整个社会治理的重要基础，也是社会治理领域的重点和难点。基础不牢，地动山摇。基层抓落实的情况如何，事关整个社会治理的大局，事关改革发展稳定的全局。因此，加快转变社会治理方式重点在基层、关键在落实。必须以改革创新精神抓好基层社会治理工作的落实，切实做到有人抓、有人管、有人督、有实效。

（一）抓落实是转变社会治理方式的根本途径

党和国家一直非常重视社会治理，近年来甚至把社会治理放在十分突出的地位。2011 年，党和国家召开了一系列有关社会治理的重要会议，出台了一系列政策文件。胡锦涛总书记指出：“我们加强和创新社会治理的根本目的，是维护社会秩序、促进社会和谐、保障人民安居乐业，为党和国家事业发展营造良好社会环境。”“社会治理的基本任务包括协调社会关系、规范社会行为、解决社会问题、化解社会矛盾、促进社会公正、应对社会风险、保持社会稳定等方面。”加强和创新社会治理的主要目标，是要“扎扎实实提高社会治理科学化水平，建设中国特色社会主义管理体系”“确保社会既充满活力又和谐稳定”。[②]基层社会治理的目标任务是服从和服务于上述目标任务的。社会治理的主要目标要靠基层去实现，转变社会治理和主要任务都要靠基层去完成。现在的主要任务，是要把党和国家的方针政策进一步落到实处。在我国，抓落实的主要载体是基层，基层党组织和基层干部是最直接、最重要的力量。

调查表明，我国基层社会治理在长期的探索和实践中，取得了许多成绩，积累了不少宝贵经验，为促进社会既充满活力又和谐稳定发挥了基础性作用。近年来，在加强和创新基层社会治理方面涌现了大量的先进基层地区、先进单位和先进个人。这些先进基层地区、先进单位和先进个人对为抓落实发挥了很大作用，为其他地方基层社会作出了榜样。但是，在基层社会治理中仍存在“三多三少”的现象：一是

① 习近平在党的十八届一中全会上的讲话，《人民日报》，2011 年 11 月 16 日。

② 胡锦涛：《扎扎实实提高社会治理科学化水平》，《人民日报》，2011 年 2 月 20 日。

一般号召多，实际行动少；二是上面部署多，条件给得少；三是工作任务多，真正干活的少。尽管上述这些现象不是主流，但应当引起我们的高度重视，并切实加以解决，否则，党和国家社会治理的方针政策就会大打折扣，甚至在有些地方党和国家的有关方针政策还可能会落空。解决这些问题的途径主要有两条：一是上级决策机构要真正把社会治理的目光投向基层，把重点放在基层，把资源多给基层，并且调整和完善对基层的评价标准，为基层创造更好的工作环境和条件；二是基层党委和政府要把社会治理放在更加突出的地位，从本区域的实际出发，因地制宜，把党和国家的有关方针政策贯彻执行好。上述两条途径是相互联系的，它们统一于基层社会抓落实的具体实践中。

基层社会治理要抓好落实，既是党中央提出的明确要求，又是基层社会治理的本质使然。注重抓落实，是我们党的优良传统，也是一些先进基层加强社会治理的成功经验。习近平同志指出："抓落实，从各级党委、政府和领导干部工作方面讲，就是抓党和国家各项方针政策、工作部署和措施要求的落实。落实到哪里去？就是落实到实践中去、落实到基层中去、落实到群众中去，使之成为广大党员、干部、群众的自觉行动，以确保党和国家确定的目标任务顺利实现。"① 就基层社会治理而言，抓落实，就是从本地实际出发，以求实效为导向，创造性地开展工作。基层社会治理主要是对人的服务和管理，说到底是做群众工作，从一定意义上讲，基层政府最重要的职责任务就是社会治理，因为这种管理就是为民服务。为了抓落实、求实效，可以借鉴工程建设的办法，把基层社会治理工作变成若干具体项目，然后对每个项目进行具体分解、合理分工、抓紧落实、注重实效。没有项目，就应群策群力，积极争取，并且要尽力提高项目的成功率。要努力使目标任务化、任务项目化、项目具体化。只有具体，才能深入；只有具体，才能落实。

抓好基层社会治理的落实，不是坐而论道的泛泛而谈，而是身体力行的具体工作。要把基层社会治理各项工作落到实处，特别要做好以下几项工作：第一，建立健全基层社会治理组织，并且在实践中努力完善这个组织，使之成为富有权威、服务群众、上下通气、左右联系的管理体系。在这个体系中，基层党组织必须发挥领导核心的作用。基层政府或政府派出机构应强化管理和服务职能。同时，要走社会化之路，积极组织和引导各类社会组织和居民群众参与社会治理，支持和引导基层

---

① 习近平：《关键在于落实》，《求是》，2011 年第 7 期。

各类企事业单位履行社会治理和服务职责。第二，协助上级党和政府完善维护群众权益机制，特别是要做好基层群众的思想政治工作，按照有关政策法律反映群众诉求，协调利益关系，化解社会矛盾，维护本地区群众的合法权益。第三，在加强和完善流动人口和特殊人群管理和服务方面发挥基层性作用。采取各种措施，把工作做到家，从严管理，热情服务，把党和政府的温暖送到居民群众的心坎上。第四，在做好自身工作的基础上，争取更多的人力、物力和财力的支持。把基层的资源更多地用于社区、用于居民，为群众提供更多、更好的服务。第五，在加强和完善公共安全方面履行职责，积极参与，打好基层，预防在先，特别是要协助政府有关部门参与社会治安综合治理，按照有关法律和政策，协调上级有关部门做好食品药品安全监督、安全生产监管和应急处理、网络管理等工作。第六，在基层开展思想道德建设。这是我们党的优良传统，是基层社会的基础工程。目前，这是一条最短的“短腿”、最薄弱的环节，必须高度重视，切实加强。孔子曰：“道之以政，齐之以刑，民免而无耻；道之以德，齐之以礼，有耻且格。”只有全体社会成员高度认同、自觉遵守和共同维护价值规范，社会和谐稳定才有可靠的道德基础和思想保障。而在思想道德建设方面，基层社会具有不可替代的作用，特别是基层党政机关和社会组织应当而且能够发挥重要作用。

（二）抓落实关键要提高基层干部的执行力

基层社会治理必须依靠人才，要把那些敬业爱岗、敢想会干和善于做群众工作的干部选拔充实到基层，让他们在实践中得到锻炼和成长。基层干部身处基层第一线，直接面对群众，有时处于基层社会矛盾的风口浪尖，压力大、任务重。他们是基层社会的中坚力量，是党的方针政策的主要执行者，是基层抓落实的主力军。基层社会治理要落到实处，关键是要提高广大基层干部的执行力。执行，说到底就是干，只有干，才能落实。执行力是执政能力的重要体现，也是基层干部最主要的素质。提高执行力，是落实党和国家各项方针政策最重要的保证。提高基层干部的执行力，从根本上讲就是要提高基层干部贯彻落实党和国家社会治理的方针政策的能力。执行力的强弱，是检验基层干部的试金石。基层干部的执行力主要体现在想干、会干、实干三个方面。

想干，就是想在基层干一番事业，想为群众做实事、办好事。想干，主要体现在事业心和责任感上，这是提高执行力的基本前提。要提高基本的事业心和责任感，一是要靠个人修养；二是要靠教育培训；三是要靠树立榜样；四是要靠制度机制。这几个方面是相互联系、互相作用的。这种事业心和责任感，说到底就是为民之心。要有为民之心，就要对群众有真情。不培养对群众的感情，不和群众打成一片，就不可能有事业心和责任感。要坚持思想上尊重群众、感情上贴近群众、工作上依靠群众，把群众满意不满意作为加强和创新社会治理的出发点和落脚点。要以人民群众利益为重、以人民群众期盼为念，着力解决好人民最关心、最直接、最现实的利益问题，始终保持党同人民群众的血肉联系。基层干部是做好群众工作最直接、最有效的力量。基层干部特别是其中的党员干部在某种程度上代表着当地党组织的形象，代表基层政府或者办事机构的形象。他们的事业心、责任感如何，直接影响到他们的具体工作及其实际效果。因此，在开展工作中要牢固地树立群众观点、群众立场，发扬密切联系群众的作风，真心实意地为群众办实事、做好事、解难事。

会干，就是会做事，能干活。从不会干到会干，是一个逐渐进步的过程；从会干到能干，也是一个不断发展的过程，而且永无止境。改革开放以来，我国社会发生了广泛而深刻的变化。经济体制深刻变革，社会结构深刻变动，利益格局深刻调整，思想观念深刻变化。机遇前所未有，挑战也前所未有。社会的这些深刻变化直接反映到基层，使基层社会治理面临着非常复杂的局面，出现了一系列新情况和新问题。在社会转型期，群众工作呈现出一些新特点，概括起来就是：群众的结构越来越复杂；群众的思想观念和利益诉求越来越多样化；群众对公共服务的需求不断增加，利益表达方式也更加多元化。在这种情况下，基层干部要做好群众工作很不容易，特别是不少基层干部感到老办法不管用、新办法又不够用，面临能力不足的问题，这些问题势必造成基层执行力的弱化。因此，基层干部必须重视和加强学习，千方百计提高能力，即要提高执行力。学习既需要明确目标，又需要有效途径，这就要求在基层干部抓紧自学的基础上，党组织还应开展大规模培训，并把培训的效果作为基层干部任期考核的内容，把学习能力强弱作为基层干部提拔任用的重要依据。通过各种办法，变“要我学”为“我要学”。在干中学、在学中干，以学促干、以干促学、学干结合，切实提高实际工作能力。

实干，就要说实话、干实事、求实效。邓小平同志曾经说过：“世界上的事情都是干出来的，不干，半点马克思主义也没有。”已经定下来的任务，就要心无旁骛、雷厉风行、实打实地干。已经部署的工作，就要具体安排、分工合作、带头去做。已经承诺了的事情，就要采取措施、说到做到、取信于民。实干，就要扎扎实实做自己的事，在管理和服务中切实履行职责。为此，基层干部要心系群众，了解群众工作新情况，拓展群众工作新思路，延伸群众工作新内容，搭建群众工作新平台。同时，要千方百计服务群众，努力解决事关人民群众切身利益的问题，如基本公共服务、治理社区环境、扶助社区老弱病残等问题，这是基层干部最根本的群众工作，也是最得民心的事情。实干，就要调查研究。重视调查研究，是我们党的传家宝，也是做好基层社会工作的基础和前提。调查研究，不仅仅是领导干部的事，实际上也是基层干部的事。没有调查研究，就没有发言权；不深入群众，就办不成实事。群众有智慧，群众有力量。基层社会抓落实的全部工作，都离不开群众的理解、支持和参与。但是，有些基层干部虽然身处基层，但脑不勤、腿不勤、下不去，并不真正了解实情，没有准确把握群众脉搏。因此，始终坚持并不断加强调查研究，是基层干部特别是基层领导干实事的基本功。要深入实际，把群众工作做到家，做到群众的心坎上。实干，就要从事关群众切身利益的突出问题抓起。要具体深入细致地化解基层矛盾，协调利益关系，为老百姓办实事、做好事、解难事。量力而行，尽力而为，不要“四面出击”“眉毛胡子一把抓”。近年来，不少基层党委政府每年信守办几件实事的承诺，并且“言必信、信必果”，让群众享受到改革发展的成果。这些都是实干的体现，应当大力推广。

（三）抓落实要找准切实有效的工作抓手。

抓好基层社会治理的落实，是一项长期复杂的系统工程。只有坚持标本兼治，整体推进，重点突破，才能找到扎实有效的工作抓手。所谓抓手，是指重点工作、重要途径、突破口、切入点等。

一是抓组织载体。落实基层社会治理工作，要有一定的组织载体，并且要不断地加强和改善这些组织的建设。胡锦涛同志特别强调：“切实加强党的领导，强化政府社会治理职能，强化各类企事业单位社会治理和服务职责，引导各类社会组织加强自身建设、增强服务社会能力，支持人民团体参与社会治理和公共服务，发挥群众参与社会治理的基础作用。”① 这段论述，实际指出了做好社会治理的组织载体，即党委政府、企事业单位、社会组织、人民团体以及群众组织。抓好这些组织载体是适应形势发展变化的必然要求。基层党组织是党执政的组织基础，也是基层

---

① 胡锦涛：《扎扎实实提高社会治理科学化水平》，《人民日报》，2011年2月20日。

社会的领导核心和战斗堡垒。基层党组织要有组织设置，扩大组织覆盖，创新活动方式，充分发挥推动发展、服务群众、凝聚人心、促进和谐的作用。关于社会治理的其他组织载体，前文已经论及，这里不再赘述。需要指出，抓组织载体，不应当实行社会治理行政化，而应当积极推行社会治理社会化。其实，基层社会治理最好的办法是在党委政府的领导下，通过基层自治组织（居委会、村委会）去管理，让群众自我管理。根据我国现阶段的实际情况，应当高度重视发挥基层党组织的服务作用，领导和组织广大党员和群团组织、社会组织、志愿者队伍，为群众做实事、办好事、解难事，把党的政治优势、组织优势转化为管理服务优势，不断提高各级党组织引领社会、组织社会、管理社会、服务社会的能力。

二是抓制度建设。基层社会治理要落到实处，一方面领导干部要以身作则，起模范带头作用；另一方面，要建立和完善制度，用制度管人、用制度管事。实践证明，制度建设更加重要也更加可靠。基层社会治理是一项系统工程，需要建立完善的制度很多，重点是考核制度、监督制度、问责制度等。考核制度，主要包括考核指标、考核方式和考核结果的应用等内容。应当根据基层社会治理的目标任务，制定可以突出实绩、可以量化的考核指标。采用考核方式应当根据基层社会的实际而定，可以由上级考核、群众评价、同级评比等等。考核的结果应当用于基层社会治理的实际工作中，特别是要同干部的使用、升迁以及惩处挂钩。考核优秀的干部应予以表扬和鼓励，条件允许还应给予一定的物质奖励。表现特别优秀的，在提拔重用上应予以优先考虑。考核结果差的干部，应提出批评，并帮助其改正。考核结果很差，群众很不满意的干部，应予以一定的处分，必要时可以作适当的组织处理。狠抓落实监督制度必不可少，要建立行之有效的基层干部监督制度。监督形式很多，如党内监督、人大代表监督、行政监督、法律监督、群众监督、舆论监督等。在基层社会治理中，最主要的是要加强行政监督和群众监督，特别是要充分发挥群众监督的作用。抓问责须有制，有责可问、有责必问。首先要抓紧制定《基层干部社会治理问责制度》，并在实践中不断完善。问责的范围应当覆盖基层领导干部和基层工作人员。各级领导干部既要敢于问责、善于问责，又要正确对待问责、主动接受问责。抓问责，必须动真格。对群众反映强烈、损害群众利益的突出问题和责任人，一定要敢于问责，从严处理。

三是抓用人导向。毛泽东同志早就说过，政治路线决定之后，干部就是决定的因素。在开展基层社会治理过程中，怎样用人、用什么样的人，始终是一件具有决定意义的事情。用人的重要性不言而喻。抓落实、促发展，需要进一步优化用人导向。在长期的实践中，我们党已经形成一整套科学合理的用人理念、制度和方法，关键是要结合实际，具体运用。国外的人力资源理论和方法可以给我们一些启示，但如果不结合实际，“择其善者而从之”，盲目照抄照搬是会吃亏的。因此，必须根据党的干部政策和实际工作需要，把那些政治强、业务精、工作实、口碑好的干部提拔到重要岗位上。不能让老实人吃亏，也不能让钻营者得利。要突出重视基层的用人导向，通过多种形式使那些适合基层工作、作风好、能力强的干部留在基层，让那些在基层工作有经验、有实效的优秀干部得到更好的培养和使用。在基层，用好干部、用活干部，不仅作用大，而且得民心。如果用错了人，不仅办不了事，而且会影响基层党组织和政府的形象。

四是抓方法创新。创新是事业发展进步的灵魂，也是社会治理抓落实的动力。只有不断创新，才能完成基层社会治理目标任务，才能更好地抓好落实。这里讲的创新，包括创新社会治理理念、主体、手段、体制等方面。上述几个方面是相互联系的，概括起来就是社会治理方式创新。抓落实之所以要创新，主要是因为当前我国社会治理还没有摆脱传统计划经济体制的制约。比如，社会治理重政府管理、轻公众参与，重管理体制、轻协商服务，重行政手段、轻法律道德手段等，因而必须改革创新。基层社会治理属于社会建设范畴，基层社会的出路在于改革和创新。著名社会学家陆学艺指出：“要搞好社会建设，必须进行社会体制改革。”“现在进行社会建设，要学习经济建设的经验，要进行社会体制改革，形成社会的动力机制，放手发动群众，调动各方面的积极性，大力发展社会组织、社会团体、民间组织，社会事务交给社会去做，政府进行宏观统筹和协调，社会建设也一定会取得成功。”① 创新必须是在党的领导下的创新，是在继续弘扬优良传统基础上的创新，是尊重群众、尊重实践的创新，同时也是吸收借鉴国内外先进经验的创新。近年来，各地探索社会治理方式的创新，积累了可贵的经验，形成了各具特色的基层社会治理模式。比如，北京市基层社会治理网格化管理模式；天津市经济技术开发区社区管理的“泰达”模式；广州市基层社会治理的“一队三中心”模式；河南省焦作市解放区的“社区复合共治”模式；江苏省彭泽县“中心＋村落”的农村社区管理模

① 陆学艺主编：《中国社会建设与社会治理：探索·发现》，社会科学文献出版社，2001 年版，第 17 页。

式；湖南省长沙市开福区的“社区管理社会化”模式；等等。[①] 创新基层社会治理的过程，许多地方从本地实际出发，探索了新路子、采取了新办法、取得了新实效。比如，成都农村成立了村民议事会和村民小组议事会；广州市在社区设立家庭服务中心；上海市建立拆迁新机制，在基层设立人民调解工作站；北京市采用信息技术，对基层社区实行“网格化”管理。总之，这些探索和创新适应了形势发展的要求，对基层社会治理抓落实具有重要意义。

① 魏礼群主编：《社会治理创新案例选编》（上、中、下册），人民出版社，2011 年版。

第九章　转型发展的法治保障

中国共产党第十八届中央委员会第四次全体会议通过的《中共中央关于全面推进依法治国若干重大问题的决定》，既是在我国转型发展关键时期作出的顶层设计，以此来解决我国在改革开放和时代发展中所涌现的问题；也是为贯彻落实党的十八大作出的重大战略部署，以此来推动社会主义法治中国的建设。全面推进依法治国，既是坚持走中国特色社会主义法治道路，建设中国特色社会主义法治体系的必然要求，也是实现法治国家、法治政府和法治社会三位一体建设的重心所在。要全面建成小康社会、实现中华民族伟大复兴的中国梦，全面深化改革、完善和发展中国特色社会主义制度，就必须在全面推进依法治国上作出总体部署，采取切实措施，迈出坚实步伐。[①] 基于此，本章在着眼于全面推进依法治国基本内容阐释的基础之上，从我国转型发展时期全面推进依法治国的核心要求出发，提出了全面推进依法治国的路径选择。

一、全面推进依法治国是转型发展的法治保障

全面推进依法治国的提出是时代发展的必然要求，具有鲜明的时代特色，丰富的时代内涵，深远的时代意义。它既是实现全面建成小康社会的关键所在，也是落实全面深化改革的必然要求。同时，作为一项宏大而系统的工程，全面推进依法治国涉及法治国家、法治政府和法治社会等诸多领域的转型和发展，是在建设中国特色社会主义法治体系和建设社会主义法治国家的目标指引下，促进国家治理体系和

① 习近平：《关于 < 中共中央关于全面推进依法治国若干重大问题的决定 > 的说明》，《求是》，2014 年第 21 期。

治理能力的现代化，以此来完善和发展中国特色社会主义制度。[①]

（一）转型发展有赖于全面推进依法治国

我国正处于社会主义的初级阶段，即全面建成小康社会的决定性阶段。改革进入攻坚期和深水区，国际形势复杂多变，我们党面对的改革发展稳定任务之重前所未有、矛盾风险挑战之多前所未有，依法治国在党和国家工作全局中的地位更加突出、作用更加大。[②] 由此，全面推进依法治国既是实现全面建成小康社会的关键所在，也是落实全面深化改革的必然要求。

1. 全面推进依法治国是实现全面建成小康社会的关键所在

从我国所处的战略发展阶段出发，中国共产党第十八次全国代表大会提出了确保到2020年实现全面建成小康社会的宏伟目标，即经济持续健康发展，人民民主不断扩大，文化软实力显著增强、人民生活水平全面提高和资源节约型、环境友好型社会建设取得重大进展。[③] 为了实现这个目标，党中央提出了全面推进依法治国的重要战略举措。全面推进依法治国是寓于全面建设小康社会之中的[④]，也是实现全面建成小康社会的关键所在。在全面建成小康社会的攻坚阶段，面对新形势、新目标、新挑战和新机遇，全面推进依法治国能够更好地“统筹社会力量、平衡社会利益、调节社会关系和规范社会行为”。[⑤]

全面建成小康社会目标的提出既是建基于我国社会发展的成果之上，也是对改革开放过程中所涌现问题的现实考量。同时，其作为一个宏观性的背景和系统性的工程，其价值的实现需要全面统筹，多方助力。而全面推进依法治国作为实现全面

---

① 习近平：《中共中央关于全面推进依法治国若干重大问题的决定》，《人民日报》，2014年10月29日。

② 习近平：《中共中央关于全面推进依法治国若干重大问题的决定》，《人民日报》，2014年10月29日。

③ 胡锦涛：《坚定不移沿着中国特色社会主义道路前进，为全面建成小康社会而奋斗——在中国共产党第十八次全国代表大会上的报告》，《求是》，2012年第22期。

④ 在党的十八大报告关于“全面建成小康社会和全面深化改革开放的目标”中，明确地提出了“依法治国基本方略全面落实，法治政府基本建成，司法公信力不断提高，人权得到切实保障”，“加快推进社会主义民主政治制度化、规范化、程序化，从各层次各领域扩大公民有序政治参与，实现国家各项工作法治化”。

⑤ 何爱梅：《当前全面推进依法治国原因和途径的探析——以十八届四中全会为背景》，《南方论刊》，2015年第1期。

建成小康社会的关键所在，既是现实性的迫切要求，也是制度化的重要方面。除此之外，无论是全面建成小康社会的全面性要求，还是建成的实现，都离不开法治的一以贯之和全面保障。从某种程度上来说，全面建成小康社会的全面性与全面推进依法治国的全面性是横向性的拓展与纵向性的深化的全面，它们虽有不同的使命，但有共同的追求，即实现中华民族的伟大复兴。全面建成小康社会是全面推进依法治国的历史性背景，而全面推进依法治国是实现全面建成小康社会的现实性保障。

全面推进依法治国讲求的不仅是规则之治和法律之治，即法治是治国理政的基本方式和基本手段；同时，其强调的也是“法律由手段上升而为目的，变成一种非人格的至高主宰。它不仅支配着每一个人，而且统治着整个社会，把全部的社会生活都纳入到一个非人格化的框架中去”①。在全面建成小康社会的宏伟蓝图和时代背景之下，全面推进依法治国就是在建设社会主义法治体系和完善社会主义法律体系的基础之上，使法治成为全面建成小康社会的基本制度保障，即为全面建成小康社会提供规范与价值的引导和注入主体认同和民主的力量以及提供坚强有力的根本性保障。② 同时，全面推进依法治国讲求的不仅仅是运用法治的手段和力量来治理国家，其更高的追求是使小康社会成为一种“法治小康”。即“一个社会法治状况达到了社会公众所期望的与特定时期、特定国家的社会发展状况同步的‘状态’，法律规范在国家治理和社会管理中发挥着至高无上的重要作用”③。换言之，“法治”小康便意味着法治状况和小康社会在实现协调统一的同时，法治是小康社会的基本生活状态和生存方式。“只有‘法治’小康，才能为小康社会奠定最坚实的制度依据。”④

2. 全面推进依法治国是落实全面深化改革的必然要求

中国共产党第十八届中央委员会第三次全体会议通过的《中共中央关于全面深化改革若干重大问题的决定》对社会诸多领域的改革、现实诸多问题的解决进行了整体的规划与部署，标志着我国迈入全面深化改革的战略期和机遇期。为落实这个顶层设计，实现全面深化改革的价值追求，需要从法治上提供可靠的保障。基于此，

---

① 梁治平：《法辨：中国的过去、现在与未来》，贵州人民出版社，1992 年版，第 84 页。

② 周叶中：《中国国家治理形态的全新发展阶段——全面推进依法治国的深远战略意义》，《人民论坛・学术前沿》，2014 年第 22 期。

③ 莫纪宏：《法治与小康社会》，《中国法学》，2013 年第 1 期。

④ 莫纪宏：《“四个全面”：习近平治国理政思想的精髓》，《新疆师范大学学报》（哲学社会科学版），2015 年第 3 期。

党的十八届四中全会继承和发扬了党的十八届三中全会的衣钵和精神，并就全面推进依法治国进行了全方位和多层次的制度化设计，涉及经济体制、政治体制、文化体制、社会体制、生态文明体制和党的建设等诸多方面。总之，全面推进依法治国是在全面深化改革的背景下进行的，是落实全面深化改革的必然要求。

习近平总书记在中央全面深化改革领导小组第二次全体会议上的讲话中明确要求："凡属重大改革都要于法有据。在整个改革的过程中，都要高度重视运用法治思维和法治方式，发挥法治的引领和推动功能，加强对相关立法工作的协调，确保在法治轨道上推进改革。"由此可见，全面深化改革需要依法进行，以法律作为全面深化改革的依凭，以法治作为全面深化改革的方式，将全面推进依法治国融入全面深化改革的进程之中。"法治可以增进改革的预期，降低改革成本，维护改革过程的相对稳定性、连贯性，并以程序理性、规则理性、民主理性克减改革过程中的反复和恣意，预防和控制改革的风险。"① "全面深化改革的重要目标之一便是构建现代化的国家治理体系，其初衷即在于以内在逻辑自洽的治理体系，系统筹划诸领域改革的配套关系，并积极协调化解各领域潜在的冲突。"② 而这一目标的实现需要全面推进依法治国的参与和法治的保障。

当然，全面深化改革可以为全面推进依法治国提供物质上的保障。"通过全面深化改革，推进体制机制创新，进一步解放和发展生产力，促进社会公平正义，可以为建设中国特色社会主义法治体系创造条件。"③ 同时，全面深化改革的不断落实有利于全面依法治国的推行和法治的完善。全面深化改革讲求的是改革的全面性和系统性，即在推动社会各领域不断改革的同时实现全面且协调的发展。而法治建设作为全面深化改革的重要内容，对法治文明的实现指明了方向，明确了道路，这对全面依法治国的顺利推行和实现具有重要的现实指导意义。总之，全面深化改革是全面推进依法治国的时代背景，改革的长期性和艰巨性对全面依法治国来说既是一种机遇，也是一种挑战。利益的纷繁复杂性，社会矛盾的突发多样性，无疑为全面推进依法治国提出了更高的要求；同时，全面深化改革在政治、经济、文化、社会、生态和党的建设方面的诸多要求又会迫使法治不断健全，以此来保障中国特色社会主义制度的完善和发展以及国家治理体系和治理能力现代化的实现。

---

① 姜伟：《全面深化改革与全面推进依法治国关系论纲》，《中国法学》，2014 年第 6 期。
② 刘茂林：《全面推进依法治国的理论逻辑》，《人民论坛》，2015 年第 6 期。
③ 穆虹：《全面深化改革必须全面推进依法治国》，《求是》，2014 年第 22 期。

（二）转型发展新时期下全面推进依法治国的核心内涵

根据《中共中央关于全面推进依法治国若干重大问题的决定》的战略部署，党中央对全面推进依法治国的核心主张进行了申明，坚持法治国家、法治政府、法治社会一体化建设，实现科学立法、严格执法、公正司法、全民守法，促进国家治理体系和治理能力现代化。[①] 由此，全面推进依法治国的核心内涵可以从三个层面来予以阐释，即全面推进法治国家建设，全面推进法治政府建设和全面推进法治社会建设。[②]

1. 全面推进法治国家建设

就国家的一般含义来说，其主要包括两个层面：一是指阶级统治的工具，同时兼有社会管理的职能；二是指国家的整个区域。作为国家重要表现形式的国家机关则指行使国家权力、管理国家事务的机关，包括权力机关、行政机关、审判机关、检察机关和军队等。[③] 而从法学的规范层面来说，国家更多指向的是作为国家机关和国家权力的象征体。由此，全面推进法治国家建设的核心要义便是指整个国家机器和国家权力都要在法治的轨道上运行。[④] 首先，从国家的立法机关的角度来说，其在规范自身权力行使的同时不断完善以宪法为核心的中国特色社会主义法律体系，为全面推进依法治国提供基本的依据和保障。其次，从国家的行政机关的角度来说，其在于宪法法律范围内行使职权的前提下，保证法律权威的实现。最后，从国家的

---

① 习近平：《中共中央关于全面推进依法治国若干重大问题的决定》，《人民日报》，2014 年 10 月 29 日。

② 学者对法治国家、法治政府和法治社会的内涵和关系的理解可谓仁者见仁，智者见智。本章所提出的全面推进法治国家建设、全面推进法治政府建设和全面推进法治社会建设是建立在对《中共中央关于全面推进依法治国若干重大问题的决定》的理解之上的，故与诸学者的见解会有所不同，但不难理解。同时，笔者比较赞同姜明安教授对法治国家、法治政府和法治社会进行理解时的逻辑思路。以国家、政府和社会的不同内涵为逻辑起点，经由法治共性要素阐释，最后将两者统合以明其机理。参见姜明安：《法治中国的全方位建设》，《行政法学研究》，2013 年第 4 期。最后，必须指出的是，对全面推进法治国家建设、全面推进法治政府建设和全面推进法治社会建设进行分别表述只是出于行文的习惯，而并非有意地分离，因为三者是统一于全面推进依法治国之中的。

③ 中国社会科学院语言研究所：《现代汉语词典》，商务印书馆，2005 年第 5 版，第 520 页。

④ 袁曙宏：《全面推进依法治国　加快建设社会主义法治国家的纲领性文献——〈中共中央关于全面推进依法治国若干重大问题的决定〉解读》，《时事报告》，2014 年第 11 期。

司法机关的角度来说，其在依法独立公正行使审判权和检察权的基础上，保障公民合法权益的维护和实现。当然，国家权力机关监督职权的有效行使和合理规范以及军队作用的充分发挥也是重要的方面，并且党的领导作为全面推进依法治国、加快建设社会主义法治国家最根本的保证，必须在加强和改进的同时，贯彻到全面推进依法治国的全过程。

2. **全面推进法治政府建设**

就政府的一般理解来说，政府主要是指国家权力机关的执行机关，即国家行政机关。① 在某种程度上，法律意义上的政府也指国家的行政机关，即政府是国家行政机关和行政权力的象征体。由此，全面推进法治政府建设的核心要义便是指深入推进依法行政，加快建设法治政府。2004 年国务院发布的《全面推进依法行政实施纲要》对全面推进依法行政的内在机理进行了阐释，而《中共中央关于全面推进依法治国若干重大问题的决定》更是以一部分的篇幅对其进行了深入阐释。第一，依法全面履行政府职能；第二，健全依法决策机制；第三，深化行政执法体制改革；第四，坚持严格规范公正文明执法；第五，强化对行政权力的制约和监督；第六，全面推进政府公开。② 即既要保证政府行政权力的充分实现，也要对其进行制约和监督。

3. **全面推进法治社会建设**

就社会的通常解释来看，其主要包括两层意思：一是指由一定的经济基础和上层建筑构成的整体；二是泛指由于共同物质条件而互相联系起来的人群。③ 从法学意义上来理解，社会主要是相对于国家、政府的社会共同体，主要指 NGO、NPO 性质的社会组织、团体，也包括政党，甚至包括市场经济组织。④ 即社会是社会权力的象征体。由此，全面推进法治社会建设的核心要义是“全部社会生活的民主化、法治化和自治化，包括社会基层群众的民主自治，各社会组织、行业的自律，企事业单位和社区的民主管理，社会意识，社会行为，社会习惯都渗透着民主的法治的精神，形成一种受社会强制力制约、由社会道德规范和社会共同体的组织规范所保

---

① 中国社会科学院语言研究所：《现代汉语词典》，商务印书馆，2005 年第 5 版，第 1741 页。

② 习近平：《中共中央关于全面推进依法治国若干重大问题的决定》，《人民日报》，2014 年 10 月 29 日。

③ 中国社会科学院语言研究所：《现代汉语词典》，商务印书馆，2005 年第 5 版，第 1204 页。

④ 姜明安：《论法治国家、法治政府、法治社会建设的相互关系》，《法学杂志》，2013 年第 6 期。

障的法治文明"①。而具体到《中共中央关于全面推进依法治国若干重大问题的决定》中可知，其主要包括：第一，推动全社会树立法治意识；第二，推进多层次多领域依法治理；第三，建设完备的法律服务体系；第四，健全依法维权和化解纠纷机制。② 当然，社会组织在推动法治工作队伍建设方面也发挥着重要的作用。

（三）转型发展新时期下全面推进依法治国的目标模式

《中共中央关于全面推进依法治国若干重大问题的决定》中明确提出，全面推进依法治国，总目标是建设中国特色社会主义法治体系，建设社会主义法治国家。总目标的提出既明确了全面推进依法治国的性质和方向，又突出了全面推进依法治国的工作重点和总抓手，对我们全面推进依法治国具有纲举目张的意义，为我们推进社会主义法治建设提供了基本遵循和行动指南。③

全面推进依法治国的目标模式具有丰富的内涵，其可以归结如下："一是奠定了法治中国大厦的'三大基石'。即坚持中国共产党的领导，坚持中国特色社会主义制度，贯彻中国特色社会主义法治理论。二是构筑了法治中国大厦的'五大支柱'。即完备的法律规范体系、高效的法治实施体系、严密的法治监督体系、有力的法治保障体系以及完善的党内法规体系。三是设计了法治中国大厦的'施工方案'。即坚持依法治国、依法执政、依法行政共同推进，坚持法治国家、法治政府、法治社会一体建设。四是描绘了法治中国大厦的'效果图'。即实现科学立法、严格执法、公正司法、全民守法，促进国家治理体系和治理能力的现代化。"④ 由此可见，全面推进依法治国的总目标既有坚实的基础，又有完整的体系，还有具体的布局和美好的蓝图。同时，中国特色社会主义法治体系内涵的阐释具有明显的层次性和系统性。完备的法律规范体系是全面推进依法治国的基础命题；高效的法治实施体系是全面推进依法治国的本质要求；严密的法治监督体系是全面推进依法治国的关键所在；有力的法治保障体系是全面推进依法治国的重要保证；完善的党内法规体系是全面推进依法治国的使命所趋。除此之外，将社会主义法治国家作为全面推

---

① 郭道晖：《论法治社会及其与法治国家的关系》，《中共中央党校学报》，2015 年第 1 期。

② 习近平：《中共中央关于全面推进依法治国若干重大问题的决定》，《人民日报》，2014 年 10 月 29 日。

③ 本报评论员：《准确把握全面推进依法治国总目标——二论深入学习贯彻十八届四中全会精神》，《人民日报》，2014 年 10 月 26 日。

④ 中共中央宣传部理论局：《法治热点面对面》，人民出版社，2015 年版，第 5 –7 页。

进依法治国的总目标之一，实现了从分散、多层次推进法治向顶层设计并统一到法治国家这一宏伟目标的飞越转变。①

二、转型发展的现实表现及其法治障碍

在改革开放的推动下，关涉政治、经济、文化、社会和生态等众多领域的转型发展已呈现出全方位和多面性的显著特征。既呈现出良好的发展态势，诸如国家权力的规范和演进、政府职能的转变和优化以及社会结构的分化和整合；也面临着现实性的挑战与困境，诸如国家权力与公民权利的协调运行、社会矛盾的多发与激变等。由此，社会领域诸多方面的转型和发展亟须法律规范的引导，与此相对应，"现代意义上的法治具有法治国家、法治政府和法治社会的多维视角，并表现为法治国家—法治国家与法治政府同步建设—法治国家、法治政府和法治社会一体化建设的规律"②。概而言之，在全面推进依法治国的战略部署下，国家转型目标是法治国家；政府转型的目标是法治政府；社会转型的目标是法治社会。在坚持法治国家、法治政府和法治社会一体建设的同时，它们都有着自身的逻辑进路和现实要求。

（一）国家转型与法治国家建设

全面推进依法治国战略的提出是我国转型发展的必然要求，而国家的不断转型又推动着全面依法治国的推进。在全面推进依法治国的战略布局下，我们需要区别于政治学、经济学的视野以法学的独特视角来审视国家转型的表现及问题，以此来确定国家转型的目标和法治国家建设的要求。

1．国家转型的表现及问题

"国家转型"作为一个习惯性的用语，诸多领域的学者对其进行了理论上的阐释和价值上的剖析。从政治学的角度来看，其有从家天下向主权国家再向区域性共同体转型的趋势；从经济学的角度来看，其有从丛林经济向计划经济再向市场经济

---

① 汪习根：《全面推进依法治国的总蓝图——十八届四中全会〈决定〉创新之举解读》，《法制资讯》，2014 年 Z1 期。

② 肖北庚：《法治社会：法治演进的逻辑必然》，《法制与社会发展》，2013 年第 5 期。

转型的趋势；从社会学的角度来看，其有从氏族社会向农业社会再向工业社会转型的趋势。在依法治国的视域下，以法学的视角来审视，国家的转型呈现出别具风格的特色，其最明显的表现便是国家权力的转型和发展。

首先，立法权是我国国家权力的重要组成部分，以人民代表大会制度为载体，由国家立法机关来行使。就立法权的转型来看，以《宪法》《立法法》和《地方各级人民代表大会和地方各级人民政府组织法》为主线，呈现出立法权由中央向地方，由职权立法向委托立法演进的历史规律，国家的立法权力不断得到合理配置，立法体制不断得到完善。其次，行政权力的转型也贯穿于依法治国战略的全过程，无论是机构的调整、职能的转变还是管理体制的创新，都呈现出转型的态势和良好发展的局面。“改革的实践表明，有限与有效政府的定位已在我国明确，标志着行政改革的‘现代’目标已被确认。”[①] 再次，司法权作为法治与正义最后一道防线，在我国也呈现出转型的一面，其既融于司法认知不断提升的历程，也贯穿于司法体制改革的始终。人民法院和人民检察院依法独立行使职权的价值追求不断得到实现。最后，始于1975年的国家军队改革，经历了“大胆改革实现、真正起步、全面展开、整体推进、科学发展”[②] 的五个阶段，人民军队也不断向科学化、信息化、正规化的目标迈进。除此之外，政党自从产生以来，就处在不断变革的过程中以适应环境变化的需要，社会主义国家的政党也经历了或正在经历着从革命党向执政党转型的过程。[③] 在全面推进依法治国的推动下，我们党也逐渐向法治政党、民主政党、现代政党转变。

当然，处于转型发展时期的当下，我国的立法领域、执法领域、司法领域以及军队建设和党的建设都依然存在着诸多现实性的问题。在立法领域，立法质量和立法效率需要进一步提升，部门化的倾向和争权诿责等现象突出；在执法领域存在有法不依、执法不严、违法不究甚至以权压法、权钱交易和徇私枉法等问题；在司法领域，司法不公、司法公信力不高的问题十分突出[④]；在军队建设方面，依然存有体制性障碍、结构性矛盾和政策性的难题，这些都需要坚持以法治思维和法治方式

① 任剑涛：《政府何为——中国政府改革的定位、状态与类型》，《公共行政评论》，2008 年第 1 期。

② 袁德金：《30 年中国军队改革论略》，《军事历史研究》，2008 年第 4 期。

③ 何增科：《政党转型和现代化》，《当代世界与社会主义》，2003 年第 2 期。

④ 习近平：《关于〈中共中央关于全面推进依法治国若干重大问题的决定〉的说明》，《求是》，2014 年第 21 期。

推动国防和军队改革①；在党的作风建设、工作建设以及法规制度建设层面也依然存有诸多问题。

2. **法治国家的目标及要求**

从1997年党的十五大首次提出“依法治国，建设社会主义法治国家”到2004年依法治国入宪再到2014年党的十八届四中全会进一步明确了依法治国的路线图，法治国家的建设逐渐走向成熟，目标更加明确，路线更加清晰。“法治国家是以良法治理，保障社会的自由和民主，合理配置权力和权利的国家类型，其核心是国家权力（包括立法权、行政权、司法权等）的配置。”② 国家立法权的行使是法律得以产生的前提，法治得以运行的起始，对法律的实施和遵守具有决定性的作用；国家行政权的行使是法律得以执行，法治得以运行的关键，其行政执法的水平直接决定着国家法律实施的总体水平；国家司法权的行使是法律得以运用的实践，是法治得以运行的保障，也是法律权威和公民权益得以保障的最后一道防线；国家的军事力量是国家生死存亡的保障，其对国家政权的巩固和防护、公民权益的实现等具有重要的作用；中国共产党作为国家的执政党，代表中国先进生产力的发展要求，代表中国先进文化的前进方向，代表中国最广大人民的根本利益。当然，国家权力的配置和运行只是法治国家内涵的一个方面，更重要的是国家权力要在宪法和法律规定的范围内行使，党要依法执政。

同时，法治国家的建设也不是一蹴而就的，其既需要精密的部署，也需要目标的指引。就当下来看，法治国家的基本目标可以表述为：“国家立法机关要依照法定的职权和程序行使立法权，做到立法科学、民主、不越权、不抵触。国家行政机关要依照法定的职权和程序行使行政执法权，做到执法严格、规范、文明、公正。国家司法机关要依照法定职权和程序独立行使司法权，做到司法公正、公开、及时、高效。”③ 在加强党对军队绝对领导的同时使军队建设不断走向正规化、信息化和科学化。除此之外，党作为领导法治国家建设的先锋队和根本保证，既要加强和改进自身的领导，也要实现建设学习型、服务型、创新型的马克思主义执政党的总目标。由此可见，就法治国家的内涵和目标来看，贯穿于其中的是法律之治，即国家权力

---

① 中央军委法制局：《坚持以法治思维和法治方式推动国防和军队改革》，《解放军报》，2014年7月21日。

② 杨炼：《法治国家、法治政府与法治社会一体建设》，《重庆社会科学》，2014年第10期。

③ 黄文艺：《法治中国的内涵分析》，《社会科学战线》，2015年第1期。

的规范行使；人民主权，国家的一切权力属于人民，人权的实现是法治国家建设的逻辑起点；“良法善治，这是法治国家的最高境界”①。

法治国家的建设既需要目标的指引，也需要满足最基本的要求，以便更好地推动法治国家的全面发展。其一，就国家的立法机关而言，要在加强党对立法工作的领导的同时，健全人大主导的立法工作机制，在深入推进科学立法、民主立法的同时，加强重点领域的立法。其二，就国家的行政机关而言，要依法全面履行政府的行政职能，在健全依法决策机制的同时，深化行政执法体制的改革；在坚持严格规范公正文明执法的同时，强化对行政权力的制约和监督以及全面推进政务公开。其三，要在保证人民法院和人民检察院依法独立行使职权的同时，优化司法职权配置，加强司法监督。其四，中国共产党在坚持依法执政的同时，要加强党内法规制度建设，提高党员干部法治思维和依法办事能力以及基层治理的法治化。其五，要深入推进依法治军和从严治军，坚持在法治轨道上积极稳妥地推进国防和军队建设，深化军队领导体制、力量结构和政策制度等方面的改革。

（二）政府转型与法治政府建设

政府转型既是全面推进依法治国的关键所在，也是社会转型发展的必然要求。“在依法治国这项宏大的社会系统工程中，如果没有科学合理、坚强有力的政府机关依法行政的机制，则立法机关的努力成果将束之高阁，司法机关的监督救济将疲于奔命，依法治国的方略也就难以落实到位。”② 同时，倘若政府职权的行使不能满足社会转型发展的要求，忽视社会各方利益诉求的协调和表达，则全面推进依法治国的宏伟战略也必然受阻，难以深入。由此，在全面推进依法治国方略的推动下，在社会转型发展的要求下，既需要明晰政府转型的表现及问题，也需要明确法治政府建设的目标和要求，以便做到张弛有度，有所依凭，深化推进，全面实现。

1. 政府转型的表现及问题

政府的转型和变迁不可避免地受到时代背景的影响与推动，也只有在外生变量

---

① 张文显：《全面推进依法治国的伟大纲领——对十八届四中全会精神的认知与解读》，《法制与社会发展》，2015 年第 1 期。

② 莫于川等：《政府法制建设三十年研究报告》，《宪法与行政法评论》（第四卷）。

与内生因素的协同作用下才能顺势而行。[①] 其既是全球化和改革开放等外生变量的推动，也是行政观念转变和自身结构调整等内生因素的萌生。我国的政府转型经历了漫长的发展历程，其在不断转型和变迁的同时，既取得了长足的发展，也面临着现实的困境。

在我国法治政府建设的过程中，政府的人员构成、机构调整、制度体系、行政程序、监督机制和责任落实等取得了有目共睹的成就。其现实性的转型和发展可以归结如下：①从法律虚无主义到重视法律规范功能，从单纯依靠行政实体法到日益注重行政程序法的作用；②从单纯依赖刚性手段，到注重运用柔性手段，实行刚柔相济的行政管理方式；③从秩序为本、单纯管理、治理百姓，到以人为本、注重服务、治官治权；④从高度集权、无限政府、权责脱节，到公众参与、有限政府、责任政府；⑤从单纯依靠政策行政，到注重依法行政，再到建设法治政府、阳光政府和服务型政府。简而言之，从集权型、管理型、秩序型、封闭型、随意型政府，转向民主型、指导型、服务型、开放型、责任型政府。[②] 无论是行政立法、行政执法、行政监督、行政管理和行政救济，还是政府观念的转变、政府职能的调整、政府决策的优化、政府信息的公开都取得了显著的进步，公民诉求的回应、纠纷的解决和权益的保障在政府转型的过程中不断得以实现。

当然，在法治政府建设的过程中，由于诸多因素的影响，政府的转型也面临着现实的困境的挑战。其主要表现在如下方面：①就行政立法方面来看，既有立法“盲区”的存在，也有公众参与的缺失，还有行政法规之间的失调和冲突；②从行政执法方面来看，既有“钓鱼执法”的趋利现象，也有“以言代法”和“以权压法”的人治事实，还有执法不公以及执法腐败的现象；③从执法监督方面来看，既有监督制约的软弱，也有问责力度的不大，还有舆论监督的失范等问题；④从法治文化的角度来看，既有法治意识的淡薄，也有法治思维的缺乏，还有人治理念的固化；⑤从职能转变的角度来看，既有体制机制的阻碍，也有职能转变的不足，还有现实与转变的张力等问题。由此可见，我国法治建设的道路依然漫长而艰险，如何着力转变职能、理顺关系、优化结构、提高效能显得尤为重要。

---

① 刘厚金：《我国政府转型的逻辑路径与动力分析》，《上海行政学院学报》，2008 年第 4 期。

② 莫于川等：《政府法制建设三十年研究报告》，《宪法与行政法评论》（第四卷）。

2. **法治政府的目标及要求**

深入推进依法执政、加快建设法治政府，是全面推进依法治国的中心环节。就法治政府的建设而言，《中共中央关于全面深化改革若干重大问题的决定》和《中共中央关于全面推进依法治国若干重大问题的决定》的战略部署和方向指引，《全面推进依法行政实施纲要》《国务院关于加强市县政府依法行政的决定》《国务院关于加强法治政府建设的意见》的战略实施和具体规划，无疑为法治政府的建设提供了坚实的基础。“法治政府就是政府在行使行政权力、履行行政职责过程中坚持法治原则、严格依法行政，政府的各项权力都在法治轨道上运行。”① 其本质要求是：“一切行政活动只能在法律规范和制约下进行，从而保证行政权力的运用符合法律所集中体现的意志和利益并防止行政权力的扩张和滥用，实现和保障公民、法人和其他社会组织的合法权益。”②

2004 年国务院发布的《全面推进依法行政实施纲要》提出了法治政府建设的 10 年目标，截至当下，尚未见到这一重大承诺的结果报告，这说明法治政府建设的道路荆棘丛生、法治政府的目标依需遵行。由此，结合国务院《关于加强法治政府建设的意见》《中共中央关于全面深化改革若干重大问题的决定》和《中共中央关于全面推进依法治国若干重大问题的决定》等相关文件，可以将法治政府的目标归结为：①政府事权分配的合理化与行政体制的扁平化。②行政立法的科学化和民主化与行政执法的规范化和文明化。③行政决策的法治化与行政责任的严格化。④政务公开的常态化与行政监督的全面化。⑤政府工作人员法治观念的提升和人员管理的转型。同时，具体到法治政府的标准，其可以归结为如下六点：①限制行政权力，建设有限政府。②保障市场自由，建设法制统一政府。③实行政务公开，建设透明廉洁政府。④遵行正当法律程序，建设公正诚信政府。⑤更新管理理念和方法，建设服务效能政府。⑥完善监督责任，建设责任政府。③ 使其在有效防范和依法化解社会矛盾的同时，对全面建成小康社会发挥更大的作用。

总而言之，法治政府的建设任重而道远，其需要在相当长的一段时间内深入贯

---

① 黄学贤：《法治政府的内在特征及其实现——〈中共中央关于全面推进依法治国若干重大问题的决定〉解读》，《江苏社会科学》，2015 年第 1 期。

② 马凯：《关于建设中国特色社会主义法治政府的几个问题》，《国家行政学院学报》，2011 年第 5 期。

③ 莫于川：《法治国家、法治政府、法治社会一体建设的标准问题研究——兼论我国法制建设良善化、精细化发展的时代任务》，《法学杂志》，2013 年第 6 期。

彻党的有关决议和政府的有关决策，认真落实依法治国的基本方略，以事关依法行政全局的体制机制创新为突破口，以增强领导干部依法行政的意识和能力、提高制度建设质量、规范行政权力运行、保证法律法规严格执行为着力点，深入推进依法行政，加快建设法治政府。合法行政、合理行政、程序正当、高效便民、诚实守信和权责统一的依法行政要求依然需要坚守。同时，在国家、政府和社会转型的关键时期，法治政府的建设要直面现实的挑战和契合时代的要求，既要营造良好的法治环境，也要推动法治队伍的建设；既要推动政府内部的改革，也要借助社会的力量，普遍建立法律顾问制度。使法治政府的建设成为一种全面推行、内外互动的动态模式。当然，从权力的产生和运行角度来看，法治政府建设的基本要求可以归结为如下几点：①权从法出。即政府权力是由法而生，其来源于宪法法律的规定，这是法治政府建设的基础。②权依法行。政府权力的行使要严格依照法律的规定，这是法治政府建设的核心。③权为民用。“政府整个说来只是一个手段，手段的适当性必须依赖于它的合目的性。”[①] 即政府权力的运用要以人民利益为出发点和落脚点。④权需监督。“一切有权力的人都容易滥用权力，这是万古不易的一条经验。”[②] 即需要加强对行政权力的监督，包括党内监督、人大监督、民主监督、行政监督、司法监督、审计监督、社会监督和舆论监督等，形成科学有效的权力运行制约和监督体系。

（三）社会转型与法治社会建设

中国改革开放的发展史也是社会转型的关键期，其不仅涵摄政治、经济、文化等各个领域，而且还涉及制度、行为、思想等各个方面，以其鲜明的时代性融贯于发展的潮流当中。当然，处于社会转型过程中的社会，即转型社会，既不同于传统社会，又有别于现代社会，“过程态”是其基本特点。[③] 既有社会结构的分化与整合，也有社会规范的失范与重建，还有社会观念的冲突与融合。[④] 同时，社会转型的诸多表现与问题，亟须采用法治方式进行解决与法治的力量的引导，法治社会便成了社会转型的迫切要求与现实所趋。

---

① ［英］密尔：《代议制政府》，汪瑄译，商务印书馆 1982 年版，第 13 页。
② ［法］孟德斯鸠：《论法的精神》（上册），张雁琛译，商务印书馆 1961 年版，第 154 页。
③ 陈宴清：《当代中国社会转型论》，山西教育出版社 1998 年版，第 328 页。
④ 刘茂林：《中国社会转型时期的宪法秩序研究》，武汉大学 2010 级博士毕业论文。

1. **社会转型的表现及问题**

从整体来看，中国的社会转型是社会基本结构不断协调转化的结果，“政治国家—公民社会”的二元架构，使国家与社会高度一体化的状态转变为社会领域的相对独立。同时，诚如科尔奈所言：“转型并不仅仅只包括经济的转型，还包括了生产方式、文化的转型，政治、法律制度的转型等多个方面。”① 即社会的转型是全面性、多领域、综合性的转型。除此之外，中国的社会转型具有明显的动态性与渐进性。其始于经济领域，继而推及政治领域，进而拓展至整个社会领域。当然，中国的社会转型也呈现出了诸多问题，比如经济与政治改革的失衡，社会法治意识的落后，社会组织的微弱等。

就一般意义而言，中国在政治、经济和文化等诸多领域已发生了急剧的社会变革，其主要表现在如下几个方面：“第一，经济方面，实现从计划经济向市场经济的转变，第二，政治方面，实现从崇尚权威和实行人治向崇尚民主和实现法治转变，第三，文化方面，实现从传统文化向现代文化的转变。换言之，中国正在向‘法治国家、市场经济与公民社会’三元并存与互补的现代国家治理模式演进。”② 同时，中国的社会转型具有明显的整体性、渐进性、异质性、重叠性和形式性的特征。③ 中国社会的转型在整体性变迁的同时具有明显的渐进性，在循序渐进的同时也带有社会矛盾和冲突的爆发，而新旧结构要素的并存也使社会呈现出重叠性的表征。当然，社会制度的变迁首先表现为形式化的变迁，实质性的转变还有待转型的不断深化和其他因素的推动。除此之外，中国的社会转型既有内外合力的推动，也有政府与市场的分行；既具有明显的时代特色，也蕴含浓厚的本国风情。

“中国的社会转型既遵循了社会转型的一般规律又兼顾了中国的基本国情”④，这种转型的本土性也呈现出诸多现实性的问题。“社会转型急速而深刻但落后于经济结构的变化；单位社会开始向后单位社会转变但社会组织仍很微弱。”⑤ “渐进式

---

① ［匈］科尔奈：《大转型》，《比较》第 17 辑，中信出版社，2005 年版，第 2 页。

② 刘燕，万欣荣：《中国社会转型的表现、特点与缺陷》，《社会主义研究》，2001 年第 4 期。

③ 杜玉华：《社会转型的结构性特征及其在当代中国的表现》，《华东师范大学学报》（哲学社会科学版），2012 年第 5 期。

④ 刘祖云：《从传统到现代——当代中国社会转型研究》，湖北人民出版社，2000 年版，第 82 页。

⑤ 廖小平：《论改革开放以来中国社会转型的四大表现》，浙江社会科学，2013 年第 4 期。

改革存有较高的制度转换成本；经济与政治改革的不同步，社会转型的系统性与配套性有待提高；不均衡发展产生的社会不公平现象有蔓延趋势；不对等的社会权利引发社会焦虑与对抗情绪。”[①] 具体来说，中国社会转型过程中所存在的问题可以归结为：①经济转型明显快于其他社会领域的转型，并显现出失衡的状态，这尤其表现为民主制度的有待完善，特别是法治意识与法治思维等观念的培养与塑造。②在社会转型过程中，社会组织的作用与力量不容小觑，但我国社会组织力量的累积并没有带来质的变化，即社会组织的力量依然很微弱，社会权力的运行亟须法律的规范和引导。③社会转型期也是社会矛盾和冲突集中突发的时期，既有政府与公民之间的纠纷，也有公民之间的利益冲突，而社会矛盾的预防机制和救济渠道所存有的问题严重制约着现实问题的解决。

2. 法治社会的目标及要求

法治社会既是法治中国一体化建设的重要构成，但也区别于法治国家与法治政府的核心范畴，其更多的是将法治思维融贯于私人权利及社会公共领域。建设法治社会是法治建设的夯基固本，是破解法治瓶颈的有效路径，是对人情社会的反思重构和对公共理性的培育与提升，有助于弥合转型中国的社会共识。[②] 就当下而言，法治社会的建设有着清晰的目标指向和现实要求，其既融注于全面推进依法治国的进程之中，也有着自身的价值追求。

“法治社会，通常是指法律在全社会得到普遍公认和遵从的一种社会状态。其具有以下基本的特征：全社会对法治普遍信仰；宪法和法律得到有效实施和普遍遵从；社会依法规范运行；公平正义得到切实维护和实现；权利救济及时充分。”[③] 同时，就转型社会所展现的问题和法治社会所涵摄的领域，法治社会的目标可以归结如下：①法治意识的普遍树立，不仅使国家机关工作人员的法治思维与法治方式得以树立和运用，而且使全面的法治素质得到提升。②创新社会治理机制，在改进社会治理方式的同时，激发社会组织的活力，形成多层次多领域的法治社会治理体系。③建设完备的法律服务体系，使法治的作用得到最大的发挥。④健全依法维权和化解纠纷机制，使人民群众的根本利益得到维护。⑤“注重保障和改善整个社会的民

---

① 刘燕，万欣荣：《中国社会转型的表现、特点与缺陷》，《社会主义研究》，2001 年第 4 期。

② 江必新，王红霞：《法治社会建设论纲》，《中国社会科学》，2014 年第 1 期。

③ 吴爱英：《大力推进法治社会建设》，《中国司法》，2015 年第 6 期。

生状况，从而在最大程度上使全体社会成员得以均衡发展。”[①] ⑥社会权力的依法自治，即既要充分保证社会主体特别是众多社会组织的自治积极性，也要充分保证其依法而行。

现实层面的法治社会是法治在社会领域的拓展和具体体现，是作为法治方略的法治逻辑演进之必然。[②] 在法治社会的范畴内，法治意味着：在经济和社会领域，有法可依、有法必依，无论是公民，还是法人，都必须尊重法律，维护法律的尊严和权威；全体公民和法人学法、懂法、用法、守法、护法，树立社会主义民主法治、自由平等、公平正义理念；广泛的社会自治，各种各样的非政府组织诸如城市的居民委员会、农村的村民委员会、受国家机关委托代行某种社会公共行政权力的中介组织（如消费者协会、律师协会、会计师协会等）日益扮演着公共治理的角色，各种各样的民间法、软法、社团规范、乡规民约、道德习俗、纪律政策等发挥着法律无法替代的作用。[③] 基于法治社会的建设离不开执政党和政府的推动、公民和社会的参与，所以其要求是多方面的，也是多层次的。即在法治社会建设中，要注重“秩序与权利的平衡；公共权力调控与公民社会自治的合理结合；公民自由保障与行为规则相结合”[④]。其基本的要求可以概述为：①执政党和政府要积极推动法治社会的建设，在更新自我理念的同时要树立良好的典范，使全社会形成尊法、守法和护法的良好风气。②政府在有限有为的同时，也要给予社会组织发展的空间，保证其发展的积极性和能动性，当然，社会纠纷及矛盾化解机制的健全和完善也离不开政府的推动和参与。③社会组织作为法治社会建设的重要力量，既要积极参与社会治理，也要依法而行。④人人都要守法。各级领导干部要带头守法，其他社会组织及公民要自觉守法。

三、完善转型发展法治保障的路径

全面推进依法治国是坚持和发展中国特色社会主义的本质要求和重要保障，是

---

① 喻中：《法治社会建设在现阶段的任务》，《新视野》，2014 年第 4 期。

② 肖北庚：《法治社会：法治演进的逻辑必然》，《法制与社会发展》，2013 年第 5 期。

③ 张文显：《论中国特色社会主义法治道路》，《中国法学》，2009 年第 6 期。

④ 史丕功，任建华：《法治社会建设的价值选择及主要路径》，《山东社会科学》，2014 年第 9 期。

实现国家治理体系和治理能力现代化的必然要求，在全面推进的过程中需要坚持法治国家、法治政府和法治社会的一体化建设。同时，在进行一体化建设的同时，必须明晰法治国家、法治政府和法治社会的相互关系，即“建设法治国家是建设法治政府的前提，建设法治政府是建设法治国家的关键；建设法治国家是建设法治社会的基础，建设法治社会是建设法治国家的条件；建设法治政府是建设法治社会的保障，建设法治社会是建设法治政府的目标”[①]。除此之外，全面推进依法治国是在注重法治普适价值的同时，就我国政治、经济和文化发展中的现实问题所提出的重大战略部署。由此，全民推进依法治国的逻辑起点是权利的保障，同时，“我们致力于建设的法治国家、法治政府和法治社会，不是且也不会简单地重复、复述西方任何国家的法治形态，而是继承、发展了人类社会的法治文明，尤其是借鉴了西方国家的法治经验，同时注重中国的政治理念、文化传统、社会诉求和具体国情”[②]。

（一）转型期法治国家建设的路径

法治国家建设是全面推进依法治国建设的重要组成部分，是规范公权力行使的核心举措所在。基于法治国家的核心内涵和全面推进法治国家的目标指向以及当前所存在的问题，法治国家的建设路径可以归结为：坚持党的领导与建设法治政党；坚持科学立法与完善法制体系；坚持依法行政与建设法治政府[③]；坚持公正司法与塑造司法权威。

1. 坚持党的领导与加快建设法治政党

党的领导是全面推进依法治国，加快建设社会主义法治国家最根本的保证。自改革开放以来，中国共产党始终坚定不移地坚持“依法治国，建设社会主义法治国家”的基本方略，积极助力法治国家的建设，将法治作为治国理政的基本方式。无论是推动依法治国入宪，还是制定和实施若干关于法治国家建设的决议和政策，都显示出执政党建设法治国家的决心。由此可见，这是作为执政党的中国共产党自改革开放开始 30 多年来始终坚持认真思考和严肃对待自身执政的合法性问题以及对于

---

① 姜明安：《论法治中国的全方位建设》，《行政法学研究》，2013 年第 4 期。

② 余凌云：《法治国家、法治政府与法治社会一体建设的途径》，《法学杂志》，2013 年第 6 期。

③ 鉴于坚持依法行政与建设法治政府会在“转型期法治政府建设的路径选择”中详细阐释，所以在“转型期法治国家建设的路径”中会予以省略，以免重复。

治国理政的基本路线、方针与实践措施的一种思想归纳与理论总结，不仅充分展现了中国共产党理性反思和吸取执政经验教训，从而理论化其政治智慧的能力，而且充分说明了作为执政党的中国共产党具有强大的思想与理论能力和政治智慧来领导法治国家的建设。[①] 同时，就当下而言，法治国家的建设需要领导者和推动者，而中国共产党无疑是最有能力的担纲者，只有中国共产党才能在纷繁复杂的国内外环境中维系社会的基本稳定，为法治国家的建设提供良好的社会环境；也只有中国共产党才能把握全局，统筹各方，整合资源，为法治国家的建设指明方向；也只有中国共产党才能以人民群众的根本利益为出发点和落脚点，将自身的执政理念贯穿于法治国家的建设中。

“政党的法治化问题，也是中国推进法治建设必须面对的重大命题。”[②] 为此，中国共产党高度重视领导方式和执政方式的转变以及执政能力和执政水平的提升。从“党必须在宪法和法律的范围内活动”的提出到“依法执政”的转变和深化以及“科学执政、民主执政和依法执政”的统筹，都展现出执政党向法治政党转变的努力。同时，法治政党的建设之路依然漫长，既需要认识的深化，也需要改革的实施。首先，坚持依法执政。执政党在领导法治国家建设时，要在宪法法律范围内活动，带头守法，切实有效地推进各级党委职能部门和机构组织内设党组工作的法治化。其次，要不断提高党员干部的法治思维和依法办事的能力。在加强法治理论宣传和法治教育的同时，推动法律顾问制度建设和建立末位淘汰制，切实保证法治水平的提升。再次，要加强党内法规制度建设。正确处理国家法律与党内法规的关系，既要实现有效的衔接与协调，又要合理地规划各自调整的事项范围，以保证社会主义法治体系的统一。最后，要健全权力运行的制约和监督体系。执政党在加强自我监督的同时，要自觉接受和认真对待社会和人民的监督，真正做到“有权必有责，用权受监督，失职要问责，违法要追究，保证人民赋予的权力始终用来为人民谋利益”[③]。

2. 坚持科学立法与不断完善法制体系

正如亚里士多德所言，法治是已成立的法律获得普遍的服从，而大家所服从的

---

① 姚建宗：《法治中国建设的一种实践思路阐释》，《当代世界与社会主义》，2014 年第 5 期。

② 葛洪义：《“法治中国”的逻辑理路》，《法制与社会发展》，2013 年第 5 期。

③ 熊文钊：《依法治国：国家治理现代化的必由之路》，《广西社会科学》，2015 年第 4 期。

法律又应该本身是制定得良好的法律。[①] 所以，在法治国家建设的过程中，既要坚持立法先行，更要注重质量的提升。由此，坚持科学立法和不断完善法制体系便成为法治国家建设的必然要求。坚持科学立法既要健全有立法权的人大主导立法工作的体制机制，也要保证公民的有序参与，使人民的意志得到充分的表达。既要主动回应社会发展中的现实问题，与改革相衔接，也要坚持宪法法律至上，遵从立法程序，恪守立法权限。既要保证立法权力充分且有效地行使，也要注重立法的评估与监督，真正实现权责一致。既要加快各领域的立法，也要加强重点领域的立法，在量的提升方面注重质的把握。既要注重立法技术的提升，也要推动立法程序的完善。基于此，第一，"法律制定的价值取向应当充分关注人性基础，把握世道人心，因循人情义理，充分考虑民众的生活经验、基本需求和价值偏好"[②]。第二，加强立法调研。可以通过实地调查、专家论证会、群众座谈会的形式来汲取民智，使立法有所依凭。第三，要加强立法监督。要建立立法监督的长效机制，在充分发挥人大监督作用的同时，保证监督形式的多样化和有效性。第四，完善立法规划。就市场经济领域、民主政治领域、社会文化领域、生态环境领域和国家安全领域的重大问题进行立法时，要科学规划，仔细论证。第五，提高立法技术与提升立法人员的素质。既要注重经验的积累和传承，也要紧跟时代的步伐，不断提高立法技术；同时，提高立法人员的准入门槛，加强立法人员的培训，不断提升立法人员的素质。

当然，在推进法治国家建设的进程中，也要不断完善我国的法律体系，在"加强人民代表大会制度建设的基础上和过程中，进一步坚持科学立法，全面推进民主立法，创新立法理论，更新立法观念，转变立法模式，调整立法机制，完善立法程序，改善立法技术，推广立法评估，强化立法监督，不断提高立法质量和水平，为形成系统完备、科学规范、运行有效、成熟定型的现代化国家制度体系，提供强有力的立法保障和法律制度支持"[③]。同时，也要"坚决克服立法过程中的地方保护和部门利益化倾向，防止地方和部门越权立法，避免重复立法、粗糙立法、腐败立法；促进法律体系的部门划分更为合理，法律法规的系统性、协调性、统一性进一步增

---

① 亚里士多德：《政治学》，吴寿彭译，商务印书馆，1965 年版，第 199 页。

② 唐皇凤：《构建法治秩序：中国国家治理现代化的必由之路》，《新疆师范大学学报》（哲学社会科学版），2014 年第 4 期。

③ 李林：《依法治国与推进国家治理现代化》，《法学研究》，2014 年第 5 期。

强”①。

3. 坚持公正司法与塑造司法权威

司法改革是法治国家建设的关键所在，其成败关乎法治价值能否顺利实现。公正司法的坚持与司法权威的塑造是司法改革的价值追求；人民法院和人民检察院依法独立行使职权是司法改革的核心要义，去地方化与去行政化是司法改革的重点所在。当前，我国进入司法改革的攻坚期，《中共中央关于全面推进依法治国若干重大问题的决定》在对司法改革进行整体部署的同时，最高人民检察院和最高人民法院相继制定并实施的《关于深化检察改革的意见》和《关于全面深化人民法院改革的意见》对检察院改革和法院改革进行了全面的规划。当下，为了充分保证司法公正的实现和提高司法公信力，司法改革的深化既要注重司法的特性，也要契合中国的国情。既要注重外部关系的处理，也要优化内部职权的配置。既要注重专业化的改革趋向，也要保障人民群众的司法参与。既要注重突破，也要有所依凭。基于此，司法改革的深入推进可以从以下几个方面入手：①正确处理司法机关同党的领导、权力机关和行政机关以及司法机关内部之间的关系，将对关系的认知和梳理予以体系化、制度化和法律化，从而保证去行政化目标的充分实现。②积极推动相关法律制度的修改和完善，为司法改革提供法律支撑和制度保障。③深入推进跨行政区划司法机关设置的改革，使司法地方化的问题得到有效解决。④推进司法职业化，建立符合职业特点的司法人员管理制度。⑤加强司法保障制度改革，在使人民法院和人民检察院有充分物质保障的同时，提高司法机关工作人员的薪酬标准。⑥加强对司法活动的监督，充分发挥人大监督和检察监督的作用，完善人民监督的体制机制。

总而言之，法治国家的建设必须以相对独立的司法体系为保障，“该体系具有明确的专业标准和培训体系，拥有自主的编制配备、人员招募、财政经费和职位晋升权力，在解释法律和裁决纠纷时，享有不受任何社会和行政机构干涉的真正权力”②。由此，司法改革的道路依然漫长而艰辛，既需要认真总结经验，也需要稳步推进改革，既需要大胆地探索尝试，也需要理性的制度设计。

---

① 张文显：《法治中国建设的前沿问题》，《中共中央党校学报》，2014 年第 5 期。

② 唐皇凤：《构建法治秩序：中国国家治理现代化的必由之路》，《新疆师范大学学报》（哲学社会科学版），2014 年第 4 期。

（二）转型期法治政府建设的路径

自改革开放以来，我国法治政府建设取得了令人瞩目的成绩。行政管理体制的不断创新，政府职能的不断转变，行政机构的大部制改革，政府与市场关系的不断优化等，为深入推进依法执政，加快建设法治政府奠定了良好的基础，积累了丰富的经验。同时，诸多现实性的难题也制约着法治政府的建设。由此，法治政府建设既要注重行政决策的法治化，也要注重行政执法的规范化，还要注重权力监督的制度化。

1. 行政决策的法治化

行政决策是行政机关及其担责主体在执行宪法和法律中对行政权所涉及的社会公共生活治理和公共利益调整制定及选择行为方案的过程。[①] 是政府职权的重要组成部分。正如“任何权力都必须通过法律来制约和控制”[②] 一样，行政决策的实现也必须通过法律来予以规范。其既要讲求程序的调控，也要注重责任的明晰，还要加强制度的完善。

首先，行政决策的程序调控是行政决策法治化的关键所在，《中共中央关于全面推进依法治国若干重大问题的决定》中明确提出：“把公众参与、专家论证、风险评估、合法性审查、集体讨论决定确定为重大行政决策法定程序，确保决策制度科学、程序正当、过程公开、责任明确。”基于此，行政决策程序的法治化既要保障公众的参与，使其充分体现民意，汇集民智，平衡民利，增强决策的民主性；也要就专业性的问题吸纳专家的意见，从而保证决策的科学性。同时，既要注重事前的评审，将存有重大风险和审查不合格的项目加以排除；也要注重决策的集体讨论，改变“一言堂”的决策风格，充分吸纳各方的意见。其次，行政决策的责任追究是行政决策法治化的本质所求。是针对那些在制定和实施公共决策的过程中，由于错误决策而导致社会经济、政治文化发展的不良后果，侵犯公共利益和公民基本权利的行政决策者。[③] 主要包括两个方面：既要明晰责任主体，在“谁决策，谁负责”的基础上使相关决策者有所担当；也要明确责任后果，在将各种责任加以区分的同

---

① 肖北庚：《从依法决策到行政决策法治化》，《湖南社会科学》，2012 年第 3 期。

② ［美］汉密尔顿，［美］杰伊，［美］麦迪逊：《联邦党人文集》，商务印书馆，1980 年版，第 264 页。

③ 陈军：《行政决策法治化之检视》，《云南行政学院学报》，2008 年第 6 期。

时落实到位。最后，行政决策的制度完善是行政决策法治化的重要保障。其核心的追求不仅是要对行政决策予以规范化，将其上升到法律层面，而且是要根据制度设计的正当性来考量问题，不应该仅局限于制度本身的合理性，还应考虑制度的实际运作，尤其要考虑制度运行的公共行政决策者的行为。

2. **行政执法的规范化**

行政执法是政府最为常见和普遍的行政活动，不仅与民众的切身利益直接相关，而且也事关法律价值的实现。由此可见，行政执法的规范化是法治政府建设的关键。就行政执法的规范化而言，既要不断深化行政管理体制的改革，进一步转变政府职能；也要完善行政执法体制，提高行政执法的能力。既要注重行政执法程序的建设，也要不断提高执法人员的素质。

首先，深化行政管理体制改革，进一步转变政府职能是行政执法规范化的基础。对此，我国有着广泛的实践和丰富的经验，就当下涌现的问题而言，要加大机构之间的整合力度，进一步理顺部门之间、上下级之间的关系，优化行政结构，提高行政效率。同时，要加快转变政府职能，转变政府职能主要通过政企分开、政资分开、政事分开、政府和市场中介组织分开来加以实现。① 以此形成“权责一致、分工合理、决策科学、执行顺畅的行政管理体制”②。其次，完善行政执法体制，提高行政执法能力是行政决策规范化的关键。要完善行政执法体制，“在横向上，继续推进相对集中执法和综合执法，整合执法资源，切实解决多头执法、交叉执法的问题；在纵向上，要根据不同层级政府职能的特点，合理配置执法权限，减少执法层次，下移执法重心，努力提高基层执法能力”③。同时，也要健全行政执法和刑事司法衔接机制，实现行政处罚和刑事处罚无缝对接。再次，加强行政执法程序建设是行政执法规范化的重点。针对各类执法行为，“制定具体执法细则、裁量标准和操作流程，切实做到步骤清楚、要求具体、期限明确、程序公正”④。同时，要建立执法全过程记录制度，不断健全行政裁量权基准制度，细化、量化行政裁量标准，规范裁量范围、种类、幅度。最后，提高执法人员的素质是行政执法规范化的保障。既需

---

① 马怀德：《法治政府特征及建设途径》，《国家行政学院学报》，2008 年第 2 期。

② 余凌云：《法治国家、法治政府与法治社会一体建设的途径》，《法学杂志》，2013 年第 6 期。

③ 马凯：《关于建设中国特色社会主义法治政府的几个问题》，《国家行政学院学报》，2011 年第 5 期。

④ 江必新，郑礼华：《全面深化改革与法治政府建设的完善》，《法学杂志》，2014 年第 1 期。

要对执法者进行科学选拔和合理培训，也需要对执法结果进行及时反馈和快速纠偏。① 使执法人员在明确自身职责，规范自身行为的同时，不断提高规范化的意识，从而保证规范执法的实现。

3. **权力监督的制度化**

行政权力的监督是行政权力得以规范行使的重要保障，而监督的制度化则是法治政府建设的必然要求。其不仅需要充分发挥各种监督方式的作用，形成体系化和科学化的制约监督体制，同时也需要加强对规范性文件的审查，规范文件制定权的行使，还需要全面推进政府信息公开，使权力的运行公开化和透明化。

首先，从当前来看，对行政权力的监督方式主要有党内监督、人大监督、民主监督、行政监督、司法监督、审计监督、社会监督、舆论监督等，多种监督方式并存有助于行政权力的规范行使。但仍然需要加强监督方式的制度化建设，努力形成科学有效的权力制约和监督体系，增强监督的合力和实效。其次，要加强对行政规范性文件的监督。行政规范性文件虽然无法律之名，但其在行政管理活动中和社会生活中发挥着重要的作用和扮演着重要的角色。就行政规范性文件的制度化监督而言，在制定思路上，要总体规划；在制定主体上，要明确范围；在制定程序上，要严格规范；在备案审查上，要发挥实效；在法律责任上，要落实到位。当然，权力机关监督、行政机关内部监督和社会监督的制度化也是其重要的方面。最后，要积极落实权力清单制度，全面推进政府信息公开。坚持以公开为常态，以不公开为例外的原则，以服务群众，自觉接受监督的心态，以主动公开和申请公开相结合的方式，不断推动政府信息公开的制度化建设。

总之，“法治政府建设需要更加重视、回应人民的需求和需要，以人民利益为最大考量，实现从制度建设向制度应用的跨越；需要在继续做好自上而下法治政府工作的基础上，下大力气拓展、完善公众寻求公平正义的渠道，容忍、引导鼓励公众运用法治方式，在应用中不断帮助政府提高依法行政能力与水平；需要在继续发挥各级行政机关作用的基础上，更加充分发挥行政复议与行政输送等机制的作用，通过公平、公正、公开的第三方裁决机制，有效监督行政机关的行为，使依法执政真正落到实处”②。

---

① 唐皇凤：《中国法治政府建设的历程、困境与路径选择》，《中共福建省委党校学报》，2015 年第 2 期。

② 周汉华：《构筑多元动力机制，加快建设法治政府》，《法学研究》，2014 年第 6 期。

（三）转型期法治社会建设的路径

法治国家建设的国家之维必然具有其局限性，必须引入社会之维的考量，实现国家—社会二元力量的协同，以有效推动中国的法治建设事业。[①] 同时。在法治国家建设中，最接地气的是法治社会建设，包括社会发展、社会推动、社会建设、社会环境等诸多要素，更具有基础性、民主性和民生性。[②] 因此，就法治社会的建设来说，既要增强全民法治意识与保障社会主体自治，也要创新社会治理机制与构建多元治理体系，还要健全法律服务体系与完善纠纷化解机制。

1. 增强全民法治意识与保障社会主体自治

“法治是一种状态，也是一种要求，不仅要求政府守法，也要求全民守法。法治不仅是约束国家权力的工具，而且是一种‘社会管理机制、社会活动方式和社会秩序状态’。”[③] 所以，“人人守法”便成为法治建设的重要价值追求。基于此，要深入开展普法宣传教育，增强全民法治意识。其具体的路径可以归结如下：第一，政府要积极推动法治宣传工作，在以普法规划为指导的前提下，采用多种途径和多种方式来加强法治知识的传授、法治理念的宣传和法治精神的培育。同时，各级领导干部要带头守法，发挥模范的作用。第二，要充分发挥行业组织和基层自治组织的力量，加大对社会组织普法教育的支持力度和政策倾向，不断提升公民的自治精神和法治意识。第三，积极推动法治教育的普及化和社会化，在加强青少年法治教育的同时，广泛开展群众性的法治文化活动。加强新媒体、新技术在普法中的运用，健全媒体公益普法制度，提高普法实效。第四，加强普法讲师团和普法志愿者队伍建设。为全民法治意识的提升提供充足的智力支撑和人力保障。总之，提高全体人民特别是各级领导干部和国家机关的法治意识，努力培育社会主义法治文化，在全社会牢固树立宪法和法律的权威，形成学法遵法守法用法的良好氛围，让广大人民群众充分相信法律、自觉运用法律，是构建法治社会的基础和前提。[④]

“国家、政府的对应面是社会，在国家与政府出现之前，社会按照风俗礼仪、

---

① 梁治平：《法治在中国：制度、话语与实践》，中国政法大学出版社，2002 年版，第 84 - 153 页。

② 莫纪宏：《全民守法与法治社会建设》，《改革》，2014 年第 9 期。

③ 卓泽渊：《论法治国家》，《现代法学》，2002 年第 5 期。

④ 韩德强：《正确认识和把握法治社会建设——学习习近平总书记系列重要讲话体会之二十三》，《前线》，2013 年第 12 期。

习惯宗教、道德、行业规则等实行自治。”[①] 但伴随着国家的出现和政府的建立，社会自治的权力不断受到压制。法治社会建设的基本要求就是要正确处理政府与社会的关系，充分保障社会组织的自治权。同时，法治社会的建设要加强基层群众性自治组织的建设。村民委员会和居民委员会作为我国基层群众性自治组织的主要表现形式，承担了基层社会的诸多公共事务和公益事业，与民众的联系最为密切。新时期，在加强党的领导的同时，要处理好基层政权和基层群众性自治组织的关系，加强基层法治机构建设，强化基层法治队伍，不断增强基层群众性自治组织的自治能力和自治水平。总之，“一个以市场为中心的平等、自由和协商的社会领域，始终是法治国家的根基所在。国家和政府作为社会公共领域在制度上的一种延伸，尽管掌握维护法律秩序所必需的权力，但本身不得侵入、压制或吞并社会的制度空间，否则，法治也就蜕变成赤裸裸的专制”[②]。

2．创新社会治理机制与构建多元治理体系

《中共中央关于全面深化改革若干重大问题的决定》中明确提出，创新社会治理体制，要不断改进社会治理方式，激发社会组织活力，创新有效预防和化解社会矛盾体制。因此，创新社会治理机制也是法治社会建设的必然要求。第一，要充分发挥立法的作用，通过立法来整合社会管理资源。更新管理理念，创新管理方式，拓展服务领域，形成新的社会管理格局。[③] 第二，要注重社会组织之间的协调和平衡。社会组织种类繁多，职能不一，在转型社会的当下，要主义协调和平衡基层自治组织、社会组织和各社会团体之间的作用和力量，形成多元互进的治理格局。第三，要充分激发社会组织的活力，充分发挥社会组织建设法治社会的积极性。政府在简政放权的同时，要减少审批程序，推动社会组织不断发展。同时，大力支持社会组织开展社会活动，在加强管理的同时注重引导。从而使社会成员的诉求得以回应，权益得以保障；社会组织的功能得以发挥，价值得以实现。

当前，多层次、多领域的依法治理已经成为法治社会建设的必然要求。基于此，多元治理体系的构建需要把握以下几点：第一，改变传统权威主体在社会治理中的垄断地位，构建多层次的社会治理体系。毋庸置疑，政府在社会治理中发挥着主导性乃至绝对性作用，这种单一主导的治理方式不利于社会组织的发展和民众利益的

---

① 范进学：《“法治中国”析》，《国家检察官学院学报》，2014 年第 4 期。
② 张文显：《论中国特色社会主义法治道路》，《中国法学》，2009 年第 6 期。
③ 卓泽渊：《和谐社会与法治社会的双向构建》，《南京社会科学》，2006 年第 3 期。

表达。同时，随着社会组织的不断发展和壮大，其既有基本的自治力量，也有强烈的自治需求。基于此，应当寻求政府、人民团体和社会组织的协同治理，加强分工与合作，实现多层次治理的格局。第二，以社会问题为导向，以社会领域为分界，构建多领域的社会治理体系。随着社会分工的不断细化，诸多行业不断涌现，而各领域也面对着自身独有的问题。政府在加强引导和梳理的同时，各社会组织的自治便成为解决各自问题的主导力量。总而言之，社会问题的复杂性和社会领域的广泛性都需要多元主体参与社会治理，其不仅应该对自己的事务有发言权，而且也应当参与到政府政策的制定中来，从而实现互动参与，共同治理，提升法治社会的建设水平。

3. **健全法律服务体系与完善纠纷化解机制**

随着我国法治进程的不断推进，我国的法律服务事业也不断得到发展。法律服务的人员不断增多，服务的范围不断扩大，服务的力度不断加深，服务的水平不断提升，但依然存有诸多的现实性问题。同时，随着民众法治意识的不断提升，法治需求的日益增长，法律服务的体系化建设和制度化运行便成为法治社会建设的必然要求。基于此，健全法律服务体系需要做好如下几点：第一，要加快推进覆盖城乡居民的公共法律服务体系建设，整合律师、公证、基层法律服务、司法鉴定等法律服务资源，将公共法律服务纳入政府公共服务体系，不断满足人民群众的基本法律需求。① 第二，要完善法律援助制度，既要扩大援助的范围，也要注重援助的质量，加大财政支持的力度，落实政府在法律援助中的责任，保证人民群众在遇到法律问题或者权利受到侵害时能获得及时有效的法律帮助。第三，要不断提升法律服务人员的服务水平和责任意识，政府要给予一定的补助以保证其服务的积极性，而法律服务人员也应当充分发挥服务精神，不断推进法治社会的建设。

处在社会转型阶段的当下，既是社会发展的关键期，也是社会矛盾的突发期，而纠纷的预防和化解是法治社会建设的必然要求。其既需要发挥公力性的纠纷解决机制的作用，也需要加强私力性的纠纷解决机制的建设；既需要充分发挥信访的作用，也需要将其纳入法治化的轨道；既需要疏通各种纠纷解决机制，也需要构建有机衔接、相互协调的纠纷解决机制。基于此，第一，要充分发挥司法机关在纠纷解决中的作用，在不断深化司法改革的同时，推进以审判为中心的诉讼制度改革，使诉讼救济的作用得到充分有效的发挥。第二，大力发展私力性的纠纷解决机制。这

① 吴爱英：《大力推进法治社会建设》，《求是》，2014 年第 24 期。

一类纠纷解决机制种类繁多、源远流长，包括宗族组织、同乡组织、民间商会、宗教团体、村落长老、邻里关系等。[①] 由此，要运用民间纠纷解决机制的现实作用，将社会纠纷的不良影响缩至最小。第三，完善调解、仲裁、行政裁决、行政复议、诉讼等有机衔接、相互协调的多元纠纷解决机制。在加强纠纷解决机制建设的同时，要合理协调不同纠纷解决机制之间的关系，从而实现各种纠纷解决机制的互补，保障法治社会的顺利建设。

① 黄文艺：《法治中国的内涵分析》，《社会科学战线》，2015 年第 1 期。

第十章　加强和完善党对转型发展的领导

90 多年来，中国共产党已经从一个领导人民为夺取全国政权而奋斗的党，转变为一个领导人民掌握全国政权并长期执政的党；已经从一个受到外部封锁和在实行计划经济条件下领导国家建设的党，转变为一个在对外开放和发展社会主义市场经济条件下领导国家建设的党。这种角色地位的变化决定，党既要领导中国人民在经济社会发展很不均衡的落后国家进行经济建设，把发展作为党执政兴国的第一要务，又要随着经济社会的变迁不断推动社会主义政治建设、文化建设、社会建设和生态文明建设，推动经济社会发展模式转型。党的十八大以来，以习近平为总书记的党中央因势而谋、应势而动、顺势而为，提出了全面建成小康社会、全面深化改革、全面依法治国、全面从严治党的战略布局，为适应经济社会发展新常态、实现“两个一百年”奋斗目标、走向中华民族伟大复兴规划的路线图。党的十八届五中全会强调指出：“发展是党执政兴国的第一要务。各级党委必须深化对发展规律的认识，提高领导发展能力和水平，推进国家治理体系和治理能力现代化，更好推动经济社会发展。”① 这就是说，推动我国经济社会转型发展必须坚持党的领导，贯彻落实五大发展理念，完善党的领导体制机制，提高从严管党治党能力，确保我国发展航船沿着正确航道破浪前进。

一、贯彻落实五大发展理念

党的十八届五中全会提出“创新、协调、绿色、开放、共享”的发展理念。这五大发展理念是我们党领导转型发展的科学指南。中央政治局常委刘云山同志支持：“发展理念管全局、管根本、管方向、管长远，是战略性、纲领性、引领性的东西，

① 《中共中央关于制定国民经济和社会发展第十三个五年规划的建议》，《人民日报》，2015 年 11 月 4 日。

直接关乎发展成效乃至成败。”[①] “创新、协调、绿色、开放、共享”的发展理念，集中体现了今后5年乃至更长时期我国的发展思路、发展方向、发展着力点，深刻揭示了实现更高质量、更有效率、更加公平、更可持续发展的必由之路。

（一）准确把握五大发展理念的内涵

五大发展理念蕴含着解放思想、与时俱进的思想品格。树立和践行五大发展理念，是关系我国发展全局的一场深刻变革，意味着对传统发展思路和发展方式的根本转变，也必然伴随着思想的解放、观念的更新。要从党的思想路线的高度看待问题，注重从思想方法和思维方式上解决问题，深刻认识发展是一个不断变化的过程，发展环境、发展条件不会一成不变，发展理念自然也不会一成不变。面对新的发展实践，有些东西过去有效，现在未必有效；有些过去不合时宜，现在却势在必行；有些过去不可逾越，现在则需要突破。这就需要领导干部把解放思想作为总开关，树立与时代和实践发展相适应的思维方式，坚决破除那些片面追求GDP、拼资源拼投入、重城市轻农村、先污染后治理、重效率轻公平的陈旧观念，以新的发展理念引领新的发展实践。树立和践行五大发展理念，不能停留在口头上，而要将其作为行为标尺，自觉对照检验我们的实际工作，符合的就鼓励和支持，不符合的就反对和摒弃，更好地在解放思想中跟上时代，在转变观念中赢得新的发展。

五大发展理念蕴含着尊重规律、按规律办事的实践逻辑。在发展问题上，我们既有成功经验，也有深刻教训。成功经验在于坚持从实际出发，按客观规律办事；深刻教训也主要反映在脱离实际上。一个时期以来，一些地方片面发展、畸形发展，一些地方竭泽而渔、寅吃卯粮，一些地方与民争利、忽视民生，等等，带来了诸多矛盾和问题。习近平总书记强调：我们的发展，必须是遵循经济规律的科学发展，必须是遵循自然规律的可持续发展，必须是遵循社会规律的包容性发展。坚持五大发展理念，就是要把发展建立在把握规律、按规律办事的基础上，实现更有质量、更高水平的发展。贯彻好五大发展理念，就要增强规律意识，在研究和把握规律中认识发展的新内涵、新要求。要注重适应和引领经济发展新常态，坚持发展速度、质量和效益的有机统一，统筹做好稳增长、促改革、调结构、惠民生、防风险的各

---

① 刘云山：《深入学习贯彻党的十八届五中全会精神，牢固树立和自觉践行五大发展理念》，《学习时报》，2015年11月17日。

项工作；注重绿色富国、绿色惠民，尊重自然、顺应自然、保护自然，推动形成绿色发展方式和生活方式；注重加强社会建设、创新社会治理，把改革力度、发展速度与社会可承受程度统一起来，使改革发展成果更多、更公平地惠及全体人民。在全面建成小康社会的进程中，要始终坚持从实际出发，不搞整齐划一、不搞大干快上、不搞层层加码、不作难以兑现的承诺，做到因地制宜、因事制宜，一步一个脚印地做好工作。

五大发展理念体现着辩证思维和统筹兼顾的科学方法论。“创新、协调、绿色、开放、共享”的发展理念，相互贯通、相互促进，有着深刻的内在联系。这五大发展理念，主题主旨相通、目标指向一致，统一于“四个全面”战略布局和“五位一体”总体布局中，统一于坚持和发展中国特色社会主义的实践中，统一于实现“两个一百年”奋斗目标、实现中华民族伟大复兴中国梦的历史进程中。这五大发展理念，既各有侧重又相互支撑，共同构成了一个开辟未来发展前景的顶层设计，构成了一个系统化的逻辑体系。把握好五大发展理念，要树立全面系统的思维，掌握科学统筹的方法，合力推进贯彻落实，不能顾此失彼，也不能相互替代。

（二）全面把握五大发展理念的部署

一是创新发展。坚持创新发展，必须把创新摆在国家发展全局的核心位置，不断推进理论创新、制度创新、科技创新、文化创新等各方面创新，让创新贯穿党和国家一切工作，让创新在全社会蔚然成风。这对加快发展动力转换，实现从规模速度型发展向质量效率型发展转换，从而确保实现全面建成小康社会的发展目标具有重大战略意义。实现创新发展，就要引导劳动力、资本、土地、技术、管理等要素围绕创新发展优化配置，引导创新资源向创新活动集聚。推动大众创业、万众创新，通过培育新技术、新产业、新业态等创造新供给，释放新的市场需求，从而形成发展新动力。要拓展发展新空间，培育形成若干在全球有重要影响力的经济区，形成一批有国际竞争力的产业集群。要深入实施创新驱动发展战略，实施一批国家重大科技项目，在重大创新领域组建一批国家实验室，努力取得一批原创性科研成果，增强国家自主创新能力。积极参与国际科技合作，提出并牵头组织国际大科学计划和大科学工程。加快科技成果产业化，使创新深度融入经济发展之中。实现创新发展，最根本的是要破除体制机制障碍，建立有利于创新资源高效配置和创新潜能充分释放的体制环境。要营造公平竞争的市场环境，矫正生产要素和资源性产品价格扭曲，增强企业创新发展动力，更加注重知识产权保护，加大执法力度。

二是协调发展。协调发展既是全面建成小康社会的重要理念，也是我们要采取的重大战略举措。协调发展的核心是要正确处理发展中的重大关系，我们党历来高度重视各个时期一些重大关系的研究。公报明确提出了需要处理的一些重大关系，重点是城乡区域协调发展、经济社会协调发展以及新型工业化、信息化、城镇化、农业现代化的同步发展等。其实协调发展的内涵还有很多，如经济发展速度和质量的关系，经济结构中第一、第二、第三产业的关系，物质文明和精神文明的关系等。全面建成小康社会最艰巨最繁重的任务在农村，关键也在农村。“小康不小康，关键看老乡。”相比于工业化、信息化和城镇化，农业现代化又是中国当下薄弱的一环。这次提出了“在加强薄弱领域中增强发展后劲”，因此，必须着力推动城乡协调发展，健全城乡发展一体化体制机制，健全农村基础设施投入长效机制，推动城镇公共服务向农村延伸，提高社会主义新农村建设水平。未来的公共财政应更多地向农村、向贫困地区倾斜，公共资源的配置要更多地向基层倾斜。

三是绿色发展。必须坚持节约资源和保护环境的基本国策，坚持可持续发展，坚定走生产发展、生活富裕、生态良好的文明发展道路，加快建设资源节约型、环境友好型社会，形成人与自然和谐发展的现代化建设新格局，推进美丽中国建设，为全球生态安全作出新贡献。创新发展中的“走产出高效、产品安全、资源节约、环境友好的农业现代化道路”，协调发展中的“资源环境可承载”，开发发展中的“积极参与应对全球气候变化谈判，主动参与2030年可持续发展议程”等内容，实际上都是绿色发展的外延，真正体现了生态文明建设融入各个方面，形成五位一体的新格局。环境质量广受关注。无论是全面建成小康社会新目标要求中的“生态环境质量总体改善”，还是绿色发展部分的“以提高环境质量为核心”，新提法、新表达都让人眼前一亮。“十三五”期间环境状况将面临转折，这对于处在快速发展转型中的我国将是巨大的挑战。以绿色发展为途径，实现生态环境质量总体改善，公报给出了许多有效的手段和工具，比如加快建设主体功能区，发挥主体功能区作为国土空间开发保护基础制度的作用；建立健全用能权、用水权、排污权、碳排放权初始分配制度；实行省以下环保机构监测监察执法垂直管理制度等。

四是开放发展。必须顺应我国经济深度融入世界经济的趋势，奉行互利共赢的开放战略，发展更高层次的开放型经济，积极参与全球经济治理和公共产品供给，提高我国在全球经济治理中的制度性话语权，构建广泛的利益共同体。新一轮高水平的对外开放，需要加快构建开放型经济新体制。在外商投资方面，要进一步完善法治化、国际化、便利化的营商环境，全面实行准入前国民待遇加负面清单管理制度，有序扩大服务业的对外开放。在外贸方面，要努力提升外贸竞争力，提高贸易便利化水平，大力发展服务贸易，促进外贸提质增效升级等。开放发展要“东中西协调，陆海统筹”，形成全方位开放新格局。推进“一带一路”建设，推进同有关国家和地区多领域互利共赢的务实合作，推进国际产能和装备制造合作，打造陆海内外联动、东西双向开放的全面开放新格局。将来，沿海地区要通过全面参与全球经济合作和竞争，培育有全球影响力的先进制造基地和经济区，打造开放新高地；通过提高边境经济合作区、跨境经济合作区发展水平，培育沿边开放新支点。在开放发展的过程中，我们应注重培养国际合作竞争新优势。以外贸为例，中国是贸易大国，但还不是贸易强国，我们在全球价值链中的地位还有待进一步提升。新时期的开放发展，应该注重以创新驱动为导向，以质量效益为核心，推动实现中国制造向中国创造转变、中国速度向中国质量转变、中国产品向中国品牌转变。

五是共享发展。实现共享发展，出发点和落脚点都在于人。“人人参与、人人尽力、人人享有”，意味着我们今后将更加注重人自身的发展。建立更加公平更可持续的社会保障制度、普及高中阶段教育、逐步分类推进中等职业教育免除学杂费、全面实施一对夫妇可生育两个孩子政策，这些都是从人的发展角度提出来的。实现共享发展，关键在于要解决一些重大矛盾问题。目前，我国65岁以上老人占人口比例已经超过10%，已经进入老龄化社会。针对此，这次全会对生育政策作出调整。这一举措无疑能从长远上增加劳动力供给规模、改善社会人口和家庭结构，更加积极有效地应对老龄化带来的经济社会问题。加快分配制度改革、缩小收入差距，是实现共享发展的重中之重，也是难点所在。全会提出，要坚持居民收入增长和经济增长同步、劳动报酬提高和劳动生产率提高同步，这“两个同步”指明了今后改革要坚守的原则，那就是发展成果由人民共享、初次分配要更加凸显公平。实现共享发展，需要在经济和社会两个领域同步发力。改革收入分配制度、加大转移支付力度，这是经济问题；但是公共服务、社会保障、普及高中教育等又是社会问题。只有协调推进经济社会发展，让人们在经济和社会两个维度上都有获得感，共享发展才能真正实现。

（三）实现改革与发展深度融合

改革是永无止境的探索，发展是未有穷期的实践。让改革成为发展的开路先锋，增强改革创新精神，提高改革行动能力，我们一定能激发蓬勃力量，驱动“中华号”巨轮驶向更加广阔的发展水域。习近平总书记在中央全面深化改革领导小组第十八次会议上深刻指出：“我国发展走到今天，发展和改革高度融合，发展前进一步就需要改革前进一步，改革不断前进也能为发展提供强劲动力。”① 这就是说，要贯彻落实五大发展理念，就必须坚持改革与发展深度融合，通过全面深化改革为贯彻落实五大发展理念提供强大动力。

要坚持以改革作为发展的基本动力，全面深化改革。改革需要统筹兼顾，既要防止改革措施在时间上过于集中，又要兼顾不同群体的利益，认真考虑每项改革措施对社会各方面的影响，把握好改革出台的时机和节奏，建立改革过程中的利益受损补偿机制。

要千方百计地加快经济发展，正确处理速度与效益的关系。国际金融危机后是我国经济发展难得的战略机遇期。要通过利用好战略机遇期，加快发展和壮大我国的综合实力和国际竞争力。为此，必须坚持保增长，用又好又快的经济增长来不断做大财富蛋糕，支持各项体制改革，稳定社会预期。经济增长速度过低，既不利于充分利用现有资源的潜力，也会带来就业困难、人民生活水平降低等一系列经济社会问题。特别是我国现在面临着发达国家在科技、经济方面占优势的巨大压力，如果经济发展慢了，同发达国家的差距就会扩大，社会稳定和国家的长治久安就不能从根本上得到保证。

要坚持把稳定作为改革和发展的前提，保持社会安定团结。不断改善人民生活是正确处理改革发展稳定关系的重要结合点。朝着全面建成小康社会和中华民族伟大复兴宏伟目标迈进，需要坚持以人为本，把保障和改善民生作为各项工作的最终目标、最高检验标准，努力使全体人民学有所教、劳有所得、病有所医、老有所养、住有所居。要把就业放在经济社会发展更加突出的位置，实施积极的就业政策，千方百计扩大就业。要加快增加城乡居民收入，合理调整国民收入分配格局，努力提高劳动所得和居民收入在国民收入格局中的比重。

要依法维护人民群众的合法权益，切实保障食品安全，彻底解决城镇房屋拆迁与农村土地征收征用中侵犯城镇居民和农民合法权益等问题。要妥善处理人民内部

---

① 《习近平主持召开中央全面深化改革领导小组第十八次会议》，《人民日报》，2015 年 11 月 10 日。

矛盾和其他社会矛盾，通过促进和谐来保持稳定。处理社会矛盾特别是人民内部矛盾，不是要压制管制，而是要依法依理、公平公正地妥善处理相关各方的利益关系，使各方心悦诚服，握手言和，从而最大限度地增加和谐因素，最大限度地减少不和谐因素，达到最大限度地激发社会活力的目的。要继续依法打击各种违法犯罪活动，深入开展反腐败斗争。

二、完善党的领导工作机制

发展是党执政兴国的第一要务。“各级党委必须深化对发展规律的认识，提高领导发展能力和水平，推进国家治理体系和治理能力现代化，更好推动经济社会发展。”① 在协调推进“四个全面”战略布局的关键时期，必须坚持科学民主决策，积极发展协商民主，创新社会治理方式，切实改善党对转型发展的领导。

（一）坚持科学民主决策

坚持科学民主决策是坚持党的领导的主要体现。对于党的决策来说，科学决策就是要符合规律，民主决策就要防止失误。坚持科学民主决策，健全科学决策机制不能一味求新求异，而是要以保障决策的科学性为前提。健全党委科学决策，既要激活存量民主，又要创新增量民主②；既不能急于求成，又不能消极等待。只有“完善科学民主决策机制，以重大问题为导向，把各项改革举措落到实处”③，才能充分发挥党的领导核心作用。

坚持科学民主决策，应当采取不同的民主形式。采取什么样的民主方式，取决

---

① 《中共中央关于制定国民经济和社会发展第十三个五年规划的建议》，《人民日报》，2015年11月4日。

② 中央编译局副局长俞可平教授在研究民主政治时提出了“增量民主”和“存量民主”的概念。他认为，所谓“存量民主”，就是已经取得的政治民主的成就和经验，“增量民主”就是对现有的既有制度不做大幅改动，而倾向于建立一些新的民主制度。例如，建立基层民众自治制度、实行党代表的任期制等。借用了这个提法，把“存量民主”和“增量民主”引入党内民主建设，提出了“党内存量民主”和“党内增量民主”的概念。“党内存量民主”，就是指已经取得的党内民主建设的成就和经验；而“党内增量民主”就是在既有根本制度不做大幅度改动的情况下，建立一些新的制度。比如，党组织负责人的“公推直选”“三推一选”等。

③ 《中共中央关于全面深化改革若干重大问题的决定》，《人民日报》，2013年11月15日。

于决策的性质和达到的效果，这实际上是民主形式的科学配置问题。现阶段，主要着力规范如下民主方式：针对涉及人民群众普遍关心的民生和社会问题的决策，应当采取决策公示、听证和网络问政等方式。除涉密的决策之外，应当全过程公开，听取群众的建议和接受社会的监督。在社会公示制度方面，要以法规或制度的形式明确社会公示的范围和原则；确定负责社会公示的具体部门和监察部门；规定社会公示具体程序；把握公示的内容；明确社会公示的方式。针对专业比较强的重大决策，应当建立健全专家决策咨询论证机制、多方案优选等方式。专家咨询论证制度是扩大决策咨询面，提高决策科学化的必然要求。对重大事项决策、重大工程项目和涉及群众切身利益的决策，都要提交专家咨询论证。重大决策应当请有不同背景的咨询机构或专家参与咨询论证，提出多个决策方案；决策时应当有两种以上的方案可供选择，不提出多个方案不决策。对不同决策方案的利弊应当公正客观地进行分析评估，条件许可时还应组织由各种机构和专业人士参加的论证会，使决策论证建立在有所比较鉴别的基础之上。针对群众反应比较强烈的热点问题的决策，还应当采取人大等法律专业机构的合法合规性评估。不能因为部分利益相关者声音大，为了息事宁人仓促了事，而出现违法违规的决策。

坚持科学民主决策，要健全决策方案讨论确定机制。建立健全决策方案讨论确定机制是确保民主决策的重点。要严格按照民主集中制原则，进一步规范和完善重要问题、重大事项的决策制度，切实解决和防止一把手独断专行等问题，做到择优确定决策方案。明确决策方案的议事范围。在对决策方案进行讨论确定时，应做到按照民主集中制和“集体领导、民主集中、个别酝酿、会议决定”的原则，建立健全决策方案讨论确定的规范程序。在讨论确定前，要把经过咨询论证的 2 ～ 3 套预选方案的详细材料提前送到与会人员手中，确保与会人员有足够的时间了解情况、深入思考和充分讨论；在讨论确定中，与会人员对决策事项意见比较一致时可进行投票表决，对主要问题的意见分歧较大时，应暂缓表决，会后继续修改完善、沟通协商，并待下次会议讨论时表决。改进决策的表决方式。要改变只是表示“同意”或“不同意”的表决方式。在重大决策中，主要领导否定多数人意见作出的决定，应当在记录中特别予以注明；在传统的口头、举手、无记名投票和记名投票等表决方式中，实行无记名投票和记名投票效果最佳，其中，在干部人事问题上，应实行无记名投票。建立讨论确定情况记录备案制度。讨论决定事项，应当如实记录各种意见和主要理由，对于表决的结果应有严格的统计，并将表决结果和表决方式记录在案。

坚持科学民主决策，建立健全决策纠错改正机制。建立健全决策纠错改正机制是确保决策的科学化、民主化的关键。在民主决策过程中，除了对民主决策前、民主决策中的各个环节进行监督外，重要的是要对决策后方案的贯彻执行情况进行监督。要通过决策方案实施过程的跟踪、反馈等途径，及时修改、完善决策方案，确保民主决策更加客观实际，决策方案实施收到更多实效。比如，实行决策方案执行过程的信息披露制度，对会议讨论确定的决策方案，要在适当的范围内分层次进行公示。实施决策执行跟踪反馈制度，重点跟踪决策是否不折不扣执行、是否出现新情况新问题、是否需要对决策进行调整修正等等。建立决策实施过程的社会评价机制。对党政领导班子而言，对自身决策实施情况的评估，不仅要收集党政系统内的信息反馈，而且要重视人大、政协和社会各界对自身决策的反映，并根据各方面的信息反馈，及时发现和纠正决策中的失误。要引入公众评价机制，以群众是否满意作为评价决策成效的根本标准。

坚持科学民主决策，建立健全决策监督和责任追究机制。明确党政领导班子成员决策的责任主体和责任内容。责任主体包括个人和集体。个人包括重大决策全过程中所有的参与者；集体主要包括党委政府领导班子。应追究责任的违规违纪行为主要包括违反程序的责任、违反规定特别是不按规定的标准和条件任意操作的责任、隐瞒或歪曲事实真相的责任、滥用权力的责任等。实行多方位的决策监督。加强上级党委、政府的监督，上级党委、政府对下级的重大决策，每年都要组织一次检查，对决策质量进行评估审议。通过决策建议公开、决策过程公开、决策结果公开，接受群众监督，群众有意见可以向本地党委、政府反映，也可以直接向上级党委、政府反映，形成有效的群众监督。建立决策失误责任追究制度。要从制度上界定决策失误、执行失误与失误主体之间的对应关系，细化责任认定。要从制度上明确决策失误者所应承担的责任和处罚标准。要明确如何启动和由谁来实施决策失误责任追究制，决策失误责任追究制度的启动应按干部管理权限来规范，一旦决定启动，建议由上级纪检或监察和审计部门牵头调查，必要时聘请有关专家参与调查，调查结束时调查组要形成调查报告和处罚建议，交由有干部管理权限的领导机关按照有关规定处理。

（二）积极发展协商民主

社会分化和整合是一个双向互动的过程，是现代化发展的内驱动力。“现代化的正常进程是先有社会的分化，然后通过整合来补偿由于分化而造成的秩序的脱节和混乱，逐步形成良性的循环，使社会获得现代化的能力。”① 而社会分化已成为当前社会发展的基本现实，并在相当长的时期内将维持分化延续的状态。这就需要“推进协商民主广泛多层制度化发展”②，健全完善协商民主制度，通过规范化、程序化、公开化的制度设计来整合民意，从而和平、有效地协调利益矛盾，解决利益冲突，从而有序地引导社会建设。

完善政治协商，扩大基层协商民主。政治协商制度作为协商民主的重要内容，在促进和谐社会的构建中将继续发挥重要作用。一方面，中国共产党就国家和地方重大方针和重要事务听取各民主党派的意见，展开探讨协商，尽量达成共识；另一方面，各民主党派通过平等、深入的协商交流，表达、反映自身所联系群体的意见与主张。这一协商制度符合中国实际，应该坚持并改进这一协商机制。同时，自改革开放以来，社会异质力量不断增强，原来全能主义社会体制逐渐被打破，城乡基层社会自治不断形成和发展，并得到国家的支持和认可。在构建和谐社会过程中，应继续探索基层协商民主实践的方法并不断完善。可以通过村民会议、居民会议、居民议事会、民主恳谈会、社区论坛、企业内的民主协商等方式，直接且真实地了解到居民的意愿、意见和声音，让民众了解更多的信息，减少信息不对称，从而也减少矛盾冲突的可能性。尤其是让员工参与在企业内部涉及企业发展和员工利益的决策，通过集体协商制度和劳动恳谈制度，为员工和管理层之间搭建沟通的平台，通过平等协商提高工人地位，从而有效缓解、化解劳资矛盾，提高企业管理水平和效率，有利于企业决策的执行和目标的实现。

加强协商对话，提高公民参与度。随着民众参与意识和参与能力的提高，以及政府民主化程度的进步，政府与社会协商对话的途径更加广泛，在和谐社会构建中发挥了积极的作用，应继续探索并不断完善。主要形式包括强化民主听证会，扩大听证会的人员范围、增加听证会透明度和约束力，避免听证流于形式。要强化领导接待制度。领导接待制度是指领导人直接与来访群众进行面对面的沟通、交流，听取上访群众的反映，为人民群众的问题亲自或责成有关部门及时解决的制度。当下各政府机构和企事业单位都设置了接待制度。接待制度为群众和领导搭建沟通桥梁，

---

① ［美］西里尔·E. 布莱克著：《比较现代化》，杨豫、陈祖洲译，上海译文出版社，1996 年版，第 25 页。

② 《中共中央关于全面深化改革若干重大问题的决定》，《人民日报》，2013 年 11 月 15 日。

使领导掌握直接来自群众的第一手信息，实现下情上达。这是在构建和谐社会方面有益的尝试，适合于各种机构以及企事业单位。要开展民意测验。把民意测验和协商民主结合起来，通过开放式的程序和不拘一格的辩论，获得较真实的民意。要充分利用电子民主。就是通过网络交流工具，如网络论坛、网络在线交流、博客、微博、微信等，进行政府与人民之间的或政府内部的交流沟通，从而拓宽协商民主的途径。当下的时代已是数字化的时代，以电脑和互联网为核心的信息技术为协商民主的发展提供了广阔的前景，电子民主已成为协商民主的重要形式。通过互联网或其他电子媒体对社会公共问题进行讨论，可以高效、便捷地实现政治参与。电子媒体的公开性、平等性以及超时空性，是其他协商民主形式所无法比拟的，其优势日益突出。同时，政府部门要强化对新媒体的引导、利用，以适应协商民主的新发展。

培育公民精神，不断提高公民素养。发展协商民主，构建和谐社会，离不开公民的积极参与。重和谐、贵合一是中国传统文化的一大特点。孔子强调：“礼为用，和为贵。”孟子认为：“天时不如地利，地利不如人和。”讲求和而不同、周而不比、和谐共存、注重协调互补是中国“和”文化的精神所在。和谐而又不千篇一律，不同而又不相互冲突。这种文化精神与当今追求的多元共存、和谐发展的现代民主和谐精神具有相当程度的契合性，为发展协商民主、构建社会主义和谐社会提供了既有的文化背景和精神资源。发展协商民主有利于实现多样性条件下的稳定与发展，是构建和谐社会的必然要求和题中应有之义。而协商民主需要社会成员最大限度的参与，因此要注重培养公民文化、公民精神和公民道德。社会共同体成员之间要能够相互理解、相互尊重；在追求个人正当利益时，也要注重满足他人合法利益。要以理性为指导，在平等的基础上实现相互包容和妥协。要营造和睦相处的人际环境，使公民具有互助、团结和合作的公共精神，增强社会责任感。不断提高公民的文化素养和参与公共活动的能力，发扬协商民主精神，使公民成为学习型、参与型公民，积极投身构建社会主义和谐社会的大潮之中。

加强政协监督，丰富协商民主形式。人民政协是协商民主的重要职能部门。目前，各级政协组织也都在积极探索政协组织民主监督规范化、制度化、程序化的方法，突出民主监督的实效性，以切实克服民主监督中存在的“视而不见，听而不闻，闻而不办，办而不实”的现象。要增强民主监督的实效性，围绕党和政府的中心工作，在参与中支持，在支持中服务，在服务中监督，进一步提高批评建议的针对性，有的放矢地提出意见和建议，敢于讲真话、报实情，坦诚直言。同时，要积极反映社情民意和撰写提案，加强专题调研和视察工作。调研和视察的选题要具有全局性、前瞻性和综合性。要选准课题，突出重点，紧紧围绕地方党委政府中心任务，服从和服务改革发展稳定的大局，立足社会主义和谐社会的构建这一全局性任务，有计划、有重点、有专题地进行视察和调研。

健全体制机制，实现权力运行透明化。针对社会的发展和形势的变化，政府要着力推进领导行为和领导过程的制度化。必须适应社会变迁，将不同民族、不同群体、不同社会阶层的政治资源、利益需求联结起来，吸收并同化于政治体系之中。通过自身组织及其活动的制度规范、程序设计和规则运行，形成深入了解民情、充分反映民意、广泛集中民智、切实珍惜民力、高度凝聚民心的决策机制，为社会政治参与提供制度化组织、程序和途径，以形成统一的意志和团结的力量，为中国现代化建设及和谐社会的构建创造良好的条件。同时，还应该有效强化党内监督、党外监督和新闻舆论监督，实现政治透明化，让权力在阳光下运行。我国现阶段党内权力滥用现象还没有得到根本遏制，影响了党在人民群众中的形象，成为和谐社会建设的重要障碍。因此，必须尽快建立健全教育、制度、监督相结合的预防和惩治腐败体系，尤其是加强对党员领导干部特别是一把手的权力监督，发挥教育、警示、引导作用。通过协商性民主建设，形成自由畅通的社会流动机制、公正合理的利益协调机制、安全可靠的社会保障机制、灵活高效的社会控制机制，不断增强执政党的社会公信力，巩固党执政的社会基础、民意基础。

（三）创新社会治理方式

习近平指出，推进国家治理体系和治理能力现代化，必须完整理解和把握全面深化改革的总目标，这是由两句话组成的一个整体，即完善和发展中国特色社会主义制度、推进国家治理体系和治理能力现代化。我们的方向就是中国特色社会主义道路。[①] 加强和创新社会治理，要完善党委领导、政府主导、社会协同、公众参与、法治保障的社会治理体制，推进社会治理精细化，构建全面共建共享的社会治理格局。[②]

国家治理体系和治理能力是一个国家的制度和制度执行能力的集中体现。国家

---

① 习近平：《推进国家治理体系和治理能力现代化》，《人民日报》，2014 年 2 月 18 日。

② 《中共中央关于制定国民经济和社会发展第十三个五年规划的建议》，《人民日报》，2015 年 11 月 4 日。

治理体系是在党领导下管理国家的制度体系，社会领域体制机制、法律法规安排是国家治理体系的重要内容。国家治理能力是运用国家制度管理社会各方面事务的能力，社会治理能力是国家治理能力的重要体现。推进国家治理体系和治理能力现代化，必须改革社会领域体制机制、修订和完善相关法律法规，坚持党领导下多方参与、共同治理的理念和主张，加强党委领导，坚持政府负责，鼓励和支持人民群众和社会各方面更加积极、有效地参与社会治理，充分发挥多元主体在创新社会治理体制中的作用。

发挥政府主导作用。强化政府研判社会发展趋势、编制社会发展专项规划、制定社会政策和统筹社会治理方面的制度性设计、全局性事项管理等职能，发挥好政府在社会治理中的主导作用。推进政社分开，放开市场准入，凡是社会能办好的事项尽量交给社会力量承担，充分发挥社会力量在社会治理中的积极作用。各级政府应完善社会治理考核机制和指标体系，确保责任到位、政策到位、工作到位。

明确市场主体社会责任。提倡市场主体开发更多的就业岗位，吸纳高校毕业生、农村转移劳动力、城镇困难人员、退役军人就业。鼓励市场主体承办公益慈善事业或以多种方式参与慈善、扶贫活动。教育和引导市场主体诚实守信，杜绝假冒生产经营行为，保护消费者权益。明确市场主体在社区建设中的责任，探索驻社区市场主体参与社区治理的有效途径，共建和谐社区。

增强社会自我调节功能。创新社会治理体制，必须增强社会自我调节、自我规范等功能。加强社会公德、职业道德、家庭美德、个人品德教育，培育自尊自信、理性平和、积极向上的社会心态，引导人们自觉履行法定义务、社会责任、家庭责任，自觉维护社会秩序。依靠工会、共青团、妇联、基层群众自治组织和社会组织，开展形式多样、方法灵活的平等对话、协商谈判、规劝疏导，化解不同利益主体之间的矛盾和冲突。推进行业规范、社会组织章程、村规民约、社区公约等社会规范建设，充分发挥社会规范在协调社会关系、约束个体行为、保障群众利益等方面的作用，通过自律、他律促使公民、法人和其他组织的行为符合社会共同行为准则。

深化城乡居民自治。深入开展以居民会议、议事协商、民主听证为主要形式的民主决策实践，以自我管理、自我教育、自我服务为主要目的的民主治理实践，以村务公开、居务公开、民主评议为主要内容的民主监督实践，全面推进居民自治制度化、规范化、程序化。鼓励居民参加社会组织活动，动员居民参与社会治安综合治理，开展群防群治，调解民间纠纷。支持居民协助基层政府或其派出机关、服务机构做好劳动就业、社会保险、社会救助、社会福利、优待抚恤、计划生育、文教体卫、消费维权等工作，依法保障居民对基层社会治理的知情权、参与权、决策权、监督权。

三、提高从严管党治党能力

党要管党、从严治党，是我们党一贯的原则立场。党的十八大以来，以习近平为总书记的党中央从提高党的执政能力和拒腐防变能力建设的高度，坚持和维护党章权威，落实管党治党主体责任，推进党建工作重心下移，深化党的建设制度改革，始终保持反腐高压态势，形成了全面从严治党新常态，为转型发展提供了强有力的组织保障。

（一）落实管党治党主体责任

习近平总书记在党的群众路线教育实践活动总结大会上指出："各级各部门党委（党组）必须树立正确政绩观，坚持从巩固党的执政地位的大局看问题，把抓好党建作为最大的政绩。"① 关于把抓好党建作为最大的政绩的重要论述，既是对党领导的伟大事业不断取得胜利的经验总结，也是对各级党组织落实管党治党主体责任的明确要求。抓好党建，前提在"抓"，本质在"好"。抓好党建工作不是一句空洞的口号，而是一项具体的行动；不是追求表面的轰轰烈烈，而是着眼长远的精耕细作；不是被动的消极等待，而是主动的积极作为。能否积极主动地抓好党建工作，是衡量各级党组织管党治党责任的试金石。

一是用服务全局的观念谋划党建工作。党的建设是党领导的伟大事业不断取得胜利的重要法宝。围绕中心，服务全局，是确保新时期党建工作取得实效的一条重要规律，是增强新时期党建工作活力的一条生命线。围绕中心，服务全局，就是要把党的建设放到党的工作大局中去思考、去定位、去谋划、去落实，做到党建与中心工作目标同向，工作合拍，措施配套，在党委和政府作出的重大决策和工作部署

① 《习近平在党的群众路线教育实践活动总结大会上的讲话》，《人民日报》，2014 年 10 月 9 日。

中有地位，在传达党委和政府的重大决策和工作部署中有声音，在贯彻党委和政府的重大决策和工作部署中有行动，在推动党委和政府重大决策和工作部署中落实中有作为。可以说，抓好党建工作是推动全局工作的先导。只有坚持用服务全局的观念谋划党建工作，党建工作的战略意义才能得以充分体现。尽管我们党始终强调"党要管党、从严治党"，建立了党建工作责任制，但在发展社会主义市场经济大潮中，有的党委记住了党的建设要"围绕中心任务来展开"，却忘记了"朝着党的建设总目标来加强"，甚至误读为"党的建设要围绕经济工作来进行"；有的书记忙于"抓经济、上项目、搞政绩"，忙于抓权、抓钱、抓 GDP，成了"权力书记、项目书记、经济书记"；有的党组织与领导干部"重业务、轻党建"，搞"党建与业务两张皮"，使"党要管党、从严治党"停留在文件中、停留在口头上、停留在会议上；有的组织部门选人用人"重才轻德""重亲疏远"，重能力、轻党性，致使一些人的"才能"用错了地方、用错了方向，危害了党和人民的利益。围绕党的伟大事业加强党的建设，立足党的工作全局推进党的建设，这是抓好党建工作必须遵循的基本规律。我们搞建设谋发展，既要算好眼前账，也要算好长远账；既要算好经济账，更要算好政治账。抓党建不但要务虚，更要务实，把从严治党责任承担好、落实好，把经济发展与党的建设谋划好。

二是用居安思危的意识来研究党建工作。居安思危是我们党战胜各种困难和风险、不断把党和人民的事业推向前进的宝贵政治品格、政治经验和政治智慧。能否根据新形势和新任务的要求，分析新情况和新问题，研究解决问题的新举措和新方法，是居安思危、增强忧患意识的基本要求。研究党建工作必须始终坚持马克思主义指导地位不动摇，坚持中国特色社会主义前进方向不动摇，坚持为加强和改善党的领导、巩固党的执政地位服务不动摇。在事关大是大非和政治原则的问题上，必须增强主动性、掌握主动权、打好主动仗，帮助干部群众划清是非界限、澄清模糊认识。研究党建工作要敢于担当。面对模糊认识、歪理邪说、杂音噪声，敢于亮剑、敢于发声、敢于正本清源，善于讲好中国故事、唱响中国声音，积极为党和人民点赞。"一勤天下无难事。"要增强责任担当意识，明确研究党建的目的所在、职责所系，以敢于担当的勇气和决心，乘势而行，迎难而上，不回避矛盾，不掩盖问题，敢于攻坚克难，多接地气，多察实情、多出实招，多提有价值的对策建议，实实在在地为加强和改进党的建设服务。研究党建工作要坚持问题导向。问题是时代的声音。只有树立强烈的问题意识，才能实事求是地对待问题，才能找到引领时代进步的路标。研究党建工作必须始终树立问题意识、坚持问题导向，积极关注、主动回应新形势下党的建设的实践需要，力求在破解党建难题上取得新进展，增强党建研究的针对性和指导性。善学者智，善学者强，善学者胜。要坚持用辩证唯物主义和历史唯物主义方法，科学分析问题、深入研究问题，弄清问题性质、找到症结所在，对着需要解决的问题“望闻问切”“解剖麻雀”，从基层一线的实践创造中总结规律性的认识，寻找解决问题的钥匙。

三是用改革创新的精神来推进党建工作。随着党所处的时代和环境的变化，把坚持改革创新精神加强党的自身建设与加强完善党的领导结合起来，把党的改革和国家的改革融入所有的执政实践中，上升到社会主义建设规律和共产党执政规律的高度来认识，体现了党的自身改革创新在整个改革开放进程中的关键作用，进而体现了党的改革创新在整个发展中国特色社会主义事业中的十分突出的位置。坚持以改革创新的精神推进党建工作，就要坚持解放思想、与时俱进，认真研究解决当前党建工作中的突出矛盾和问题。要把党建工作从人们的神秘感的束缚中解放出来，着眼新的形势、新的实践，解放思想，实事求是，与时俱进，开拓创新，既要维护党建工作和组织工作的严肃性和政策性，又要不断提高党建工作和组织工作的公开透明度，加强民主监督，从过去“靠人选人”向依靠科学的机制、制度选人用人转变。要根据经济社会发展的实际，着眼全面从严治党的新要求，使党的组织建设、党员教育管理、领导干部的选拔任用、干部队伍建设与人才队伍建设等各方面相互促进，提升党建工作和组织工作的整体效益。党的一切工作的最终评判主体是人民群众。只有在推动科学发展中满足人民群众的利益诉求，党的建设才能取得看得见、摸得着的实际效果。用改革创新的精神推进党建工作，必须把关注民生、情系民生、服务民生、改善民生作为最重要的执政使命、政策取向和政绩追求提出的战略部署。加强党的建设的检验标准，最终要看改善民生取得的实际效果。

（二）推进党建工作重心下移

加强基层党组织建设，是巩固党的执政基础的战略举措，是党委政府推动各项工作的重要抓手，更是落实管党治党主体责任的紧迫任务。反复证明，只有聚精会神地大抓基层，把目光投向基层，力量沉到基层，指导下到基层，资源倾斜到基层，毫不犹豫地推进党建工作重心下移，才能真正把全面从严治党的压力传导到基层，才能切实增强基层党组织的战斗力、凝聚力和执行力，才能全面推动各项工作在基层落地生根、开花结果。要确保党建工作重心“下得去、接得住、管得好”，必须重视研究解决如下几个问题。

一是分级分类强化基层党组织建设。激发基层党组织内生的创造活力，是推进党建工作重心下移的目的所在。农村基层党组织要坚持三级联创，以整顿重点村为契机，探索农村组织运行机制，依法依规加强党组织对农村自治组织和经济组织的领导权，积极探索为村民提供公共服务的多种有效实现形式。城市社区党组织要坚持网格化管理、组团式服务，整合政务服务和党内服务的网络和资源，强化联系和服务群众的网络，提高解决基层群众困难和利益矛盾的能力，强化基层群众积极参与社区服务和管理的积极性。非公有制经济组织党组织和社会组织党组织建设要坚持“一方隶属、多重管理”的原则，积极拓展党员在工作单位和居民区发挥作用的途径。机关事业单位党组织要积极利用休息时间以志愿服务的形式参与所在社区工作，发挥作用，充分发挥党组织在围绕中心、服务大局、建设队伍、凝聚人心中的功能作用。

二是积极探索基层民主的实现形式。坚持和发展党内基层民主，是推进党建工作重心下移的动力源泉。推进党内基层民主建设，要尊重基层党组织在推进党内基层民主建设方面的首创精神，珍惜基层党组织的创新实践和创新成果，积极引导基层党组织探索党内基层民主的多种实现形式，把党内直接民主和间接民主结合起来，把激活存量民主和创新增量民主结合起来，把程序民主与实质民主结合起来，寻找党内基层民主形式的科学组合，探索党内基层民主建设推进路径。要注重做好党内基层民主建设的基础性工作。既要营造党内基层民主的良好氛围，又要创新党员发挥作用和保障党员民主权利的载体；既要发挥基层党组织在保障党员民主权利中的作用，又要激发党员正确行使民主权利的意识，形成推进党内民主的整体合力。建议组织专门班子对党内基层民主的运行、操作进行政策研究，特别要注重对选举民主的研究，提高领导干部适应和领导党内基层民主建设的能力。要注重在加强和改进党的各项建设中推进党内基层民主建设，把保障党员民主权利和提高党的工作透明度贯穿到党的建设的各个方面，切实在重大问题决策、干部选拔任用和参与党内事务管理中扩大民主，切实保障党员的知情权、参与权、选举权和监督权。要坚持党内基层民主建设的领导。既要认识到党内基层民主建设的紧迫性，又要看到党内基层民主无序发展的风险性；既不搞哗众取宠、没有实际效果的“为民主而民主”的花架子，又不能无视民意、假借民主的名义搞虚假的民主，应当积极谨慎、有计划、有节奏地推进党内基层民主建设。加强党委对基层民主建设的领导，组织力量就党内基层民主建设的正反两个方面的典型案例进行分析，作出预警和风险评估，制订相应应急方案，防止党内出现“颜色革命”。

三是建设充满活力的基层干部队伍。建设充满活力的基层干部队伍，是推进党建工作重心下移的关键一环。把基层一线作为培养锻炼干部的基础阵地。树立重视基层的用人导向，推进实施“基层后备干部多岗锻炼”工程和“优秀基层干部进机关”工程，加大党政机关和基层干部之间干部交流任职的力度。探索建立“逢提必挂”“逢备必挂”“逢录必炼”三项制度，完善机关干部到基层锻炼工作制度。坚持和完善从基层考录公务员制度，完善从基层培养选拔机关领导干部制度。特别重视三支党务工作者队伍建设：党支部书记队伍、党建工作指导员和党务政工干部队伍。首先，体现基层党务工作者的政治地位，提高基层党组织在基层单位的政治地位和构建使其发挥作用的平台，发挥基层党务工作者参与党内政治事务的主渠道作用，重点坚持在选拔任用干部中开展基层历练和基层导向的“双基建设”。其次，提高基层党务工作者的经济待遇，落实农村基层党组织负责人、两新组织党务工作者的经济激励和财政补贴。再次，推进国有企业、事业单位的党务政工干部的职业化、专业化，为加强国有企事业单位党建工作提供人才保障。

（三）深化党的建设制度改革

党的十八大以来，以习近平为总书记的党中央高度重视制度治党，研究制定《中国共产党党内法规制定条例》《中国共产党党内法规和规范性文件备案规定》《中国共产党党组工作条例（试行）》《关于推进领导干部能上能下的若干规定（试行）》等党内法规，修订完善《党政干部选拔任用工作条例》《党政机关厉行节约反对浪费条例》《中国共产党巡视工作条例》《中国共产党发展党员工作细则》等制度规范，审议通过《深化党的建设制度改革实施方案》，初步形成了以党章为核心的党内制度法规体系，为依规管党治党提供了基本遵循。各级党委要着眼于全面从严治党的战略布局，按照《深化党的建设制度改革实施方案》的精神和党内法规制度的要求，因地制宜地尽快推出贯彻落实的实施细则，形成推进党的建设制度改革的整体合力。

一是落实党建工作的主体责任。习近平总书记指出：“落实从严治党责任，各级各部门党委（党组）必须树立正确政绩观，把从严治党责任承担好、落实好，坚持党建工作和中心工作一起谋划、一起部署、一起考核，把每条战线、每个领域、每个环节的党建工作抓具体、抓深入。”① 落实抓好党建的主体责任，要有铁的决心、铁的手腕、铁的纪律，以目标倒逼程序，以责任倒逼落实，以时间倒逼进度，以倒逼机制推进各个领域的党的建设制度创新。要围绕全面从严治党的总目标，对全面从严治党的各项任务，逐项研究、逐项立项、科学分解，分别设定目标，使总目标下面有分目标，分目标下面有子目标，子目标下面有更具体的目标，实现目标任务化，任务项目化，项目具体化。只有项目化，任务才能明确，才能执行；只有具体化，项目才能深入，才能落实；只有通过具体化、项目化的目标导向性程序，才能以具体化落实项目化，以项目化推进全面从严治党成为新常态。全面从严治党的目标任务分解、分工之后，要明确责任主体，将责任落实到有关各级各部门、落实到岗位、量化到责任人，并明确每项任务、每个时段的责任底线。建立各级各部门的党委一把手负责制，完善岗位目标责任制和重点项目专责制。围绕“责任—执行”的逻辑，一级带着一级干，一级干给一级看，一味执行劲不散，光看不干靠边站，形成一级抓一级，层层抓落实的责任制。以责任制促落实，以责任制保成效。对于确定下来的目标任务，要限时、限量、限质完成。各责任主体要根据确定的时限，倒回来制定实施项目的每一个环节、每一项任务，形成进度倒计时表。在子项目进度倒计时表的基础上，形成进度倒计时表。要实行项目进度定期发布制度，向社会各界开放项目进度信息，接受社会各界对项目进度的监督。时间倒逼生压力，社会监督生动力。只有实行时间倒逼，才能强化各级党委时不我待的紧迫感，激发破釜沉舟的勇气、壮士断腕的豪气和削骨疗伤的胆气，扎扎实实推进全面从严治党的各项工作。

二是注重党建制度的有机衔接。推进党的建设制度改革，既重视基本的法规制度，又重视具体的实施细则；既重视单项制度的建设，又重视基本制度与具体制度、实体性制度、监督制度与程序性制度的配套，使各项法规制度彼此衔接、环环相扣，真正发挥法规制度的整体合力。要明确中央、地方党委制定党的建设法规制度的权限，中央负责制定党内基本法规和执行性的立法事项，地方党委根据本行政区域组织工作的实际情况作出具体的规定，必要时由中央授权或委托地方党委先行制定符

---

① 《习近平在党的群众路线教育实践活动总结大会上的讲话》，《人民日报》，2014 年 10 月 9 日。

合地方实际的组织工作法规制度。这样既能保证党的工作部门、地方党委对党的中央组织工作法规制度的绝对服从，又能保护党的工作部门、地方党委进行制度创新的积极性。要使制度建设与党的思想建设、作风建设、反腐倡廉建设有机结合起来，对于涉及党内多个部门齐抓共管的制度，要明确各个部门的权力、责任边界，避免出现管理真空或者多头管理。比如，在干部的选拔、招考、任免、考核、弹劾、审计、轮岗等问题上，要将党建制度建设与纪检制度、公务员法等相关法规制度进行配套衔接，对各类情况作出适当的、明确的规定，使每一方面的各项具体的党内法规相互配套。当中央出台有关制度法规后，省级党委要尽快出台配套制度，以便缩短新旧制度的过渡期，防止造成基层工作混乱。旧制度被废止或者某些内容被修订的，相应的责任部门要及时进行解释，对新制度在执行过程中存在异议的部分也要及时做好解释工作，确保思想统一，提高法规制度的执行力。

三是加强党建制度的执行监督。制度的生命力在于执行，执行的效果取决于监督的力度。加强加大党的建设制度改革的力度，要完善制度实施后评估机制、督查机制和问责机制，将制度的执行和监督刚性化，确保制度面前无特殊、制度面前无例外。要控制法规制度执行方向，规范法规制度执行行为，明确和强化执行者责任制，建立违规责任倒查机制，维护制度的严肃性。重点健全党建工作责任制、健全首长责任制、目标责任制、岗位责任制以及引咎辞职制等制度，使法规制度执行者直接对执行结果负责。将领导班子成员的履职情况作为年度述职报告的重要组成部分，考核结果作为其工作绩效考核的重要内容及奖惩和选拔任用的重要依据。要建立健全多层次、多功能、内外沟通、上下结合的立体的缜密的监督网络。建议将党的建设法规制度的执行监督权统一归口到纪检监察部门，建立以纪检监察部门监督为主，以组织部门内部监督为辅的监督机构，确保异体监督的效力。制定党员对法规制度执行监督的具体形式、程序、方式以及质询、调查、反馈等办法，落实和完善社会监督制度，使法规制度的执行真正落到实处。吸收党委决策部门、党建实际工作者、党建理论工作者和第三方技术人员参加，组建党建工作法规制度评估组织。健全评估信息系统，重视评估结论的消化与吸收利用。将评估结论与相关执行者的奖惩直接联系起来，真正实现责任和权利相统一。

（四）始终保持反腐高压态势

习近平总书记在中纪委十八届五次全会上指出：“保持高压态势不放松，查处腐败问题，必须坚持零容忍的态度不变、猛药去疴的决心不减、刮骨疗毒的勇气不泄、严厉惩处的尺度不松，发现一起查处一起，发现多少查处多少，把反腐利剑举起来，形成强大震慑。”① 这既是对党的十八大以来反腐败工作的经验总结，也是对那些心存幻想的腐败分子的严重警告，还是对各级党委履行主体责任的明确要求。贯彻落实高压反腐的“四个坚持”，既是全面从严治党的具体体现，也是依法依规治党的必然选择。

一是坚定高压反腐的信心。党的十八大以来，党中央从关系党和国家生死存亡的高度，以强烈的历史责任感、深沉的使命忧患感、顽强的意志品质推进党风廉政建设和反腐败斗争，坚持无禁区、全覆盖、零容忍，毫不手软地打老虎、拍苍蝇、猎狐狸，旗帜鲜明地严党规、肃党纪、正党风，坚定不移地抓教育、建制度、强监督，出现了中央高度重视、百姓高度关注、腐败分子高度紧张的可喜局面，形成了反腐败的高压态势。反腐败是一场输不起的斗争。党中央横下一条心来反腐败，保持高压态势不放松，绝非一时兴起，也不是和谁过不去，而是要承担起历史和人民赋予的责任。党与腐败水火不容，人民对腐败深恶痛绝。任凭腐败蔓延就会亡党亡国。这笔再明白不过的民心账、政治账，决定了反腐败斗争没有禁区，没有特区，也不能有盲区，要求反腐败斗争必须始终坚持态度不能变、决心不能减、勇气不能泄、尺度不能松。有党心和民心作为力量源泉，反腐败斗争必定胜利。反腐策略已经从“神秘低调”向“公开宣战”转变，强化高调高压，形成了“中央发令、纪委发力、群众发威、舆论发声、贪官发抖”的反腐高压氛围，保持了“零容忍的态度不变、猛药去疴的决心不减、刮骨疗毒的勇气不泄、严厉惩处的尺度不松”的反腐高压态势。著名作家二月河在接受中央纪委官方网站的访谈时说：“我们党的反腐力度，读遍二十四史，没有像现在这么强的。”这是一位作家对中央反腐败成效的发自内心的肯定和褒扬，说出了全党全国人民的心里话。

二是形成高压反腐新常态。在党的十八届四中全会第二次全体会议上，习近平总书记坚定地表示，对腐败要“零容忍的态度不变、猛药去疴的决心不减、刮骨疗毒的勇气不泄、严厉惩处的尺度不松，发现一起查处一起，发现多少查处多少，不定指标、上不封顶，凡腐必反，除恶务尽”②。在中纪委十八届五次全会上他重申强

---

① 《习近平在十八届中央纪委五次全会上发表重要讲话》，《人民日报》，2015 年 1 月 14 日。

② 中共中央纪律检查委员会、中共中央文献研究室编：《习近平关于党风廉政建设和反腐败斗争论述摘编》，中央文献出版社、中国方正出版社，2015 年版，第 102－103 页。

调高压反腐的“四个坚持”，掷地有声、振聋发聩。高压反腐，已经没有任何可商量的余地，也没有任何可含糊的地方。这既是对全党和全社会的庄重承诺，更是对那些心存幻想的腐败分子的再次警告。高压反腐是一种新常态。这种新常态，具有既“新”又“常”的特质，它不是短期状态，也不是曾经的状态，而是超越以往、具有新鲜气息的状态。这就要求我们必须跟得上中央的要求、群众的期待、时代的步伐，彻底丢掉高压反腐“一阵风”的幻想，完全抛弃“重温旧梦”的侥幸心理，坚决克服“且行且观望”的工作心态，自觉回归到党内生活的本来状态、回归到密切联系群众的优良传统、回归到人民公仆的角色定位。

三是落实反腐倡廉责任。抓好党风廉政建设和反腐败斗争，必须全党动手。落实党风廉政建设责任制，党委负主体责任、纪委负监督责任。这两种责任不是并列关系，主体责任是前提，监督责任是保障，两者相互作用、浑然一体。党委主要负责人是第一责任人。党风廉政建设和反腐败斗争不是请客吃饭，必然会得罪人。不得罪腐败分子，就必然有负于党和人民。既然承担主体责任，就要在干事上敢于担当，在管人上敢于担当。不能因为怕得罪人、丢选票、伤和气，就当老好人，对违纪行为、腐败现象视而不见，爱惜自己的羽毛。关键时刻要敢于站出来、敢于亮剑，坚决同不正之风和腐败现象做斗争。党风廉政建设出了大问题，党委的主体责任不可推卸，纪委的监督责任也难辞其咎，这是贯彻落实高压反腐“四个坚持”的内在要求。要加强对主体责任和监督责任落实情况的督促检查，问题该发现没有发现就是失职，发现问题匿情不报、不处理就是渎职。党风廉政建设出了问题，特别是出了区域性、系统性问题，就要追究责任。习近平总书记强调指出：“无论是党委还是纪委或其他相关职能部门，都要对承担的党风廉政建设责任进行签字背书，做到守土有责。出了问题，就要追究责任。决不允许出现底下问题成串、为官麻木不仁的现象！不能事不关己、高高挂起，更不能明哲保身。”①

① 中共中央纪律检查委员会、中共中央献研究室编：《习近平关于党风廉政建设和反腐败斗争论述摘编》，中央文献出版社、中国方正出版社，2015 年版，第 62 页。

第十一章　转型发展的经验启示

20 世纪 60 年代后，不少国家和地区先后经历了“中等收入陷阱”的转型关键期①。其中一些国家（如日本、韩国、新加坡等）或地区通过转型，顺利度过了这一关键时期，并且在转型中积累了宝贵经验。今天，我们面对全球新一轮科技革命与产业变革的重大机遇和挑战，面对经济发展新常态下的趋势变化和特点，认真总结分析国内外转型的成功经验，对于加快推动转型发展、顺利完成“十三五”规划的战略任务、实现“两个一百年”奋斗目标具有重大现实意义。

一、发达国家转型发展的成功经验

（一）美国典型城市转型案例

纵观国外一些先进城市，经过较长一段时期的发展，都面临着从产业结构、城市功能、城市建设等进行全面调整与转型的要求，以适应城市持续发展的需要。不少先进国家面对一次次危机，能够准确作出战略抉择，及时抢抓机遇，不断化危为机，成功实现转型发展。

1. 芝加哥：制造经济向以服务业为主的多元经济转型

芝加哥是美国老工业城市之一。历史上芝加哥经济结构的主要基础是商业贸易和制造业，尤其是重工业，如钢铁工业、金属加工机械制造业，以及市区的食品加工业、印刷业历来是芝加哥的经济支柱。但 20 世纪 60 年代后，美国重工业日益滑

① 注：国际经济社会发展经验表明，人均 GDP 1000 ～ 3000 美元是一个经济起飞国家发展的关键阶段。这个时期往往是产业结构快速转型、社会利益格局剧烈变化、政治体制不断应对新的挑战的时期，是既充满新的机遇又面临着各种矛盾的时期，这就是有着“中等收入陷阱”之称的转型关键期。

坡，1/4 的工厂被关闭，失业率快速上升。面对复杂的经济、社会问题，芝加哥采取了一系列对策，实施产业多元化战略，推动产业调整和转型升级。

（1）重点推动第三产业发展。芝加哥政府在分析原有产业结构的基础上，提出重点发展第三产业。巩固了传统金融贸易中心的地位，大力发展商业贸易、金融业、会议展览及旅游业，使服务业成为城市经济的主要支柱。在经历了数十年的经济结构调整以后，芝加哥逐步建立了以服务业为主的多元化的经济体系。1990—2002 年期间，芝加哥服务型经济的重要地位急速提升，使其在商务服务业领域的表现毫不逊色于纽约，10 年间服务业就业岗位总量增长了 82%，达到 56.58 万人。

（2）大力吸引投资，积极发展高科技产业。作为一个国际城市，芝加哥大力吸引外资，到 1998 年年底，大芝加哥地区共有外资企业 3400 家，提供就业岗位 24 万个。除了外资企业，芝加哥也成功地吸引了不少本国跨国企业。同时，芝加哥还致力于引进新兴高科技工业中的管理、研发、营销等价值链高端部门，如波音飞机公司的总部原在西雅图，芝加哥政府主动向波音公司提出优惠条件，终于使波音总部迁入芝加哥。波音总部的迁入为芝加哥带来了 300 多位高级市场管理、项目开发专家。

（3）立足传统优势工业，调整制造业产业结构。在经济调整过程中，芝加哥并没有因为追求现代服务业等新兴产业而完全放弃传统制造业，而是重点扶植如包装工业、食品加工及金属加工等传统优势制造产业，不断调整优化制造业产业结构。

芝加哥在实施产业多元化战略，推动城市经济转型的过程中，逐渐站到了各个领域的最前沿，形成了具有较强竞争力的、极具特色的多元化经济体系。

2. 硅谷：创新驱动地区转型

硅谷是位于美国加州西海岸一块从旧金山绵延到圣何塞市、总面积约 3800 平方公里的土地。20 世纪初这里是广袤而平坦的农场，但硅谷没有发展当时具有比较优势的农业，而是以斯坦福大学为依托，大力发展电子信息技术。伴随着 20 世纪 60 年代中期微电子技术的高速发展，硅谷逐步成为美国重要的电子工业基地，也是世界上最为知名的电子工业集中地。这里聚集了思科、英特尔、惠普、朗讯、苹果等世界知名公司，成为集科学、技术、生产于一体的高科技产业基地。硅谷以每天取得几十项推动世界科技发展的技术成果确立了世界上最大科技创新区域的地位。

硅谷的成功取决于技术创新和其他创新之间的互动交融，代表了当今最成功的创新生态系统。这个生态系统由企业、金融机构、大学和科研机构共同组成，构成了有利于新老企业创新和蓬勃发展的气候，形成了以“知识 + 人才 + 基金”模式推动创新发展的宝贵经验。其成功的主要因素如下。

（1）特有的区域文化背景。硅谷的成功离不开它特有的文化。硅谷文化认为机会与风险同在，不怕失败，勇于冒险，才能成就自己的事业。这无形中形成了一种鼓励创新、鼓励创业的氛围，使得人人都想一显身手。同时，硅谷工作环境宽松，技术和管理人员跳槽或开办自己的公司并不会受到非议。这使得硅谷人才流动频繁，不仅促进了不同企业间的交流和知识技术的扩散，而且有利于培养企业家和优秀的管理者，也吸引了大量人才来硅谷创业、发展。

硅谷的文化崇尚知识和交流。人们通过团队合作和非正式沟通，交换着自己的想法与创意，相互学习、激发灵感，形成一种拿与给的双向知识交流氛围。而区域内的咖啡馆、俱乐部、餐厅、健身房、展示会等都为这种交流提供了便利。

硅谷接纳多元文化，积极吸纳高学历、高科技人才移民，32%的“硅谷人”出生在美国以外。外国移民的涌入，为硅谷不断输送新的人才、成果和创意，使得硅谷逐步集中了世界最顶尖的人才和最尖端的技术。

（2）完善的风险投资体系。硅谷的文化鼓励创业，而它的风险投资体系保障了个人创业的实施。在硅谷发展早期，美国政府经常充当投资者和消费者的角色，以鼓励硅谷的创新和发展。其后，随着硅谷的发展，风险投资逐步兴起，在斯坦福大学附近的沙丘大街3000号，集中了200多家风险投资公司。风险投资者一般具有丰富的经验和广泛的资源，在为企业注入资金的同时，更能帮助企业建立良好的管理团队和治理结构。

（3）高效的产学结合方式。斯坦福大学对硅谷的成功起着重要作用，不仅仅是因为斯坦福大学拥有较高的科研水平，更是因为它鼓励创新的氛围和开放的环境使得其所在的硅谷能够脱颖而出。斯坦福大学为硅谷培养了大批的创业和创新人才，且与硅谷的创新企业有着广泛的联系与合作，甚至学校的教授、学生会直接去硅谷创业。硅谷也积极借助斯坦福大学对新理论、新技术、新工艺的研究，快速将科研成果转化为生产力。目前，硅谷与斯坦福大学有关的企业（即斯坦福的师生和校友创办的企业）的产值就占硅谷产值的50%～60%。

近半个世纪以来，硅谷无论在计算机和电子领域，还是在后来的软件、互联网、媒体和通信领域，一直都位于创新的前沿。每当硅谷的名声似乎快要逝去，即将被世界其他创新中心超越时，新一轮的突破又让它重新居于全球制高点。如今的硅谷，在以电子信息和网络技术引领了一轮技术革命以后，又在新能源、生物医药和智能产业技术方面抢占世界经济制高点，揭开了又一轮创新主导地区经济转型的序幕。

（二）韩国实施产业转型升级与自主创新的成功做法

韩国是战后世界经济体系中崛起的新兴工业化国家。自“二战”至今，韩国政府根据国际和国内经济形势的变化，把握机遇，立足国情，制定切实可行的发展战略和产业政策，积极推动产业结构转型升级，以 20 多年的时间走过了西方发达国家 100 多年工业化的历程，创造了举世瞩目的“汉江奇迹”①，跻身于创新型国家的行列。

战后至今，韩国产业升级和结构调整的历程经历了五个阶段。

第一阶段：进口替代阶段（20 世纪 50 年代中后期）。1961 年以前，由于战争的破坏，韩国经济萧条，缺少资源和资本技术实力。韩国以内向型经济发展为主，实施进口替代发展战略。产业政策的重点是保护和促进消费品工业的发展，主要通过销售美援物资积累资金，再大量投入电力、煤炭、水泥、运输、通信等骨干产业部门以带动内需，稳定经济和社会，这一政策对当时恢复经济起到了一定的作用。

第二阶段：出口导向阶段（20 世纪 60 年代）。由于重视进口替代，忽视出口的带动作用，导致韩国对海外进口的依赖性明显加大。为缓解这种不均衡局面，韩国政府 1958 年开始实施从进口替代逐步转向出口导向的工业化政策。1964 年正式提出“输出立国”方针，不断优化出口产品结构，出台大量政策对出口企业进行扶持。1962—1966 年，韩国积极从国外引进技术，优先发展以出口为导向的劳动密集型产业，还采取了一系列支持出口贸易的政策和支持出口的金融机制，设立一系列促进出口的机构。在政府贸易推动政策支持下，韩国首先实现了以劳动密集型产品出口拉动的经济增长。

第三阶段：重化工产业发展阶段（20 世纪 70 年代）。韩国在 1973 年发布《重化工业宣言》，正式宣布集中力量发展比轻工业具有更高附加价值的造船、重型机械、电子、钢铁、汽车、有色金属与石油化工等行业。这些工业被称为“战略产业”，国家给予了各种奖励措施，主要的政策有：一是建立国家投资基金，以优惠利率提供大型投资所需的资金，60% 以上的贷款、75% 以上的工业投资都用于政府

---

① 徐康宁：《借鉴国际成功经验，提升江苏经济国际化水平》，《群众》，2007 年第 2 期。

确定的重点发展产业；二是为这些新生产业提供保护措施，直到它们在国际上拥有竞争能力为止；三是允许某些工业进行垄断性生产以克服小规模的国内市场问题。

第四阶段：技术密集型产业发展阶段（20 世纪 80 年代）。20 世纪 80 年代以后，韩国提出“科技立国”的发展战略，目标是重点发展技术密集型产业，促进产业结构向机械电子等技术密集型高技术产业转变。在对纺织、水泥、石化、钢铁、家电、汽车、造船等传统产业进行技术改造和升级，增加创新出口优势的基础上，瞄准精密化学、精密仪器、计算机、航空航天等高技术产业，并给予重点关注和扶持。确定了信息产业、新材料、生物工程等新兴产业为战略发展重点，使韩国产业结构又上了一个新的台阶。

第五阶段：产业结构高技术化阶段（20 世纪 90 年代后）。亚洲金融危机后，韩国政府对产业政策进行了反省，对金融、企业、劳动力市场、公共部门进行了大幅度改革，并顺应世界信息化浪潮，确立了产业结构高技术化的发展方向，重点抓住以大集团企业为中心的产业组织结构调整，着重培育中小企业的自主开发和创新能力，在资金、税收、用地、技术指导等方面给予积极的支持和帮助，并积极推进产学研合作，形成良好的技术创新氛围，大大增强了韩国产业的技术含量，使产业结构得以进一步提升，极大地提高了韩国产业的整体竞争力。

韩国推动产业升级的主要做法如下。①

1. 优先发展“战略产业”

从韩国产业发展史可知，韩国政府在特定阶段采取的都是有选择、有重点的产业政策。20 世纪 60 年代是韩国经济起飞阶段，实行“重工轻农、重出口轻内需”的倾斜产业政策；1972—1979 年，韩国的产业政策倾向于重工业，确定了钢铁、纤维、汽车等十大战略产业，保证了产业结构从轻纺工业向重工业的顺利过渡；20 世纪 80 年代后，根据国际形势的变化和全球产业发展趋势，提出发展技术和知识密集型产业；进入 21 世纪，又把信息技术产业作为韩国的重点发展产业，并出台了“促进信息化基本计划”“网络韩国 21 世纪”等一系列措施。目前，半导体、液晶显示器、移动通信终端机已成为韩国的主力出口商品。韩国还计划集中投资开发第四代移动通信、信息保护系统等核心技术，促使信息技术产业继续成为拉动韩国经济、创造就业机会的主要动力。

---

① 沈正岩：《产业转型升级的“韩国经验”》，《政策瞭望》，2008 年第 3 期。

2. **推行企业集团化和品牌价值战略**

韩国大企业是在政府一系列优惠政策的扶持下成长壮大起来的，它们积累了强大的工业生产能力和研发能力。为了实现经济增长目标，20 世纪 70 年代，韩国政府开始采取各种财政、信贷、贸易等优惠措施，扶持了一批大型企业集团，减少了资本的分散性和不节约性，提高了资本集中度。20 世纪 80 年代初，大企业迅速增加了研发支出，利用自己的技术诀窍，结合低劳动成本，成功开发出一系列标准化产品，并使它们在世界市场上占据重要地位。三星公司在 20 世纪 90 年代已成为在世界半导体和存储器（DRAM）市场的领袖，而在 1984 年该公司还没有此类产品。三星公司和 LG 公司还是世界液晶显示器的著名制造商。在造船方面，韩国已超过日本成为世界最大的船舶制造国。大型企业集团的迅速成长，使韩国产品增强了国际竞争力，促进了出口，带动了各个产业部门的发展，促进了韩国经济的增长。

大型企业集团不断加大产品的设计、研发投资，打造世界著名品牌。根据韩国产业研究院的研究，2006—2010 年，韩国品牌价值连续 5 年位居世界第十位。三星、现代、LG 三家韩国企业进入世界品牌 100 强。政府主导的大企业集团化和品牌价值战略，有利于发挥规模经济优势，加快传统产业的改造，推动新兴产业的培育，使自主品牌企业更具有国际竞争力。

3. **实行推动产业技术升级的财税政策**

（1）大力支持技术创新。1967 年，韩国政府制定了《科学技术振兴法》，强化税收在促进科技进步与经济发展中的作用。1973 年颁布了《技术研究开发促进法》，并于 1977 年和 1981 年进行两次修订完善。该法提出免征年度研究开发非资本性开发的税金、减轻研究开发设备的进口税、免征企业研究机构不动产土地税等主要优惠措施。同时，设立企业技术研究开发预备金制度：企业向科学技术部提出申请获得批准后，可在 2 年内任选 1 年，从该年度利润中扣除 20% 或销售额的 1% 免征税金。此外，还提出开发费用税收扣除与研究实验设备加速折旧，新技术开发的流转税与所得税减免等一系列政策，大力鼓励技术开发和创新，推动了产业升级。1974 年，政府颁布《新技术产业化投资税金扣除制度》，这是韩国政府为扶持重点产业而制定的一部直接税收鼓励法。为简化税制，韩国开始实行“关键部门的特别税收待遇”政策以支持重点部门发展，可享受这一优惠的重点部门是钢铁、化肥、电子、石化、造船、供水、供气等，这些重点部门有权在免税期、特别折旧、投资税收抵免三者中选择一项。

（2）鼓励科技成果市场化、产业化。对申请专利或实用新型的本国人转让或出租该技术的所得，转让自我开发的技术工艺所得。对于转让给本国人的所得，给予全额免征个人所得税或法人所得税的待遇；对处于市场开发适应期的技术转让产品，给予减免特别消费税的优惠待遇。

韩国政府通过采取制定鼓励创新的财政金融政策和法规，积极营造创新环境，支持企业、大学及研究机构等创新主体的创新活动，并且由政府出面，资助、协调、解决创新主体力所不能及的难题。现在，企业的总体科技水平和研发能力越来越强，与科研机构之间的联系也越来越密切，政府则逐步由直接参与转向引导调控，充分发挥市场机制的调节作用。

4．注重传统产业的改造升级

（1）加大力度调整产业结构。纤维纺织行业曾是韩国的战略产业之一，但从20世纪90年代初期开始，由于竞争日趋激烈，韩国纺织品在国际市场所占份额开始下降，不少纤维类制品企业纷纷将生产基地向低生产成本国家和地区转移。基于这一形势，韩国进行产业结构大调整，对高档产品加大研发力度，使其质量、技术、价格与后来的追赶国家和地区拉开差距，促使韩国的纤维类制品产业转变为“朝阳产业”。同时，韩国的化纤、纤维、印染和纺织企业开展大协作，联手加强新技术产品的开发，从而形成产学研一体化的高科技研究开发中心和生产中心。据有关资料统计，由于对传统产业的改造升级，1997—2004年期间，韩国纺织服装行业累计创出761亿美元的顺差，年均外贸顺差达120多亿美元，在各行业中位居榜首。

（2）以信息化改造提升传统产业。20世纪90年代，世界经济环境急剧变化，韩国的钢铁、造船等传统工业走到十字路口上，摆在面前的有两条道路：一是接轨尖端技术，提高传统工业的附加值；二是为暂时保障企业收益，将生产基地转移到国外去。正值此时，韩国掀起了开发信息技术的热潮。这一热潮为传统工业的技术革新创造了条件。

此外，韩国还积极扩大信息技术开发投资规模。针对汽车、机械、造船和纺织等产业的特点和需要，政府选定一批信息融合型技术项目，如网络型汽车、工业用机器人、自动航行系统以及智能纤维等，予以重点支持，优先开发。这一系列改造举措，大大提高了传统产业的附加值并创造新的增长动力，使韩国传统产业成功升级，有力地推动了经济转型。

（三）日本发展低碳环保产业以实现可持续发展的成功做法①

1. 日本发展低碳经济背景和构想

当今，能源、环境问题以及气候变化已成为国际社会关注的热点问题之一。而低碳经济的实质是高能源利用效率和清洁能源结构问题，核心是能源技术创新、制度创新和人类生存发展观念的根本性转变。低碳经济不仅是一种发展趋势，也是世界经济的一次重要转型。在此背景下，日本出台一系列政策，将重点放在发展低碳经济上，率先提出建设低碳社会，通过转变经济发展模式，以期占领未来经济发展的制高点。

2. 日本发展低碳经济的具体行动

日本作为曾经的世界第二大经济体，是世界上主要的能源消费大国。近年来，日本不断研发出的新能源技术使能源利用效率大幅度提高，新能源开发利用呈现出扭亏为盈的倍增趋势，使日本经济的抗风险能力不断增强，大大降低了对传统能源的依赖程度。日本已渐渐实现从耗能大国到新能源大国的转变。据有关数据显示，从 20 世纪 80 年代至今的 30 年多里，日本的能源效率提高了 38%，居世界第一。

2007 年 6 月，日本内阁会议制定《21 世纪环境立国战略》，提出“综合推进低碳社会、循环型社会和与自然和谐共生的社会建设”这一理念。2008 年 7 月，日本政府制定“低碳社会行动计划”，明确将低碳社会作为未来发展方向和政府的长远目标，重点发展太阳能和核能等低碳能源；明确减排长期目标是到 2050 年温室气体排放量比目前减少 60%～80%，将日本打造成为世界上第一个低碳社会。在政府的主导下，日本依靠技术创新、制度创新、观念更新以及对外合作，稳步推进低碳社会计划。此外，日本政府选定了包括横滨、九州、带广市、富山市、熊本县水俣、北海道下川町 6 个不同规模的城市作为“环境模范城市”，以表彰和鼓励它们积极采取切实有效措施防止温室效应。2009 年日本把发展太阳能首次正式列入经济刺激计划，重启太阳能鼓励政策。

3. 日本发展低碳战略的六大经验

（1）将低碳战略视为国家战略之一，坚持立法先行并严格执行。

日本政府针对气候变化等环境问题而制定的“21 世纪环境立国战略”中，明确

---

① 吕学静：《从日本经验谈发展低碳经济促进绿色就业》，人民网，2011 年 3 月 9 日。

将应对气候变化战略列为环境战略之首，把发展低碳经济、创建低碳社会作为应对气候变化的有效途径并提升为国家战略，先后制定了《环境保护法》《循环型社会形成推进基本法》《促进建立循环社会基本法》《促进资源有效利用法》《绿色采购法》《关于促进利用再生资源的法律、合理用能及再生资源利用法》《废弃物处理法》《关于促进新能源利用的措施法》《新能源利用的措施法实施令》《建筑材料循环法》《可循环食品资源循环法》等，形成了完善的低碳经济法律体系，明确界定国家、地方政府、企业、协会、公众各方的责任和义务。同时，较大的处罚力度增加了企业不参与发展的成本。如《废弃物处理法》对非法抛弃物采取罚款、征税等惩戒措施，规定严重者受到5年以下有期徒刑或1000万日元以下的罚款（法人为1亿日元）。

（2）政府加以引导，积极推进扶持政策，促进创建低碳社会。

①政府利用财税政策加以引导。为促进节能减排政策的落实，日本政府出台了特别折旧制度、补助金制度、特别会计制度等多项财税优惠措施加以引导，鼓励企业开发节能技术、使用节能设备。对引进再循环设备的企业减少特别折旧、固定资产税和所得税；对废旧塑料再生处理设备在使用年度内，除普遍退税外，按取得价格的14%进行特别退税；对废纸脱墨、玻璃碎片杂物去除、空瓶洗净、铝再生制造等设备实行3年的退还固定资产税，等等。

②政策扶持促进创建低碳社会。2004年，日本发起了“面向2050年的日本低碳社会情景”研究计划。2008年5月，日本政府发布了《面向低碳社会的十二大行动》，2009年4月，又发布了《绿色经济与社会变革》政策草案。资源循环产业属于技术密集型产业，由于成本高，企业最初不愿意开发如何去除回收废料中的重金属等诸如此类的技术。针对这一问题，日本政府实施低息融资政策，只要满足条件，中小企业金融公库、国民生活金融公库将对引进3R，即减少原料（reduce）、重新利用（reuse）和物品回收（recycle）技术设备的企业提供低利融资，从事循环经济研究开发、设备投资、工艺改进的企业分别享受政策贷款利率，融资比例为40%。企业设置资源回收系统，由非营利性的金融机构提供中长期优惠利率贷款。此外，对在改进设备方面表现优秀的中小处理商还提供债务担保。

（3）注重低碳技术研究，保证创新资金投入，加大补贴力度。

①注重低碳创新技术研发。2008年3月，日本经济产业省列出了21项技术作为日本低碳技术创新的重点。在选择这些技术时，日本经济产业省参照三个标准：

一是有助于提高世界大幅度降低二氧化碳排放的技术；二是日本可以领先于世界的技术；三是对已有的技术进行材料革新和制造工艺的改进，比如，比硅成本更低、更低碳的新材料太阳能电池。2008 年 5 月 19 日，日本公布的“低碳技术计划”提出了实现低碳社会的技术战略以及环境和能源技术创新的促进措施，内容涉及快中子增殖反应堆循环技术、智能运输系统等多项创新技术。与此同时，大力推进开发二氧化碳的碳捕集及封存技术。日本还计划制订《能源环境技术革新方案》，加速研发节能技术，推广生物燃料的生产技术以及燃料电池的商业化运用，并且长期探索温室气体零排放的划时代技术。

②保证技术创新的资金投入。为推动低碳经济，日本政府投入巨资开发利用太阳能、风能、光能、核能和氢能等替代能源和可再生能源的技术，积极开展潮汐能、水能和地热能等方面的研究。根据有关数据统计，在日本的科技预算中，仅单独立项的环境能源技术开发费用就达近 100 亿日元，其中新型太阳能发电技术的预算为 35 亿日元。在 2008 年 1 月，日本政府宣布今后 5 年日本将投入 300 亿美元来推进“环境能源革新技术开发计划”。

③加大对低碳产业的补贴力度。据日本经济产业省有关数据预计，为确保电动车用锂离子电池、LED 芯片、太阳能电池制造等具有明显市场优势的战略性新兴产业占世界市场份额的 40%～50%，到 2020 年需要 2.5 万亿日元的设备投资。2010 年 1 月推出的低碳型创造就业产业补助金制度实施以来，日本经济产业省已对 42 家企业补贴 297 亿日元，并带动这些企业进行设备投资 1400 亿日元。此后，日本经济产业省扩大这一制度的补助总额，从 2009 年度第二次补充预算的每年 300 亿日元扩大到每年 1000 亿日元。2000 年以来日本国会每年通过的与环保有关的预算近130 亿美元。其最新的国家补助政策规定生产废弃物再资源化工艺设备，给予相当于生产、实验费 1/2 的补助，对引进先导型能源设备企业予以 1/3 的补助等。

（4）建立官产学一体化的低碳技术创新体系。

日本积极建立官产学密切合作的国家研发体系，以充分发挥各部门科研机构的合力，集中管理，提高技术研发水平和效率。

①政府吸引私营企业投入研发创新。据有关数据显示，2006 年，日本研究开发费用占 GDP 比例为 3.39%，其中企业的研究开发费用占 GDP 比例为 2.6%，政府仅占 0.55%。

②将企业作为技术创新的主力军。以日本建筑开发商为例，日本主要建筑开发

企业都拥有自己的研究所，对许多有助于提高能效，降低排放的技术，如太阳能发电、住宅空调监控、高性能热泵等进行研究，其研究水准和实验设施均居世界一流地位。如今，日本的节能环保技术遥遥领先，已成为全球最大的光伏设备出口国，仅夏普公司的光伏发电设备就占到世界的1/3。除了自行研究，日本企业更不惜花费重金和拥有最强研究实力与前沿技术的研究所、企业合作，如日本本田汽车与加拿大燃料电池的代表企业巴拉德就一直保持合作，力求在燃料电池车上领先一步。

③加速合作研发和成果转化。日本政府每年都举行多次针对大学、企业联合研发项目的招标活动，为这些项目提供资金支持，以加快学术界和产业界的研发合作速度及成果的转移速度。如推出21项技术创新路线图不久，日本经济产业省就针对大学和企业的联合低碳技术研究开放项目进行公开招标，每一项获选的项目将获得日本政府提供的5000万美元的资助资金。

（5）官民携手建设低碳社会，提倡低碳的消费方式与生活方式①。

日本创建的低碳社会体制是由政府主导、全民参与的全国性体制。日本政府要求创建低碳社会首先从政府做起，并呼吁全社会积极参与。中央政府、地方政府、企业、国民都要积极参与创建低碳社会的全过程。日本政府提倡低碳的消费方式和生活方式。日本在创建低碳社会过程中重视每一位国民的作用，让国民理解减排的意义、做法和可能伴随的负担，并提倡采取一系列实际行动：一是回收家电，循环使用，减低能耗，日本政府提倡夏天穿便装，夏季将空调温度由26℃调至28℃；二是健康饮食，吃到正好；三是拒绝使用一次性用品；四是尽量不开私家车上下班；五是垃圾回收分类精细；六是发挥协会组织的推动作用。值得一提的是，日本环境保护方面的行业协会和民间团体有500多个。其中，大阪ATC绿色环保广场是由大阪环境产业振兴中心主办的一个环保商务平台。ATC平台以企业为主，经常举办活动，公布最新的环境商务信息，成为日本首个为环保企业服务的商务支援基地。

综上所述，建立健全完善的法律法规和政策体系，是日本发展低碳经济的根本保证；确立企业在低碳产业中的主体地位，是日本发展低碳经济的关键；广大国民的积极配合，是日本发展低碳经济的基础。

---

① 郭怀英：《日本力促环保产业推动经济转型的经验与启示》，《中国投资》，2010年第4期。

（四）新加坡完善社会保障体系的成功做法

20世纪60年代，立国之初的新加坡面临着失业、住房紧缺、绝大部分国民养老保障缺失、种族纷争和冲突不断等一系列严重的社会问题，经济社会发展处于瓶颈阶段。经过40多年的治理和发展，新加坡成功实现社会转型，从一个贫困的小岛发展成为经济发达、社会稳定、人民安居乐业、民族和谐相处的花园城市国家。其完善的社会保障制度体系值得我国借鉴。

新加坡社会保障体系涉及养老、医疗、住房、教育等各个方面，由社会保险和社会福利两部分组成。其中社会保险由国家强制实施个人储蓄的中央公积金制度（Central Provident Fund）构成，是新加坡社会保障体系的主体部分；社会福利是指政府对无法维持最低生活水平的成员给予救助，如对低收入家庭发放住房补贴、生活救济和救助金等，它是社会保障制度的辅助部分。

1. 以养老保险制度确保“老有所养”

1955年7月，中央公积金制度正式建立并实施。中央公积金制度属于个人账户储存基金模式，实行会员制。该制度规定所有受雇的新加坡公民和永久居民都是公积金局会员，雇主和雇员都必须按照雇员月薪收入的一定比例共同缴纳公积金，公积金局每月收缴的公积金款项经计算后记入每个会员的个人账户中。

退休养老是中央公积金制度设立的最初动因，也是这一制度最基本的功能，旨在通过这种强制储蓄制度预先筹集个人养老资金，等雇员退休后或不能继续工作时提供一定的经济保障。养老保险采取全部缴纳的制度，规定雇主和雇员分别按一定比例为雇员存储退休金，会员可在年龄达到55岁并且退休账户达到最低存款额时一次性提取公积金。“最低存款计划”明确规定公积金会员在年满55岁提取公积金存款时，必须在其退休账户中保留一笔存款作为最低存款。

随后又推出“最低存款填补计划”，规定公积金会员可自愿在其父母年龄超过55岁但公积金存款额低于最低存款额的情况下，按最低存款额与父母年龄达55岁时退休账户结存额之差这一金额填补父母的退休户头。从1995年7月起，规定会员也可为配偶填补金额差额以保障其晚年生活。

随着经济社会的发展和国民收入水平的提高，新加坡根据本国发展的实际需要，不断扩大公积金的实际用途，陆续推出医疗、保健、住房、教育、增进资产等一系列计划，由最初仅提供退休养老保障，逐步扩展到购买住房、医疗保健、教育和投资理财等社会生活的各个方面的保障，成为一个范围广泛、综合性强的社会福利保障体系，中央公积金制度的社会保障功能愈益显现。

2. 以住房保障制度确保“住有所居”

新加坡国土面积狭小而人口密度大，1959 年曾面临严重的“屋荒”。当时 200 万人口中有约 40% 的人居住在贫民窟和窝棚内。恶劣的住房条件导致公共卫生状况恶化，引发一系列社会问题，成为社会不稳定的重要因素。政府及时将解决住房问题作为一项基本国策，时任新加坡总理李光耀指出：“我们将全力以赴去达致我们的目标：使每一个公民的家庭都拥有自己的家。”①

为解决住房问题及其引发的其他社会问题，1960 年，新加坡政府宣布成立建屋发展局（Housing & Development Board），努力确保“居者有其屋”。1968 年 9 月，政府又推出“公共组屋计划”，其做法如下。

（1）政府主导、建屋发展局具体实施组屋的开发与建设工作。

新加坡国家发展部下设立建屋发展局，其职责是负责规划和发展新镇和社区，制定组屋发展及房屋管理规划，兴建普通民众负担得起的住房。同时，作为最大的房地产经营管理者，负责组屋施工建设工程、房屋出售和出租。该局作为一个独立的非营利性机构，其财政预算纳入国家计划。

（2）控制土地资源的使用，确保组屋建设所需土地与资金。

在土地资源控制方面，1966 年，政府颁布《土地征用法令》（Land Acquisition Act），规定政府有权征用私人土地用于国家建设，有权调整被征用土地的价格。新加坡政府根据该项法令，协助建屋发展局以远低于市场价的价格获得大规模建设组屋所需的土地。

在组屋建设资金方面，新加坡政府提供低息贷款为建屋发展局提供资金支持，对组屋的出售实行优惠政策并补贴亏损。为保障普通民众能够负担得起，政府根据中低收入阶层的承受能力来确定组屋的售价。由于组屋售价远远低于市场价格，造成了建屋发展局收支亏损。这部分亏损经政府核准后每年都从财政预算中给予补贴。

（3）实行公积金会员、建屋发展局和政府间良性循环的住房公积金保障制度。

中央公积金制度在组屋建设中起到双重作用。第一，中央公积金局将会员的储蓄积累归集起来，留足会员提款数额后，将余额用于购买政府债券；第二，公积金

---

① 新加坡《联合早报》编：《李光耀 40 年政论选》，现代出版社，1996 年版，第 168 页。

会员使用公积金账户储蓄向政府购买组屋。政府再以贷款和补贴的形式将部分公积金储备注入建屋发展局，保障组屋的建设资金。

针对低收入会员，中央公积金局于1968年9月推出“公共住屋计划”，使他们可以动用其公积金普通账户存款用于首期付款，余下款项用每月交纳的公积金分期支付。若存款不足则可向建屋发展局贷款，用未来的公积金进行偿还。为鼓励子女与父母同住或靠近父母居住，特别规定：凡第一次在二级组屋市场购买一处靠近父母的住所者，可获4万新元的补贴①。

（4）根据不同收入水平实施公有住宅的合理配售政策。

为确保住房分配的公平、有序进行，实现公房合理配售，保障低收入家庭的合法权益，新加坡政府制定相关法律法规，对购房人条件、购买程序、住宅补贴等均作出严格规定，按照公平原则进行合理分配。政府根据不同收入水平的居民制定购屋准入政策，此后，随着生活水平的提高调整收入上限，以接纳更多人购买。这样基本保证了80%以上中等收入的家庭都有能力购买到组屋②。

3. 以完善的医疗保障制度确保“病有所医”

新加坡的医疗保障制度是世界上最为完善的医疗保障制度之一。自20世纪80年代以来，中央公积金局制订了多项医疗保健计划。主要包括“保健储蓄计划”（Medisave）、“健保双全计划”（Medisheild）和“保健基金计划”（Medifund）。

（1）保健储蓄计划（Medisave）。

1984年4月，公积金局推出“保健储蓄计划”。该计划规定，公积金会员每月须按照投保年龄划分的缴费比例把部分公积金存入保健储蓄账户：35岁以下的会员，每月缴存比例是其月薪的6%；35～44岁的会员为7%；45岁及以上为8%。公积金会员可以动用保健储蓄账户的存款，为本人或是任何一个直系亲属如配偶、子女、父母和祖父母支付其在当地的医疗费用，主要支付公立医院和获准私人医院的住院费和某些门诊费。1992年7月，公积金局还推出“自雇人士保健储蓄计划”，以保障自雇人士在急需时有能力支付其医疗费用。

（2）“健保双全计划”（Medisheild）。

“保健储蓄计划”能够保障发生一般医疗费用的居民，但对因患重病和慢性病

① 刘志良，田兆明：《新加坡发展给我们的启示》，《学理论》，2009年第4期。

② 郭伟伟：《改善民生、促进社会和谐的成功实践——透视新加坡社会保障制度》，《东南亚纵横》，2009年第11期。

等花费甚多的国民来说，账户资金可能远远不够。为此，公积金局于1990年7月开始实施大病医疗保险计划——“健保双全计划”。该计划允许会员以公积金保健储蓄账户的存款购买保险，确保会员在保健储蓄不足时有能力支付重病治疗和长期住院的费用。所有75岁以下的保健储蓄储户除非选择不参加这项医疗保险，否则都被自动纳入该保险计划内。此后，公积金局又推出了“增值健保双全计划”，该计划须缴付的保费比“健保双全计划”稍高，支付待遇也较高。

（3）“保健基金计划”（Medifund）。

对于少部分贫困国民而言，尽管有“保健储蓄计划”和“健保双全计划”，但他们仍无力支付医疗费。1992年1月，《医疗基金法案》获新加坡议会批准。1993年4月，由政府拨款建立专项医疗保健基金正式设立，有效地对在“保险储蓄计划”和“健保双全计划”外仍无法支付医药费用的贫病者实施医疗救济。

在上述三类计划中，“保健储蓄计划”是通过个人每月储蓄为自己与家庭的医疗需求做好准备；“健保双全计划”是通过保险的方式让个人与社会共同分担重病医疗的风险；“保健基金计划”则是由政府设立，专门为贫穷和需要帮助的人员提供医疗救济，由此形成了政府、个人和社会共同承担医疗费用的模式，构成三重医疗保障安全网，确保了国民均能获得基本的医疗保障。

4. 以全面的教育计划实现“学有所教”

1989年6月，中央公积金局推出教育计划。会员可动用其公积金户头里扣除最低存款额之后的总公积金存款的80%，为自己或子女支付全日制大学学位或专业文凭课程的学费，要求于毕业后1年需还本付息，分期付款最长年限为10年。该项计划增加了公积金用以支付教育费用这一功能，有助于加大会员家庭的智力投资，极大地推动新加坡教育事业的发展，切实提高了国民教育水平和文化素质。

面对国际上掀起的世界性新技术革命浪潮和国内技术密集型劳动力的短缺，新加坡政府提出推行“第二次工业革命”（也称“经济重组政策”）。其重要举措之一就是把劳动密集型的工业逐步转为技术与知识密集型的工业。技术产业工人和高技术水平的工程技术人员的缺乏成为发展瓶颈。新加坡借鉴国际上成功的职业教育方法并结合本国情况，采取职业技术教育与普通教育并轨统一的措施，推出新的统一分流教育制度，将职业技术教育正式纳入正规教育范围。这种双轨合一的教育制度实行证书的互认与衔接，规定三级技工证书相当于初中毕业，二级技工证书相当于高中毕业，一级技工证书则相当于大学。取得某一级的技工证书，即可接受相对应的普通教育。这些举措最大限度地开发了人力资源，提升了技术工人的素质与水平，也适应了发展高技术、高工艺和高增加值所需劳动力的要求。

新加坡集养老、医疗、住房、教育等于一体的综合性社会保障体系，为国民提供了完善的社会保障，切实维护了国民的健康与福利，大力改善了民生，及时解决了危及稳定的重大社会问题，对维护民族和谐、保持社会稳定、建立良好的社会秩序起到了积极的促进作用。

二、国内转型发展的实践探索

当前，我国正面临着经济社会转型发展的重要战略机遇期。一方面，世界经济格局酝酿重大调整，新一轮技术变革蓄势待发，国际产业结构面临深度调整；另一方面，我国经济社会发展不平衡、不协调、不可持续的问题突出。面对严峻复杂的国际国内形势，党中央、国务院高度重视，作出一系列战略部署，加快推进经济社会发展模式转型，各级党委政府不断探索实践，取得积极的成效。

（一）国内三大城市群转型发展的实践探索①

从地图上来看，珠三角、长三角和环渤海仿佛一个稳固的三角形，相互扶持并各自辐射周边区域。三个城市群以各自的特点和优势，成为我国经济最活跃、最发达的地区，其发展方式的演变及发展趋势为我国城市转型提供了典型的范例。

1. 长江三角洲地区

（1）长江三角洲地区经济发展方式的演变。自改革开放以来，长三角地区经济发展方式主要是投资驱动型。具体可以分为以下两个阶段。

①以要素转移为特征的投资驱动阶段（1978—1993 年）。这一时期处于我国工业化与市场化的起步阶段。农村家庭联产承包责任制、“离土不离乡”等政策为长三角农村工业化提供了强大的动力。农村“廉价”的土地和剩余劳动力大大节约了工业化成本，有力地促进了农村生产要素快速向工业转移，推动了农村的工业化进

① 郁鸿胜，宗传宏，李娜：《关于我国经济发展方式转变的比较研究》，中国改革论坛网（理论频道），2011 年 10 月 13 日。

程，长三角地区率先成为世界“大工厂”。

②以地方政府推动为特征的投资驱动阶段（从 20 世纪 90 年代初开始）。20 世纪 90 年代，在长三角地区优惠政策的吸引下，外商投资开始向以上海为龙头的长三角地区转移，有力地推动了长三角地区经济的快速发展及其产业结构的调整。同时，由于财政分权制度的实施，地方政府为追求经济增长导致的投资饥渴使得经济增长的投资驱动特征更为明显。特别是 2001 年以来，长三角地区的投资增长更快，2001—2004 年全社会固定资产投资总额年均增长 24.5%，比全国年均增长 20.9% 高出近 4 个百分点。但同时，反映技术进步的全要素生产率对经济增长的贡献率却十分低。

经过 30 多年的改革开放，长三角地区的经济发展已经跨过了工业化中期阶段，正在向工业化后期转变。经济发展的外部环境、增长主体及发展方式的诸多变化，要求长三角地区经济发展模式转型。

（2）长三角地区的转型发展。

①区域经济一体化进程加速。近年来，长三角地区一体化逐步从生产要素合作向体制与机制深度合作发展。地区内各城市在公平、公正、公开的统一规则下，进一步打破行政隶属分割状态，从更深的层面推动了地区一体化进程。首先，区域合作在要素层面进一步深化且已进入务实阶段。为了定期协调城市间经济合作的重大事宜，长三角地区建立了长江三角洲经济协调会。重点在交通、信息、规划、科技、产权、旅游、港口、通关、人才、“一卡通”互通等多个具体领域进行了区域一体化的试点。其次，共同市场建设进一步加快。共同市场作为要素流动和资源优化配置的主要平台，是长三角地区各城市一直迫切关心的问题之一。近年来，长三角地区内各城市围绕优化发展环境、促进统一大市场建设、建设长三角信用体系、实现区域信息资源共享、建设相互融通的区域经济功能与服务体系、构建人才市场等方面进行了协商与合作，促进了各种要素在区域内合理流动和优化配置。最后，区域合作开始向以制度层面为核心转变。近年来，为克服体制机制障碍，长三角地区各级政府通过两省一市省（市）长会议、沪苏浙经济合作与发展座谈会、长江三角洲经济协调会、各职能部门行政首长联席会议等四个层面的制度合作，制定一系列公共性、协调性的区域政策，努力寻求体制与机制的重大突破，发展长三角区域生产力。从制度合作发展趋势来看，长三角各级政府将在大交通制度、大城市群制度、大分工的产业制度、大环境与资源配置制度、大保障制度等五大制度方面进行深入

合作。

②以上海为龙头的长三角城市群体系结构日趋合理。随着上海龙头地位日益凸显，以上海城市群、南京城市群、杭甬城市群为代表的二级城市群逐步形成，构建起长三角城市群体系发展的总体框架。上海城市群包括上海、苏州、无锡、南通、嘉兴、湖州等区域，形成了“1+5”的区域格局；南京城市群主要包括南京、常州、扬州、镇江、泰州；杭甬城市群主要包括杭州、宁波、绍兴、台州和舟山等城市，形成“2+3”发展格局。长三角城市群体系将以长三角区域城市群为特征，与世界级城市群相匹配，形成特大城市、大城市、中等城市和小城市相结合的现代化四级城市体系。这一城市体系充分利用区位优势和长三角的产业龙头引领作用，强化资源优化配置和实施产业分工，提高土地利用效率，建设集约型城市，构建经济发达、社会进步、人与自然和谐发展的现代化城市体系。

③以创新驱动为核心的新经济发展模式逐步形成。第一，要素素质的快速提升，为产业结构的升级和转型发展奠定了重要基础。如加大教育投资，积极提升人力资本素质；加大研发投入，努力提高产业技术水平；进一步加快知识和技术积累，提高产业整体素质等。第二，注重增强创新能力的产业路径选择。针对长三角区域产业特征，选择不同的发展路径。对于技术、自主知识产权要求较高的信息、生物、海洋、航空航天、新材料、新能源等高技术产业、战略性产业，侧重原始创新，集中资源，加强基础研究和应用理论研究，在关键技术、关键领域重点进行突破。第三，提升增强创新能力的软实力。引进、消化吸收和创新先进的科技理论和管理方法，提升商务、管理、风险投资、股份、专利等方面的技术水平，建立符合长三角区域实际的技术标准体系。第四，营造增强创新能力的软环境。加强制度、政策、法律、文化、市场条件、投融资环境、知识产权服务、中介服务、技术基础设施等软环境的建设工作，形成与国际接轨的宏观发展环境。

④产业结构进一步优化升级。一是加快发展现代服务业。积极推进现代服务业发展的重大基础设施建设，发挥长三角区域现代服务业的引领作用，扩大资源的优化配置范围；坚持市场化、产业化、社会化方向，推进服务业重心向高端转移，大力发展现代物流业、科技服务业、金融服务业、信息服务业、商务服务业等生产性服务业的发展，加强长三角区域内体制、机制的对接力度，制定促进服务业发展的统一政策。二是加快调整工业结构。面对成为国际先进制造业基地的总体定位，长三角区域瞄准世界水平，坚持自主创新与引进创新相结合，大力开发和引进制造业

先进技术。以“一核六带”① 总体布局为指导，统筹规划长三角制造业空间布局，形成以上海为龙头、苏浙为两翼，各具特色、协作配套的区域产业群落，以产业链的延伸和产业集群的形成为突破口，提升电子、汽车、机械、钢铁、船舶、石化等支柱产业的竞争力，加快高新技术对纺织服装、建材等传统产业的改造，大力发展生物医药、新材料、新能源等新兴产业以及具有发展潜力的产业。三是大力发展高新技术产业。依托电子信息、生物医药和新材料等高新技术产业，以开发区和高科技园区为载体，通过营造良好的高科技成果转化的市场环境，加大投资集聚，引导和吸引社会资本更多地参与高科技产业发展，积极探索从消化吸收创新和集成创新向原始创新的跨越。

2. 珠三角地区

（1）珠三角地区经济发展方式的演变。

①经济起步阶段（1979—1984 年）。即打破传统的计划经济，开始摸索市场经济体制。在国家一系列特殊政策鼓励下，珠三角开始进行以“包产到户”为主的农村体制改革，创办经济特区，和以市场调节为取向的经济改革，拉开了其改革开放和先行一步的序幕。该时期的特点是经济发展刚起步，对外开放程度低，以内向型经济为主。

②经济起飞阶段（1984—1992 年）。1984 年（邓小平南方讲话）后，珠三角的经济开放区格局被确定，局部改革转向全面改革，改革重心开始由农业转向工业、由农村转向城市、由试点转向全面推广。这一阶段，珠三角进行了一系列的以市场经济为取向的经济体制改革，大力发展商品经济，大办乡镇企业，放手发展个体、私营经济和“三资”企业等多种经济成分，对国有企业进行体制改革等。经济高速起飞，对外开放程度大为提高，发展由以内向型经济为主转向以外向型经济为主。

③经济快速发展阶段（1992—2001 年）。1992 年，在党的十四大关于“建立社会主义市场经济体制”精神指引下，珠三角的改革开放继续向纵深发展，引进外资掀起高潮，工业化进程加快，经济发展加速。民营经济迅速发展壮大，高新技术产业开始起步并快速发展。20 世纪 90 年代中期以来，珠三角尤其是东莞抓住国际 IT

---

① 2010 年国务院批准实施的《长江三角洲地区区域规划》明确了未来长三角地区的发展定位是以上海为核心，构建六条各具特色的城市与产业发展带。即在强化上海这一核心的同时，优化提升沪宁、沪杭沿线发展带，重点建设沿江发展带，沿（杭州）湾发展带，积极开发沿海发展带，积极培育宁湖（湖州）杭发展带，引导发展沿湖（太湖）生态服务带。简称“一核六带”。

产业转移的契机，采取优惠政策，吸引台湾IT企业投资设厂，发展外向型IT硬件制造业的配套加工，形成了分工协作、上下联动、配套完善的IT产业集群。

④经济融合和结构调整阶段（2001年至今）。香港、澳门的回归以及我国加入WTO等事件，为珠三角经济整合和新一轮产业调整提供了良好的机遇。2003年以来，政府以快速轨道交通系统等重大基础设施建设来构筑珠三角协作大平台，以高新技术产业和现代服务业带动珠三角的产业整合。珠三角各城市基本上都将高新技术产业作为今后经济发展的重点，兴建了各类工业园区，开始重视创业环境的营造。同时，珠三角逐渐开始承接香港的部分服务功能，对香港的依赖程度开始减弱，传统的“前店后厂”模式逐步转成“店厂合一”模式。①

多年来，珠三角的经济发展在很大程度上是依靠要素推动，建立在劳动力廉价的比较优势基础上。然而，随着经济的高速发展和产业集聚程度的提高，土地、资源、能源和劳动力等生产要素成本不断攀升，加之近年来原材料和劳动力价格上涨、加工贸易及出口退税政策调整、人民币持续升值等，珠三角的要素成本优势逐渐丧失，企业运营成本大幅提高，以低端为主的外向型发展模式开始面临瓶颈。

（2）珠三角地区的转型发展。

①积极实施“双转移”战略，走新型工业化道路。一方面“腾笼换鸟”，调整转移低端生产力，实施现代服务业和先进制造业“双轮驱动”，加快产业竞争力和自主创新能力“双提升”，促进产业集群、要素集聚、资源集约，从传统工业化转到新型工业化道路上来。粤东西北地区主动“筑巢引凤”，立足资源禀赋、产业基础和环境承载能力，在较高起点上承接产业转移，绕开“先污染、后治理”的老路，直接走新型工业化和生态文明发展道路。2011年6月，广东省委、省政府出台《关于加快经济发展方式转变的若干意见》，提出拟通过提高重污染行业排污费、提高限制和淘汰类行业电价的方式，加快这些行业的淘汰速度，培育广东500强企业，其中重点是培育100个战略性新兴产业项目。另一方面，将优化劳动力结构与优化产业布局结合起来，将推进劳动力转移与提高劳动者素质结合起来，大力开展劳动力普惠制技能培训和就业服务，按经济区域配置劳动力资源，加快粤东西北地区农村劳动力转移步伐，确保人力资源优势得到充分发挥，有效推动经济增长由要素驱

---

① 周艳群：《长三角和珠江三角经济发展历程的回顾与比较》，中国城市发展网，2011年6月16日。

动向创新驱动，由主要依靠增加物质资源消耗向主要依靠科技进步、劳动者素质提高、管理创新转变。

②构建开放型的区域创新体系和现代产业体系。完善自主创新的体制机制和政策环境，构建以企业为主体、以市场为导向、产学研结合的开放型区域创新体系，实现由“广东制造”向“广东创造”转变。以贯彻实施《珠江三角洲地区改革发展规划纲要（2008—2020年）》为契机，积极构建产业结构高级化、产业发展集聚化、产业竞争力高端化的现代产业体系。一是优先发展现代服务业，重点发展金融、会展、物流、科技、信息、商务、旅游以及文化创意等产业，发展总部经济，全面提升服务业发展水平。二是加快发展先进制造业。充分利用现有基础和港口条件，重点发展资金技术密集、关联度高、带动性强的现代装备、汽车、钢铁、石化、船舶制造等产业，坚持走新型工业化道路。三是大力发展高技术产业。培育壮大新兴产业，建成全球重要的高技术产业带。四是着力发展高端产业和产业链高端环节，加快提升高技术产业核心竞争力。引导生产要素向优势地区、产业基地和产业园区集聚，促进形成产业特色鲜明、配套体系完备的高技术产业群。重点发展电子信息、生物、新材料、环保、新能源等产业。

③打造和完善外向型经济发展模式。珠三角与香港、澳门地缘相近，人缘相亲，经济联系历史悠久，粤港澳的合作成为珠三角地区经济发展的重要推动力。按照共同打造亚太地区最具活力和国际竞争力城市群的目标要求，强化粤港澳联动机制，深化合作领域。借助CEPA的优势条件，以及日趋成熟的“大珠三角”“泛珠三角”等一体化合作区域建设，最大限度地利用港澳的资本、人力资源和世界贸易自由港等优势，发展高新技术产业，从而推动以单纯加工为主的制造业向加工制造与研发设计相结合转变。随着《粤港合作框架协议》的签署，两地合作更加紧密。此外珠三角还积极参与中国—东盟自由贸易区建设，与越南、新加坡等建立合作理事会机制或经贸对话协调机制，进一步扩大对外交流，泛珠三角区域合作不断深化。

④以广佛同城化为示范，加快推进珠三角区域经济一体化。以经济圈建设为重点提升一体化。首先，以广佛同城化为示范，建设广佛肇、深莞惠、珠中江三大经济圈。广州、深圳两个中心城市的辐射带动作用明显增强，三大经济圈建设稳步推进，各自签署框架合作协议和一系列专项合作协议，明确了合作内容和合作重点。其次，以交通对接为突破口深化一体化。统筹规划建设珠三角城际轨道交通、高速公路等区域快速通道网络，推动城际轨道交通同城化发展，着力构建珠三角统一、

快速、便捷的综合交通运输体系。广珠、广佛肇、穗莞深、广惠城际轨道、广佛城际轨道环线、广深港客运专线等轨道交通建设加快推进。积极打通高速公路“断头路”和推进国省道“瓶颈”路段改造，大力推进珠三角地区毗邻市公共交通互联互通。同时，撤销政府还贷二级公路收费站，比国家规定时间提前3年完成任务。

3．环渤海地区

（1）环渤海地区经济发展方式的演变。

环渤海经济圈处于东北亚经济区的中心地带，是中国北部的黄金海岸，包括辽东半岛、山东半岛、京津冀三省二市，同时可辐射到山西省及内蒙古中部和东部盟市，构成了中国北方最重要的集政治、经济、文化、国际交往于一体的外向型、多功能型、密集型的城市群落。环渤海经济圈概念的提出已有20多年，中国政府对其进行了单独的区域规划和给予了很多优惠政策。21世纪初以来，以北京为龙头的环渤海地区，继长三角地区之后成为我国对外开放与开发的又一引擎。早在2002年，北京就提出振兴现代制造业，重点发展电子信息产业，光机电一体化产业以及生物、医药、汽车等产业，并且初见成效。天津作为我国传统的工业城市，现代制造业也初具规模。唐山等城市，不但具有一定的制造业基础，更拥有低成本的土地、劳动力等要素，有能力承接京津等发展水平较高地区的产业转移。目前，环渤海经济圈在全国和区域经济中发挥着集聚、辐射、服务和带动作用，已成为中国北方经济发展的引擎。该区域被经济学家誉为继珠三角、长三角之后中国经济的第三个增长极，在中国对外开放的沿海发展战略中占有极其重要的地位。

（2）环渤海地区的转型发展。

①京津唐地区着力打造现代制造业基地。我国北方在北京强大的研发能力的带动下，产业技术水平有较大提升，高新技术产业有较大发展。天津、唐山等城市利用北京的研发资源，通过在北京设立研发中心，或联合进行技术创新等途径，加速科技成果的转化，增强整个区域高新技术产业的竞争力。同时，京津唐地区强大的科技创新能力和较发达的现代知识型服务业，对现代制造业形成强有力的支撑。通过与东北、山东等地形成有效联动，共同打造环渤海地区现代制造业基地。

②京津唐区域实施合理的产业分工。京津唐各主要城市间的专业化分工，基本上是建立在各主要城市资源差异和比较优势的基础上的。北京的优势行业和产品是高新技术产业，主要包括手机、微型计算机和软件、轿车；天津的优势行业和产品是手机、电子元器件、大规模半导体集成电路、石油化工和海洋化工等；石家庄的

优势行业和产品是化学原料医药、纺织服装；保定的优势行业和产品是太阳能和风能等新能源、输变电设备制造；张家口的优势行业和产品是矿山设备、钢材、葡萄酒和果汁饮料；唐山的优势行业和产品是钢材、建材、煤电能源、海洋化工等。

③两大产业聚集区发展潜力进一步凸显。第一，天津滨海新区的港口优势、土地资源优势和政策环境优势，是成为现代制造业基地和国际港口重要物流中心的重要条件。天津滨海新区将在加工制造业、现代服务业、重大基础设施、生态环境建设等方面实现突破。第二，曹妃甸依托独具特色的港口优势，加大重大产业规划布局力度，大力构筑现代港口物流、钢铁、石化和装备制造等产业集群，将会成为北方国际性能源、原材料主要集疏大港，世界级重化工业基地，国家商业性能源储备和调配中心，国家循环经济示范区。

④以特有的优势成为东北亚发展的重要组成部分。从世界经济发展趋势来看，世界经济增长的重心已转向亚太地区，而亚太地区中，东北亚地区因具备优越的地理位置、丰富的资源条件、多层次的经济结构和巨大的开发潜力而为国际经济界所瞩目。环渤海经济圈东临日本、朝鲜、韩国，北临蒙古、俄罗斯，位居东北亚中心，辐射亚太经济区，既是中国北方内陆及三北地区与沿海地区的天然结合部，又是通向亚太地区和走向世界的出海口，处在“东来西往、南联北开”的有利位置，有着成为东北亚经济核心的潜在优势。

（二）国内有关城市转型发展的实践探索

1. 广州：以新型城市化推动转型发展

广州素有“千年商都”之称，是近现代中国对外贸易的重要窗口。自改革开放以来，广州经济社会发展取得巨大成就，城市竞争力和影响力不断增强。但是，由于长期积累的深层次矛盾和体制性障碍逐渐凸显，广州现阶段也面临城市可持续发展的新挑战。

2011 年年底，广州市第十次党代会作出新型城市化发展的决策部署，这是遵循世界城市发展规律、破除“增长停滞魔咒”和避免“中等收入陷阱”的积极探索。2012 年，全市围绕“目标、问题、对策”开展学习考察调研活动，厘清新型城市化“是什么”“为什么”“怎么走”等重大理论问题。同时，由市领导牵头组成 16 个专题调研组开展系统调研，先后查找出影响和制约广州科学发展的 9 类 363 个问题，并制定“1 +15”系列文件，出台了基本政策与制度框架，明确了线路图。目前，广州新型城市化发展战略正全面有序推进，并在实践中逐步显示其新的亮点。

（1）新理念。坚持低碳经济、智慧城市、幸福生活三位一体的城市发展新理念，全面提升城市发展质量。促进城市发展从“重物轻人”向以人为本、把人民的幸福作为最高追求转变；从拼土地、拼汗水、拼资源向拼人才、拼知识、拼创新转变；从城乡二元分割向城乡一体发展转变；从城市摊大饼式的外延扩张向多中心、组团式、网络型的集约高效城市发展格局转变；从“千城一面”向更加注重传承岭南优秀文化、凸显城市特色转变；从全能型政府向建立政府引导、市场主体、社会参与的善治模式转变。闯出一条具有时代特征、广州特色的科学发展新路。

（2）新抓手。推进战略性基础设施、战略性主导产业、战略性发展平台建设，实现“三个重大突破”。广州确定每年拿出 40 亿元的财政资金（5 年共 200 亿元）用于扶持战略性主导产业发展。全力推进南沙新区、中新广州知识城和海珠生态城的开发建设。把南沙新区作为“一号工程”，借鉴新加坡经验，努力打造粤港澳全面合作的综合示范区；把中新知识城打造成为转型升级、代表广州参与国内外城市竞争的高端平台，建成高端产业、高端人才、高端服务、高端环境和高端生活的梦想之城、理想之城；把海珠生态城建成以花城、绿城、水城为特色的生态城市样板区，成为广州新的窗口，极大地提升广州的环境吸引力。

（3）新品牌。打造岭南特色生态城市品牌。计划用 5～10 年的时间，全力打造以花城、绿城、水城为特点的生态城市，把广州建设成为“森林围城、珠水绕城、绿道穿城、绿意满城、四季花城”，打造具有岭南园林特色和亚热带自然风光的生态城市。其主要内涵包括“地、水、气、物、能、生”① 六大元素。从 2012 年开始，着力推进 16 个总面积约 600 公顷的岭南花园建设，构筑 20 条总长度约 717 公里的森林生态景观长廊，启动建设十大人工新湖、十大公共沙滩泳场，建设生态“水城”，打造一幅“水在脚边流，花在身边开，人在画中行”的城市美好景象。

（4）新布局。构筑“一个都会区、两个新城区、三个副中心”的网络型城市空间布局，推进城乡一体发展。2012 年 11 月，《广州城市功能布局规划》（以下简称

---

① “地”就是节地，推动土地集约节约利用，实现城市精明增长、紧凑增长，改变靠拼土地的发展模式；“水”就是治水，通过水环境治理，展现岭南水乡风情，打响“生态水城”品牌；“气”就是治气，通过整治大气污染，实现空气环境持续好转；“物”就是化物，寻求垃圾废物处理之道，彻底破解“垃圾围城”的局面，使固体废弃物处理问题得到整体解决；“能”就是节能，倡导绿色、低碳生产生活消费方式，推动生态体系不断完善；“生”就是保持生物多样性，实现人与自然和谐相处。

《规划》）公布了建设“一个都会区、两个新城区、三个副中心”① 的空间布局，广州将逐步构筑多中心、组团式、网络型城市空间结构。《规划》确定了“错位互补、组团分工，优化配套、以人为本，网络互联、疏解交通，生态保育、集约建设，城乡统筹、协调发展，岭南特色、山水格局”六大发展策略。

（5）新生活。建设幸福广州。切实增进民生福祉，倡导健康、绿色、低碳、文明的消费方式和生活方式，提高全体市民的幸福感，建设幸福城市。全面实施美丽乡村行动计划。大力发展都市型现代农业，加快农村基础设施升级改造，2012 年已全面完成 1200 公里村道和 7.88 万盏乡镇路灯建设，建设北部山区 43 个贫困村的生活污水处理设施，实现 100% 自然村通水泥路和全市 100 户以上自然村 100% 通自来水。着力提升农村公共服务水平。积极探索突破城乡二元体制的新途径，促进城乡共同繁荣。2012 年基本完成 25 所中心镇医院、镇卫生院和 370 个村卫生站的标准化建设，构建农村 30 分钟医疗服务圈，努力实现学有优教、病有良医，足不出村就能享受基本公共服务。落实“一区帮一镇、名企扶一镇、百企助百村”措施，截至 2012 年年底，所有被帮扶的贫困村年集体收入基本达到 10 万元以上，被帮扶的贫困户家庭人均年收入基本达到 5000 元以上。

广州推进城乡一体化发展，并不是城乡一样化，不是以城市的标准消除农村的特色，而是差异型、互动型、共享型的城乡一体发展。也就是说，要以优化城市空间布局带动城乡一体发展，最终建成人民满意的理想城市。

2．青岛：全力推进“环湾保护、拥湾发展”战略

青岛位于胶东半岛的南端，三面环海一面靠山，地域相对窄小。青岛是远东重要的海洋研究基地，是重要的港口。青岛的发展与珠三角的外企和江浙的民企不一样，带有“发展 + 转制”的色彩，青岛有相当一部分大企业是从国企改制而来的。在百强企业中，约 60% 是民营企业和外资企业，但前 10 名多数仍然是国有企业及国有控股企业。工业中形成四大支柱行业：纺织、机械、化工和食品。纺织业素有“上青天”之美誉，“三大件”和轻工产品深受群众欢迎。近年来，青岛在转型发展中探索出一条科学发展之道。

---

① 《规划》确定，广州市内各区将跨界合作、统筹优化，形成“一个都会区”，构建以城市中轴线为主线的标志性城市文化景观体系；由南沙滨海新城和萝岗区、增城（县级市）组团实施的“两个新城区”主要承担服务珠三角的高端服务职能；花都、增城、从化（县级市）“三个副中心”，带动城乡协调发展。

（1）以全新的视角实施“环湾保护，拥湾发展”战略。

青岛提出“环湾保护、拥湾发展”的新战略，核心是坚持走以自主创新、集约发展、节能降耗、环境保护为特色的科学发展之路，着力打造“半岛蓝色经济区”和“半岛高端产业区”。

“环湾保护”，即经济发展要与环境保护相互协调。胶州湾是青岛的“母亲湾”，是青岛最重要的生态环境。“拥湾发展”包含三层意思：一是对青岛城市化进程做一个新的空间布局，大约会取得700平方公里的土地；二是创新城市发展模式，走一条可持续发展之路；三是重新定义城市发展内涵，突出以人为本，在战略举措上是打造胶州湾北部高新区和保护胶州湾湿地。

在转变经济发展方式方面，青岛市突出集约、环保和创新导向，更加重视能源综合利用率，例如万元GDP能耗，它不仅是一个消耗指标，更能看出城市经济可持续发展的承载能力。近年来，青岛是全省17个城市中完成节能指标最好的城市。2007年，青岛万元GDP能耗比2005年下降9.38%，超额完成“十一五”前2年下降8.33%的计划目标。同时，万元GDP取水量，二氧化硫排放量和化学需氧量、排放量都大幅下降，并因此获得“山东省节能突出贡献单位”称号。

（2）站在区域经济圈的高度去调整产业结构。

目前城市间的竞争已上升为产业链和经济体系的竞争，一个城市必须融入区域经济圈，才能获得充分的动力。这是青岛在调整其经济结构时一直持有的战略视角。如大力发展以青岛港为核心的现代物流业，其辐射半径远不止青岛本身。再比如会展业，青岛举行各类展销会或博览会，其号召力要远大于周边城市，成功率和效益都非常高，这就是优势。

不断调整工业内部结构，重工业比重超过轻工业。改革开放前，青岛轻工业的比重一度达到65%，是名副其实的轻纺城。30多年来，随着工业化进程的加快，青岛重化工业增长快速，其轻、重工业产值比例由1978年的六四开，调整为2010年的四六开（39.7:60.3），基本改变了过去那种“轻不轻，重不重”的局面。根据国际上的有关标准，青岛已进入工业化的中高级阶段。

（3）大项目助推产业集群的集聚。

青岛按照大项目—产业链—产业集群—产业基地的发展模式，以重点项目促进产业升级和获得集聚效应。青岛市先后形成了石化、汽车、造船、家电、电子、港口、纺织、机械八大产业集群。如家电集群中的海尔、海信、澳柯玛等三大龙头企业，除每年自身实现逾千亿元的销售收入和数十亿元的税收外，还带动了近千家配套企业的发展。2008 年，八大产业集群完成工业总产值 4546.6 亿元，增长 25.0%，占工业总值的近 60%。在 2011 年青岛制造业企业 100 强排行榜上，百亿元俱乐部成员增加到了 11 个，第一名海尔集团的销售收入为 1405 亿元，最后一名青岛莱钢也达到了 1.5 亿元。

（4）品牌、大企业、企业家共同成长。

品牌经济是青岛的经济特色。青岛是全国最早实施名牌带动战略的城市之一，青岛抓住经济转轨的历史机遇，牵引品牌战略不断升级。截至 2010 年上半年，青岛市拥有中国名牌产品 68 个、中国驰名商标 62 件，青岛名牌总量达到 401 个，规模以上名牌工业企业的户数达到 260 户；工业品牌经济总量占全市规模以上工业的比重达到 50% 以上；知名品牌数量位居全国同类城市前列。[①] 不仅如此，青岛又从品牌经济演化到品牌城市，曾连续 2 年荣获“中国品牌之都”称号；2007 年被评为“感动世界的中国品牌城市”“中国最具幸福感城市”。

青岛地方政府尽量为企业的发展提供空间。一方面“放水养鱼”，对企业和企业家倍加呵护，视为珍贵资源，一般不轻易更换重要企业的掌门人，使得这些企业得以持续发展。青岛涌现出一大批知名企业，它们不仅管理优秀，贡献财富巨大，而且形成了优良的企业文化，如海尔、海信、青啤、双星、青岛港、即发等。同时，青岛也诞生了一大批在国内外享有盛誉的著名企业家，如张瑞敏、周厚健、金志国、汪海、常德传、陈玉兰等，成为青岛城市的最宝贵财富。另一方面“筑巢引凤”，招商引资。从 1984 年第一家外商投资企业落户青岛，经过 30 多年的发展，世界 500 强中有 80 多家在青岛落户。外企经济总量已占全市总量的 1/3 以上。目前青岛的经济总量在全国大中城市中排名第 10 位，综合实力排名第 8 位，人均 GDP 已达 7000 美元，已超过中等发达国家（5000 美元）的水平。

3. 大同：走“转型发展、绿色崛起”之路

大同市是山西省第二大城市，总人口 318 万，素有“中国雕塑之都”“凤凰城”和“中国煤都”之称。近年来，由于传统发展模式给城市环境带来一系列影响，为此大同市奋力推进“转型发展、绿色崛起”战略，初显成效。

（1）“以煤为基，多元发展。”大同市按照山西省委提出的“以煤为基、以煤兴

① 《青岛拥有中国名牌产品 68 个，加快海外收购步伐》，青岛新闻网，2010 年 7 月 7 日。

产、以煤兴业、多元发展”的总体思路，积极实施煤炭资源整合，加快煤炭产业转型升级，改善了煤矿“多、小、散、乱、差”的状况，煤炭大产业格局初具规模。产业集中度进一步提高，产能明显增长，煤炭的安全生产得到了具体落实。实现由传统的煤炭能源基地向新型能源基地转变。同时，注重培育多元支柱产业，重点打造装备制造、清洁能源、新能源、新型化工、现代医药、现代物流、煤炭电力等七大产业板块。推动产业经济集约、高效、循环、安全和可持续发展。

（2）“一轴双城，特色发展。”完善“一轴双城”的城市布局，实施特色城市发展战略。以御河为中轴线，御河以西是历史古城，御河以东是现代新区。大力推进基础设施建设、名城复兴、新区开发和生态治理。第一，实施古城保护和修复计划。全力打造世界文化遗产旅游城市、中国历史文化名城和国家级风景名胜区三张品牌。按照“修旧如旧”的原则进行保护性修复，严格保护历史街巷和里坊格局。第二，对云冈石窟和恒山悬空寺的周边环境加大整治力度，拆除不协调建筑，扩大景区范围，完善配套设施，改善景区风貌，丰富文化内涵。第三，大力推进新区开发，塑造现代化城市新形象。以御河以东新区建设带动古城保护，逐步降低古城人口密度，全面改善人居环境，使古城居住的人口由20万多人减至5万多人。如今眼观大同，飞架在古城与新区之间的平城、兴云、北都、南环、迎宾等5座大桥巍然屹立，在大大缓解城市车流的同时，增添了城市的现代气息和文化魅力，凸显了大同“古今兼顾、新旧两利，传承文脉、创造特色，不求最大、但求最佳”的城市文明特色。

（3）“生态立市，绿色崛起。”大同坚持生态立市战略，打造生态名邑。以生态保护为前提，以经济崛起为核心，以文化建设为支撑，以社会建设为基础，以政治建设为保障，把丰富的自然资源、良好的生态环境和深厚的文化底蕴，转化为具有重大社会价值和经济效益的发展优势，以最小的环境代价和最合理的资源消耗，获得最大的经济社会效益，推动大同在青山绿水中异军突起，实现科学发展。

以创建国家环保模范城市和国家级园林城市为契机，培育生态产业，打造生态品牌，建设京津地区休闲度假的“夏都”和生态强市。第一，以建设国家级园林城市为目标，以造林绿化为重点，按照生态建设产业化、产业发展生态化的思路，坚持增绿增收并重、造林造景并举、绿化美化并行、城乡山川齐绿，继续深入推进造林绿化工程，大幅度提高了森林覆盖率。有力推动了京津风沙源治理、首都水资源保护、雁门关生态畜牧区建设、太行山绿化和生态修复等五大生态工程建设。第二，大力发展生态经济。把循环经济作为推动产业生态化发展的基本路径，按照“多联产、全循环、抓高端”的思路，全面推进各类产业特别是化工、钢铁、能源产业的循环化发展，延长煤电冶金、煤电材料、煤电化工等资源循环产业链，提高煤矸石、粉煤灰、工业废渣、废水等废弃物综合利用水平。大力发展循环型农业、循环型工业，使循环经济成为基本经济形态和产业发展模式。

此外，还加强水、土、矿等资源节约和管理，建设节约型社会。目前，大同新增绿化面积1280万平方米；建成区绿化覆盖面积达到12300公顷，绿化覆盖率、绿地率、人均公共绿地面积分别达到38.5%、34%和8.5平方米，各项指标均超过省级园林城市的标准。据统计，在2010年，大同市二级以上良好天数达到了346天，大同市彻底摘掉了黑色污染的帽子。

4. 鞍山：城乡一体化发展显特色①

（1）科学规划，构建以“三区”为重点的城市发展新格局。

即通过实施依法征地、村屯移迁、企业搬迁和居民动迁，大力推进工业进园区、商业进城区、民居进小区，重塑了不同产业发展的功能分区和新的城市发展格局。目前，鞍山城市开发面积由154平方公里拓展到624平方公里，形成了工业区、商业区、居住区合理布局的城市骨架。

按照生产型城市向消费型城市转变的要求，对城市进行了全方位彻底性改造。采取三条措施解决了城市改造资金来源问题和城市功能缺失、缺位问题。一是通过转化土地资源为土地资本，解决城市改造资金问题。在进行土地运作时先取得土地，后改造环境，再净地出售，实现了“量地使用，地尽其用”，最大限度地提升土地的出让收益。通过土地资源变资本，4年累计取得土地出让金及配套费收入超过240亿元，为改善民生、改造城市和发展经济提供了充足的资金保障。二是通过加强基础设施建设，解决城市功能缺失问题。三是通过加强社会功能设施建设，解决城市功能缺位问题。通过新建农贸市场、社区“两站四室”、停车场及公共厕所等功能设施，解决马路市场和城市环境卫生等问题。

（2）以项目为核心，积极调整优化产业结构。

①培育多元化支柱产业——解决“一钢独大”问题。过去一提到鞍山，可能只

---

① 陈光明、王炳坤：《鞍山老工业基地科学发展转轨变型》，东北新闻网，2010年12月6日。

知道钢铁，现在的鞍山，在继续大力发展钢铁工业的同时，大力发展非钢产业，确定了精特钢和钢铁深加工、冶金装备制造及工业自动化、煤焦油深加工、矿产品深加工、光电产业等五大主导产业集群。如今，钢铁产业仅占全市工业增加值的1/3。彻底改变了“一钢独大”的工业结构。

②引进项目——解决“一企独大”问题。过去鞍钢有多大，鞍山就有多大，鞍钢创造的增加值、地方财政收入和固定资产投资占全市的 90%。近几年，鞍山坚持以项目为核心，每年至少引进 500 家规模以上企业，1000 个以上的工业项目，300 个以上的服务业项目，400 个以上的现代农业项目。到 2009 年年底鞍山规模以上企业共有 2400 家，现在的鞍山已经彻底改变了鞍钢“一企独大”的特有结构，鞍钢创造的增加值、地方财政收入和固定资产投资合起来仅占全市的 10%。

③注重发展现代农业和现代服务业——解决“一业独大”问题。即在大力发展工业的同时，更加注重发展以设施农业为重点的现代农业和以现代服务业为重点的第三产业。设施农业重点发展设施种植业、设施养殖业、设施渔业和设施林业，全市设施农业总面积超过 100 万亩，占农业比重超过 1/3。通过发展设施农业，促进农民持续快速稳定增收。2008 年带动农民人均增收 600 元，2009 年是 700 元，2010 年达到 1000 元。同时，大力发展农产品深加工产业，规模以上农业产业化龙头企业已经达到 400 家。此外，还积极推动流通、商贸、金融、物流、创意五大现代服务业发展。2010 年，鞍山第三产业增加值占 GDP 的 45%，第三产业的税收占全市税收比重将首次超过工业税收，且超过 50%。

（3）大力推进农村工业化、城市化、城镇化，稳步改善城乡二元结构。

①按照园区、基础设施、主导产业、项目“四位一体”的原则，大力推进农村工业化。坚持工业进园区发展方向，走出一条集中式布局、集群化发展、集约化生产的县域工业发展之路。一是大力发展县域工业园区。建设了 16 个县域工业园区。二是完善县域工业园区基础设施。三是大力发展县域主导产业集群。3 个县（市）打造 3 个超百亿元的县域工业集群。海城重点发展以镁合金、镁金属、镁建材为代表的镁制品深加工产业集群；台安重点发展木业产业集群；岫岩重点发展特石深加工产业集群。四是大力推进项目建设。各县（市）区围绕各自的工业主导产业集群，招商引资上项目。

②按照新城、县城、新市镇和村屯“四位一体”，大力推进农村城市化、城镇化。2010 年启动一期工程建设，重点改造了 131 个村，回迁建设面积达到 1400 万平方米。

一是把新城镇建设与培育和发展主导产业同步推进。二是把新城镇建设与农民变市民同步推进。建立健全了失地农民“有新房、有保障、有工作、有补偿”的“四位一体”保障机制。三是把农村集中改造与主体功能区建设同步推进。在城市近郊地区，大力推进城市化；在城市远郊地区，大力推进城镇化。四是把农村城市化与基础设施建设和社会事业发展相结合，整体推进，确保经济与社会同步发展。

三、国外城市发展转型的经验启示

党的十八大报告明确指出，我国发展中的不平衡、不协调、不可持续问题依然突出，加快城市转型关系到我国未来经济以及社会发展大局。许多城市对不可再生资源进行大规模、高强度、大面积的常年开采，使得资源耗损严重，生态环境遭到破坏，城市可持续发展受到严峻挑战，迫使城市加快转型。

总体来看，国外资源型城市发展转型模式可以概括为以市场选择为主导的模式。这与其资源丰富、地广人稀的自然环境有关。企业完全依赖于市场经济，政府适当的辅助干预使得转型顺利进行，转型难度较小。欧盟国家和日本的转型是政府主导型的转型模式。主要是因为它们地域狭小，没有足够的国土及矿产接续资源消化转型的产业和人员，加上它们的转型都是在资源接近枯竭或者为其他能源所替代的情况下进行的，一方面资源型城市不能放弃，另一方面，资源型城市靠自身、靠市场来调节只会枯萎，很难实现转型。当然，这种转型模式所要付出的成本是相当巨大的。不同国家资源型城市的发展思路不同，采取的措施不尽相同，最终结果也有所差别，但国外一些城市的许多做法对我国有着很好的启示，非常值得我国学习借鉴。

（一）必须发展战略性新兴产业

发展新兴产业或替代产业是资源型城市转型和实现可持续发展的关键。必须以高端产业链引领城市经济发展，加快产业结构调整步伐，提升优化产业层次，培育与发展多元支柱产业。围绕构建现代化的产业结构，实现先进制造业与现代服务业的双轮驱动、融合发展，加速推动制造业向产业高端、价值链高端攀升；加快淘汰落后产业，加速振兴装备制造业，在更新置换中提升产业技术水平；积极发展新兴战略产业，提高产品附加值；积极发展现代服务业，通过以金融保险、商贸物流、信息咨询、会展中介等为主的生产性服务业的发展促进城市功能的升级；通过以文化娱乐、旅游、创意和体验为主的现代生活性服务业吸纳城市劳动力。这一点，我国资源型城市可以充分借鉴，比如，可围绕矿业等产业，使其产业链向后侧和旁侧延伸，以增加产品的科技含量，提高产品的附加值，带来更高的效益，提高居民收入。

（二）必须加大资金和技术的投入

发达国家在对资源型城市的进行改造振兴的过程中，非常重视资金和技术的投入。德国政府设立专项基金供鲁尔区经济转型使用，日本政府规定中央和地方各出资 1/3，补助正在开发高科技产品的企业。强大的经济基础和较高的投入有力地促进了这些国家城市或地区多元经济的形成，从而实现了高起点转型。而在我国众多的资源型城市中，资源型产业并没有形成一定规模的资金积累，一旦这些产业出现衰退，整个区域经济就会受到冲击，当面临转型时，往往都会遇到资金短缺的严重问题。所以我们不能盲目借鉴，应该根据我们自己的情况探索出一条低成本的转型路子，但资金和技术的适当投入也是必不可少的。

（三）必须注重体制机制创新

在产业结构调整的同时，企业的组织结构、产权制度和管理体制需要不断进行适应性调整。企业体制只有根据结构调整的需要不断进行创新，才能保证转型的成功。我国资源型城市绝大多数都是在长期计划经济体制下发展起来的，企业主要以国有为主。在转型过程中企业的所有制形式不应再是一成不变的，国家对企业的扶持也不应再分国有和私有，而应一视同仁，这样才能保证结构调整的成功。

（四）必须加强规划和政策引导

应加强顶层设计，建立专门的组织机构，制定总体的发展规划和具体的政策措施对资源型城市的转型是关键。欧美等国家和地区的一些资源型城市在开始转型前会先建立一个预警系统，提前公布总体的转型计划，有效地保持了社会的稳定，使经济转型得以顺畅进行。对我国而言，国家层面应成立深化改革、推动经济社会发展转型的领导机构和监督部门，然后在各级地方政府或各个城市设立专门的职能机构，负责制定相应的具体规划，并直接对中央部门负责，以提高办事效率。

（五）必须注重环境保护和城市治理

在经济发展转型的过程中，各国都不约而同地采取了环境保护的措施，都努力地建立新的城市形象。因为只有这样，才能够使城市得以持续发展下去。日本九州地区经过产业转型和环境整治，不仅把昔日的煤都变为新型的旅游景点，而且在治理环境的过程中积累了大量的经验，促进了环保产业的快速发展。我国资源型城市在转型的过程中也一定要注意环境的保护和治理，努力建立良好的城市形象。

（六）必须以科技创新推动智慧城市建设

以“智能+互联+协同”为特征的智慧城市，推进先进信息技术应用与全新城市运营理念的融合，以更快、更好地实现城市政府从管理转为服务，从治理转为运营，从零碎分割的局部应用转为协同一体的平台服务的综合应用。建设智慧城市已成为全球众多城市的目标，通过智能化、交换共享与关联应用，可实现城市运作更安全、更高效、更便捷、更绿色的和谐目标。智慧城市的建设和发展使信息成为城市的新资源，为城市培育了新的经济增长点，促进城市管理、城市服务、城市运营中各参与主体实现多赢。

参考文献

著作类：

［1］中共中央马克思恩格斯列宁斯大林著作编译局. 马克思恩格斯全集：第46卷. 北京：人民出版社，1986.

［2］毛泽东. 毛泽东选集：第2卷. 北京：人民出版社，1991.

［3］毛泽东. 毛泽东选集：第3卷. 北京：人民出版社，1991.

［4］毛泽东. 毛泽东选集：第4卷. 北京：人民出版社，1991.

［5］江泽民. 论“三个代表”. 北京：中央文献出版社，2001.

［6］陈鸿宇. 广东转变经济发展方式十讲. 广州：广东人民出版社，2010.

［7］燕继荣. 政治学十五讲. 北京：北京大学出版社，2004.

［8］林尚立. 党内民主：中国共产党的理论与实践. 上海：上海社会科学院出版社，2002.

［9］奥尔森. 集体行动的逻辑. 上海：三联书店，1994.

［10］毛寿龙. 政治社会学. 北京：中国社会科学出版社，2001.

［11］施雪华. 政党政治. 香港：三联书店，1993.

［12］朱卫平，陈林. 先进制造业知识干部读本. 广州：广东经济出版社，2010.

［13］王长江. 政党现代化论. 南京：江苏人民出版社，2004.

［14］王长江. 深化对“党的执政能力建设”的认识，加强党的执政能力建设专题讲稿. 北京：中共中央党校出版社，2004.

［15］尹德慈. 执政党的领导方式研究. 广州：广东人民出版社，2011.

［16］宫本宪一. 环境经济学. 上海：三联书店，2004.

［17］李惠斌，薛晓源. 中国调查报告：社会经济关系的新变化与执政党的建设. 北京：社会科学文献出版社，2003.

［18］侯少文. 依法治国与党的领导. 杭州：浙江人民出版社，1998.

[19] 庄贵阳，谢倩漪. 应对气候变化报告（2009）——通向哥本哈根. 北京：社会科学文献出版社，2009.

[20] 俞可平. 中国模式与“北京共识”. 北京：社会科学文献出版社，2006.

[21] 俞可平. 中国公民社会的制度环境. 北京：北京大学出版社，2006.

[22] 王长江. 现代政党执政规律研究. 上海：上海人民出版社，2002.

[23] 周军. 市场规则形成论. 北京：人民出版社，2005.

[24] 厉以宁. 转型发展理论. 北京：同心出版社，1996.

[25] 奚洁人. 科学发展观百科辞典. 上海：上海辞书出版社，2007.

[26] 李小西，胡必亮. 中国经济新转型. 北京：中国大百科全书出版社，2011.

[27] 王可达. 无形资产管理. 广州：广州出版社，2003.

[28] 杨万东，等. 经济发展方式转变——“本土派”与“海外派”的对话. 北京：中国人民大学出版社，2011.

[29] 编写组. 加快经济发展方式转变——党员干部读本. 石家庄：中国长安出版社，2010.

[30] 郑新立. 加快转变经济发展方式研究（2010—2011）. 北京：社会科学文献出版社，2011.

[31] 胡鞍钢，王绍光，周建明. 第二次转型：国家制度建设. 北京：清华大学出版社，2003.

[32] 陆学艺. 中国社会建设与社会管理：探索·发现. 北京：社会科学文献出版社，2001.

[33] 魏礼群. 社会管理创新案例选编（上、中、下册）. 北京：人民出版社，2011.

[34] 蔡林海. 低碳经济：绿色革命与全球创新竞争大格局. 北京：经济科学出版社，2009.

[35] 周权雄. 双重任务、共同代理与国有企业创新激励. 北京：经济科学出版社，2013.

[36] 罗斯金，等. 政治学（第六版）. 林震，等译. 北京：华夏出版社，2002.

[37] 熊彼特. 经济发展理论. 北京：商务印书馆，1990.

[38] 诺思. 经济史中的结构与变迁. 陈郁，译. 上海：三联书店，1994.

[39] 亨廷顿. 第三波——20 世纪后期民主化浪潮. 上海：三联书店，1998.

［40］斯蒂格利茨．东亚奇迹的反思．北京：中国人民大学出版社，2003.

［41］亨廷顿．变化社会中的政治秩序．上海：上海人民出版社，2008.

［42］庇古．福利经济学．北京：商务印书馆，2006.

［43］联合早报．李光耀40年政论选．北京：现代出版社，1996.

［44］THOMAS R. DYE. Understanding Public Policy (6th ed.), Englewood Cliffs, Prentice Hall Inc. 1987: 2.

论文类：

［45］胡锦涛．努力把党校教育事业提高到新水平．人民日报，2000-06-08.

［46］胡锦涛．扎扎实实提高社会管理科学化水平．人民日报，2011-02-20.

［47］胡锦涛．胡锦涛在政治局集体学习时强调：妥善应对气候变化．人民日报，2010-02-24.

［48］习近平．关键在于落实．求是，2011（7）.

［49］晓亮．论我国经济社会的转型．经济学家，2005（2）.

［50］孙津，范丽雯．中国转型的主要内容及发展可能．经济社会体制比较，2011（5）.

［51］丁任重，郭洪涛．中国经济发展道路：探索与转型．经济学动态，2011（4）.

［52］胡鞍钢．由加快发展向科学发展转型．前线，2010（12）.

［53］周小毛，黄海．“和谐稳定”与包容性增长的关系．光明日报，2011-02-27.

［54］陈佳贵，王钦．积极应对世界经济变化与挑战．经济日报，2011-02-22.

［55］张旭．内生增长的内涵及其政策指向．理论视野，2010（4）.

［56］《时事报告》编辑部．怎样树立和落实科学发展观．时事报告，2004（4）.

［57］洪银兴．社会转型、体制转型与经济增长方式的转型．江海学刊，2003（5）.

［58］李学勇．坚持创新驱动推进转型发展．新华日报，2011-10-15.

［59］张艳．中国成第一能源消费大国．京华时报，2011-02-25.

［60］李胜，陈晓春．低碳经济：内涵体系与政策创新．科技管理研究，2009（10）.

［61］张军扩，侯永志，刘培林．着力解决深层次矛盾，加快转变经济发展方式．中国发展研究基金会报告第100期，http://www.cdrf.org.cn/jjhbg/1985.jhtml.

［62］韩保江，赵科源．大国抉择．中国经济周刊，2011（1）．

［63］张舵，陈钢，蔡玉高．中国半数科技成果沦为“展品”．经济参考报，2011－01－19．

［64］孙福全，陈宝明，彭春燕．突破经济发展方式转变的科技创新能力制约．科技日报，2011－05－30．

［65］孔泾源．跨越中等收入陷阱：转型发展与制度创新．第72次中国改革国际论坛会议论文．2011－10－27．

［66］景云祥．注重内生发展打造区域优势．兰州学刊，2003（4）．

［67］江小涓．大国双引擎增长模式——中国经济增长中的内需和外需．管理世界，2010（6）．

［68］景俊海．适应居民消费需求　转变经济发展方式．人民日报，2011－04－28．

［69］蔡志洲．国民收入的总量扩张与分配结构调整．中国流通经济，2010（08）．

［70］白琳，白瑛．我国城乡二元结构：演化、现状及协调路径选择．生产力研究，2007（7）．

［71］李培林．社会管理亟待加强与创新．中国人大，2011（15）．

［72］张进铭．政府在经济转型和发展中的作用．光明日报，2003－09－30．

［73］孟劲，侯炬凯．我国城乡居民边际消费倾向差异分析．安徽农业科学，2011（20）．

［74］刘绵勇，周晓红．改革开放以来我国产业结构演变分析．价格月刊，2005（3）．

［75］徐冬青．发达国家发展低碳经济的做法与经验借鉴．世界经济与政治论坛，2009（6）．

［76］王家庭．基于低碳经济视角的我国城市发展模式研究．江西社会科学，2010（3）．

［77］刘新民．垄断行业高收入的负面影响及治理建议．中国经济周刊，2006（44）．

［78］李淼．城乡二元经济结构理论与我国现实状况的剖析．商业时代，2010（31）．

［79］周红云．中国社会管理体制改革——现状、原因与方向．甘肃行政学院学报，2008（5）．

［80］杜晓. 社会转型冲击传统管理模式，社会建设瓶颈急需突破. 法制日报，2010-07-02.

［81］杨正鸣，姚建龙. 转型社会中的社会治安综合治理体系改革. 政治与法律，2004（2）.

［82］范炜烽. 转型期我国政府职能变迁的过程与建言. 求索，2008（9）.

［83］汪波. 社会结构变迁中的政府职能转变与“职能悖论”. 中国特色社会主义研究，2006（6）.

［84］王可达. 建设低碳城市路径研究. 开放导报，2010（2）.

［85］王可达. 我国发展低碳经济的路径研究. 岭南学刊，2010（3）.

［86］王可达. 我国增加森林碳汇的对策研究. 开放导报，2011（2）.

［87］王可达. 低碳技术创新的意义和路径选择. 探求，2011（2）.

［88］王可达. 广州低碳产业发展研究. 开放导报，2013（1）.

［89］王可达，马蓉蓉. 广州建设低碳城市的对策研究. 广州蓝皮书2012中国广州经济形势分析与预测. 北京：社会科学文献出版社，2012.

［90］王可达，张军. 构建广佛肇低碳城市群的对策研究. 探求，2013（2）.

［91］蒋金荷，吴滨. 低碳经济模型现状和几个理论问题探讨. 资源科学，2010（2）.

［92］蒋建科，武卫政，廖文根. 用专利之尺量创新水平. 人民日报，2006-04-12.

［93］闫晓虹. 中国70%减排核心技术需进口. 中国新闻网，2010-06-27.

［94］何隽. 从绿色技术到绿色专利——是否需要一套应对气候变化的特殊专利制度. 知识产权，2010（1）.

［95］卢万青，张伦军. 我国内外需失衡的原因探析——基于经济增长方式的研究视角. 国际经贸探索，2010（10）.

［96］张存刚，张小瑛，赵夫鑫. 扩大消费需求的理论及对策建议. 兰州商学院学报，2010（1）.

［97］马金岭. 金融危机背景下扩大内需的策略探讨. 南阳师范学院学报（社会科学版），2009（8）.

［98］孔祥敏，张讯. 中国内需主导经济发展问题研究. 山东大学学报，2008（6）.

［99］姜江. 世界战略性新兴产业发展的动态与趋势. 中国科技产业，2010（7）.

［100］周权雄. 现代产业体系构建的背景条件与动力机制. 科技进步与对策, 2010（2）.

［101］周权雄, 周任重. 谈现代服务业发展的新特点与趋势. 商业时代, 2009（1）.

［102］朱卫平, 陈林. 产业升级的内涵与基本模式研究：以广东产业升级为例. 经济学家, 2011（2）.

［103］朱卫平. 先行一步建立现代产业体系. 南方日报, 2008-06-18.

［104］新华社. 十七大报告解读：发展现代产业体系. 新华网, 2007-11-29.

［105］李鲁云. 构建广东现代产业体系的新突破. 南方网, 2008-07-04.

［106］谢苗枫, 胡键. 广东省委书记汪洋：转变发展模式要付血的代价. 南方日报, 2009-10-16.

［107］张辉. 全球价值链理论与我国产业发展研究. 中国工业经济, 2004（5）.

［108］庞毅, 宋冬英. 北京现代服务业发展研究. 经济与管理研究, 2005（10）.

［109］李治堂. 现代服务业研究成果评述. 商业时代, 2007（15）.

［110］来有为. 当前我国需大力发展现代服务业. 改革, 2004（5）.

［111］车建国. 世界制造业的发展趋势和中国制造企业的路径选择. 现代管理科学, 2008（9）.

［112］朱瑞博. 中国战略性新兴产业培育及其政策取向. 改革, 2010（3）.

［113］王万宾. 依靠科技创新改造传统产业. 求是, 2001（5）.

［114］马勇. 基于粮食安全的现代农业发展趋势研究. 安徽农业科学, 2011（39）.

［115］冯海发. 国外现代农业的发展趋势及其启示. 红旗文稿, 2004（7）.

［116］王凌香, 孙金福. 世界现代农业发展趋势及我国后现代农业发展建议. 现代农业科技, 2011（7）.

［117］王可达. 自主创新：转变经济发展方式的中心环节. 西北大学学报, 2008（4）.

［118］王可达. 平衡劳动者与用人单位利益的新规范. 西安财经学院学报, 2009（3）.

［119］王可达. 离职竞业限制的合理性研究. 广州社会主义学院学报, 2008（2）.

［120］王可达. 实现经济发展方式转变的制度安排. 江西财经大学学报, 2010（3）.

［121］田力普. 低碳技术专利申请增长迅速，仍有不足. 创新科技，2010（5）.

［122］王勇. 企业要成为国家技术创新的主体. 理论导刊，2006（12）.

［123］孙晓峰. 自主创新财政支持的理论基础与政策选择. 财经问题研究，2008（6）.

［124］王可达. 未申请专利的企业要不要实施专利战略. 山西高等学校社会科学学报，2008（9）.

［125］王可达. 实现经济发展方式转变的制度安排. 江西财经大学学报，2010（3）.

［126］刘尚希. 怎样实现我国基本公共服务均等化. 上海党史与党，2007（7）.

［127］李晓红. 当前民生问题研究综述. 南方论刊，2011（6）.

［128］刘天喜，傅艳蕾. 中国社会建设问题研究综述. 中国特色社会主义研究，2009（2）.

［129］吕勇. 民生问题的含义及特点. 中共中央党校学员论坛，2009（8）.

［130］刘振江. 关于民生问题的思考与对策建议. 大连干部学刊，2010（6）.

［131］赵冶萍. 浅谈影响和制约民生问题的原因及解决的对策. 理论研究，2009（4）.

［132］吴忠民. 中国民生问题的困局与突破口. 探索与争鸣，2009（6）.

［133］李国波. 坚持民生法治推进民生为重点的社会建设. 吉林省社会主义学院学报，2010（2）.

［134］李培林. 改善民生的三个突破口. 农村工作通讯，2008（1）.

［135］李敬. 马克思主义哲学视域下的民生问题. 理论界，2010（6）.

［136］张君辉，李培湘. 论民生社会建设之根源及对策. 长春工业大学学报，2010（3）.

［137］吴忠民. 改善民生的有效途径. 北京观察，2008（2）.

［138］邬旭东. 保障和改善民生视阈下的政府行为分析. 科学社会主义，2010（2）.

［139］张兴彬. 民生——社会发展的永恒主题. 山东经济战略研究，2007（10）.

［140］贾建芳. 加快推进以改善民生为重点的社会建设. 中共石家庄市委党校学报，2007（11）.

［141］赵菲. 民生问题为什么如此之重要——访中央党校吴忠民教授. 中国报道，2007（12）.

[142] 王永平. 对加快转变社会管理方式的研究. 北京工业大学学报，2011 (5).

[143] 宏观经济研究院体管所课题组. “十二五”时期我国经济体制改革基本思路. 宏观经济管理，2010 (2).

[144] 刘相，朱健. 完善转变经济发展方式的体制机制. 人民日报，2007 -08 -10.

[145] 方栓喜. 转变经济发展方式亟待调整制度安排. 上海证券报，2007 -11 -01.

[146] 郜风涛. 转变经济发展方式需要法治引领和保障. 国务院法制办公室，2010 -09 -27.

[147] 蔡霞. 党的建设机制与党的先进性. 理论月刊，2003 (4).

[148] 李承，杨超. 试论加强中国共产党执政的政治优势. 政治学研究，2003 (1).

[149] 林尚立. 协商政治：对中国民主政治发展的一种思考. 学术月刊，2003 (4).

[150] 石泰峰，张恒山. 论中国共产党依法执政. 中国社会科学，2003 (1).

[151] 王韶兴. 中国共产党执政规律探讨. 政治学研究，2003 (1).

[152] 虞云耀. 加强党的执政能力建设的若干问题. 文汇报，2004 -07 -26.

[153] 甄小英，李清华. 以党内民主推进人民民主. 求是，2003 (12).

[154] 朱光磊，周振超. 党政关系规范化研究. 政治学研究，2004 (3).

[155] 胡小君. 合法性资源与党的执政资源体系. 当代世界与社会主义，2004 (6).

[156] 尹德慈. 中国社会稳定与党的现代化探微. 中共云南省委党校学报，2001 (6).

[157] 程超泽. 转型期中国社会的非稳定性. 中国研究，1998 (1).

[158] 尹德慈. 略论“三个代表”与执政党的合法性. 探求，2002 (2).

[159] 李林. 从革命党到执政党转变的宪政阐释. 学术界，2002 (2).

[160] 李源潮. 组织系统要做学习贯彻党的十七大精神的模范. 中直党建，2008 (2).

[161] 全国党建研究会课题组. 关于地方党政领导班子贯彻落实科学发展观的对策建议. 前线，2008 (9).

[162] 姜斯宪. 统筹兼顾，全面科学评价干部. 人民日报，2006 -03 -03.

[163] 改进和完善干部考核评价工作为贯彻落实科学发展观提供有力保证——中组部负责人就印发并实施《体现科学发展观要求的地方党政领导班子和领导干部综合考核评价试行办法》答记者问. 工人日报，2006 -07 -10.

［164］姚志文. 推进组织工作的创新. 学习时报，2008－03－12.

［165］黄铁苗，康达华. 坚持扩大内需战略，促进经济发展方式转变. 岭南学刊，2010（6）.

［166］梁妍慧. 党的基层组织建设难点与创新. 学习时报，2008－01－08.

［167］姜立杰. 匹兹堡——成功的转型城市. 前沿，2005（6）.

［168］童书兴. 韩国经济转型的政策与实践. 国际技术经济研究，2007（1）.

［169］王蕴，孙学工，王元. 韩国支持产业升级和结构调整的经验和做法. 中国经贸导刊，2007（07）.

［170］郭怀英. 日本力促环保产业推动经济转型的经验与启示. 中国投资，2010（4）.

［171］钱维. 创新型城市发展道路——美国典型城市转型经验和启示. 改革与开放，2011（2）.

［172］北京方迪经济发展研究院. 国外典型城市经济转型对我国城市的借鉴. 方迪经济观察，2009（2）.

［173］徐康宁. 借鉴国际成功经验，提升江苏经济国际化水平. 群众，2007（2）.

［174］沈正岩. 产业转型升级的“韩国经验”. 政策瞭望，2008（03）.

［175］吕学静. 从日本经验谈发展低碳经济促进绿色就业. 人民网，2011－03－09.

［176］郭怀英. 日本力促环保产业推动经济转型的经验与启示. 中国投资，2010（4）.

［177］刘志良，田兆明. 新加坡发展给我们的启示. 学理论，2009（4）.

［178］郭伟伟. 改善民生、促进社会和谐的成功实践——透视新加坡社会保障制度. 东南亚纵横，2009（11）.

［179］周艳群. 长三角和珠江三角经济发展历程的回顾与比较. 中国城市发展网，2011－06－16.

［180］青岛拥有中国名牌产品68个，加快海外收购步伐. 青岛新闻网，2010－07－07.

［181］陈光明，王炳坤. 鞍山老工业基地科学发展转轨变型. 东北新闻网·2010全国网络媒体辽宁行，2010－12－06.

［182］NERFIN M. Another Development . Approaches and Strategies［M］. Uppsala: Dag HammarskjÊld Foundation, 1977.

[183] TSURUMI, Tadashi Kawata. Endogenous Development Theory [M]. Tokyo: Tokyo University Press, 1989.

[184] BARKE M, NEWTON M. The EU Leader Initiative and Endogenous Rural Development: the Application of the Program in Two Rural Areas of Andalusia, Southern Spain [J]. Journal of Rural Studies, 1997, 13 (3): 319 -341.

[185] BOISIER. Is There Room For Local Development in a Globalized World [J]. Cepal Review, 2005, 86: 45 -60.

[186] IPCC. Climate Change 2007: Synthesis Report [R], Geneva, Switzerland, 2007.

[187] PEIQ, JIANGM, ZHANGMH. Astudy of legal attributes of carbon emission rights in carbon trading. Ecological Economy, 2009 (1).

文件类：

[188] 江泽民. 全面建设小康社会，开创中国特色社会主义事业新局面——在中国共产党第十六次全国代表大会上的报告. 人民日报，2002 -11 -18.

[189] 胡锦涛. 高举中国特色社会主义伟大旗帜　为夺取全面建设小康社会新胜利而奋斗——在中国共产党第十七次全国代表大会上的报告. 人民日报，2007 -10 -25.

[190] 中共中央关于加强党的执政能力建设的决定. 人民日报，2004 -09 -27.

[191] 胡锦涛. 在“三个代表”重要思想理论研讨会上的讲话. 人民日报，2003 -07 -02.

[192] 胡锦涛. 在庆祝中国共产党成立九十周年大会上的讲话. 人民日报，2011 -07 -02.

[193] 中共中央关于制定国民经济和社会发展第十二个五年规划的建议. 人民日报，2010 -10 -30.

[194] 中共中央关于全面深化改革若干重大问题的决定. 人民日报，2013 -11 -16.

[195] 中共广东省委、广东省人民政府关于加快建设现代产业体系的决定. 南方日报，2008 -07 -28.

后 记

在全球化浪潮席卷下，当代中国正处于一个经济奇迹与社会危机并存的独特发展阶段，面临着前所未有的机遇和挑战。在这个关键时期，中国共产党向全党、全国、全世界庄严承诺：既不走封闭僵化的老路，也不走改旗易帜的邪路，要坚定不移地走中国特色社会主义道路。党的十八大以来，以习近平同志为核心的党中央综观国际国内两个大局，着眼于实现“两个一百年”奋斗目标、中华民族伟大复兴的中国梦，统筹推进“五位一体”总体布局，协调推进“四个全面”战略布局，开启了推动中国全面转型发展的时代新征程。

推动当代中国转型发展，必须坚持党的领导、坚持中国特色社会主义、坚持新发展理念、坚持改革开放。这既是党的十八大以来党中央治国理政的基本经验，也是推动当代中国全面转型发展的根本遵循。党校是我们党直接领导的哲学社会科学研究机构，理应以党的旗帜为旗帜，以党的意志为意志，以党的使命为使命，有责任、有义务集中力量研究当代中国全面转型发展课题。

早在十多年前，广州市委党校就在时任常务副校长王永平研究员的带领下，专注于当代中国转型发展研究，先后出版了《创新发展模式——广州经济社会发展转型研究》《构建社会生活共同体——新时期城市社区建设研究》《广州社区党建与社区自治》《党的领导与社会建设》《转型发展论》。这些专著出版后，引起社会科学界的高度关注。著名社会学家陆学艺教授、郑杭生教授亲自作序并撰写书评，推介这些研究成果。学术前辈的鼓励，为我们深化研究增添了无穷动力。

2015 年 6 月，广东经济出版社就把当代中国转型发展的路径选择列为国家新闻出版的重大选题，邀请王永平研究员带领研究团队，在原有研究的基础上进行深化延展研究。按照出版社的要求，王永平研究员作为课题负责人，充实了研究团队，拟定了研究提纲，开始了为期两年的研究工作。两年来，王永平研究员主持召开十余次研讨会，修订完善研究提纲，在研究框架、研究方向、研究方法上都进行了周密的安排，并对整份文稿进行了仔细修改和反复审阅。广州市委党校经济学教研部主任王可达教授、周权雄博士和王云峰博士协助王永平研究员做了大量协调联络工作。

本书作为市委党校研究当代中国转型发展课题的第六本专著，是研究团队集体智慧的结晶。本书由王永平研究员担任编写组组长和首席专家，导论、第八章由王永平研究员撰写，第一章由王云峰博士撰写，第二章由李世兰博士和王云峰博士合作撰写，第三章由李世兰博士撰写，第四章由周权雄博士撰写，第五章、第七章由王可达教授撰写，第六章由曾佩菲副处长撰写，第九章由乔亚南博士撰写，第十章由尹德慈教授撰写，第十一章由杨玉斌处长撰写。广东经济出版社的领导和责任编辑为本书的顺利出版付出大量心血，他们的辛勤劳动为本书增色不少。在此，我们对研究团队和出版社的领导、责任编辑表示衷心的感谢。

实践无止境，研究探索同样无止境。我们将一如既往地关注当代中国转型发展，力争推出更多的研究成果，希望能够得到同行的批评指正。

本书著者
2017 年 7 月